Schulentwicklung in der Einwanderungsgesellschaft

Waxmann Verlag GmbH
Steinfurter Straße 555, 48159 Münster
info@waxmann.com

Interkulturelle Bildungsforschung

herausgegeben von
Ingrid Gogolin
und Marianne Krüger-Potratz

Band 14

Wissenschaftlicher Beirat

Prof. Dr. Martine Abdallah-Pretceille (Valenciennes)
Prof. Dr. Georg Hansen (Hagen)
Prof. Dr. Friedrich Heckmann (Bamberg)
Prof. Dr. Gunther Kress (London)
Prof. Dr. Hans-Jürgen Krumm (Wien)
Prof. Dr. Gudula List (Köln)
Prof. Dr. Ingrid Lohmann (Hamburg)
Prof. Dr. Meinert A. Meyer (Hamburg)
Prof. em. Dr. Wolfgang Mitter (Frankfurt)
Prof. Dr. Bernhard Nauck (Chemnitz)
Prof. Dr. Hans H. Reich (Koblenz-Landau)
Prof. Dr. Werner Schiffauer (Frankfurt/Oder)
apl. Prof. Dr. Norbert Wenning (Hagen)

Waxmann Münster / New York
München / Berlin

Mechtild Gomolla

Schulentwicklung in der Einwanderungsgesellschaft

Strategien gegen institutionelle Diskriminierung
in England, Deutschland und in der Schweiz

Waxmann Münster / New York
München / Berlin

Bibliografische Informationen Der Deutschen Bibliothek
Die Deutsche Bibliothek verzeichnet diese Publikation in
der Deutschen Nationalbibliografie; detaillierte bibliografische
Daten sind im Internet über http://dnb.ddb.de abrufbar.

Gedruckt mit Unterstützung der Hans-Böckler-Stiftung

D 6

Interkulturelle Bildungsforschung, Bd. 14

ISSN 1432-8186
ISBN 3-8309-1520-9

© Waxmann Verlag GmbH, 2005
Postfach 8603, D-48046 Münster

www.waxmann.com
E-Mail: info@waxmann.com

Umschlaggestaltung: Thea Ross
Druck: Zeitdruck, Münster
Gedruckt auf alterungsbeständigem Papier, DIN 6738

Alle Rechte vorbehalten
Printed in Germany

Inhalt

Vorwort 9

1.	**Einleitung**	11
1.1	Anlass und Gegenstand der Untersuchung	11
1.2	Leitfragen und Ziele	15
1.3	Untersuchungsdesign und methodisches Vorgehen	17
1.4	Anlage der Studie	20

TEIL I: THEORETISCHE GRUNDLAGEN 23

2.	**Schulautonomie, Pluralität und Gleichheit**	23
2.1	Das Reformkonzept der Dezentralisierung und Marktsteuerung	23
2.1.1	Umrisse der internationalen Schulentwicklungsdiskussion	23
2.1.2	Konvergenzen und Kontraste	26
2.2	Auswirkungen auf den schulischen Umgang mit Pluralität	31
2.2.1	Wahlmöglichkeiten und bessere Schulen für alle?	32
2.2.2	Mehr demokratische Mitsprache von Eltern und Gemeinden?	39
2.2.3	Professionalisierung der Lehrerarbeit im Umgang mit Heterogenität?	44
2.3	Leerstellen und Desiderata	46
2.3.1	Das Schuleffektivitätsparadigma und soziale Gerechtigkeit	47
2.3.2	Anwendungsorientierte oder sozialwissenschaftlich fundierte Forschung?	54
3.	**Institutionelle Diskriminierung und schulischer Wandel**	57
3.1	Institutionelle Diskriminierung – Geschichte des Begriffs	57
3.2	Voraussetzungen der Analyse und Intervention gegen institutionelle Diskriminierung in der Schule	62
3.3	Schule als organisierte Institution und schulischer Wandel	67
3.3.1	Schulorganisationen als „lose gekoppelte" Systeme	69
3.3.2	Begrenzte Rationalisierbarkeit organisationaler Entscheidungen	71
3.3.3	Eine institutionelle Sichtweise von Organisationen und ihrer Veränderung ...	74
3.4	Forschungsperspektiven	81

TEIL II: SCHULENTWICKLUNG IM UMGANG MIT HETEROGENITÄT – DREI FALLSTUDIEN ... 87

4. Interkulturelles Lernen als Element von Schulöffnung in Nordrhein-Westfalen ... 87

4.1 Soziale und politische Veränderungen im Kontext der Migration ... 87
4.2 Das Schulsystem in Deutschland ... 92
4.2.1 Grundzüge der Pflichtschule ... 93
4.2.2 Steuerung, Finanzierung und Organisation ... 95
4.2.3 Antworten des Bildungssystems auf Migration ... 98
4.3 Rahmenbedingungen in Nordrhein-Westfalen ... 105
4.4 Interkulturelles Lernen im Schulentwicklungsprogramm „Gestaltung des Schullebens und Öffnung von Schule" (GÖS) ... 112
4.5 Fallstudie 1: Die Grundschule Nordpark ... 117
4.5.1 Die Schule in ihrem lokalen Umfeld ... 117
4.5.2 Felder der Schulentwicklung ... 121
4.5.3 Mikropolitische Dynamik bei der Umsetzung ... 132
4.5.4 Risiken hinsichtlich institutioneller Diskriminierung ... 135
4.5.5 Erstes Zwischenfazit ... 138

5. „Qualität in multikulturellen Schulen" (QUIMS) – ein Projekt der Volksschulreform im Kanton Zürich ... 140

5.1 Soziale und politische Veränderungen im Kontext der Migration ... 140
5.2 Das Schulsystem in der Schweiz ... 145
5.2.1 Grundzüge der Pflichtschule ... 145
5.2.2 Steuerung, Finanzierung und Organisation ... 147
5.2.3 Antworten des Bildungssystems auf Migration ... 151
5.3 Rahmenbedingungen im Kanton Zürich ... 158
5.4 Das Schulentwicklungsprojekt „Qualität in multikulturellen Schulen" ... 164
5.5 Fallstudie 2: Die Mittelstufen-Schule Grünberg ... 172
5.5.1 Die Schule in ihrem lokalen Umfeld ... 172
5.5.2 Vorgeschichte, positive Erwartungen und Befürchtungen ... 174
5.5.3 Felder der Schulentwicklung ... 178
5.5.4 Mikropolitische Dynamik bei der Umsetzung ... 188
5.5.5 Risiken hinsichtlich institutioneller Diskriminierung ... 189
5.5.6 Zweites Zwischenfazit ... 190

6.	**Steigerung der Schulleistungen ethnischer Minderheiten als Teil der Antidiskriminierungspolitik in England**	192
6.1	Soziale und politische Veränderungen im Kontext der Migration	192
6.2	Das Schulsystem in England	197
6.2.1	Grundzüge der Pflichtschule	198
6.2.2	Steuerung, Finanzierung und Organisation	200
6.2.3	Antworten des Bildungssystems auf Migration	205
6.3	Zielvorgaben und Instrumente zur Verringerung ethnischer Ungleichheit bei der Entwicklung und Evaluation der Schulen	212
6.4	Fallstudie 3: Brook Primary School	221
6.4.1	Die Schule in ihrem lokalen Umfeld	221
6.4.2	Felder der Schulentwicklung	224
6.4.3	Mikropolitische Dynamik bei der Umsetzung	232
6.4.4	Risiken hinsichtlich institutioneller Diskriminierung	235
6.4.5	Drittes Zwischenfazit	240

TEIL III: ERGEBNISSE DES VERGLEICHS 243

7.	**Autonomie und pädagogische Schulentwicklung – neue Spielräume zum Abbau institutioneller Diskriminierung?**	243
7.1	Konzeptionierung der Schulentwicklung als Antwort auf Migration	244
7.1.1	Qualitätsdefinition und Interventionsfelder	244
7.1.2	Pädagogische Umsetzung und Instrumente	245
7.1.3	Einbezug der Sprachförderung	247
7.1.4	Institutionelle Systeme der Unterstützung und Kontrolle	248
7.1.5	Kritisch-emanzipatorische Perspektiven	249
7.1.6	Kriterium von Bildungsgerechtigkeit	250
7.2	Dynamiken organisationalen Wandels	252
7.2.1	Anreicherung von Unterricht und Schulleben um Aspekte der Vielfalt	254
7.2.2	*Output*-gesteuerte Steigerung der Leistungen benachteiligter Gruppen	255
7.2.3	Schule als lernende Organisation im Umgang mit Heterogenität	257
7.3	Neue *Governance*-Strukturen und institutionelle Diskriminierung	258
7.3.1	Positionierung von Gleichheitszielen in den Bildungsreformen	259
7.3.2	Neustrukturierung der Beziehungen zwischen den Institutionen im Bereich der öffentlichen Schule und institutionelle Diskriminierung	260
7.3.3	Marktförmige Handlungslogiken der Organisationen und Gleichheitsziele	262

8.	**Ausblick: Schulqualität und Gleichheit – Grenzen des Autonomiekonzepts und pragmatische Handlungsansätze**	**264**
8.1	Zusammenfassung der Hauptergebnisse des Vergleichs	264
8.2	Die Entwicklung inklusiver Schulen in der Einwanderungsgesellschaft: Elemente einer pragmatischen Strategie	268

Literatur- und Quellenverzeichnis 273

Vorwort

Die vorliegende internationale Vergleichsstudie wurde durch die Unterstützung zahlreicher Menschen ermöglicht, die an dieser Stelle nicht alle persönlich genannt werden können. Aus der zeitlichen und zumeist auch räumlichen Entfernung möchte ich dennoch den folgenden Personen und Institutionen meinen besonderen Dank aussprechen.

Der Hans-Böckler-Stiftung gilt mein Dank für die Förderung meines Dissertationsprojekts durch ein Promotionsstipendium im Graduiertenkolleg „Europäische Integration" an der Universität Osnabrück, sowie für die großzügige finanzielle Beihilfe zur Veröffentlichung der Arbeit. Namentlich bei Werner Fiedler, dem Leiter der Abteilung für Promotionsförderung, möchte ich mich an dieser Stelle herzlich für die unkomplizierte Unterstützung und den Rückhalt bedanken, die zum Gelingen der Arbeit wesentlich beigetragen haben.

Marianne Krüger-Potratz (Westfälische Wilhelms-Universität Münster), die das Dissertationsprojekt betreut hat, danke ich dafür, dass sie an das Vorhaben geglaubt hat und mir über die Jahre in einem kontinuierlichen Dialog immer wieder mit wichtigen weiterführenden Hinweisen und Zuspruch die nötige Unterstützung gegeben hat. Ebenfalls ein herzlicher Dank geht an György Széll (Universität Osnabrück), der Zweitgutachter dieser Arbeit war.

Danken möchte ich auch noch einmal den Personen, die mich bei der Planung der Arbeit in meinen Ideen bestärkt haben und mir mit Informationen, klärenden Gesprächen und durch die Vermittlung von Kontakten geholfen haben, mein Vorhaben in Deutschland und im Ausland gezielt umzusetzen: Cristina Alleman-Ghionda, Eike Thürmann, David Gillborn und Rosalind Street Porter.

Als ein besonderer Gewinn für die Studie erwies sich das von der Hans-Böckler-Stiftung zusätzlich geförderte dreimonatige Forschungspraktikum im Projekt „Qualität in multikulturellen Schulen" an der Bildungsdirektion Zürich. An dieser Stelle möchte ich mich noch einmal herzlich bei der QUIMS-Projektgruppe – in der damaligen Besetzung: Radmila Blickenstorfer, Tamara De Vito, Ingrid Halperin, Regula Leemann, Karin Lerchi, Stefan Lüönd, Stefan Mächler, Barbara Sträuli, Gert Wülser Schoop – und insbesondere bei Markus Truniger, dem Projektleiter, für die freundschaftliche Aufnahme und das Vertrauen, mit dem sie mir Einblick in ihre Projektarbeit gewährten und mich daran partizipieren ließen sowie für die großzügigen Hilfestellungen bei meinem eigenen Forschungsvorhaben, bedanken.

Ebenfalls besonderer Dank gilt den beiden Schulleiterinnen, dem Schulleiter und den Lehrkräften an den in die Studie einbezogenen Schulen sowie den Mitarbeiterinnen und Mitarbeitern in den aufgesuchten Behörden. Um die Anonymität zu wahren, können sie nicht namentlich genannt werden. Ohne die Bereitschaft und die Offenheit, mit der sie mir Einblick in ihren Arbeitsalltag und ihre Überlegungen gewährten, wäre die vorliegende Studie in der Form jedoch nicht möglich gewesen.

Meiner Freundin Anita Barkhausen danke ich für das aktive Interesse und viele ad-hoc-Supervisionen, mit denen sie die Arbeit von den ersten Ideen an begleitet hat. Für ganz unterschiedliche, aber wesentliche Hilfen danke ich Kornelia Bähre, Birgit Behrensen, Ursula Carle, Sedef Gümen, Uwe Hackländer, Holger Huget, Martina Loos, Stephanie Rose, Dorothee Schwendowius, Henk Schulz, Anne Christin Stockmeyer, Urs Wiedemann und Daniel Winsch. Auch meiner Mutter Elfriede Gomolla möchte ich an dieser Stelle noch einmal für all die kleinen und großen Unterstützungen danken, die sie und mein 1999 verstorbener Vater Günther Gomolla mir immer haben zukommen lassen.

Münster, im März 2005   Mechtild Gomolla

1. Einleitung

1.1 Anlass und Gegenstand der Untersuchung

In Deutschland, wie in anderen westlichen Einwanderungsgesellschaften, werden besonders in städtischen Gebieten und in den Metropolen immer mehr Schulen zu großen Teilen von Kindern und Jugendlichen mit Migrationshintergrund besucht. An diesen Schulen ist die Verschiedenheit und Vielfalt der sprachlichen Voraussetzungen, der Identitäten, Erfahrungen und Lebenshintergründe längst die Regel. Dessen ungeachtet lassen die Veränderungen in den Organisationen, im Bereich der beruflichen Qualifizierung und in der Forschung, die notwendig wären, um den demographischen Realitäten tatsächlich wirksam begegnen zu können, jedoch auf sich warten.

Die Bildungsinteressen und -bedürfnisse von Kindern und Jugendlichen, deren Kenntnisse der Schulsprache begrenzt sind und die aufgrund ihrer Nationalität, Hautfarbe und ihrer Religion – oft in Verbindung mit Merkmalen der sozialen Herkunft und des Geschlechts – vermehrt dem Risiko der Benachteiligung und des Ausschlusses ausgesetzt sind, werden noch immer vorrangig als „*Zusatzaufgabe*" behandelt. Punktuelle Fördermaßnahmen, fast ausschließlich beim Eintritt in die Schule, sollen den Kindern aus Einwandererfamilien in sprachlicher Hinsicht den Anschluss ermöglichen. In den 1990er Jahren wurden die unterschiedlichen kulturellen Lebenshintergründe der Schülerinnen und Schüler vermehrt zum Thema in Unterricht und Schulleben. Jedoch erst allmählich werden diese Maßnahmen von grundsätzlicheren Fragen danach überlagert, inwiefern die Schule noch in der Lage ist, den sozialen Wandel im Rahmen ihrer historisch gewachsenen Strukturen und etablierten Problemlöseverfahren zu bewältigen.

Es waren vor allem die im Rahmen von PISA[1] und IGLU[2] durchgeführten Schulleistungsvergleiche, die nicht nur die geringe Leistungsfähigkeit der Schule in Deutschland in den Blickpunkt gerückt haben, sondern auch das eklatante Gerechtigkeitsdefizit, das sich vor allem in den Benachteiligungen von Kindern und Jugendlichen mit Migrationshintergrund manifestiert.[3] Die Ergebnisse der großflächigen Leistungsvergleichsstudien korrespondieren mit den Befunden zahlreicher Untersuchungen, die in den 1990er Jahren bei der Suche nach den Ursachen der unterdurchschnitt-

---

1 Programme for International Student Assessment; vgl. OECD (2001), Deutsches PISA-Konsortium (2001, 2003); speziell mit Bezug auf das Thema Migration s. z.B. den Sammelband von Auernheimer (2003).
2 Internationale Grundschul-Lese-Untersuchung; vgl. Bos et al. (2003).
3 Katarina Tomasevski, Professorin für internationales Recht und internationale Beziehungen an der Lund-Universität in Schweden, die bis 2004 Sonderberichterstatterin der Vereinten Nationen zum Recht auf Bildung war, betrachtet etwa die Diskriminierung von schulreifen Kindern in Deutschland, die aufgrund fehlender Deutschkenntnisse nicht eingeschult werden, als gravierenden Verstoß gegen das Recht auf Bildung. Bildung als öffentliches Gut, das allen Menschen unentgeltlich zusteht, sollte Tomasevski zufolge ein Menschenrecht sein (vgl. TAZ 16.3.2005).

lichen Schulerfolge von Kindern und Jugendlichen mit Migrationshintergrund einen Perspektivenwechsel angestoßen haben. Statt der Eigenschaften der Betroffenen, ihres familialen Hintergrundes und ihrer Herkunftskultur richtet sich die Aufmerksamkeit zunehmend auf den *Ort*, an dem die Realisierung des Potentials von Schülerinnen und Schülern in so unterschiedlichem Maße gelingt – auf die Schule als Institution und Organisation. Vor allem ethnographische Untersuchungen des Unterrichtsgeschehens, der Beziehungen zwischen Lehrerinnen und Lehrern und Eltern, von schulischen Entscheidungsaktivitäten oder der in den Schulen vorherrschenden Problemwahrnehmungen und Deutungsmuster vermitteln Einsichten, *wie* soziale Ungleichheiten im Schulalltag regelmäßig hergestellt werden – eingebettet in die „normalen" organisatorischen Strukturen, Programme, expliziten und impliziten Regeln, Kommunikationsformen, Habitualisierungen und Routinen, die für das pädagogische Handeln konstitutiv sind.[4]

Gegen solche Wirkungen – so ein Fazit aus diesen Studien – kann die Intensivierung der Strategie der Förderung der „benachteiligten" Schülerinnen und Schüler wie auch die Sensibilisierung der einzelnen Lehrerinnen und Lehrer in Aus- und Fortbildung für den pädagogischen Umgang mit kultureller Diversität wenig ausrichten. Erforderlich sind weitaus zielgerichtetere und kreativere Herangehensweisen, die auf unterschiedlichen Ebenen gleichzeitig ansetzen. Dabei ist der Interventionspunkt von den Individuen auf die *Organisationen* zu verlagern, die die Anforderung zur Verbesserung der Chancengleichheit in ihre Strukturen, Programme und Routinen integrieren müssen.

Die vorliegende Untersuchung beschäftigt sich mit neueren schulpolitischen Strategien, die eine grundsätzlichere Antwort auf die migrationsbedingte Pluralisierung zu geben versuchen. Das Neue besteht darin, dass Aspekte der Pluralität und Kriterien der Bildungsgerechtigkeit in breiteren Programme zur Entwicklung und Evaluation der Schulen und des Schulsystems integriert werden. Solche Programme werden in Deutschland seit rund zehn Jahren – in anderen Ländern teilweise schon früher – unter Begriffen wie „Schulautonomie" und „Qualitätssicherung" eingeführt. Da die Politik der Qualitätssicherung in multikulturellen Schulen in Deutschland eine neuartige Herangehensweise ist, werden in einem internationalen Vergleich unterschiedliche Programme in drei europäischen Ländern (England, Deutschland und die Schweiz) untersucht.

Das Erkenntnisinteresse bewegt sich auf zwei Ebenen: *Erstens* will die Untersuchung die Chancen erkunden, die der Ansatz der lokalen Schulentwicklung und die neuen Instrumente zur Qualitätssicherung für eine erfolgreiche Integration von Kindern und Jugendlichen mit einem Migrationshintergrund in Schule und Berufsausbildung bieten. Sie bleibt jedoch skeptisch, inwiefern die momentane Betonung des „institutionellen Wandels" und der Qualität von Schule tatsächlich dazu beiträgt, dass die Organisationen und die schulischen Prozesse auch unter Gesichtspunkten der Bildungsgerechtigkeit nachhaltig verbessert werden können. Die Untersuchung geht da-

---

4 Vgl. z.B. Gogolin/Neumann (1997), Weber (2003), Gomolla/Radtke (2002).

her *zweitens* der Frage nach, ob und wenn ja, inwiefern im breiteren Reformkonzept der Marktsteuerung, mit dem die Politik der lokalen Schulentwicklung gegenwärtig in den meisten Ländern verknüpft ist, Mechanismen der Benachteiligung und des Ausschlusses von Migrantinnen und Migranten verfestigt oder neu geschaffen werden.

Ad 1.: Die Entwicklung inklusiver Schulen in der Einwanderungsgesellschaft

Die Frage nach den institutionellen Arrangements, die Schulerfolg ebenso wie Schulversagen schaffen, ist nicht neu. Sie wurde in den USA und in Großbritannien in den 1960er und Anfang der 1970er Jahre unter anderem durch groß angelegte Bildungsberichte provoziert, die zu dem ernüchternden Ergebnis kamen, dass die unterschiedlichen Leistungsresultate einzelner Bevölkerungsgruppen von der Art und vom Umfang des Unterrichts relativ unabhängig seien, sondern fast vollständig vom familiären und sozio-kulturellen Hintergrund determiniert würden (vgl. Coleman et al. 1966; Plowden 1967; Jencks et al. 1972). Die in Reaktion auf diese Befunde entstehende Schuleffektivitätsbewegung stellte dagegen das durchaus unterschiedliche Potential einzelner Schulen heraus, zu einem Ausgleich sozialer Ungleichheiten beizutragen (vgl. Edmonds 1979; Edmonds/Frederiksen 1978; Rutter et al. 1980; Purkey/Smith 1983). In den USA, Großbritannien, Kanada und Australien hat die Idee des *„school restructuring"* oder *„whole-school-change"*, verstanden als Implementierung von Programmen, die Verbesserung der Organisationen und Leistungen von Organisationen im Bildungsbereich auch unter Zielen der Chancengleichheit gewährleisten sollen, in den 1970er und 1980er Jahren die Debatten über die schulische Integration ethnischer Minoritäten stark beeinflusst (vgl. McGee Banks 1993; Troyna 1993).

Die Impulse der frühen Schuleffektivitäts- und Schulentwicklungsbewegung wurden auch in der Bundesrepublik aufgegriffen. Inspiriert durch reformpädagogische Ideen oder Konzepte der Stadtteilschule versuchten vor allem einzelne engagierte Lehrpersonen, ihre Schule und Arbeitsweisen besser auf lokale Problemlagen abzustimmen und sich zu diesem Zweck mit benachbarten Schulen und anderen lokalen Institutionen und Interessengruppen zu vernetzen (vgl. z.B. Reinhardt 1992). Insbesondere in Wohnvierteln mit hohen Anteilen zugewanderter Wohnbevölkerung wurde eine Bandbreite von Strategien entwickelt, um die Zugangsvoraussetzungen von Kindern mit Migrationshintergrund zur Schule zu verbessern und das Zusammenleben der verschiedenen Bevölkerungsgruppen in Schule und Stadtteil positiv zu gestalten (z.B. vorbereitende Sprachkurse für Kinder und Eltern, Müttergruppen, Behandlung interkultureller, interreligiöser und antirassistischer Themen im Unterricht, zusätzliche Lernangebote am Nachmittag, gezielte Elternarbeit oder die aktive Gestaltung des Schullebens unter der Zielsetzung eines friedlichen und respektvollen Miteinanders).

Das Anliegen des schulischen Wandels *an sich* blieb jedoch auch im Rahmen solcher Initiativen eher implizit und diffus. Fragen nach Strategien, die geeignet sind, um die Schulorganisationen wirksam an die sprachliche und sozio-kulturelle Pluralisierung anzupassen, nach den Dynamiken, die bei der Umsetzung solcher Konzepte entfaltet werden und nach ihren genauen Wirkungen wurden in der interkulturellen Bildungsdebatte in Deutschland bisher weitgehend vernachlässigt.[5]

Aus Schulentwicklung als einer von der Basis getragenen Bewegung ist im Zuge der gegenwärtigen Tendenz zur Verlagerung von Entscheidungskompetenzen auf die einzelnen Schulen (Stichworte: Schulautonomie, Schulprogramm-Arbeit, Evaluation) nun offizielle Politik geworden, die in den Bundesländern als „*Top-Down*-Reform" umgesetzt wird. Die neue internationale Schulqualitätsdiskussion unterscheidet sich von den Schulentwicklungskonzepten der 1980er Jahre vor allem durch die klarere Fokussierung auf den Unterricht als den Kernbereich des schulischen Handelns und auf die Leistungsresultate und Schulerfolge (vgl. Ditton 2000; Rüesch 1999).

Die *erste Leitthese*, die in der vorliegenden Untersuchung empirisch untermauert werden soll, lautet, dass der momentane Wandel der Bildungsstrukturen in der deutschen Diskussion über die schulische Integration von Kindern aus Einwandererfamilien potentiell Spielräume für kohärentere Programme eröffnet, die auf eine bessere Anpassung der Schulorganisationen an die Heterogenität gerichtet sind und die sich als wirksam erwiesen haben, Ungleichheiten in der Bildungsbeteiligung entlang der Trennlinien ethnischer Herkunft und sozialer Schichtzugehörigkeit abzubauen.

Ad 2.: Die Politik der Schulautonomie und soziale Gerechtigkeit

Seit rund 25 Jahren wird der Ansatz der lokalen Schulentwicklung zunehmend mit dem Reformkonzept der *Marktsteuerung* verknüpft. Im Pflichtschulbereich, um den es im Rahmen der vorliegenden Studie ausschließlich geht, bestehen die aktuellen Reformen gewöhnlich aus einer Kombination von einem veränderten Bildungsmanagement bzw. der Einführung von *New Public Management*-Elementen und der Erhöhung von Wahlmöglichkeiten für die Eltern und Schülerinnen und Schüler, deren Rolle als Kundinnen und Kunden von Bildung gestärkt werden soll, zwischen unterschiedlichen Schulen einer Schulform bis hin zur freien Schulwahl. Die Ausweitung der Gestaltungsspielräume der einzelnen Schulen ist vom Aufbau neuer Systeme der öffentlichen Rechenschaftslegung und Kontrolle begleitet.

Ein auffälliges Merkmal dieser so genannten „inneren Schulreform" – aufgrund der tiefgreifenden strukturellen Veränderungen sind Formulierungen wie „wirkungs- und marktorientierte Bildungsreformen" (vgl. Steiner-Khamsi 1998, 2000) zutreffender – besteht darin, dass ihre komplexen und weitreichenden Implikationen, etwa hinsichtlich der demokratischen Legitimation und Partizipation, der Chancengleichheit, aber auch des Wandels des Begriffs der öffentlichen Bildung von einem öffentlichen Gut zu einer Dienstleistung und Ware oder ihre Auswirkungen auf die Arbeit der Lehrerinnen und Lehrer kaum in einer breiten Öffentlichkeit diskutiert werden. Dass in der wissenschaftlichen Fachwelt mittlerweile vielfältige überzogene Erwartungen und unterschätzte Schwierigkeiten bei der Einführung markt- und wettbewerbsorientierter Steu-

---

5 Als Ausnahme vgl. z.B. Auernheimer et al. (1996); Fischer et al. (1996).

erungsinstrumente zugestanden werden (vgl. z.B. von Recum 1999), wird in der Politik kaum zur Kenntnis genommen. Beharrlich ignoriert wird in Forschung und Politik vor allem der Befund zahlreicher Studien aus Ländern, in denen die Deregulierung weiter fortgeschritten ist, dass die Autonomisierung soziale Ungleichheiten im Bildungssystem verschärft und speziell für Schülerinnen und Schüler mit Migrationshintergrund gravierende Risiken mit sich bringt. Dabei machen viele Untersuchungen deutlich, dass diese Wirkungen nicht allein aus der Kopplung von Autonomie mit freier Schulwahl und dem dadurch freigesetzten Wettbewerb zwischen den Schulen resultieren. Als ausschlaggebend erweist sich auch ein mit der Kommerzialisierung der Bildung einhergehender tiefgreifender Wandel der Unterrichtsinhalte und -methoden und der schulischen Lernkulturen in allen Bereichen, der die Spielräume für emanzipatorische und egalitäre Erziehungsaspekte drastisch beschneidet (vgl. z.B. Whitty et al. 1998; Radtke/Weiß 2000; Lohmann/Rilling 2002; Munín 2002).

Solche Befunde lassen die Frage aufkommen, ob die Autonomisierung tatsächlich neue Spielräume schaffen wird, um besser als bisher auf die Herausforderungen der Integration, Interkulturalität und der damit verbundenen Heterogenität in den Lerngruppen reagieren zu können, wie es von manchen Vertreterinnen und Vertretern der Schulentwicklungsbewegung vorausgesetzt zu werden scheint. In den politischen Programmen zur Einführung der neuen Steuerungsmodelle in vielen deutschen Bundesländern ist hingegen zunächst einmal festzustellen, dass die Aspekte der sprachlichen und kulturellen Heterogenität und Ziele der Chancengleichheit kaum explizit thematisiert werden. Im Gegenteil: In den 1990er Jahren zeichnen sich in Deutschland ähnliche Überlagerungen interkultureller Bildungsziele durch universelle Themen der Schulentwicklung ab, wie sie auch in anderen Ländern als Begleiterscheinung der Deregulierung beobachtet werden (vgl. Steiner-Khamsi 2000). Bisher finden sich in der Schulforschung jedoch kaum empirische Studien, die auf sorgfältige Klärung zielen, wie sich Ziele der Qualität und Effizienz mit Kriterien der Bildungsgerechtigkeit verbinden lassen.

Auch in Deutschland könnten sich die neuen Steuerungsinstrumente, so die *zweite Leitthese* der vorliegenden Untersuchung, statt als Lösung rasch als Teil des Problems erweisen und die institutionellen Ursachen sozialer Ungleichheiten unangetastet lassen oder erheblich verschärfen. Die möglichen Chancen der gegenwärtigen Bildungsreformen, für die Entwicklung kohärenterer Maßnahmen zur Integration der Kinder und Jugendlichen mit Migrationshintergrund, sind sorgfältig mit neuen Risiken zur Verschärfung von Bildungsungleichheit abzuwägen, die im hinter dem Schlagwort der Schulautonomie stehenden Gesamtrahmen der veränderten Steuerung, Finanzierung und Organisation der schulischen Bildung angelegt sind.

1.2 Leitfragen und Ziele

Als heuristische Folie für eine komparative Untersuchung von Programmen der Schulentwicklung, mit denen der Versuch gemacht wird, Maßnahmen zur Bekämpfung ethnischer Ungleichheit systematisch in umfassendere Systeme zur schulischen Qualitätssicherung zu verankern, ist die Theorie der *institutionellen Diskriminierung* besonders geeignet. Diese auf die Diskussion zum institutionellen Rassismus in den USA (vgl. Carmichael/Hamilton 1967) und in Großbritannien (vgl. Troyna/Williams 1986; Macpherson of Cluny 1999) zurückgehende Analyseperspektive zielt auf die Beobachtung von organisatorischem Handeln speziell unter Gesichtspunkten der Ungleichheit. In der methodologischen Verschränkung mit Konzepten der neueren amerikanischen Organisationsforschung eröffnet die Theorie der institutionellen Diskriminierung eine sozialkonstruktivistische Perspektive auf das Schulgeschehen (vgl. Gomolla/Radtke 2002). Institutioneller Wandel in antidiskriminatorischer Absicht wird in dieser Perspektive als komplexer Prozess in den Organisationen begreifbar, der nicht nur von den Akteuren und den lokalen Handlungsbedingungen, sondern auch von Faktoren im breiteren politischen und gesellschaftlichen Umfeld der Schule bestimmt ist.

Aus der Perspektive der institutionellen Diskriminierung lassen sich Strategien der Schulentwicklung im Kontext der aktuellen Bildungsreformen auf zwei Ebenen betrachten:

Auf der einen Ebene ist zu untersuchen, ob Ansätze der Schulentwicklung in multikulturellen Kontexten tatsächlich dazu beitragen, dass (a) die schulischen Arrangements die Vielfalt der Lernvoraussetzungen und -bedürfnisse besser reflektieren und (b) in gemeinsamen Anstrengungen, vor allem seitens der Lehrkräfte in den Schulen, diskriminierende Mechanismen sichtbar gemacht und der Veränderung zugänglich werden (soweit dies im begrenzten Handlungsrahmen einzelner Schulen möglich ist).

Zusätzlich zum Prozess des organisationalen und pädagogischen Wandels in den Schulen ist in den Blick zu nehmen, inwiefern die gegenwärtigen Umstellungen der Kontrolle und Finanzierung der Bildung neben neuen Spielräumen auch neue Mechanismen institutioneller Diskriminierung schaffen, die die Wirkungen von Maßnahmen, die explizit auf die Verbesserung der Chancengleichheit gerichtet sind, unterlaufen.

Dieser zweite Fokus der Analyse trägt der Tatsache Rechnung, dass sich nicht im Sinne von simplen *„best practice"*-Modellen von Strategien aus anderen Bildungssystemen lernen lässt. Die Auswirkungen schulpolitischer Innovationen auf Ziele der Gleichheit, Gerechtigkeit und Partizipation lassen sich nur abschätzen, wenn man sie nicht als isolierte Maßnahmen betrachtet, sondern in ihrem sozialen und politischen Kontext analysiert (vgl. Dale 1999; Whitty et al. 1998).

Im Unterschied zu den Zielen und Vorgehensweisen einer Evaluation versteht sich die vorliegende Untersuchung als Beitrag zur Theoriebildung. Einerseits will sie an die aktuelle Schulentwicklungs- und Schulqualitätsdiskussion anschließen, in der Aspekte der Pluralität und Chancengleichheit noch immer nur marginal berücksichtigt werden. Andererseits knüpft die Studie an die Organisationsentwicklungsdiskussion im Feld der interkulturellen Bildung an, deren vorrangiger Lebensweltbezug als unzureichend kritisiert wird, um die institutionellen Bildungsbarrieren von Kindern und Jugendlichen mit Migrationshintergrund abzubauen. Unter der Frage nach den institutionellen

Mechanismen der Reproduktion ethnischer Ungleichheit soll zugleich der Wandel der Mechanismen institutioneller Diskriminierung im Zuge der aktuellen, um die Reformkonzepte der Schulautonomie und Marktsteuerung zentrierten Bildungsreformen sichtbar gemacht werden. Der Ertrag der auf einer sozialwissenschaftlich fundierten empirischen Analyse gestützten Abschätzung der Chancen und Risiken der Autonomie soll schließlich auch dazu dienen, praktische Anregungen für die Gestaltung politischer und pädagogischer Prozesse zu gewinnen.

1.3 Untersuchungsdesign und methodisches Vorgehen

Um beides zu erfassen, die Details der Schulentwicklungspraxis und Effekte des breiteren politischen und sozialen Kontextes auf die Schulentwicklung, vergleicht die vorliegende Arbeit drei unterschiedliche Modelle zur Entwicklung inklusiver Schulen in der Einwanderungsgesellschaft in drei Ländern. Als Gegenstand für eine komparative Studie wurden die folgenden Strategien ausgewählt:
- der Schwerpunkt „Interkulturelle Verständigung" im Landesprogramm „Gestaltung des Schullebens und Öffnung von Schule" (GÖS) in Nordrhein-Westfalen (Deutschland);
- das Projekt „Qualität in multikulturellen Schulen" (QUIMS), ein Teilvorhaben der laufenden Volksschulreform im Kanton Zürich (Schweiz) und
- neue Initiativen zur Verbesserung der Schulleistungen ethnischer Minderheiten und zum Abbau institutioneller Diskriminierung im Erziehungssystem in England.

Die Länderauswahl erfolgte nach dem Prinzip des theoretischen *Sampling* (vgl. Strauss 1991, 70). Das entscheidende Auswahlkriterium war das Vorhandensein von Ansätzen zur expliziten Verknüpfung von Konzepten der Schulentwicklung mit multikulturellen Schulrealitäten. Ein gemeinsames Problem in allen drei Ländern ist das Problem der unterdurchschnittlichen Bildungsbeteiligung von Schülerinnnen und Schülern mit einem Migrationshintergrund. Auf dem Hintergrund der wachsenden globalen Verflechtungen und des voranschreitenden Europäischen Einigungsprozesses weisen die drei Länder vielfältige Bezüge untereinander auf, die im vorliegenden Untersuchungskontext von Interesse sind: So macht sich etwa in der Schweiz, auch wenn sie anders als Deutschland und Großbritannien kein Mitgliedsstaat der Europäischen Union ist, deren Einfluss im Bildungswesen, beispielsweise in der Schulsprachenpolitik, deutlich bemerkbar. Die Schulreformen der 1990er Jahre in der Schweiz und in Deutschland sind stark von den englischen Strukturreformen beeinflusst, die dort seit 1988 stattfinden. Ein wichtiger Vergleichsaspekt war der Umstand, dass in England und in der Schweiz die Autonomisierung früher initiiert wurde und weiter fortgeschritten war als in Deutschland, zwischen dem englischen und dem Zürcher Bildungssystem jedoch erhebliche Unterschiede hinsichtlich des Stellenwertes von Markt- und Wettbewerbsmechanismen bestehen.

Die drei ausgewählten Strategien werden zunächst in ihrer Eigendynamik in dem politischen und sozialen Kräftefeld untersucht, in dem sie entwickelt und umgesetzt werden. In jeder Länderstudie wird die Analyse der im Mittelpunkt stehenden politischen Strategien durch die exemplarische Fallstudien einer Grundschule ergänzt. Diese zielt auf die Beobachtung der Umsetzung der Strategien unter den konkreten Handlungsbedingungen einer Schulorganisation in ihrem lokalen Umfeld. Die Entscheidung für Grundschulen (statt Sekundarschulen) erfolgte aufgrund des Erkenntnisinteresses an Strategien zum Abbau institutioneller Diskriminierung. Sie trägt der Tatsache Rechnung, dass die zentralen Selektionsschwellen im deutschen Bildungssystem in der Primarstufe liegen (vgl. Gomolla/Radtke 2002).

Die Suche nach geeigneten Schulen erfolgte in jedem Land mit Hilfe von Kontaktpersonen und über persönliche Empfehlungen. Die ausgewählten Schulen in einer Stadt des Ruhrgebiets (Nordrhein-Westfalen), einer Industriestadt im Kanton Zürich und in einem Bezirk der Süd-Londoner Innenstadt (England) in ihrem jeweiligen Umfeld werden in den Fallstudien (Kapitel 4 bis 6) ausführlich vorgestellt. Eine ca. einwöchige Hospitationsphase in den Schulen (Frühjahr 1999 bis Ende Februar 2000) wurde durch Informationsgespräche und Interviews mit den jeweiligen Institutionen, die die Schulentwicklungsprojekte koordinierten und zum Teil begleiteten, sowie mit Kooperationspartnerinnen und -partnern der Schulen ergänzt, um die institutionelle Unterstützung der Entwicklungsarbeit in den Schulen und ihre Vernetzung im lokalen Handlungskontext genauer zu erfassen. In der Schweiz war die Feldforschung zudem in ein dreimonatiges Forschungspraktikum in der QUIMS-Projektgruppe an der kantonalen Bildungsdirektion (September bis Dezember 1999) integriert.

In Abbildung 1 sind die verschiedenen Ebenen und Felder der Datengewinnung systematisiert:

Schulsystem	England/London	Schweiz/Zürich	Deutschland/NRW
Rahmenbedingungen	Einwanderungspolitische Faktoren Strukturen des Bildungssystems und Variante der Autonomisierung Antworten des Bildungssystems auf Einwanderung und Minderheiten		
Mainstream-Modell zur Entwicklung und Sicherung der Schulqualität	Kohärentes System zur Entwicklung und Evaluation der Schulqualität	Einführung der Teilautonomie als Basis der Volksschulreform	Einführung der Teilautonomie
Integration von Aspekten der Pluralität und Gleichheit	Zielvorgaben und Instrumente zur Verbesserung der Leistungen ethnischer Minoritäten	"Qualität in multikulturellen Schulen" (QUIMS)	"Interkulturelle Verständigung" als Themenschwerpunkt im Landesprogramm "Gestaltung des Schullebens und Öffnung von Schule" (GÖS)
Koordinierende und/oder begleitende Institution	Local Education Authority (LEA)	Kantonale Bildungsdirektion	Landesinstitut für Schule und Weiterbildung
Exemplarische Fallstudie einer Grundschule	Brook Primary School (Inner London)	Grünberg-Schule (Industriestadt im Kanton Zürich)	Nordpark-Schule (Ruhrgebietsstadt, NRW)

Abbildung 1: Datenebenen und Felder

Die Datenerhebung in den Schulen und Behörden erfolgte mit Hilfe ethnographischer Verfahren (Dokumentenanalyse, halbstrukturierte Leitfadeninterviews, Interviews mit Expertinnen und Experten und teilnehmende Beobachtungen). Zur Auswertung der Dokumente, Interviewtranskripte und Beobachtungsnotizen dienten Strategien der datenbasierten Theorieentwicklung (vgl. Strauss 1991). Die Interviewtranskripte wurden zusätzlich mit Hilfe argumentationsanalytischer Verfahren ausgewertet, um die Wissens- und Deutungshaushalte herauszuarbeiten, mit denen die Beteiligten das Unterrichts- und Schulgeschehen interpretieren (vgl. Radtke 1996).

Die Untersuchungsanlage entspricht dem empirisch-analytischen Verständnis einer sich als vergleichende Sozialwissenschaft verstehenden Vergleichenden Erziehungswissenschaft, mit dem die klassischen Länderstudien im Sinne einer eingeschränkten „intra-educational analysis" die besonders in den 1960er und 1970er Jahren vorherrschend waren, überwunden wurden (vgl. Schriewer 1982). Über die bloße Deskription der Phänomene hinausgehend ging es gerade darum, deren Verankerung im breiteren politischen und sozialen Umfeld bzw. das Beziehungsgefüge von Bildung/Erziehung und dem jeweiligen gesellschaftlichen Kontext darzustellen (vgl. Hörner 1999, 109).

International vergleichende Studien haben schon immer wichtige Erkenntnisse zum Verständnis von Bildungssystemen geliefert – nicht nur von „anderen" Bildungssystemen, sondern auch der Prozesse im eigenen Land. Besonders mit Blick auf die gegenwärtigen internationalen Tendenzen zur Deregulierung heben Geoff Whitty, Sally Power und David Halpin (1998) hervor, dass die Bedeutung international vergleichender Dimensionen über das Verständnis von Bildungsphänomenen in ihren jeweiligen gesellschaftlichen Kontexten weit hinaus reicht: *„it is increasingly becoming important for **explaining** education processes"* (Whitty et al. 1998, 6; Hervorh. i. Orig.). Obwohl das Ausmaß und der Charakter der Globalisierung umstritten sind, bestehe kein Zweifel, dass manche Länder auf ähnlichen Druck reagieren müssen und Politiken einführen, die sich bemerkenswert ähnlich seien. Gerade hierin liegt jedoch auch ein gravierendes Risiko für Fehlinterpretationen und ein oberflächliches Verständnis von Bildungsphänomenen:[6]

> "Thus, while in some senses the current interest in devolution and choice may be indicative of tendencies of global proportions, we have to understand the working out of those tendencies in very different social and cultural contexts. This means we have to be especially careful about using the experience of one context and applying it to others. Education systems have particular structures and embody particular assumptions which are deeply imbedded in their time and place. Knowledge of the fine-grain detail of their implementation is necessary before reforms in one context can be used as models for policy-making in another, and much the same might be said about the lessons that can be learnt from them." (Whitty et al. 1998, 7)

Eine spezielle Schwierigkeit internationaler Vergleichsstudien bestehe darin, so Whitty, Power und Halpin, dass beim Versuch der Kontextualisierung von Bildungsphänomenen leicht ignoriert werde, dass es sich nicht nur um geographisch sondern auch um historisch spezifische Phänomene handelt. Ein Vergleich von Bildungsreformen in verschiedenen Bildungssystemen sei notwendigerweise immer auch – zumindest implizit – ein Vergleich über die Zeit. Die Geschichte von Bildungssystemen dürfe nicht verzerrt werden, beispielsweise indem der Einfluss der aktuellen Reformen überbetont oder die Unzulänglichkeiten der früheren Arrangements ignoriert werden.

1.4 Anlage der Studie

Die Studie gliedert sich in drei Hauptteile mit insgesamt acht Kapiteln. Den Untersuchungszielen und Erkenntnisinteressen entsprechend erfolgt im Anschluss an die Einleitung im *ersten Teil* eine theoretische Einordnung der Untersuchung. Die ersten beiden Kapitel begeben sich auf die Suche nach Anknüpfungspunkten zwischen der Thematik der Schulautonomie und dem Problem der ethnischen Ungleichheit. Die Annäherung geschieht im *zweiten Kapitel* zunächst durch eine Einführung in den Problemzusammenhang der internationalen Restrukturierungen der Systeme der Finanzierung, Steuerung und Kontrolle der Systeme der öffentlichen Schulbildung. In der Durcharbeitung der Forschungsliteratur, vor allem aus den angelsächsischen Ländern, werden die Schlüsselelemente der Reformen und die Transformationen im Begriff der

---

6 Wolfgang Hörner (1999) verweist auf das grundsätzliche Dilemma, ob die Untersuchung von Phänomenen in ihrer Besonderheit (idiographischer Ansatz) einen praktischen Übertragungswert haben können.

öffentlichen Bildung aufgezeigt. Der Akzent des Kapitels liegt auf der Beschreibung der komplexen Strukturveränderungen, die für den schulischen Umgang mit einer sprachlich und kulturell heterogenen Schülerschaft besonders relevant sind. Im Schluss des Kapitels werden zentrale Leerstellen und theoretische Kurzschlüsse des Paradigmas der Schuleffektivität unter Gesichtspunkten der Pluralität und Chancengleichheit beleuchtet. Im *dritten Kapitel* wird die Erklärungsperspektive der institutionellen Diskriminierung als analytischer Bezugsrahmen für den internationalen Vergleich fruchtbar gemacht. Nach einem Hinweis auf die Geschichte des Begriffs werden Leitdimensionen herausgearbeitet, um die Theorie der institutionellen Diskriminierung in der Verschränkung mit Konzepten der neo-institutionalistischen Organisationsforschung auf den Doppelgegenstand der Schulautonomie/Schulentwicklung und auf die Thematik des institutionellen Wandels zu übertragen. Auf der Basis der theoretischen Überlegungen werden die Untersuchungsfragen für den empirischen Vergleich weiter ausgearbeitet.

Im *zweiten Teil* wird die Genese und Umsetzung der drei Modelle zur Schulentwicklung in der Einwanderungsgesellschaft zunächst in Form von Länderstudien in ihrem spezifischen politischen und sozialen Kräftefeld untersucht *(Kapitel vier bis sechs)*. In Vorbereitung des zusammenfassenden Vergleichs sind die Länderstudien nach einem einheitlichen Schema angelegt: Um die institutionellen Randbedingungen der untersuchten Innovationen auszuloten, werden zunächst die Migrationsgeschichte, die Entwicklung der Bildungsbeteiligung von Kindern und Jugendlichen mit Migrationshintergrund und die Schulstrukturen einschließlich der spezifischen Reaktionen auf die Einwanderung auf nationaler Ebene (England) und im Fall NRW und Zürich zusätzlich auf der Länder- bzw. Kantonsebene skizziert. Im Mittelpunkt steht eine ausführliche Beschreibung der untersuchten Strategie zur Schulentwicklung als Antwort auf migrationsbedingte Pluralisierung. Diese stützt sich in allen drei Fallstudien auf die Auswertung der relevanten Fachliteratur und von „grauer Literatur", Dokumenten und Materialien, die von den involvierten Behörden zur Verfügung gestellt wurden. Zusätzlich wurden Informationen aus informellen Gesprächen und Interviews mit Fachleuten an den involvierten Behörden einbezogen. In jeder Länderstudie wird die Umsetzung der Schulentwicklungsstrategie im Handlungskontext einer konkreten Organisation in einer exemplarischen Fallstudie beleuchtet.

Der *dritte Teil* führt die Befunde der Fallanalysen zusammen. Im *siebten Kapitel* werden die Ergebnisse der Länderstudien unter den Leitfragen der Untersuchung noch einmal zusammenfassend ausgewertet. Das Kapitel beginnt mit einer detaillierten Kontrastierung der unterschiedlichen Konzepte entlang von in den Länderstudien entwickelten Kategorien. Anschließend werden idealtypische Muster des organisationalen Wandels rekonstruiert. In einem dritten Vergleichsschritt wird die unterschiedliche Stoßrichtung der Konzepte noch einmal unter Einbezug des breiteren schulpolitischen Dispositivs kontrastiert.

Auf der Basis des zusammenfassenden Vergleichs werden im *achten Kapitel* Elemente einer pragmatischen Strategie zur Entwicklung inklusiver Schulen in der Einwanderungsgesellschaft benannt, die sich als Orientierungsrahmen nutzen lassen, um Aspekte der sozialen Pluralisierung im gegenwärtigen Reformkontext gezielt zu berücksichtigen und sie nicht – möglicherweise stärker als zuvor – zu Ausschlusskriterien werden zu lassen.

TEIL I: THEORETISCHE GRUNDLAGEN

2. Schulautonomie, Pluralität und Gleichheit

Das zweite Kapitel untersucht die Auswirkungen der internationalen Tendenzen zur Dezentralisierung im Bereich der öffentlichen Schule auf die Chancengleichheit, insbesondere auf die Bildungsbeteiligung von Schülerinnen und Schülern mit Migrationshintergrund. Zunächst werden in aller Kürze die Schlüsselelemente der aktuellen Reformen skizziert, in deren Zentrum die Einführung von teilautonomen Schulen mit dem Ansatz der Schulentwicklung in den einzelnen Schulhäusern stehen. Danach werden anhand neuerer Studien, vor allem aus den anglo-amerikanischen Ländern, die weitreichenden Strukturveränderungen beleuchtet, die für den schulischen Umgang mit einer sprachlich und sozio-kulturell heterogenen Schülerschaft bedeutsam sind. In einem abschließenden Resümee werden einige zentrale Engführungen der Forschung zu den Themen Schulautonomie und Schulqualität diskutiert.

2.1 Das Reformkonzept der Dezentralisierung und Marktsteuerung

2.1.1 Umrisse der internationalen Schulentwicklungsdiskussion

Seit rund 20 Jahren lassen sich mit zunehmender Tendenz in zahlreichen Ländern Versuche der Umstrukturierung des öffentlichen Schulwesens beobachten, die mit neuen politischen Leitbildern wie „Kostenwirtschaftlichkeit, hohe Leistungsqualität, ‚Kundenorientierung', Angebotsvielfalt, Flexibilität, Autonomie und Deregulierung" (Weiß 2000, 35) begründet werden. Sie basieren im Wesentlichen auf zwei Annahmen: *erstens* dass für die Wirtschaftsentwicklung geeignete Konzepte des Managements und der Organisationsentwicklung auch geeignet sind, die Effektivität und Effizienz des öffentlichen Schulwesens zu verbessern; *zweitens* dass Schulen umso bessere Schulen werden, je mehr sie den Grundsätzen der freien Marktwirtschaft unterworfen werden. Im Pflichtschulbereich, um den es im Rahmen der vorliegenden Studie ausschließlich geht, bestehen die Reformen gewöhnlich aus einer Kombination von (1) Strategien der Autonomisierung mit dem Ansatz der Schulentwicklung in den einzelnen Schulhäusern; (2) der Ausweitung der Gelegenheiten zur freien Schulwahl und (3) einer Verstärkung der Rechenschaftslegung und staatlichen Kontrolle.

Zu 1.: Die erste Säule der Reformen ist die Etablierung eines neuen Bildungsmanagements. Zentrale Bildungsbürokratien sollen zugunsten einer Stärkung der unteren Ebene der Schulen abgebaut werden. Im Zuge von Kompetenzverlagerungen vom Zentrum an die „Peripherie" erhalten die Bildungseinrichtungen mehr institutionelle

Autonomie, mit größerer Handlungs- und Entscheidungsfreiheit der Akteure. Mit Hilfe von Instrumenten zur Organisationsentwicklung aus der Privatwirtschaft und dem Management sollen die Schulen flexibler und situativ angemessener auf lokale Problemlagen reagieren. Dadurch sollen sie eine größere und effizientere Problemlösungskompetenz entwickeln:

„Das Ziel ist es, Schulen in ‚lernende Organisationen' zu verwandeln, die sich im Rahmen der weiterhin bestehenden gesetzlichen Vorgaben selbst organisieren. Um dies tun zu können, brauchen sie einen gewissen Freiraum, benötigen sie eine Teil-Autonomie, die es überhaupt erst ermöglicht, in erweiterter Selbstverantwortlichkeit die eigenen Belange situationsgerecht zu gestalten. Diese teilautonome Schule hat dann nicht nur das Recht, sondern sogar die Pflicht, besondere Schwerpunkte zu setzen, ein ‚Profil' zu entwickeln, den Unterschied zu anderen, nahegelegenen Schulen zu markieren. Dieser Gedanke verknüpft die Schulautonomie-Bewegung mit der Idee, dass den Nutzern der verschiedenen Schulangebote, den Familien also, ein höheres Maß an Auswahlmöglichkeiten zwischen Schulen ein und derselben Form zugebilligt werden soll. Auf diese Weise führt Entstandardisierung zu einer (begrenzten) Integration von Marktelementen in das staatliche Pflichtschulsystem." (Terhart 2001, 29f.)

Zu 2.: Obgleich die schulischen Vorkehrungen weiterhin zum Großteil aus Steuergeldern finanziert werden, gilt die Stärkung der Entscheidungsmacht der „Konsumentinnen" und „Konsumenten" von Bildungsleistungen als weiteres Schlüsselelement der Reformen.[7] In vielen Ländern ist die Übertragung von Entscheidungskompetenzen auf die einzelnen Schulen mit der Erweiterung von Möglichkeiten zur freien Schulwahl *(school choice)* im öffentlichen Bereich verbunden. Gelegentlich werden auch Mittel zur Ausweitung der Wahloptionen auf private Schulen zur Verfügung gestellt, zum Beispiel in Form von Bildungsgutscheinen *(vouchers)*. Betont wird ferner der stärkere Einbezug und die Mitsprache von Eltern und Gemeinden in schulischen Angelegenheiten, geregelt etwa durch Verträge zwischen Schulen und Eltern oder durch die Institutionalisierung von Elternbeiräten. Der durch die Ausweitung der Gelegenheit zur frei-

---

7 Die Reformstrategie der Marktsteuerung wird vielfach mit der berühmten Studie der Amerikaner John E. Chubb und Terry M. Moe: „Politics, Markets and America's Schools" (1990) gerechtfertigt, deren Argumentation auf der Feststellung beruht, dass Privatschulen höhere Leistungsresultate erzielen als öffentliche Schulen (zur Kritik an den Befunden von Chubb und Moe vgl. Weiß 1992). Der Ökonom Milton Friedman hatte bereits in dem 1955 veröffentlichten Aufsatz „The Role of Government in Education" eine Neubestimmung von Bildung als Dienstleistung, wie auch die Konzepte der *school choice* und *vouchers* vorgeschlagen. Friedman schlug vor, die allgemeine Bildung auf der Primar- und Sekundarstufe zwar als öffentliche Aufgabe zu belassen, um ein gemeinsames Minimum für alle Bürgerinnen und Bürger zu garantieren. Daraus könne aber nicht abgeleitet werden, alle staatlichen Schulen direkt und gleich zu subventionieren. Vielmehr müsse der Staat Minimalstandards festlegen, die individuell erweitert werden können. Im Rahmen begrenzter Freiheit (z.B. durch die unangetastet bleibende öffentliche Finanzierung der Schulen oder verpflichtende Programme zur Vorbereitung auf eine demokratische Gesellschaft für alle Schülerinnen und Schüler) müsse statt in Schulen v.a. in die „Kundinnen" und „Kunden" öffentlicher Bildung investiert werden, die über die Art ihrer Schulbildung dann selbst entscheiden sollen (vgl. Friedman 1976, 115ff.).

2. Schulautonomie, Pluralität und Gleichheit

en Schulwahl forcierte Wettbewerb soll die Schulen unter Druck setzen, ein attraktives Bildungsangebot aufrecht zu erhalten. Schlechte Schulen verschwinden nach dieser Logik von selbst, da sie keine Klientel mehr finden. Mit Hilfe der Marktgesetze soll

„die Schule eine bessere Einrichtung werden, in der das Lernen effektiver ist, und diejenigen, die dort arbeiten, motivierter sind. Marktorientierte Reformen sollen zur Flexibilisierung und Modernisierung des Bildungswesens und zu Effizienz- und Qualitätssteigerungen führen, das Regelungssystem des Bildungsmarktes das Steuerungshandeln erleichtern" (von Recum 1999, 75).

Für den Versuch, Marktelemente und private Entscheidungen bzw. das Prinzip der „Kundensouveränität" in die wohlfahrtsstaatliche Versorgung einzuführen, hat sich der Begriff „Quasi-Märkte" etabliert. Quasi-Märkte definieren sich vor allem dadurch, dass die Finanzierung und Bereitstellung öffentlicher Dienste getrennt und unterschiedliche Anbieterinnen und Anbieter, auch aus dem privaten und ehrenamtlichen Bereich, in ein Konkurrenzverhältnis gespannt werden (vgl. Levacic 1995, 167). Der neuseeländische Bildungsforscher Roger Dale (1999) betrachtet Quasi-Märkte als Form einer „staatlich induzierten Einführung nicht-staatlicher Bildungsfinanzierung" (*„whether through the stick of reduced state funding or the carrot of increased organizational autonomy"*; ebd., 276), etwa indem die Schulen angehalten werden, sich um vermehrte Zuschüsse der Gemeinden, Investitionen der Wirtschaft, Fundraising seitens der Eltern, Sponsorenschaft und Spenden zu bemühen, Gebühren zu erheben oder ihr Budget durch eigene wirtschaftliche Aktivitäten aufzustocken (z.B. durch den Verkauf von Computer-Software).

An dieser Stelle ist eine Variante anzuführen, die unter dem Gesichtspunkt der kulturellen Pluralisierung auf den ersten Blick interessant erscheint. Einige Reformmodelle eröffnen die Möglichkeit, finanzielle Mittel für Bildung an bestimmte Interessengruppen und *communities*[8] zu übertragen, die diese dann nach eigenem Ermessen zur Errichtung von Schulen einsetzen können. Diese Strategie gilt zusammen mit freier Schulwahl als Maßnahme, die zu einer stärkeren Spezialisierung und Pluralisierung von Schulen führen soll, um der Diversifizierung von Bildungsbedürfnissen in modernen Gesellschaften besser gerecht zu werden.

Mit diesem Modell liegt – neben der universellen Berechtigung aller Staatsbürgerinnen und -bürger und dem neu eingeführten Zugang als Kundinnen oder Kunden von Dienstleistungen, bei dem die individuellen finanziellen Möglichkeiten ausschlaggebend sind – eine dritte Regelungsvariante im Zugang zu Bildung vor. Dabei handelt es sich um einen explizit und intentional partikularistischen Modus, bei dem die Mitgliedschaft in einer Gruppe über das Anrecht auf Bildungsleistungen entscheidet (z.B. durch eine gemeinsame Sprache, Geschichte oder Kultur; vgl. Dale 1999, 279f.).

---

8   Im angelsächsischen Raum meint der Begriff *„community"* die Bewohnerinnen und Bewohner im Einzugsgebiet einer Schule als „Schulgemeinde" als auch einzelne ethnische Minoritätengruppen (vgl. Steiner-Khamsi 2000, 131f.).

Zu 3.: Die Umgestaltung der Bildungsfinanzierung durch Quasi-Märkte bedeutet allgemein nicht nur eine Verringerung öffentlicher Gelder und die Aufforderung, nach anderen Mitteln zu suchen. Verbunden mit dieser Umstrukturierung ist in der Regel die Forderung nach größerer Effektivität und Effizienz im Gebrauch der Mittel. Ziel ist die kontinuierliche Sicherung und schließlich das umfassende „Management" der Schulqualität. In einigen Ländern, wie etwa Großbritannien und die Schweiz, werden *New Public Management*-Modelle (im Folgenden abgekürzt als NPM) im Bereich der öffentlichen Verwaltung, einschließlich des Bildungs- und Erziehungssektors, als kohärente *top-down*-Reformen umgesetzt. NPM zielt, so etwa Christopher Hood (1995, 96f.), vor allem auf den Abbau der Grenzen zwischen dem privatwirtschaftlichen und dem öffentlichen Bereich sowie auf die Einführung expliziter und messbarer Leistungsstandards und einer verstärkten Kontrolle durch *output*-Maße im öffentlichen Bereich:

> „The basis of NPM lies in [...] lessening or removing differences between the public and the private sector and shifting the emphasis from process accountability towards a greater element of accountability in terms of results" (Hood 1995, 94).

Ein wesentliches Merkmal von Quasi-Märkten ist die weiterhin starke Regulierung durch den Staat. Der Staat behält das Anrecht, neue Anbieterinnen und Anbieter zu zertifizieren sowie die Kontrolle der Investitionen und des Preises, der im Unterschied zum idealisierten „freien Markt" für die Nutzerinnen und Nutzer oft bei Null liegt. In staatlicher Hand bleibt unter anderem die Kontrolle der Qualität der Dienste, die Definition von Bildungszielen und die Bewertung, ob diese Ziele erreicht sind wie auch das Vorrecht, über Ergebnisse von Evaluationen zu informieren.

Dale (1999, 279) sieht einen Hauptzweck der stärker regel- und *output*orientierten neuen Steuerungsmodalitäten in der *Eindämmung* politischer Diskussionen über Bildung, zum Beispiel über die Definition von Qualitätszielen unter Beteiligung aller gesellschaftlichen Interessengruppen. Ebenso werde die professionelle Entscheidungsmacht der Lehrpersonen etwa durch die gleichzeitige Einführung engerer Kontrollen von Curricula und von standardisierten Tests oder durch Versuche, den Einfluss von Lehrerorganisationen und Gewerkschaften zu begrenzen, beschnitten. Gleichzeitig sei mit dem NPM ein Rahmen installiert, der neue Anbieterinnen und Anbieter ermutige, in den „Bildungsmarkt" einzutreten.

2.1.2 Konvergenzen und Kontraste

Über die Ursachen der internationalen Entwicklung besteht auf einer abstrakten Ebene weitgehende Einigkeit. Sie werden als Ergebnis eines breiteren Prozesses der Globalisierung gedeutet, der eine Erosion nationaler Differenzen, die Fragmentierung großflächiger staatlicher Bürokratien und – besonders in den westlichen Gesellschaften – den Abbau der nach dem 2. Weltkrieg entstandenen wohlfahrtsstaatlichen Sicherungssysteme, einschließlich der Massenbildung, mit sich bringen (vgl. Dale 1999; Whitty et al. 1998).

Aktiv vorangetrieben wird die Politik der Autonomisierung seit rund 25 Jahren von transnationalen Organisationen der Wirtschafts- und Finanzsteuerung. Hierzu zählen die Weltbank, die Organisation for Economic Cooperation and Development (OECD), die World Trade Organisation (WTO) und der Internationale Währungsfond (IWF). Im Zuge der weltweiten Liberalisierung des Bildungsmarktes (vgl. z.B. Lohmann 2002; Lohmann/Rilling 2002; Enders et al. 2003) stehen mittlerweile vielfältige Prozesse des „policy learning" außer Frage, sei es in Form von Harmonisierung, Standardisierung, durch den Export der Produkte der in den USA und Großbritannien boomenden Branchen der Bildungsindustrien besonders in Entwicklungsländer oder durch zwangsweise Übernahmen im Rahmen von an Konditionalitäten gebundenen Krediten (vgl. Klausenitzer 1999).

Internationale Vergleichsstudien machen ferner auf einen staatenübergreifenden „Handel" mit Innovationen im Sinne eines „policy borrowing" aufmerksam. Der Begriff bezieht sich auf Anleihen der Bildungsplanung bei Reformen in anderen Ländern. Im Vordergrund steht dabei die Legitimationsfunktion des Transfers. *Educational borrowing* hat zumeist wenig mit realen Erfolgen der importierten Innovationen in ihrem Herkunftsland zu tun. Reformideen werden oft aufgenommen, wenn sie in ihrem Herkunftsland bereits an Überzeugungskraft verloren haben. Sie dienen dann vor allem zur politischen Legitimation von strittigen Reformprojekten im eigenen Land (vgl. Halpin/Troyna 1995). Die in diesem Zusammenhang häufig verwendete Unterscheidung zwischen „talk", „action" und „implementation" markiert, dass eine internationale Konvergenz verschiedener Reformmodelle lediglich auf der Ebene der Konzepte stattfindet (vgl. Steiner-Khamsi 2002).

Internationale Vergleichsstudien gebieten daher Vorsicht vor voreiligen Verallgemeinerungen. Von einem einheitlichen Konzept der Dezentralisierung kann nicht die Rede sein. In einer OECD-Studie (1995) der relativen Selbstständigkeit der Einzelschule in 14 Bildungssystemen wurden 35 Entscheidungskompetenzen identifiziert.[9] Geoff Whitty, Sally Power und David Halpin (1998) zeigen in einer umfangreichen komparativen Studie der Dezentralisierung und freien Schulwahl in England und Wales[10], Neuseeland, Australien, den USA und Schweden, dass die Besonderheiten der Reformen in ihrem spezifischen historischen und kulturellen Kontext genauso wichtig sein können wie die gemeinsamen Entwicklungen. Andererseits existiert eine große Bandbreite im Ausmaß und in der Art der Restrukturierungen, das heißt, der administrativen Arrangements und der komplexen Wege der Umverteilung von Verantwortlichkeiten von höheren auf niedrigere Ebenen in den untersuchten Ländern. Extrembeispiele sind etwa Neuseeland und die USA. In Neuseeland wurde den einzel-

---

9 Sie verteilen sich auf vier Bereiche: interne Organisation des Unterrichts (z.B. Auswahl der Lehrmittel, Differenzierungsmaßnahmen, Unterrichtsmethoden), Planungsprozesse, die die Schule als Ganzes betreffen (z.B. schulinterne Curricula, Einrichtung zusätzlicher Kurse, schulinterne Abschlussprüfungen), Personalrekrutierung und -management (z.B. Einstellungen, Entlassungen, Beförderungen) und finanzielle Autonomie (vgl. OECD 1995).
10 England/Wales, Schottland und Nordirland haben eigene Bildungssysteme (vgl. Kapitel 6).

nen Schulen in extensiver Weise Macht überantwortet, alle mittleren Entscheidungsebenen wurden abgebaut und die Kompetenzen der zentralen Regierung gestärkt. In den USA haben die einzelnen Schulen nur geringe Entscheidungsmacht; diese ist traditionellerweise bei den lokalen Schulverwaltungen gebündelt, während der Einfluss höherer Instanzen gering ist.

Andererseits folgen die Reformen teilweise auch sehr unterschiedlichen politischen Begründungen. Besonders in England und Wales, Neuseeland, Schweden, Australien und den USA (bei letzteren beiden zumindest in einigen Bundesstaaten) wird die Überzeugung, dass die Freisetzung von Marktkräften in der öffentlichen Bildung der Schlüssel zur Steigerung der Effektivität und Effizienz sei, als Zeichen des Triumphes der neo-konservativen Kritik des Wohlfahrtsstaats aufgefasst und mit der Herausbildung einer Neuen Rechten verknüpft (vgl. auch Apple 1994). Aber zumindest einige Aspekte der betreffenden Handlungsmodelle, so Whitty et al. (1998), seien nicht auf die Programme konservativer Parteien oder der Neuen Rechten beschränkt, die davon ausgehen, dass die sozialen Angelegenheiten am besten geregelt sind, wenn man sie dem Prinzip der Kundensouveränität überlässt. Etwa im australischen Bundesstaat Victoria und in Neuseeland standen Anfang der 1980er Jahre erste Initiativen zur Dezentralisierung im Zeichen der Ausweitung der professionellen Autonomie und des Einflusses von Gemeinden bzw. unter egalitären Zielsetzungen, wenngleich die späteren Reformen stärker neo-konservative Ziele und die Marktfreiheit betonten. In beiden Ländern hätten Regierungen mit abweichenden Positionen innerhalb des Parteienspektrums die Reformen unterstützt, wenn auch mit unterschiedlicher Akzentuierung bestimmter Aspekte. Ähnlich wurden die Reformen in den USA (z.B. in Chicago) teilweise von seltsam anmutenden Allianzen schwarzer Gruppierungen, die den Einfluss ihrer Gemeinden auf das lokale Schulwesen ausweiten wollten, Liberalen, Konservativen und Linken unterstützt. In einigen Ländern wurden die Reformen auch von konservativen Regierungen initiiert und dann in den 1990er Jahren von sozialdemokratischen Nachfolge-Regierungen adaptiert (z.B. in Schweden und England).

Das wettbewerbs- und effizienzorientierte Plädoyer für eine größere Selbstständigkeit der Einzelschule in den angelsächsischen Ländern stieß in vielen europäischen Staaten, unter ihnen die Niederlande, die Schweiz und die Bundesrepublik Deutschland, zunächst auf Skepsis (vgl. Döbert/Geißler 1997). Ähnlich wie in einigen angelsächsischen Ländern in den 1980er Jahren galt die Schulautonomiediskussion hier eher als Strategie, unter Umgehung hinderlicher Bürokratien Schulen besser an spezifische lokale Bedürfnislagen anzupassen, Innovationen wirksamer umzusetzen und das Zusammenleben von Lehrpersonen, Schülerschaft und Eltern(gruppen) im Schulalltag demokratischer zu gestalten (vgl. Liket 1995; Dubs 1996; Rolff 1995; Bildungskommission NRW 1995). Inzwischen haben sich jedoch auch in den deutschsprachigen und anderen europäischen Ländern ökonomische und steuerungspolitische Argumente als Hauptmotive durchgesetzt (vgl. Magotisu-Schweizerhof 1999, 2).

2. Schulautonomie, Pluralität und Gleichheit

Trotz der Bedeutungsvielfalt und der zu berücksichtigenden Varianz der Reformmodelle sind jedoch vor allem in den entwickelteren Industriestaaten die Kohärenzen nicht zu verkennen. In den von Whitty, Power und Halpin (1998) untersuchten Ländern dominiert die neo-liberale Begründungsvariante, kombiniert mit Marktmechanismen und Instrumenten des NPM, einschließlich der Betonung eines starken Schulmanagements und externer Kontrollen zur Steigerung von Qualität, Effizienz und Effektivität in Form von Performanz-Indikatoren, kompetenzbasierten Testverfahren und zum Teil externen Inspektionen. Dieser Prozess, der sich in ähnlicher Weise auch in anderen sozialpolitischen Handlungsfeldern vollzieht, ist Teil breiterer, tiefgreifender Transformationen von Staat und Zivilgesellschaft:

> „This strong state [...] increasingly steers at a distance, while the notion of the free economy is extended to a marketized ‚civil society' in which education and welfare services are offered to individual consumers by competing providers rather than provided collectively by the state for all citizens." (Whitty et al. 1998, 35)

Bildung bleibt zwar eine öffentliche Aufgabe, wird jedoch (zumindest formal) zunehmend weniger vom Staat koordiniert. Die Techniken der staatlichen Machtausübung verschieben sich von direkten Interventionen und großflächigen bürokratischen Organisationen zu einem Set aus einer Vielzahl diskursiver, legislativer, fiskalischer, organisationaler und anderer Ressourcen. Für solche neuen Formen der politischen Steuerung unter Einbezug zivilgesellschaftlicher Akteure hat sich in der politikwissenschaftlichen Forschung der Begriff *Governance* etabliert (vgl. Dale 1999; Whitty et al. 1998, 36):[11]

> „Governance – that is, the control of an activity by some means such that a range of desired outcomes is attained – is, however, not just the province of the state. Rather, it is a function that can be performed by a wide variety of public and private, state and non-state, national and international institutions and practices." (Hirst/Thompson 1995, 422)

---

11 Renate Mayntz (2004) unterscheidet einen umfassenderen Begriff von *Governance* von einer engeren Begriffsvariante. Danach dient *Governance* in einem weitgefassten Sinn zur Beschreibung von Herrschaftsstrukturen, bei denen eine übergeordnete souveräne Instanz fehlt. Steuerungssubjekt und -objekt sind nicht mehr eindeutig zu unterscheiden, weil die Regelungsadressaten selbst am Entwerfen der Regeln und ihrer Durchsetzung mitwirken. „Der Staat" ist in dieser Perspektive kein unitarischer Akteur, sondern ein differenziertes Geflecht nur teilweise hierarchisch miteinander verbundener Akteure. In dieser Lesart geht die *Governance*-Perspektive nahtlos in eine institutionalistische Denkweise über: *„Das eigentlich ‚Politische', das interventionistische Handeln tritt dabei in den Hintergrund: nicht die Intervention, das Steuerungshandeln von Akteuren, sondern die wie auch immer zustande gekommene Regelungsstruktur und ihre Wirkung auf das Handeln der ihr unterworfenen Akteure steht nun im Vordergrund."* (ebd., 5).
Als normatives politisches Konzept wurde der Begriff *good* oder *modern governance*, in den späten 1980er Jahren von der Weltbank eingeführt und v.a. auf die Entwicklungsländer bezogen; in den 1990er Jahren dann mit gleicher Bedeutung auf die globale Ebene übertragen. An dieses schließt eine engere, stärker normativ akzentuierte sozialwissenschaftliche Verwendung des Begriffs *Governance* als Leitbegriff für eine *„effiziente, rechtsstaatliche und bürgernahe Staats- und Verwaltungspraxis, die die Voraussetzung für eine gedeihliche Wirtschaftsentwicklung ist"* an (ebd., 6).

Dass der Staat zunehmend aus der Ferne steuert und einen Großteil der Koordinierung der Bildungsversorgung anderen Agenturen überträgt – Guy Neave (1988) spricht vom „evaluierenden Staat" – bedeutet jedoch eher eine Ausweitung als eine Begrenzung staatlicher Macht. Auch wenn die Autonomie der Lehrpersonen als zentrales Reformmotiv propagiert wird, sind Schulen in vielen Ländern durch die voranschreitende Curricularisierung, Pro-Kopf-Finanzierung, die Ausweitung standardisierter Examina und zentralisierter Evaluierung zur Messung der Schüler- und Schulleistungen wie der Veröffentlichung von Leistungsdaten und der Ergebnisse von Schulinspektionen einer weitaus schärferen und direkteren Kontrolle staatlicher Agenturen unterworfen als zuvor.

Mit dem Wandel der Formen der staatlichen Einflussnahmen werden die nach dem 2. Weltkrieg errichteten wohlfahrtsstaatlichen Sicherungssysteme durch neue Formen der Wohlfahrt ersetzt. Soziale Dienste werden zunehmend auf Quasi-Märkten von konkurrierenden staatlichen und privatwirtschaftlichen Einrichtungen individuellen Kundinnen und Kunden angeboten. In Anlehnung an den portugiesischen Soziologen Boaventura de Sousa Santos kennzeichnet Dale (1999) diesen Prozess als Übergang von einem „Wohlfahrtsstaat" zu einer „Wohlfahrtsgesellschaft". Unter dem Gesichtspunkt der Gleichheit stehen Wohlfahrtsstaat und Wohlfahrtsgesellschaft in einem scharfen Gegensatz. In der Wohlfahrtsgesellschaft würden universelle Berechtigungen durch neue Formen des Partikularismus ersetzt, entweder auf der Basis von Klassenprivilegien oder der Mitgliedschaft in einer identifizierbaren gesellschaftlichen Gruppe:

> „Welfare society is hostile to equality, or at least it does not distinguish as clearly as the welfare state between legitimate and illegitimate inequalities [...] it is hostile to citizenship and legal entitlements, since welfare relations are concrete, multiplex, and based on the concrete long-term reciprocity of sequences of unilateral benevolent actors." (Santos 1991, 39)

Dale (1999) gibt zu bedenken, dass unter dem bisherigen sozialstaatlichen Bildungsregime die staatliche Definition derjenigen, die „universell" zugängliche Güter erhalten sollen, in der Praxis (wenn nicht prinzipiell) zweifellos nicht alle „Bürger" einschließe. In der Realität sei der Zugang zu Bildungsgütern entlang von Trennlinien wie „Rasse", Klasse und Geschlecht unterschiedlich verteilt. Der entscheidende Unterschied zur Wohlfahrtsgesellschaft sei jedoch, dass der Staat in der öffentlichen Arena weiterhin herausgefordert werden könne, wenn universelle Rechte nicht realisiert werden. Dies gelte sogar dann, wenn man die öffentliche Arena selbst als ein zu hinterfragendes Konzept betrachte (vgl. Fraser 1997; 1989).

Die Frage, für wen Bildung angeboten wird und wer für Probleme bei der Gewährleistung der schulischen Versorgung zur Rechenschaft zu ziehen ist, steht im Mittelpunkt der heftigen Kontroversen über die Schulautonomie. Wie können die Zwecke von Bildung als öffentliches Gut bezogen auf Demokratie und Gleichheit realisiert werden, wenn die *governance*-Strukturen und damit auch die Verantwortlichkeiten in

2.2 Auswirkungen auf den schulischen Umgang mit Pluralität

Während die Skeptikerinnen und Skeptiker Marktprinzipien unvermeidlich mit Zielen der Gleichheit und demokratischen Kontrolle kollidieren sehen, gilt die Stärkung der Kundensouveränität in den neo-liberalen Reformprogrammen als Stimulans, das Wahloptionen und Vielfalt ins Schulsystem bringt. Neben Effektivitität und Effizienz sollen Schulautonomie und freie Schulwahl mehr Demokratie und pädagogische Freiheit gewährleisten. Gruppen, die im konventionellen System benachteiligt wurden, sollen durch Vielfalt und Spezialisierung ihre Nischen finden und bessere Aufstiegschancen erhalten (vgl. Magotsiu-Schweizerhof 1999, 4).[12] Die Einlösung solcher Versprechungen in der Praxis lässt sich mittlerweile auf der Basis eines umfangreichen Korpus an empirischen Studien, vor allem aus dem englischen Sprachraum, abschätzen. Diese Studien, die in Deutschland bisher nur kursorisch zur Kenntnis genommen werden, verweisen auf beträchtliche Verschlechterungen und Risiken, die die neuen Steuerungsinstrumente insbesondere für Angehörige marginalisierter sozialer und ethnischer Gruppen mit sich bringen. Neuere Untersuchungen machen ersichtlich, dass die Verfestigung alter bzw. die Entstehung neuer Ungleichheiten nicht allein aus der Kopplung von Autonomie mit freier Schulwahl und dem dadurch freigesetzten Wettbewerb zwischen den Schulen resultiert, wie er vor allem in den englischsprachigen Ländern vorfindbar ist. Mit der Deregulierung zeichnet sich international auch ein tiefgreifender Wandel der Unterrichtsinhalte und -methoden ab, der die Spielräume für jegliche emanzipatorische Erziehungsaspekte verengt. Eine Schlüsselfunktion in dieser Dynamik kommt den neuen Instrumenten zur Qualitätssicherung zu. In vielen Ländern lässt sich beobachten, wie technizistische, auf die Management-Aspekte der Schulentwicklung und den statistischen *Output* fixierte Modelle der Schuleffektivität eine Verlagerung der Aufmerksamkeit von den sozialen Umwelten der Schulen auf den Orga-

---

12 Eine solche Position wird von Chubb und Moe (1990) in ihrem einflussreichen Buch „Politics, Markets and America's Schools" vertreten. Die marktförmige Kontrolle des Bildungssystems wird nicht nur als Garant für mehr Effizienz, sondern auch als gerechtere und demokratischere Alternative herausgestellt. Chubb und Moe betrachten die verkrusteten Institutionen der demokratischen Kontrolle und das System öffentlicher Bildung als solches als Hindernis für ein vielfältiges und effektives Schulwesen. Der tieferliegende Grund für das Versagen der staatlichen Schulwesens sei nicht nur, dass es zu *bürokratisch* sei, sondern auch übermäßig *politisch* (sic!). Sie prangern an, dass bestimmte Interessengruppen (gemeint sind v.a. progressive Kräfte und die demokratische Partei in den USA) ihre Macht auf Kosten anderer Gruppen, v.a. Angehöriger unterer sozio-ökonomischer Schichten, ethnischer und religiöser Minoritäten und Bevölkerungen ländlicher Gebiete, in den bürokratischen Apparaten des staatlichen Schulwesens zementiert hätten. Die Adressatinnen und Adressaten öffentlicher Bildung hätten keinerlei Mitspracherechte bei der Gestaltung der Lehrpläne, der Auswahl der Lehrmittel und der Anstellung von Lehrkräften und könnten – ohne freie Wahlmöglichkeiten – über die Risiken, die sie eingehen wollen, nicht selbst entscheiden.

nisationskontext bedingen. Zunehmend betont werden Merkmale einer perfekten Organisation wie professionelle Führung, Partnerschaft zwischen Schule und Eltern, *Monitoring* von Leistungsfortschritten, gemeinsame Visionen und Ziele, etc. Damit trägt die Schuleffektivitätsbewegung in vielen Staaten zu einer Fiktion von Schule als hermetisch abgeschlossener, außerhalb der Gesellschaft stehender Institution bei, während zugleich materielle und soziale Armut und vielfältige Formen des Ausschlusses und der Benachteiligung im Umfeld der Schule zunehmen. In den Worten von Nazz Rassool und Louise Morley:

> „The school is represented largely as a bounded institution, set apart, but also in a precarious relationship with the broader social context. It is ironic that at a time when social disadvantage appears to be increasing in Britain and elsewhere, school effectiveness theory places less emphasis on poverty, deprivation and social exclusion." (Rassool/Morley 2000, 237)

Die komplexen Auswirkungen der Dezentralisierung lassen sich kaum beschreiben, wenn man einzelne Aspekte des Unterrichts- und Schulgeschehens isoliert betrachtet. Im weiteren Verlauf des Kapitels werden unter drei Hauptfragestellungen eine Anzahl von Untersuchungen vorgestellt, welche die in der Praxis eng verwobenen Strukturveränderungen, die für den schulischen Umgang mit Heterogenität besonders relevant sind, beleuchten:

- Garantiert die Politik der Autonomisierung und Qualitätssicherung tatsächlich eine vielfältigere, bessere und effizientere Schulversorgung für alle Kinder und Jugendlichen?
- Ermöglichen diese Strategien mehr Steuerung durch das Gemeinwesen und demokratische Mitsprache von Eltern?
- Befähigen und unterstützen sie die Lehrerinnen und Lehrer im pädagogischen Umgang mit Heterogenität und befördern sie die Entwicklung inklusiver Curricula und Unterrichtsstrategien, die einer breiten Palette unterschiedlicher Lernvoraussetzungen und -bedürfnisse gerecht werden?

2.2.1 Wahlmöglichkeiten und bessere Schulen für alle?

Zahlreiche Wirkungsstudien und Literaturberichte kommen zu dem Ergebnis, dass die mit unterschiedlichen Theorieansätzen begründeten Wirkungszusammenhänge nicht zu sichern sind. Dort wo die konkreten Auswirkungen der Restrukturierungen im Zentrum von Untersuchungen stehen, werden dagegen Tendenzen zur sozialen Segregation und zur Verschärfung der Bildungsrisiken für diejenigen Gruppen, die traditionell benachteiligt werden, festgestellt. Der Haupteffekt der Reformen wird nicht in einer Verbesserung der Unterrichtsqualität und des Leistungsniveaus der Schülerinnen und Schüler gesehen, sondern in einer grundsätzlichen Änderung der Machtbalancen im Schulwesen – mit gravierenden Folgen für Gruppen, die ohnehin Schwierigkeiten haben, ihre Interessen durchzusetzen. In vielen Ländern werde es durch die Verlagerung von Entscheidungsmacht von den „Produzenten" zu den „Verbrauchern" potentiell schwerer, bestimmte Strategien einer systemweiten Bildungspolitik zu verfolgen, vor allem in Bezug auf die Versorgung aller Schüler mit einer einheitlichen Sekundarschulbildung (vgl. OECD/CERI 1996).[13] Manfred Weiß resümiert in einem 1998 veröffentlichten Überblicksartikel:

> „Dezentralisierung und Autonomisierung werden das Schulwesen variantenreicher machen, zugleich dürften aber auch die Qualitätsdisparitäten zunehmen. [...] Skeptisch zu beurteilen ist nach der bisher vorliegenden Forschungsevidenz der in einigen angelsächsischen Ländern eingeschlagene Weg, Qualitätssicherung durch die gezielte Schaffung von Quasi-Märkten der Wettbewerbssteuerung zu übertragen. Die durch empirische Analysen gewonnenen Einsichten in die Funktionsweise und Wirkungen solcher Märkte legen die These nahe, dass sie zu einer Vergrößerung bestehender Chancenungleichheiten und Leistungsdisparitäten sowie infrastrukturellen Mehrkosten tendieren." (Weiß 1998, 16)

Vereinheitlichung des Bildungsangebots und soziale Hierarchisierung der Schulen

Die Politik der Autonomisierung soll den Schulen die Möglichkeit eröffnen, ein individuelles, an lokale Gegebenheiten angepasstes Profil zu entwickeln. Auf diesem Weg soll die Responsivität der Angebotsstrukturen im Bildungsbereich für differenzierte Bildungsbedürfnisse und Präferenzen erhöht werden. Untersuchungen der Funktionsweisen und Wirkungen von Quasi-Märkten wie des Nachfrageverhaltens der Eltern und der Schülerinnen und Schüler zeigen hingegen, dass der Markt für die Entstehung eines vielfältigen Angebots gemessen am Erscheinungsbild von Schulen, ihrer Klientel, Curricula und pädagogischen Konzepten wenig förderlich ist. Im Vordergrund stehen fast nur noch instrumentelle, akademische und kognitive Unterrichtsziele. Statt pädagogischer und schulorganisatorischer Innovationen vollzieht sich eine Rückkehr zu traditionellen, konservativen Bildungswerten (vgl. Watson/Williams 1995; Gewirtz et al. 1995).

Eltern, die die Wahl haben, bevorzugen Schulen, die dem traditionellen akademischen Bildungsmodell am nächsten stehen. Der Marktstatus einer nach herrschenden Meinung „guten Schule" entspricht dem einer „gut-uniformierten, gut-disziplinierten und akademisch erfolgreichen Schule" (vgl. Magotsiu-Schweizerhof 1999, 11). An diesen Standards werden beispielsweise in England und Wales auch die im Zuge der Deregulierung neu geschaffenen Schulformen der *Grant Maintained Schools (GMS)*[14]

---

13 Für deutschsprachige Untersuchungen bzw. Literaturberichte, die sich mit den Effekten der Dezentralisierung und freien Schulwahl insbesondere im Hinblick auf die soziale Kohäsion und Fragen der Chancengleichheit beschäftigen, vgl. Magotsiu-Schweizerhof (1996, 1999), Klausenitzer (1999), Munín (2001), OECD/CERI (1996), Steiner-Khamsi (z.B. 1998), Weiß (z.B. 1992, 1998, 1999), Weishaupt/Weiß (1997), diverse Beiträge in den Sammelbänden von Radtke/Weiß (2000) und Lohmann/Rilling (2002).

14 Die mittlerweile wieder abgeschafften *Grant Maintained Schools* sind Schulen, die sich zugunsten einer erweiterten Autonomie aus der lokalen Bildungsbehörde ausgeschlossen hatten *(opt out)* und ihre Mittel direkt von der Regierung erhielten.

und der *City Technology Colleges (CTC)*[15] gemessen. Schulen mit alternativen Bildungskonzepten verlieren dagegen zunehmend an Prestige (vgl. Edwards et al. 1989; Whitty et al. 1993; Boyd 1993). Traditionelle Hierarchien von Schulen werden unter der Bedingung freier Schulwahl verstärkt. An der Spitze stehen die Privatschulen. Den Bodensatz bilden staatliche Gesamtschulen und Schulen, die haupt-sächlich Kinder mit besonderen Bildungsbedürfnissen betreuen, die ansonsten durch die Maschen des Versorgungsnetzes fallen würden (vgl. Walford/Miller 1991). Schulen, die die besten Chancen für einen akademischen Erfolg zu bieten scheinen, sind überlaufen. Dagegen konzentrieren sich die Gruppen, die traditionell am wenigsten leistungsfähig sind, in den im Wettbewerb abgeschlagenen Schulen. Quasi-Märkte tragen damit weniger zu einer tatsächlichen inhaltlichen Pluralisierung der Angebotsstrukturen bei als zur Vertiefung von Unterschieden zwischen den Schulen nach sozio-ökonomischen Kriterien und ethnischer Zugehörigkeit (vgl. z.B. Blackmore 1995).[16] Im Kontext dieser Entwicklung resultieren Benachteiligungen für Kinder aus unteren Sozialschichten und/oder ethnischen Minderheiten auch aus der Tendenz, dass die Schulen verstärkt dem Wunsch besser gestellter Eltern nachkommen, einen Großteil des Unterrichts in Leistungsgruppen zu erteilen (vgl. Boaler 1997). Zahlreiche Untersuchungen aus Großbritannien und aus den USA (z.B. Slavin 1996) warnen vor dem vermehrten Risiko für Kinder aus unteren sozio-ökonomischen Schichten und ethnischen Minoritäten, dass ihre Leistungen zu niedrig eingeschätzt werden und sie ungerechtfertigterweise (mit allen negativen Konsequenzen für ihren Schulabschluss) in den unteren Niveaugruppen verbleiben.

Wer wählt?

In einer englischen Studie haben der Bildungssoziologe Stephen Ball und seine Mitarbeiterinnen und Mitarbeiter im Hinblick auf das Wahlverhalten drei Kategorien von Eltern unterschieden: Zur Gruppe der „privilegierten Wählerinnen und Wähler" wurden zumeist weiße Eltern aus dem Bürgertum gerechnet, die über die nötigen Kulturtechniken und das erforderliche Bildungswissen verfügen, um Schulen und Lehrkräfte tatsächlich vergleichen zu können. Zu den „angelernten Wählerinnen und Wählern" zählen Eltern aus der Arbeiterklasse, die sich zwar am Marktgeschehen beteiligten wollen, aber nicht über die Kompetenzen und das Wissen verfügen, um den größtmög-

---

15 *City Technology Colleges* und das *City College for Technology of the Arts* (CCTA) sind ebenfalls im Zuge der Deregulierung geschaffene neue Schularten für die Elf- bis Achtzehnjährigen, die von den lokalen Schulbehörden *(Local Education Authorities;* LEA) unabhängig sind. In privater Trägerschaft von Betrieben und Wirtschaftsverbänden liegt ihr Schwerpunkt auf dem Erwerb von anwendungs- und berufsorientierten Lerninhalten, in den CTCs in Naturwissenschaft und Technik, in den CCTAs in Technik in künstlerischen Bereichen. Schulgeld wird nicht erhoben. Die Träger übernehmen die Gebäude- und Ausstattungskosten, das Bildungsministerium die Personal- und laufenden Kosten. 1993 gab es in England 15 CTs und ein CCTA (vgl. Schaub/Zenke 2000, 2).

16 Für Schottland, wo alle Jugendlichen Gesamtschulen besuchen, vgl. Adler et al. (1989), Echols et al. (1990).

lichen Nutzen für ihre Kinder herauszuholen. „Nicht-Wählerinnen und -Wähler" stammen fast ausschließlich aus der Arbeiterklasse, besitzen kein Auto und sind auf ihr Wohnviertel fixiert. Sie entscheiden sich entweder für die nächstgelegene oder eine andere Gesamtschule im Bereich ihrer lokalen Bildungsbehörde. Vor allem Angehörige ethnischer Minoritäten konstituieren das Segment derjenigen, die sich mit der „Restschule" im Stadtteil zufrieden geben (vgl. Ball et al. 1996).

Bei der Entscheidung für oder gegen eine Schule sind pädagogische Merkmale einer „guten Schule" (was konkret unterrichtet wird, welche besonderen pädagogischen Programme laufen, welche Freizeitaktivitäten angeboten werden, etc.) allerdings wenig relevant. Ausschlaggebend, so Gita Steiner-Khamsi (2000), sei zumeist das Motiv, dass Kinder „unter ihresgleichen" sind. Damit erweise sich freie Schulwahl als Hintertür für „Rassen"-trennung und soziale Segregation:

> „Der Bildungsstand, die Hautfarbe und die Ethnizität der Eltern bestimmen nicht nur, welche Schule gewählt wird, sondern ob überhaupt gewählt wird. Die meisten Eltern nehmen das Angebot der freien Schulwahl gar nicht in Anspruch. Und die Eltern, die wählen, wählen oft aufgrund von mündlichen Berichten oder positiven Gerüchten über eine Schule. [...] Bedenklich ist, dass das wichtigste Motiv für eine Schulwahl die ethnische Zusammensetzung der Schule ist. Vor allem weiße Eltern wählen die Schule nach dem Kriterium aus, ob der Anteil der Eingewanderten und anderer Minderheiten klein ist." (Steiner-Khamsi 2000, 127)

Ein Aufsehen erregendes Beispiel für die „rassialisierte" Dimension der Schulwahl in Großbritannien war der Fall eines Elternpaares in der Schulbehörde von Cleveland Ende der 1980er Jahre, das seine Tochter aus einer Schule mit einem hohen Anteil asiatischer Kinder herausnehmen wollte, um sie auf eine überwiegend „weiße" Schule zu schicken.[17] Die lokale Behörde (*Local Education Authority*; im Folgenden abgekürzt als LEA) gab dem Gesuch statt, das explizit mit rassistischen Argumenten begründet wurde. Nach einer Intervention der Commission for Racial Equality (CRE)[18] entschied das höchste Gericht 1991 unter Berufung auf das Bildungsgesetz von 1980, dass die LEA korrekt gehandelt habe. Damit wurde die Antidiskriminierungsgesetzgebung von der Bildungsreform überrollt. Die Unterstützung von Eltern mit rassistischen Vorurteilen von offizieller Seite zog eine Reihe ähnlicher Reaktionen nach sich (vgl. Vincent 1992). Sally Tomlinson resümiert:

> „Es scheint, daß weiße Eltern, die in den Jahren vor den Reformen, die auf einen Bildungsmarkt abzielten, ihre Entscheidung für eine bestimmte Schule so formulieren mußten, daß sie damit nicht gegen den Race Relations Act aus dem Jahr 1976 verstießen. Jetzt

---

17 Neuere Untersuchungen bestätigen, dass das „rassialisierte" Schulwahlverhalten vielfach eine Gender-Komponente aufweist. „Rassische" Kriterien spielen vermehrt eine Rolle, wenn es um die Schulwahl für ein Mädchen geht. Hinter dieser Tendenz geben sich unschwer stereotype Vorstellungen über „schwarze Männlichkeit" und deren Bedrohungspotential für Mädchen und Frauen zu erkennen (vgl. Bagley 1996).
18 Mit dem Race Relations Act aus dem Jahr 1976 eingerichtete Institution zur Überwachung der Umsetzung der Antidiskriminierungsgesetzgebung; vgl. Kapitel 6.

können sie ganz offen für Schulen mit wenigen oder gar keinen Schülern aus ethnischen Minderheiten entscheiden: Der Markt begünstigt die ethnische Segregation [...], daß sich die Absonderung des vorwiegend weißen Bürgertums von den Minderheitengruppen und der weißen Arbeiterklasse verstärkt." (Tomlinson 2000, 211)

Die Dynamik von Nicht-Wählen bei Eltern aus marginalisierten Gruppen und den an ethnischen, sozialen und ökonomischen Kriterien ausgerichteten Präferenzen besser gestellter Eltern verstärkt die Polarisierung von gut ausgestatteten Schulen mit motivierten Kindern, Lehrpersonen und Eltern und schlecht ausgestatteten Schulen mit einem besonders niedrigen Status. Letztere werden zum Aufbewahrungsort für Problemkinder aller Art. Tomlinson (1992) verfolgte die Geschichten von englischen Innenstadt-Schulen, die durch ungenügende finanzielle und personelle Mittel überdurchschnittlich viele Kinder mit speziellen Lernbedürfnissen sowie eine hohe Fluktuation und niedrige pädagogische Erwartungen der Lehrkräfte leicht in eine „Abwärtsspirale" geraten können – bis hin zur Streichung weiterer finanzieller Mittel, Interventionen der Behörden und im schlimmsten Fall zur Schließung der Schule. Solche *„failing schools"* samt ihrem Lehrpersonal werden in der Öffentlichkeit und von den Medien mit Vorliebe zu Sündenböcken für gesellschaftliche Fehlentwicklungen gemacht. Ganz nach dem „Matthäus-Prinzip" (die ohnehin Privilegierten verbessern ihre Privilegien) verschafft der Markt denjenigen mehr Einflusschancen, die die Bildungsstrukturen ohnehin für ihre Interessen zu nutzen wissen.

Neue Mechanismen offener und versteckter Selektion

Auf Quasi-Märkten sind die Schulen gezwungen, um attraktive Schüler- und Elterngruppen zu konkurrieren. Neben zeitaufwendigen Marketing-Strategien wird auch die Auswahl der richtigen Zusammensetzung der Schülerschaft zur Erfolgsbedingung *(Cream Skimming)*. Um ihr Image einer akademisch erstklassigen Schule sicherzustellen, greifen die Schulen auf vielfältige neue Formen der offenen Auslese (z.B. Aufnahmetests oder Religionszugehörigkeit als Zugangskriterium) und versteckten Selektion (z.B. mündliche Empfehlungen in Auswahlgesprächen, andere Schulen würden besser passen, oder die Unterstellung spezieller Bildungsbedürfnisse) zurück.

Mit anderen Worten: Wenn von besseren Leistungsergebnissen oder von wundersamen Verwandlungen von „schlechten" in „gute" Schulen via Autonomisierung die Rede ist, stecken häufig andere Faktoren dahinter. Whitty et al. (1998, 81) stellen für eine Stichprobe von besonders erfolgreichen *Grant Maintained Schools* in England fest, dass diese ihre Vorteile weniger durch die Verbesserung der Qualität des Unterrichtsangebots als durch die Erhöhung der Anzahl der Schülerinnen und Schüler auf der Warteliste steigerten. Tony Bush, Marianne Coleman und Derek Glover ermittelten in einer Untersuchung Anfang der 1990er Jahre, dass sich 30% der *Grant Maintained Schools* versteckter Selektionspraktiken bedienten (vgl. Bush et al. 1993).

Die Bedeutung des *Cream Skimming*, um die Vorteile von Schulen (bzw. die Überlebenschancen in einer Wettbewerbsumgebung) zu steigern, wird auch in einer von

Manfred Weiß (1999) vorgestellten neueren, von Rosalind Levacic und Kollegen in England durchgeführten Untersuchung[19] bestätigt, die an 319 Sekundarschulen die regionale Wettbewerbssituation erfasst. Die Studie ergab, dass in Regionen mit besonders intensivem Wettbewerb in einem Zeitraum von fünf Jahren die Leistungsentwicklung der Schulen hinter dem durchschnittlichen nationalen Leistungsanstieg zurückblieb. In Schulen mit keinem oder wenig Wettbewerb war hingegen eine überdurchschnittliche Verbesserung bei den GCSE-Prüfungen[20] zu verzeichnen. Diejenigen Schulen jedoch, denen es gelang, die soziale Zusammensetzung der Schülerschaft „zu verbessern", konnten ihre Ergebnisse erheblich steigern:

> „Bestätigung findet dadurch die These, daß die Erstellung personaler Dienstleistungen die Selektion ‚mitproduzierender' Klienten zu einer erfolgsbestimmenden Organisationsaufgabe der Schulen macht. Mit der Möglichkeit zur Profilbildung im Gefolge größerer Anbieterautonomie steht den Schulen ein wirkungsvolles Instrument zur Wahrnehmung dieser Aufgabe zur Verfügung. Aus gesamtsystemischer Sicht wird dies jedoch nicht zu einer Anhebung des Leistungsniveaus führen, sondern die Entstehung größerer Leistungsdisparitäten begünstigen." (Weiß 1999, 422)

Während der Markt Schulen generell zu ermutigen scheint, selektiver vorzugehen und ihre Schülerschaft gezielt auszuwählen, hat *Cream skimming* im englischen Bildungssystem noch eine besondere Bedeutung: Attraktiv sind Schülerinnen und Schülern, die den Schulen den größten Ertrag bei geringstem Einsatz bieten. Als eher unerwünscht gelten Angehörige ethnischer Minoritäten, Kinder aus so genannten bildungsfernen Milieus wie mit emotionalen Problemen, Verhaltensauffälligkeiten oder mit Lernschwierigkeiten, die besondere Maßnahmen erfordern (vgl. Gewirtz et al. 1995). Diese Schülergruppen werden als besonders kostenträchtig wahrgenommen. Zugleich bringen sie ein Maß an Diversität und pädagogischer Instabilität in die Schule, das die Homogenität der „effektiven Schul" bedroht (vgl. Slee 1998, 101). Im Wettkampf um gute Ranglisten-Plätze werden sie eher als Hindernis wahrgenommen:

> „Filling up a school with ‚able' children and keeping children with SEN [special educational needs; M.G.] to a minimum is the cheapest and most labour efficient way of enhancing leaguetable performance." (Gewirtz et al. 1995, 185f.).

Unter Markt- und Wettbewerbsbedingungen werden personelle und finanzielle Mittel zunehmend weniger nach der Logik verteilt, wie die Schule am besten auf die Bedürfnisse der Schülerinnen und Schüler eingehen kann, sondern nach kommerziellen Kalkülen, welche Vorteile letztere der Schule bringen (Whitty et al. 1998, 115). Das Schuleffektivitätsmodell kann auf diese Weise zur Legitimation diskriminierender Praktiken beitragen.

---

19 Levacic, R./Hardman, I./Woods, P.: Relating competition to schoool performance: evidence from a study of English secondary schools. Paper presented at European conference for Educational Research. Ljubljana, Slovenien. September 1998.
20 Mit der Mittleren Reife in Deutschland vergleichbare Abschlussprüfungen (vgl. Kapitel 6).

Unter dem Zwang des Überlebens in einer Wettbewerbsumgebung scheuen viele Schulen auch nicht davor zurück, sich im Nachhinein noch von Kindern zu trennen, die den glatten Ablauf stören, die Leistungen anderer beeinträchtigen und Eltern abschrecken könnten. Dies belegen die in England mit der Deregulierung Anfang der 1990er Jahre in die Höhe schnellenden Quoten der Schulausschlüsse bei einzelnen ethnischen Gruppen, vor allem von männlichen Kindern und Jugendlichen mit einem afro-karibischen Herkunftshintergrund (vgl. Gillborn/Gipps 1996).

Rassool und Morley (2000; Morley/Rassool 1999) heben in diesem Zusammenhang auf den ausgeprägten disziplinierenden Charakter des britischen Schuleffektivitätsmodells ab. Es leiste der Tendenz Vorschub, dass Schülerinnen und Schüler danach beurteilt würden, inwieweit sie mit seinen impliziten oder expliziten „sozialen" Ergebniswerten wie Anwesenheit, Disziplin und Motivation konform gingen. Unter dem vorrangigen Ziel, gute Leistungswerte zu erzielen, würden emotionale und soziale Probleme als Ursache von störendem Verhalten kaum mildernd in Betracht gezogen:

> „School exclusion represents the underbelly of school effectiveness. In the discourse of organisational purity and supremacy, the shadow material has to be denied and nonconformists banished." (Rassool/Morley 2000, 250f.)

In England schafft die Kombination von Marktmechanismen und staatlicher Qualitätskontrolle jedoch nicht nur beim Zugang zu Schulen spezifische neue Gelegenheitsstrukturen für Diskriminierung, sondern auch in der schulinternen Verteilung von Unterricht und Betreuung. David Gillborn und Deborah Youdell (2000) zeichnen in einer bemerkenswerten quantitativen und qualitativen Untersuchung englischer Sekundarschulen nach, wie unter den gegebenen Markt- und Wettbewerbsbedingungen die Quoten der höheren Abschlussprüfungen (A*-C-Grade der GCSE-Examina)[21] zum alleinigen Aushängeschild für die Schulen werden und damit auch zur dominierenden Triebkraft für das gesamte Handeln in der Schule, vom Unterricht über die soziale Betreuung der Jugendlichen bis zum Schulmanagement. Um ihre Position in den öffentlichen *Schulrankings* zu sichern, sehen sich die Schulen gezwungen, immer früher, häufiger und verbissener zu selektieren. Dabei geht es besonders darum, diejenigen Schülerinnen und Schüler zu identifizieren, die mit gezielter Förderung in den Abschlussexamina in einzelnen Prüfungsfächern einen Sprung von einem niedrigen D-Abschluss zu einem C-Abschluss schaffen könnten, wodurch sich auch die schulischen Gesamtwerte und damit auch die Position der Schule in den öffentlichen *Rankings* signifikant steigern würden. Gillborn und Youdell resümieren:

> „Our case-study schools have responded by interrogating virtually every aspect of school life for its possible contribution to the all-comsuming need to improve the proportion of pupils reaching the benchmark level of five or more higher-grade passes. The pastoral system, for example, has become a servant of the academic as both schools seek to identify individual pupils who, with additional support and resources, might change one or more

---

21 Vgl. Kapitel 6.

predicted grade Ds into actual grade Cs. It is when attempting to engineer such D-to-C conversions that the underlying principles of educational triage are most clearly visible." (Gillborn/Youdell 2000, 199)

In der Studie wird das Prinzip der schulinternen Verteilung von Betreuungs- und Unterrichtsressourcen – nicht nach den Bedürfnissen der Schülerinnen und Schüler sondern nach ökonomischen Nutzenkalkülen der Schulen – mit einer Analogie zur Aussonderung und Priorisierung der bedürftigsten Notfälle in der Medizin *(triage)* verdeutlicht: In extremen Notsituationen werden nicht diejenigen unterstützt, die sich noch selbst helfen können, aber auch nicht diejenigen, bei denen keine Hoffnung mehr besteht. Eine solche Handlungslogik lässt sich nur in extremen Ausnahmesituationen moralisch rechtfertigen. Die Markt- und Wettbewerbsmechanismen, nach denen die schulischen Versorgungssysteme operieren, induzieren dauerhaft eine vergleichbare künstliche Krisensituation, in der fast alles gerechtfertigt scheint:

„These decisions would be unthinkable under normal circumstances, but are made in response to a prioritization of need in relation to current circumstances and finite resources. Comparable decisions are being made as teachers attempt to ensure their schools' survival within the educational market place. [...] schools are seeking new ways of identifying suitable cases for treatment – pupils who will show the maximum retun (in terms of higher-grade passes) from receipt of additional resources of teacher time and support." (Gillborn/Youdell 2000, 199)

Im Zuge dieser schulinternen „Rationierung" von Bildung und Erziehung spielen oft askriptive Kriterien des Geschlechts, der sozialen Herkunft und der ethnischen Zugehörigkeit eine ausschlaggebende Rolle. Zu den „hoffnungslosen Fällen" gehören vor allem schwarze Kinder aus ökonomisch deprivierten Verhältnissen.

2.2.2 Mehr demokratische Mitsprache von Eltern und Gemeinden?

Im Kontext der neuen Bildungsreformen wird freie Schulwahl häufig mit mehr Basisdemokratie gleichgesetzt. Durch die Delegation von Entscheidungsmacht an die Nutzerinnen und Nutzer von Bildung sollen Schullandschaften entstehen, die lokale Problemlagen, Interessen und Vorlieben besser reflektieren, als eine „von oben zugeteilte" Schulversorgung. In unterschiedlichen Ländern, aber auch innerhalb eines Bildungssystems findet sich eine breite Palette von Maßnahmen, die Gemeinden und Eltern bessere Chancen zur Partizipation und Mitsprache eröffnen sollen. Am einen Ende des Spektrums werden bestimmten Gruppen Mittel überantwortet, damit sie eigene Schulen eröffnen können. Am anderen Ende stehen Versuche, individuelle Wahlmöglichkeiten zu erweitern, etwa indem der Staat Bildungsgutscheine für Privatschulen an Angehörige besonders benachteiligter Gruppen verschenkt. Dazwischen gibt es eine Vielzahl von Mechanismen, die die Repräsentation und Mitsprache der *communities* in den Schulen und die Beziehungen zwischen Schulen und Eltern verbessern sollen.

In ihrer internationalen Vergleichsstudie bewerten Whitty et al. (1998) diese Handlungsansätze als insgesamt äußerst widersprüchlich. Deutlich werde die starke populistische Komponente der Forderung nach Verlagerung von Entscheidungsmacht „*in the hands of the people"*. Gleiches gelte für die Beschwörung der *community*, die oftmals vor allem das Interesse zu verfolgen scheine, Zustimmung zu den Reformen zu mobilisieren. Etwa an eine sozial gerechtere Ausbalancierung und Steuerung der Schulzugänge vor Ort sei dabei nicht gedacht. Besonders in der Verbindung mit *freier Schulwahl* (die ja keineswegs zwingend ist) seien die untersuchten Ansätze mit der Idee einer „gemeindebasierten" Schulentwicklung teilweise genuin unverträglich:

> „Articulating devolution with choice privileges the individual's right to choose and plays down collective responsibility, even ‚society' itself. Indeed, the marketization of educational provision fosters a form of possessive individualism [...] This apparent contradiction, however, has not prevented many supporters of quasi-markets from invoking concepts of community to strengthen their appeal, in reference to some mythical but warmly remembered past." (Whitty et al. 1998, 94f.)

Neugründungen und Übernahmen von Schulen durch Gemeinden

Die Möglichkeit zur Neugründung von Schulen aufgrund öffentlicher Nachfrage hat der Einschätzung von Whitty et al. (1998) zufolge in noch keinem Land zu substantiellen Veränderungen geführt. In England und Wales wurde von dieser durch das Bildungsgesetz von 1993 eingeräumten Möglichkeit in weitaus geringerem Maße Gebrauch gemacht als erwartet. Die britischen *City Technology Colleges* wurden schon als Beispiel für einen neu geschaffenen Schultyp erwähnt, der jedoch das Ergebnis staatlicher Aktivitäten darstellt und nicht der öffentlichen Nachfrage. In den USA gibt es einige Beispiele für gemeindebasierte Schulgründungen im Rahmen der *Charter-School*-Bewegung (vgl. Kallbach 1997). Diese gehen jedoch ebenfalls häufig auf staatlich gesteuerte oder professionelle Initiativen zurück, besonders um Schulen für Schülerinnen und Schüler zu schaffen, die an regulären Schulen schwer zu unterrichten sind (z.B. Schulabbrecherinnen und -abbrecher, Jugendliche mit Drogenproblemen). Ähnlich wie bei auch bei ihrem britischen Pendant, den *Grant Maintained Schools*, werden beim Aufbau von *Charter-Schools* eher bereits bestehende Institutionen übernommen als tatsächlich neu gegründet. Der Enthusiasmus hinsichtlich einer Vergrößerung der Chancengleichheit durch diese Schultypen hat sich ferner durch die Beobachtung relativiert, dass sowohl die *Grant Maintained Schools* (vgl. Fitz et al. 1993) als auch die *Charter Schools* – etwa im amerikanischen Bundesstaat Kalifornien – überwiegend in besser gestellten Wohngegenden zu finden sind (vgl. Whitty et al. 1998, 98). Die Mitbestimmung der Eltern in den englischen *Grant Maintained Schools* erwies sich in der Praxis als nicht höher als in anderen Schulen (vgl. Power et al. 1994).

Als ein Beispiel für die Neuentwicklung eines Schultypus aufgrund der Nachfrage seiner Nutzerinnen und Nutzer, der zugleich emanzipatorische- und Gerechtigkeitsziele verfolgt, lässt sich der 1989 in Neuseeland begonnene Versuch werten, durch Autonomisierung die Chancen der Ureinwohnerinnen und Ureinwohner zu verbessern. Von den *„Kura Kaupapa Maori"* („Schule(n) mit einem Maori-Profil") gab es im Jahr 1993 23 Primar- und eine Sekundarschule. Zu beachten sind allerdings die Unterschiede zur in der aktuellen Reformdebatte vorherrschenden Marktideologie: Die Anerkennung und Finanzierung der Maori-Schulen durch das Bildungsministerium sind Teil eines *staatlichen Programms der positiven Diskriminierung*, das die Schulbildung und Entwicklung der Maori an kulturell gemischten wie an eigenen Schulen fördern soll. Die Nachfrage artikulierte sich nicht in Form von individuellen Wahlentscheidungen auf einem Schulmarkt, sondern durch vorausgegangenes politisches Engagement und Vorleistungen der Nutzerinnen und Nutzer als Gruppe (z.B. Aufbau eines besonderen Vorschulsystems zum Erwerb der Maori-Sprache), das der offiziellen Anerkennung dieses Schultyps durch die Regierung vorausgegangen war (vgl. OECD/CERI 1996, 164ff.).

„Bildungsgutscheine" als begrenzte Unterstützung des Zugangs zu Privatschulen

Eine vieldiskutierte Strategie, die freie Schulwahl sozial ausgewogener zu gestalten, ist die Vergabe von Bildungsgutscheinen *(vouchers)* an benachteiligte Gruppen, die diesen den Besuch einer Privatschule ermöglichen. In Milwaukee (Wisconsin) wurde ein solcher Versuch unternommen, armen Kindern mit öffentlichen Geldern den Besuch einer (nicht-konfessionellen) Privatschule zu ermöglichen. Kinder aus einkommensschwachen Unterschichtfamilien aus der *„inner city"* von Milwaukee (max. 1% der gesamten Schülerzahl an den öffentlichen Schulen) sollten die Chance erhalten, dem Teufelskreis von schlechten staatlichen Schulen und vorprogrammierten negativen Karrieren zu durchbrechen. Die Strategie der Bildungsgutscheine für Privatschulen wurde Ende der 1980er Jahre von schwarzen Parlamentariern und anderen Aktivisten aktiv aufgegriffen und unterstützt. 1992 nahmen 11 Schulen an diesem Programm teil. Im Hinblick auf den Nutzen für die beteiligten Eltern und Schülerinnen und Schülern ist auf der einen Seite eine konstant hohe Schulzufriedenheit und Engagement der Eltern festzustellen. Auf der anderen Seite waren im Vergleich zu Kontrollgruppen in öffentlichen Schulen jedoch keine signifikanten Steigerungen der Schülerleistungen festzustellen. Auch verblieben nur wenige Schülerinnen und Schüler für den Rest ihrer Schulzeit auf der Privatschule. Selbst in der betroffenen Gruppe armer Familien ließ sich ein merklicher Unterschied zwischen den Eigenschaften der Eltern, die sich für eine Privatschule entscheiden, und denen der Eltern, die ihre Kinder an den öffentlichen Schulen belassen, beobachten. Erstere waren besser ausgebildet und engagierten sich aktiver im Schulsystem. Als Kernproblem des Bildungsgutscheinsystems wurden jedoch die erheblichen nachteiligen Folgen für den öffentlichen Sektor erachtet, die die Ausweitung einer solchen Strategie haben würde.

„Wenn mehr Eltern das öffentliche Schulsystem verlassen würden, als es nach dem in Milwaukee geltenden Programm möglich ist, dann könnte sich das öffentliche Schulsystem noch stärker zu einem Ghetto entwickeln." (OECD/CERI 1996)

Mitbestimmung in Schulverwaltungen und -beiräten

In den USA finden sich unter dem Schlagwort *„voice and choice"* Versuche, freie Schulwahl mit einer Ausweitung der Mitbestimmung von Eltern und *communities* zu verbinden (vgl. Spreen 2000; OECD/CERI 1996). Ähnlich wie bei der Ausweitung der Wahlmöglichkeiten wird auch die Gelegenheit zur Mitsprache überwiegend von weißen, mittelständischen Eltern genutzt (vgl. Steiner-Khamsi 2000, 123). Eindeutig stärker marktwirtschaftlich ausgerichtet sind die Schulbeiräte in England und Wales. Die Arbeit dieser Gremien, die in vielen Schulen wie Aufsichtsräte agieren, konzentriert sich wesentlich auf administrative und finanzielle Belange. Verschiedene Studien kommen zu dem Ergebnis, dass trotz der Verlagerung von Entscheidungsmacht an die Laien-Beiräte diese keinen nennenswerten Einfluss auf das Schulgeschehen gewonnen haben (vgl. Deem et al. 1995; Levacic 1995; Thomas/Martin 1996).[22] Beispielsweise wurden, während die Eltern stärker in die Finanzierung und Verwaltung der Schulen eingebunden werden, Möglichkeiten zur Mitwirkung bei pädagogischen Fragen, die traditionelle Themen von Elternmitsprache darstellten, durch das Nationale Curriculum eingeschränkt:

> „[...] governing schools has become an important arena for the exercise of citizenship. It is however an imperfect one because, while there has been a numerical redistribution in tipping the balance from the ‚bureau professionals' to the lay governors, the latter have not gained power over schooling in any real sense, let alone helped the communities that they are supposed to represent to gain power" (Deem et al. 1995, 62).

Gar von einer Ausweitung des Einflusses ethnischer Minderheitengruppen, so Rosemary Deem, Kevin Brehony und Sue Heath (1995), könne sicher nicht die Rede sein. Deem et al. stellen in ihren Untersuchungen eine hohe Selektivität in der Zusammensetzung der Beiräte fest, an denen keineswegs *alle* Gruppen von Eltern partizipieren: *„the majority of governors are male, white and from professional and managerial or executive backgrounds"* (Brehony 1995, 160). Interessen basierend auf Klasse, Geschlecht und Ethnizität würden kaum als solche anerkannt, die eine Repräsentation in den Schulbeiräten verlangen. Aber allein die Beteiligung von Angehörigen ethnischer Minoritätengruppen in den Beiräten sage noch nichts darüber aus, ob sie tatsächlich die für die jeweiligen Gruppen relevanten Themen und Forderungen einbringen oder ob sie in Entscheidungen involviert sind, die die Chancen von Minderheiten in der Schule vergrößern oder abschwächen. Auf den Sitzungen hätten die informierteren Perspektiven von Schulleitungen, Lehrpersonen und Beiräten, die finanzielle Expertise einbringen, grundsätzlich mehr Gewicht. Erschwerend komme hinzu, dass die wich-

---

22 In England und Wales ist der Schulbeirat *(governing body)* das wesentliche Mitbestimmungsgremium für Eltern und Schulgemeinden, wobei vor allem das Engagement der lokalen Unternehmerinnen und Unternehmer angestrebt ist. Die Schulbeiräte setzen sich zusammen aus dem Schulleiter oder der Schulleiterin, anderen Lehrpersonen, Eltern, Vertreterinnen oder Vertretern der lokalen Schulbehörde und der Gemeinde. Nur die Vertreterinnen und Vertreter der Eltern- und der Lehrerschaft werden direkt gewählt.

tigsten Entscheidungen laufend in Unterausschüssen, vor allem in den Finanzausschüssen, getroffen und dann auf vollständigen Beiratstreffen nur noch bestätigt würden. In einen Finanzausschuss gewählt zu werden sei für Angehörige ethnischer Minoritäten in den meisten Schulen unwahrscheinlich. Zudem seien weibliche Laienbeiräte, Angehörige der Unterschicht und/oder ethnischer Minderheiten auf den Beiratssitzungen vielfältigen Formen der Diskriminierung ausgesetzt. Brehony (1995) resümiert:

> „Paradoxically, a policy that was designed to take power away from the producers and place it in the hands of the consumers may well yet produce almost the opposite of what was intended. Heads of schools, in alliance with (mainly white) male chairs are still very much in control of those areas of school life that they do have discretion over. This does not mean that they are, as a consequence, necessarily hostile to black and Asian communities but it does mean that they are rarely accountable to them." (Brehony 1995, 172)

Der Einbezug der Laien ins Schulgeschehen ist weniger Ausdruck verstärkter demokratischer Partizipation als einer zunehmenden Indienstnahme der Eltern durch die Schule, wobei bestimmte Eltern mit ihrem beruflichen Fachwissen, ihren finanziellen Möglichkeiten und ihrer ehrenamtlichen Hilfe für die Schule weitaus nützlicher sind als andere.

„Lernpartnerschaften" zwischen Schule und Eltern

Als extrem widersprüchlich stellt sich das Verhältnis zwischen Schule und Eltern auch auf der Ebene der pädagogischen Zusammenarbeit, um den schulischen Lernprozess des Kindes besser zu fördern, dar. Diese Forderung ist alles andere als neu. Während früher jedoch stärker die Pflichten der Eltern betont wurden, propagiert der neue Bildungsdiskurs die *Elternrechte* und die *Rechenschaftspflicht der Schule gegenüber den Eltern* (vgl. Whitty et al. 1998, 105f.). Im Gegensatz zu den Kundenfreundlichkeit und Transparenz suggerierenden Hochglanzbroschüren und Internetseiten stellt sich auch hier die zweifache Frage an die neuen Steuerungsinstrumente: *Erstens* ob nicht generell die Eltern diejenigen sind, die von den Schulen stärker in die Verantwortung genommen werden als umgekehrt und *zweitens*, inwiefern sie den ohnehin privilegierten Elterngruppen zusätzliche Vorteile und Einflussmöglichkeiten verschaffen – zuungusten derjenigen Gruppen, die weniger geübt und versiert sind, ihre Interessen zu artikulieren und durchzusetzen.

Ein Beispiel für die Doppelbödigkeit der Partnerschafts-Rhetorik ist die in vielen Bildungssystemen aufkommende Mode, in *Verträgen* zwischen Schule und Eltern die Rechte und Pflichten auf beiden Seiten zu fixieren. Verträge zwischen Schule und Eltern stellen jedoch vor allem für die aufnehmende Seite sicher, dass die Eltern die richtigen Einstellungen gegenüber den schulischen Programmen aufweisen, insbesondere was Disziplin und Hausaufgaben angeht. Wo das Unterschreiben solcher Verträge ein Teil des Aufnahmeverfahrens ist, dient es nicht nur zur Absicherung, dass die Schule in Zukunft bestimmte Dinge von den Eltern einfordern kann. Es stellt auch ein wirkungsvolles Instrument dar, um diejenigen Eltern abzuweisen, die die Schule nicht unbedingt als Gewinn betrachten. Die zugrunde liegenden Kriterien der Elternmitarbeit oder -unterstützung weisen eine ausgeprägte soziale und ethnische Komponente auf (vgl. Whitty et al. 1993).

Die neue Macht respektive Machtlosigkeit der Eltern spielt jedoch nicht nur beim Bemühen, ein Kind auf einer bestimmten Schule unterzubringen, eine Rolle. Gill Crozier (1997) untersuchte die Auswirkungen der neuen „Kundenmacht" der Eltern auf die Möglichkeiten, in den schulischen Lernprozess ihrer Kinder einzugreifen, ebenfalls mit entsprechenden Konsequenzen für die Schullaufbahnen der Kinder. Die Studie verdeutlicht, dass die Fähigkeit von Eltern, als aktive „Kundinnen" oder „Kunden" zu partizipieren, etwa Lehrpersonen zur Rechenschaft zu ziehen und damit auch die Schulkarriere ihrer Kinder gezielt zu beeinflussen (z.B. verhindern, dass ein Kind für zusätzlichen Förderunterricht aus der Klasse genommen wird), ähnlich wie das Wahlverhalten weitgehend von sozialen Schichtfaktoren bestimmt ist. Diese Probleme, so etwa Carol Vincent (1995) würden in der Flut von Veröffentlichungen und Praxis-Handreichungen zum Thema „Zusammenarbeit der Schule mit den Eltern" im Kontext des britischen Schuleffektivitätsmodells nicht thematisiert.

Dieser Abschnitt soll mit der kritischen Einschätzung Louise Morleys und Naz Rassools (1999; 2000) abgeschlossen werden, dass in der Sozialpolitik überall da von *Empowerment* die Rede sei, wo Gerechtigkeitsanliegen von der Tagesordnung abgesetzt werden. Morley und Rassool argumentieren, dass der im Kontext der Deregulierung wieder populär gewordene Begriff des *Empowerment* eine völlig andere Bedeutung habe als in den 1980er Jahren. Er basiere auf einem *entpolitisierten* Verständnis von Macht als einem abstrakten, von sozialen Strukturen losgelöstem „Ding", das bereitwillig abgetreten und umverteilt werden könne. Damit trage die *Empowerment-*Rhetorik seit den 1990er Jahre eher zur Verschleierung realer Machtverhältnisse bei:

> „Social formations are frequently ignored or pathologised and power is seen as property that is readily relinquished and redistributed. It is just another sociological concept appropriated and incorporated in the ongoing reform of the public services. Having lost its radical edge, empowerment remains an abstract concept, with many evangelical and redemptive pretensions. A key question is whether empowerment is a rhetorical device to disguise systems of domination." (Rassool/Morley 2000, 245f.)

Dass die Restrukturierungen in vielen Ländern genauso wenig an den konkreten Arbeitsbelangen und einem tatsächlichen *Empowerment* der Lehrerinnen und Lehrer ausgerichtet sind wie an den Bedürfnissen und Interessen eines breiten Spektrums von Nutzerinnen und Nutzern schulischer Bildung, verdeutlichen die tiefgreifenden Wandlungen der Curricula, Unterrichtsstrategien und schulischen Arbeitskulturen, um die es im nächsten Abschnitt geht.

2.2.3 Professionalisierung der Lehrerarbeit im Umgang mit Heterogenität?

Um die Frage zu beantworten, ob die aktuelle Politik der Autonomisierung und die verbreiteten Programme des schulischen Qualitätsmanagements zu einer Professionali-

2. Schulautonomie, Pluralität und Gleichheit

sierung und Qualifizierung der Lehrerarbeit im Umgang mit Vielfalt beitragen, ist ein Hinweis auf die allgemeinen Effekte der Reformen auf die Lehrerarbeit voranzustellen.

Die Forderung nach einer Erweiterung der Selbstständigkeit der Schulen wird zumeist mit einer qualitativen Verbesserung und vermehrten Anerkennung der Arbeit der Lehrerinnen und Lehrer begründet, die unabhängig von überflüssigen politischen oder bürokratischen Begrenzungen Entscheidungen treffen sollen. In vielen Ländern waren Lehrerinnen und Lehrer von der Dezentralisierung und Flexibilisierung, die sie in den 1980er Jahren als Reformmodell aktiv unterstützten, im veränderten Kontext einer neo-liberalen Bildungs- oder Sozialpolitik jedoch auf ganz andere Weise betroffen. Die Konfrontation mit wachsenden und zunehmend vielfältigen Arbeitsanforderungen, die jedoch eher technischer und administrativer als pädagogischer Natur sind, wie auch die neuen Techniken der Rechenschaftslegung und Kontrolle tragen zur Verdichtung, Extensivierung und Prekarisierung der Arbeitsverhältnisse bei (*„management by stress"*). Der grundlegende strukturelle Wandel der Lehrerarbeit, der mit dem neuen Dienstleistungsverständnis schulischer Bildung und der Etablierung eines managerialistischen Diskurses im Bildungsbereich einhergeht, manifestiert sich an vielen Fronten: in der zunehmenden Curricularisierung – nicht nur der Unterrichtsinhalte sondern auch der didaktischen Arbeitsweisen, in der Übernahme von Handlungs- und Bewertungsparametern aus dem Management in der Ausgestaltung der Rolle von Schulleitung, im Ersetzen professioneller Kollegialität durch Prinzipien des *„corporate management"*, in der Schwächung des Einflusses der Gewerkschaften auf die Entwicklung der Bildungspolitik und der Arbeitsbedingungen bis zu gravierenden Veränderungen in den Systemen der Lehreraus- und -fortbildung (Stichwort: Modularisierung). Das Bild der Lehrerin oder des Lehrers als *„reflexive professional"* wird zunehmend durch das einer „Technikerin" oder eines „Technikers" von Lehr- und Lernprozessen ersetzt (vgl. Apple 1983; Whitty et al. 1998, 65).

Dieses veränderte Verständnis des Lehrerberufs manifestiert sich in den in vielen Ländern vollzogenen Restrukturierungen der Lehreraus- und -fortbildung. Die Infragestellung der staatlichen Lehrbefugnis und des Monopols der Universitäten als Ausbildungsstätte zugunsten der Forderung nach einem offenen Markt für Lehrerbildung wie auch die Verlagerung von großen Teilen der Ausbildung von Universitäten in die Schulen (z.B. in England) erschweren die Auseinandersetzung mit übergreifenden interkulturellen-, antirassistischen- oder geschlechtsbezogenen Erziehungsaspekten in Ausbildung und Schulpraxis (vgl. Whitty et al. 1998, 75ff.; Steiner-Khamsi 2000).

Ebenso hat das neue Verständnis von Schulbildung als Dienstleistung, das sich in der Definition von Qualität als Erreichen von Minimalstandards für einzelne Unterrichtsfächer in breit gefassten nationalen Rahmenlehrplänen niederschlägt wie auch in der Konzentration der Lehrpläne auf so genannte *basic skills* – Lesen, Schreiben und Rechnen[23] und in der Betonung der Überprüfbarkeit von Leistungen *(culture of per-*

---

23 Im Englischen ironisch: die „3 Rs: Reading, Writing, Arithmetic".

formativity, teaching to the test), komplexe Folgen für den schulischen Umgang mit vielfältigen Lernbedürfnissen und Identitäten:

Die Pädagogik verengt sich auf Faktoren, die den Marktwert der Schule verbessern. Während die Grundlagenfächer Sprache, Mathematik und Naturwissenschaften eine immense Aufwertung erfahren, lässt sich etwa eine Marginalisierung von sämtlichen nicht-überprüfbaren Lernbereichen beobachten (vgl. Broadfoot 1996). Der Unterricht orientiert sich immer weniger an umfassenderen Bildungs- und Erziehungsprozessen und an einer Erweiterung von Möglichkeiten des Lernens. Egalitäre, pädagogisch-humane, langfristige ökologische oder traditionell-kulturelle Erziehungsziele sind im Zuge der Restrukturierungen der öffentlichen Schulbildung in vielen Ländern aus den Lehrplänen verschwunden (vgl. Steiner-Khamsi 2000; Kriwet 1995). Im Zusammenspiel dieser komplexen Veränderungen, so das Fazit zahlreicher Studien aus dem englischen Erziehungssystem, sehen sich selbst engagierte Lehrpersonen und Kollegien genötigt, auf offene, explorative und integrative Lehr- und Lernformen zu verzichten, die sie persönlich bevorzugen und stattdessen auf stärker strukturierte, ergebnisorientierte Aufgabenstellungen zurückzugreifen (vgl. Blackmore et al. 1996).

David Gillborn (1994) rekonstruiert in einer ethnographischen Langzeitstudie am Fallbeispiel eines Schulhauses, in dem fächerübergreifendes und kindzentriertes Arbeiten und demokratische Teamstrukturen jahrelang Normalität waren, wie sich unter den veränderten rechtlichen Bestimmungen, dem Rückgang der Schülerzahlen, der Einflussnahme leistungsorientierter Mittelschicht-Eltern und den Ängsten der Lehrpersonen um ihr berufliches Überleben die Machtbalance in der Schule grundlegend verschob, so dass sich eine Rückkehr zu konservativen Erziehungsideen und hierarchischen Arbeitsstrukturen beinahe zwangsläufig durchsetzte. Ein im Kollegium jahrelang getragenes und aufrecht erhaltenes fortschrittliches und demokratisches pädagogisches Klima wurde innerhalb kürzester Zeit zerstört. Auf dem Hintergrund fehlender Vorgaben durch Politik und Behörden sowie den durch die Autonomie veränderten Kräftekonstellationen zwischen Schulleitung, Eltern und Lehrerschaft erwies sich in englischen Schulen in den 1990er Jahren die Umsetzung multikultureller und antirassistischer Erziehungsideen als nahezu unmöglich. Solche Vorhaben scheiterten fast zwangsläufig schon daran, dass es nun erforderlich war, in jeder Schule die einzelnen Schulbeiräte von Nutzen einer solchen pädagogischen Arbeit zu überzeugen. Als ein anderes Hindernis erwies sich die wachsende Distanzierung der mit größerer Entscheidungsmacht ausgestatteten und vor allem hauptsächlich mit Managementaufgaben beschäftigten Schulleiterinnen und Schulleitern vom Kollegium, das die pädagogische Arbeit in den Klassen verrichtete (vgl. Whitty et al. 1998, 51ff.; Hatcher et al. 1996; Troyna/Carrington 1990).

2.3 Leerstellen und Desiderata

Die aufgezeigten Tendenzen in den angelsächsischen Ländern, aber auch in einigen europäischen Ländern wie den Niederlanden oder Schweden, widerlegen die Auffassung, der Markt schaffe neue Nischen, von denen auch diejenigen profitieren könnten, die zu den Verliererinnen und Verlierern im bisherigen System zählten.[24] Das Gegenteil ist der Fall: Durch die einschneidenden Strukturreformen werden komplexe Mechanismen freigesetzt, die Benachteiligungen vor allem bestimmter Gruppen von Migrantenkindern und Jugendlichen aus unteren sozio-ökonomischen Schichten, sowie Tendenzen zur sozialen Segregation in Schulen und Stadtteilen verschärfen. In einigen Ländern, wie etwa England, ist die Verabschiedung der Idee einer gemeinsamen Schule für alle Kinder bereits Realität.

2.3.1 Das Schuleffektivitätsparadigma und soziale Gerechtigkeit

Die internationale Schuleffektivitätsforschung hat in den vergangenen 20 Jahren ohne Zweifel das erziehungswissenschaftliche Denken, auch in Bezug auf Fragen der Chancengleichheit, stark beeinflusst. Die Kernideen der lokalen Schulentwicklung bzw. der Schuleffektivität wurzeln in den schulpolitischen Debatten über die Chancengleichheit in den USA, England und Frankreich in den 1960er und 1970er Jahren. Damals kamen umfangreiche Bildungsberichte zu dem ernüchternden Fazit, dass die Schulleistungen von der Art und vom Umfang des Unterrichts weitgehend unabhängig seien. Ausschlaggebend für den Schulerfolg sei vor allem der familiäre und sozio-kulturelle Hintergrund (vgl. Coleman et al. 1966; Jencks et al. 1972). Einflussreiche Theoretiker wie Basil Bernstein (vgl. Bernstein 1977) und Pierre Bourdieu und Jean Claude Passeron (vgl. Bourdieu/Passeron 1971; Bourdieu 1976) stellten dagegen auf je eigene Weise das vorherrschende Bild der Schule als einer sozial und politisch neutralen Institution in Frage. Sie argumentierten, dass Schulen Formen der kulturellen Privilegierung der Sprache, Werte und kulturellen Codes der Mittelklasse institutionalisieren, durch die Kinder aus sozial marginalisierten Gruppen systematisch benachteiligt würden. Sowohl die Verfechter der These der kulturellen Deprivation als mit Begründungen auch die Reproduktionstheoretiker schätzten die Einflussmöglichkeiten engagierter Lehrkräfte auf den Schulerfolg benachteiligter Gruppen in Relation zu den ökonomischen und sozialen Determinanten der Ungleichheit als geringfügig ein.

Es war der angesehene amerikanische schwarze Erziehungswissenschaftler Ronald Edmonds, der ausgehend von der Annahme, *„all children are eminently educable and [...] the behaviour of the school is critical in determining the quality of that education"* (Edmonds 1979, 29; Hervorhebung M.G.), Ende der 1970er Jahre erstmals eine Reihe von Schulmerkmalen identifizierte, die in der Lage sein sollten, die Leistungen der Kinder unabhängig von ihrem ökonomischen Status zu steigern. Höhere Leistungen, besonders in den Grundlagenfächern, korrelierten demnach mit einer klaren Schulmission, einer starken Leitung *(Leadership)* in einem Schulhaus, einem unterstützenden und sicheren Schulklima, spezialisierten Curricula und Unterrichtsmetho-

---

24 Verbesserungen werden für Gruppen konstatiert, die soziale Mobilität erlangt haben; vgl. Tomlinson (2000), Gillborn/Mirza (2000).

den, regelmäßigem *Monitoring* der Lernfortschritte, sowie positiven Beziehungen zwischen Schule und Gemeinden (vgl. auch Edmonds/Frederiksen 1978).

Die Befunde von Edmonds et al. wurden zur Basis der sich in den 1980er Jahren unter dem Slogan *„schools make a difference"* in rasantem Tempo ausbreitenden so genannten Schulwirksamkeits- bzw. (in der geläufigeren englischen Terminologie) *school effectiveness*-Forschung (im Folgenden abgekürzt als SE). Eine große Bedeutung kam dabei der britischen Studie von Michael Rutter und seinem Team zu (Rutter et al. 1980). In dem 1970 im Raum London begonnenen Projekt, das sich in einer späteren dreijährigen Untersuchungsphase auf zwölf Sekundarschulen konzentrierte, zeigte sich, dass die Entwicklung eines Kindes in der Tat in erheblichem Maß dem Einfluss der Schule unterliegt. Darüber hinaus wurden eine Reihe von Organisationsmerkmalen und Prozessen identifiziert, die für Veränderungen in bestimmten Bereichen des Schülerverhaltens ausschlaggebend sind, wie etwa für die Häufigkeit des Schulbesuchs, die Leistungsresultate, soziales Verhalten und Delinquenz. Rutter et al. bezeichneten diese Merkmale zusammenfassend als das „pädagogische Ethos", das in einer bestimmten Schule herrsche. Im Gefolge der Rutter-Studie wurden zahlreiche ähnlich gerichtete Untersuchungen durchgeführt, in denen der Idealtypus einer „guten" Schule eruiert wurde.[25] Die anfangs in enger Verbindung mit der SE-Forschung entstehende lokale Schulentwicklungs- bzw. *school improvement*-Bewegung (im Folgenden abgekürzt als SI) beschäftigte sich vorrangig mit der schulpraktischen Umsetzung dieser Erkenntnisse bzw. mit den *organisationalen Veränderungsprozessen*, um die pädagogische Arbeit und die Leistungsresultate der Schulen zu optimieren (vgl. Huber 1999).[26]

In den USA, Großbritannien, Kanada und Australien stellte die Zielperspektive des *„school restructuring"* oder *„whole school change"*, verstanden als Implementierung von Programmen, um die Organisationen und die Leistungen von Organisationen im Bildungsbereich unter Zielen der Integration und der Chancengleichheit zu verbessern (vgl. McGee Banks 1993) insbesondere im Feld der multikulturellen und antirassistischen Bildung eine Art „Minimalkonsens" dar (vgl. Troyna 1993, 80). Die einfache Grundidee lautete, dass sich die Wirksamkeit von Lehr- und Lernprozessen verbessern lasse, wenn innerhalb einer Institution eine gewisse Kohärenz und Konsistenz der Lernerfahrungen gewährleistet sei. Ziel war es, einen organisatorischen Rahmen zu schaffen, um im Dialog der beteiligten Lehrkräfte einen Konsens über die ethische, pädagogische und administrative Orientierung im Schulhaus herzustellen. Multikulturelle und antirassistische Schulentwicklung hatte sich diesen Ansätzen nach zumindest zu beschäftigen mit:

---

25 Vgl. z.B. Purkey/Smith (1983), Mortimore et al. (1988), Levine/Lezotte (1995).
26 Für Schulentwicklung als Organisationsentwicklung sind in der angelsächsischen Literatur weitere Begriffe verbreitet wie *„school restructuring"*, *„total school reform"* oder *„whole-school-change"*.

> „the learning styles favoured by the school, the languages and dialects that are sanctioned, the teaching materials and the norms towards ethnic diversity that permeate the school environment." (Banks 1986, 226)[27]

Um die Effekte der aktuellen Schulentwicklungspolitik auf die Chancengleichheit abzuschätzen, ist es wichtig, die Unterschiede zwischen den Grundideen der lokalen Schulentwicklung und den heutigen Reformkonzepten in den Blick zu nehmen. In den 1970er und 1980er Jahren dienten die von der SE-Forschung ermittelten Kataloge von Merkmalen „guter Schulen", so etwa Jürgen Oelkers (2000, 125f.), eher als relativ unverbindliche Leitlinien, um einzelne Felder der Schule gezielt zu entwickeln. Die frühe Schuleffektivitätsbewegung habe die Schule vor allem als individuelle Handlungseinheit betrachtet, die sich bei ausreichender Autonomie selbst optimieren würde. Dabei sei vernachlässigt worden, dass die Schule einen öffentlichen Auftrag zu erfüllen habe, der in der Zweckbestimmung und Effektivität nur vergleichend beschreibbar sei. Dagegen seien die Ergebnisse der Schuleffektivitätsforschung in den 1990er Jahren im Rahmen der Deregulierungspolitik in vielen Ländern als politisch nutzbares Konzept aufgefasst worden. Die Kriterien einer effektiven Schule gelten nunmehr als hinlänglich bekannt und empirisch gut belegt bzw. als

> „Tatbestände, die sich in Richtung Leistungssteigerung einheitlich gestalten lassen. Schulen sind so generalisierte Handlungseinheiten, die nach einem gemeinsamen Schema verstanden und bewertet werden können. Die Kriterien sind weitgehend mit denen identisch, die zu Beginn der achtziger Jahre behauptet wurden, nur dass Autonomie nunmehr überwacht wird." (Oelkers 2000, 125)

Oelkers verweist darauf, dass die Kriterien der Schuleffektivität an sich inhaltslos seien. Bei Listen mit Merkmalen guter Schulen (vgl. exemplarisch Abbildung 2) handele es sich um

> „Kriterien der Kommunikation und des Lernens, damit einhergehend der Kontrolle und der Entwicklung, die sich je auf eigene Standards – auf sich selbst – beziehen." (ebd., 126)

---

27 In den USA sind Initiativen zur Schulentwicklung in sprachlich und sozio-kulturell heterogenen Kontexten traditionellerweise stärker auf das Feld der Zusammenarbeit der Schulen mit Eltern und Gemeinden wie auch auf die Verbesserung der didaktischen und sozialen Prozesse im Unterricht gerichtet (vgl. McGee Banks 1993). Demgegenüber rückte im britischen Kontext in den 1980er Jahren zunehmend der Prozess des schulischen Wandels an sich in den Mittelpunkt (vgl. Kapitel 6).

Professional Leadership	Firm and Purposeful
	A Participative Approach
	The Leading Professional
Shared Vision and Goals	Unity of Purpose
	Consistency of Practice
	Collegiality and Collaboration
A Learning Environment	An Orderly Atmosphere
	An Attractive Working Environment
Concentration of Teaching and Learning	Maximalisation of Learning Time
	Academic Emphasis
	Focus on Achievement
Purposeful Teaching	Efficient Organisation
	Clarity of Purpose
	Structured Lessons
	Adaptive Practice
High Expectation	High Expectations All Round
	Communicating Expectations
	Providing Intellectual Challenge
Positive Reinforcement	Clear and Fair Discipline
	Feedback
Monitoring Progress	Monitoring Pupil Performance
	Evaluating School Performance
Pupil Rights and Responsibilities	Raising Pupil Self-Esteem
	Positions of Responsibility
	Control of Work
Home/School Partnership	Parent Involvement in their Children's Learning
A Learning Organisation	School-Based Staff Development

Abbildung 2: Merkmale effektiver Schulen (Sammons et al. 1995)

Neuere britische Studien beschäftigen sich mit den Diskrepanzen zwischen den Merkmalen einer „guten Schule" nach den Kriterien des Schuleffektivitätsmodells und einer Schule, die auch für Schülerinnen und Schüler erfolgreich ist, die einer ethnischen Minderheit angehören.

Tony Sewell bat in seiner Studie „Black Masculinities and Schooling" (2000) eine Gruppe afro-karibischer Sekundarschüler, das Modell einer Schule zu skizzieren, die sie bewusst exkludierte, das heißt, die „uneffektivste" Schule war, die sie sich für sich selbst vorstellen konnten. Die Befragten wählten folgende Faktoren, die ihrer Meinung nach das Risiko erhöhen, exkludiert zu werden, nach ihrer Wichtigkeit geordnet:

„1. Teachers who were afraid of children and couldn't control their classes.
2. Teachers and headteachers who were not consistent.
3. Boring lessons.
4. Teachers who would pick on Black kids because of their hairstyle.
5. Intelligent children being called ‚boffins' and getting beaten up.
6. Teachers not explaining their lessons clearly.
7. Teachers not showing Black kids respect.
8. No heating in classrooms.
9. No Black history.
10. Ancillary staff being racist" (Sewell 2000, 217f.).

Die Liste verdeutlicht, dass die Schulerfahrung von Schwarzen Jugendlichen stark von Rassismus geprägt ist. Die ersten drei Punkte und das sechste Kriterium korrespondieren mit einigen der viel zitierten Merkmale effektiver Schulen. Aber andere Punkte, die die Jungen benennen, unterscheiden sich deutlich von den Listen mit Schlüsselmerkmalen guter Schulen. Sie beziehen sich auf rassistisches Verhalten des Schulpersonals und auf das eurozentristische Curriculum. Diese Seiten der Schulwirklichkeit, die das Lernen und den Schulerfolg ebenfalls beeinflussen, finden in den Leitgrößen zur Verbesserung der Schuleffektivität keine Entsprechung.

Auf einen ähnlichen Kontrast zwischen dem „de-rassialisierten" Modell einer effektiven Schule und Handlungsansätzen, die explizit auf den Abbau von Rassismus und Diskriminierung zielen, verweist auch Kamala Nehauls Buch „The Schooling of Children of Carribbean Heritage" (1996), das sich auf ethnographische Untersuchungen in Grundschulen stützt. Nehaul identifiziert zwei Schlüsselfaktoren für gute Leistungen, die mit der Schuleffektivitätsforschung übereinstimmen: zum einen hohe Erwartungen an die akademischen Leistungen und an das Verhalten, die ethnische Minoritäten-Schülerinnen und -Schüler mit anderen Gruppen gleichstellen; zum anderen eine stimulierende Lernumgebung, in der klare Unterrichtsziele verfolgt und unterschiedliche individuelle Lernbedürfnisse berücksichtigt werden. Aber für sich allein genommen, so Nehaul, reichen diese Faktoren nicht aus. 19 von den 25 Schwarzen Kindern in ihrer Fallstudie hatten negative Schulerfahrungen aufgrund ihrer ethnischen Herkunft gemacht, die ihre Schulleistungen negativ beeinflussten. Sie fordert, dass die Schule zusätzlich zu den vorherrschenden Qualitätskriterien für schwarze Kinder ein Ort sein müsse, an dem allgemein gute Beziehungen zwischen den Schülerinnen und Schülern und den Lehrpersonen gewährleistet seien und das Curriculum von einem hohen antirassistischen Ethos durchzogen sei:

> „[...] no negative encounters in interpersonal relations with teachers or pupils. The curriculum is permeated with a high-profile antiracist ethos and, as a result, pupils learn how to handle and counteract the negative racist encounters experienced outside school. There is trust between parents and teachers, and a willingness to talk openly about children's ‚race' and background experiences. In these ‚ideal' schools, the chance that pupils of Caribbean heritage, as a group, will underachieve is likely to be minimal" (Nehaul 1996, 187).

Durch die implizite Konstruktion eines universellen „Lernenden", so etwa Rassool und Morley (1998, 2000), versperre der Schuleffektivitätsansatz den Blick auf die komplexen und widersprüchlichen Identitätsstrategien, mit denen sich Schülerinnen und Schüler aber auch die Lehrpersonen im Schulalltag positionieren: *„The emphasis is on the effectiveness of the school rather than on the self-efficacy of pupils."* (Rassool/Morley 2000, 251).[28] In der Literatur zur Schuleffektivität würden zwar „hohe Erwartungen" der Lehrpersonen an die Schülerinnen und Schüler, ein gutes Selbstwertgefühl oder

---

28 Eine symptomatische Folge ist etwa die sich in den 1990er Jahren in England zuspitzende Verengung der Thematisierung von Genderfragen in der Schule auf die moralische Entrüstung über die schlechteren Leistungen der Jungen (vgl. Epstein et al. 1998; Kampshoff 2001).

hohe Überzeugungen von der Selbstwirksamkeit für die Leistungsfähigkeit betont. Auf den Checklisten für Schulqualität blieben solche Forderungen jedoch in spezifischer Weise abstrakt:

> „By representing pupils as *cognitive entities*, issues relating to sexualities, gender, ‚race' and coercive power relations are excluded. Affective factors such as interpersonal processes, self-esteem, confidence and a positive sense of self-worth are notoriously difficult to measure. While literacy and numeracy are of central importance as indicators of school effectiveness, little attention is paid to the part that anxiety, alienation, fear and low self-esteem play in cognitive development." (Rassool/Morley 2000, 251; Hervorhebung M.G.)

Die im vorliegenden Kapitel referierten Studien zeigen vergleichbare Tendenzen auch in Bezug auf andere Schlüsselinstrumente zur Verbesserung der Schuleffektivität auf, wie etwa die Zusammenarbeit zwischen Schule und Eltern. Nicht nur mit Blick auf die britische Variante von *Schooleffectiveness/Schoolimprovement* stellt Richard Hatcher (1997, 1998) das Fehlen einer adäquaten Konzeption von Ungleichheit als wesentliche Leerstelle des Schuleffektivitätsparadigmas heraus, wodurch der Schuleffektivitätsansatz wenig Handlungsvorschläge anzubieten habe, wie die Lehrkräfte und Schulbehörden solchen Mechanismen entgegenwirken können:

> „In consequence, school effectiveness research has little to say about the central issue for understanding the construction of educational inequality within the school: the interaction between pupil cultures and the official culture of the school, which is mediated by the curriculum, by teacher-pupil relations, by relations between home and school, and by every aspect of the school's functioning." (Hatcher 1997, 9)

Hatcher (1997; 1989) und eine Reihe anderer Autorinnen und Autoren (z.B. Grace 1991; Dale 1994; Hatcher 1998; Rassool/Morley 1998, 2000) betrachten die Marginalisierung und Ausblendung von Themen der Pluralität und Ungleichheit in der Schuleffektivitätsbewegung als unvermeidliche Konsequenz der impliziten wissenschaftstheoretischen Prämissen des Diskurses. Als problematisch erweise sich besonders die heikle Kombination von vier Hauptmerkmalen des Diskurses: abstrakter *Universalismus*, *Dekontextualisierung*, *Konsensualismus* und *Managerialismus*:

> „SEI[29] has [...] tended to lay claim to universal applicability by downplaying the significance of the specificities of school situations – at worst becoming a set of generic change process techniques – including those arising from ethnicity. Its top-down managerialist approach to school change and to teaching and learning tends to operate with an abstract universal model of students, to which their identities, cultures and experiences, including those which are specific to minority ethnic students, are largely irrelevant. And it's reliance on consensus as the basis for change tends to result in an avoidance of controversial value-based issues such as those concerned with racial equality." (Hatcher 1998, 274f.)

Die technizistischen, managementorientierten Strategien des schulischen Wandels weisen die Tendenz auf, die Besonderheiten schulischer Situationen zugunsten univer-

---

29 Im britischen Kontext gebräuchliches Kürzel für „*Schooleffectiveness/Schoolimprovement*".

seller Anwendbarkeit herunterzuspielen, einschließlich der ethnischen Beziehungen in Schule und Gesellschaft. Hinzu kommt, dass die *top-down*-Strategien des Schulmanagements, die auf die Verbesserung von Unterricht und Schulen zielen, zumeist auf einem universalistischen Modell des Lernenden basierten, das von ihren Identitäten, Kulturen und Erfahrungen abstrahiere. Durch die Betonung des Konsensprinzips als Basis für institutionellen Wandel würden kontroverse und normativ besetzte Themen wie ethnische Gleichheit im Schulalltag weitgehend vermieden.

Für den australischen Bildungsforscher Lawrence Angus (1993) werden im Schuleffektivitätsparadigma jegliche soziale Bezüge zum „Hintergrund-Rauschen", das in Forschung und Praxis bestenfalls professionell kontrolliert werden könne (z.B. in Form der statistischen Berücksichtigung unterschiedlicher Schüler-Inputs bei Leistungsvergleichen zwischen Schulen[30]), aber nicht mehr den eigentlichen Gegenstand der pädagogischen Aufmerksamkeit bildet:

> „Family background, social class, any notion of context, are typically regarded as ‚noise' – as ‚outside' background factors which must be controlled for and then stripped away so that the researcher can concentrate on the important domain of school factors. [...] sexism, racism, and any other social and educational disadvantages and conflicts that surround and pervade schooling [...] may be remotely acknowledged, but they are sanitised in school effectiveness research, reduced to distant ‚home background' and regarded merely as quality of input." (Angus 1993, 341ff.)

Ein solcher positivistischer Forschungsansatz, so Gerald Grace (1991), der in enger Begrenzung auf ein Set von spezifischen Strategien weitere kontextuelle Bezüge ausblendet, sei verführerisch in seiner Konkretheit, scheinbaren Wertfreiheit, Objektivität und direktem Handlungsbezug. Was dadurch aus dem Blick gerate sei vor allem die Dimension der sozialen und politischen Macht. Michael Fielding (1997) spricht von einem

> „[...] deeply political process [...] which takes what is essentially a political problem, removes it from the realm of political discourse, recasts it in quasi-technical language and hands it over to specialists in the area [...] school effectiveness becomes dislocated from considerations about the nature and resourcing of the good life and instead becomes preoccupied with the technical and measurable within the safe confines of a severely constrained arena of debate." (Fielding 1997, 143)

Abbildung 3 fasst noch einmal die grundlegenden von Hatcher (1998) angeführten Unterschiede zwischen dem (britischen) Schuleffektivitätsmodell zwischen Ende der 1980er und Ende der 1990er Jahre und einer auf den Abbau von Benachteiligungen zielenden Schulpolitik zusammen:

---

30 In England werden für solche Zwecke spezifische statistische Modelle angewandt, wie *„multi level modelling"* (Korrelationen der Schülerleistungen mit Geschlecht, Sozialschicht- und ethnischen Faktoren) oder *„value-added"*-Kalkulationen (Einschätzungen des Leistungszuwachses innerhalb einer Schule); vgl. Gillborn/Gipps (1996, 36ff.).

Schuleffektivitäts-Agenda	Egalitäre Agenda
Ziel: Erhöhung der Standards – aber nicht explizit Abbau von Ungleichheit	Ziel: Erhöhung der Standards und Abbau sozialer Ungleichheiten in den Ergebnissen
Definition von Erfolg nach nationalen Testkriterien – keine Konzeption von emanzipatorischer Bildung angestrebt	Definition von Erfolg sowohl nach akademischen Leistungskriterien als auch in Begriffen emanzipatorischer Erziehung
Konzeption von Schule als sozial neutraler Institution – kein Konzept von Schule als reproduzierender Instanz	Betrachtet Schule nicht als sozial neutrale Institution
Übertreibung des Ausmaßes, in dem Schulen gesellschaftliche Ungleichheiten kompensieren können	Verlangt soziale Veränderungen wie Reformen
Favorisierung eines vielfältigen, stratifizierten Schulsystems, besonders in der Sekundarstufe	Favorisiert nicht-selektives, volles Gesamtschulsystem
Favorisierung von Unterricht in Leistungsgruppen	Favorisiert gemischte Gruppierungen von Schülerinnen und Schülern so weit wie möglich
Abstraktes, universalistisches Konzept des Lernenden, „de-rassialisiert", ohne Geschlecht und ohne Klassenzugehörigkeit	Operiert mit einem Modell des Lerners oder der Lernerin, das nicht von sozialen Identitäten, Kulturen, Erfahrungen abstrahiert, insbesondere bzgl. „Rasse", Geschlecht, sozialer Klasse
Konzeption des Curriculums als ideologisch neutral	Betrachtet schulisches Wissen als Ausdruck sozialer Beziehungen
Autoritärer Ansatz von Politikentwicklung, Implementierung und Management	Versucht demokratische und partizipatorische Organisationsformen auf allen Ebenen zu entwickeln

Abbildung 3: Kontrastierung der Ziele des britischen Schuleffektivitätsmodells mit einer schulpolitischen Agenda, die auch emanzipatorische- und Gerechtigkeitsziele verfolgt (nach Hatcher 1998)

Die Gegenüberstellung verdeutlicht die Vielschichtigkeit der Ansatzpunkte für wirksame Maßnahmen zur Steigerung der Schulqualität und zur Verbesserung der Chancengleichheit. Konzepte der Schuleffektivität, die zugleich Bildungsungleichheiten abbauen wollen, müssen die vielfältige, komplexe und manchmal widersprüchliche Weise in den Blick nehmen, in der die Aspekte Geschlecht, Ethnizität, soziale Schichtzugehörigkeit, Sexualität, Lernbeeinträchtigungen und Alter im pädagogischen Alltag miteinander in Beziehung treten. Dabei ist der Fokus darauf zu richten, wie solche Prozesse durch die Schule selbst mitbestimmt werden. Die Schule ist keineswegs neutral, sondern als gesellschaftliche Agentur zu konzeptionieren. Das heißt nicht nur die Erfüllung formaler Kriterien sind im Rahmen des Schuleffektivitätsansatzes zu überprüfen. Sämtliche Unterrichtsinhalte, sowie die Strukturen und Praktiken auf allen Ebenen des Bildungssystems sind laufend daraufhin zu kontrollieren, ob sie zur Verfestigung oder zum Abbau von Bildungsungleichheiten beitragen.

2.3.2 Anwendungsorientierte oder sozialwissenschaftliche fundierte Forschung?

Ein wesentlicher Kritikpunkt in Bezug auf die neuen Schulreformen und die in diesen Prozessen relevanten Qualitäts- und Schulentwicklungskonzepte bezieht sich auf die Aufspaltung von makrosoziologischen und -ökonomischen Betrachtungen der systemweiten oder globalen Reformen auf der einen Seite und praxisorientierten Studien, die sich mit Detailfragen der Schulentwicklung und ihrer institutionellen Umsetzung beschäftigen („,how to'-literature"; Whitty et al. 1998, 5) auf der anderen Seite. Den makrosoziologischen Studien sei zum Teil vorzuwerfen, so Whitty et al. (ebd., 4ff.), dass sie Details und Komplexität ignorieren. Sie interessieren sich zum Beispiel kaum für die genauen Mechanismen, über die die Reformen in einem bestimmten Bildungssystem vollzogen werden oder für die konkreten Prozesse, bei der Umsetzung solcher Innovationen in den Schulen. Die anwendungsorientierte Literatur basiere hingegen auf einer Vielzahl von Prämissen, die nicht explizit gemacht würden. Es werde beispielsweise als gegeben hingenommen, dass es positiv sei, den Akteuren in der Schule mehr Möglichkeiten der Kontrolle zu geben. Angestrebt werden vor allem schnelle praktikable Lösungen, durch die Schulen effizienter und effektiver werden und den Bedürfnissen des Kollegiums, der Schülerschaft und der Eltern besser entsprechen sollen. Dale (1994) kritisiert das für die neuere Schulforschung charakteristische

> „commitment to changing rather than merely analysing education [...] questions of short-term, practical application constantly threaten to displace theoretical questions at the top of the agenda" (Dale 1994, 31).

In der lösungs- und anwendungsorientierten Perspektive blieben vor allem die breiteren organisatorischen, sozialen und politischen Kontexte ausgeblendet, in denen die neuen Schulpolitiken und Instrumente des Qualitätsmanagements eingesetzt würden:

> „Educational reform tends to be seen in terms of getting educational aims and objectives right – ignoring the wider political dimensions of change. Focusing on the mechanics of school management means that system-wide issues, let alone the international dimensions of educational restructuring, are often lost from view. The isolation of much writing on education management from social scientific research and theories contributes to its sociological naïvety." (Whitty et al. 1998, 5)

Die Aufspaltung von praxisbezogener Schulentwicklungsliteratur und sozialwissenschaftlichen Studien ist nicht nur für die empirische Schulforschung unbefriedigend. Sie birgt auch gravierende Risiken für die Praxis. Sie trägt einerseits dazu bei, dass kritische Vorbehalte gegenüber der Autonomie, die eher von bildungssoziologischer Seite vorgebracht werden, in der Praxis wenig Gehör finden und die Reformprozesse wenig zu beeinflussen vermögen. Andererseits begünstigt die Entwicklung kurzfristiger, schulzentrierter Lösungen, dass die strukturellen Begrenzungen von Schulentwicklung außer Acht gelassen werden. Dadurch ist das Scheitern solcher Programme und die Enttäuschung und Frustration bei den Beteiligten vorprogrammiert, insbesondere wenn es um Ziele der Bildungsgerechtigkeit geht.

Um das Schuleffektivitätsparadigma in der Schulforschung wie auch in der Praxis unter dem Gesichtspunkt der Chancengleichheit zu revidieren und mit tragfähigen Konzeptionen von Ungleichheit zu verknüpfen, sind die pragmatisch ausgerichteten Handlungskonzepte mit sozialwissenschaftlich fundierten, kritisch-analytischen Perspektiven zu verknüpfen. Als Ansatz zur Erforschung und Analyse des organisatorischen Handelns in Bildungseinrichtungen unter dem Gesichtspunkt der Chancengleichheit, der den Blick auf die Prozesse im Innern der Organisationen mit dem auf den breiteren politischen und sozialen Kontext verbindet, wird im dritten Kapitel die Theorie der *institutionellen Diskriminierung* skizziert.

3. Institutionelle Diskriminierung und schulischer Wandel

Als heuristische Folie für einen internationalen Vergleich von Programmen der Schulentwicklung, mit denen der Versuch gemacht wird, Maßnahmen zur Bekämpfung ethnischer Ungleichheit systematisch in umfassendere Systeme zur schulischen Qualitätssicherung zu verankern, ist die Theorie der *institutionellen Diskriminierung* besonders geeignet. Analog zu den im zweiten Kapitel umrissenen Kernideen der lokalen Schulentwicklung sucht der Ansatz der institutionellen Diskriminierung die Ursachen für Bildungsungleichheiten im organisationalen Handeln der schulischen Einrichtungen. Anders als die primär praxis- bezogenen Schulentwicklungskonzepte betrachtet die Theorie der institutionellen Diskriminierung Phänomene der Schulentwicklung und des schulischen Wandels jedoch aus einer soziologischen Perspektive. Hier geht es vor allem darum, die Alltagspraxis in den Organisationen mit Merkmalen des institutionellen Kontextes der schulischen Arbeit in Beziehung zu setzen, um die Ursachen sozialer Ungleichheiten wie auch geeignete Ansatzpunkte für Interventionen zu identifizieren.

Das Kapitel beginnt mit einem Hinweis auf die Geschichte des Begriffs der institutionellen Diskriminierung und die Schlüsselbegriffe der Diskussion. Im zweiten Abschnitt werden Leitdimensionen herausgearbeitet, um die Theorie der institutionellen Diskriminierung auf den Doppelgegenstand der Schulautonomie/Schulentwicklung und auf die Thematik des institutionellen Wandels zu übertragen. Diese Überlegungen werden im dritten Abschnitt mit Hilfe von Konzepten des organisationssoziologischen Neo-Institutionalismus weiter ausgearbeitet. Auf der Basis dieser theoretischen Überlegungen werden schließlich Leitfragen und Hypothesen für den empirischen Vergleich von aktuellen Politiken der Schulentwicklung als Antwort auf sprachliche und kulturelle Pluralisierung in drei Ländern formuliert.

3.1 Institutionelle Diskriminierung – Geschichte des Begriffs

Phänomene ethnischer Diskriminierung durchdringen unseren Alltag auf komplexe und oft subtile Weise. Gegenmaßnahmen zielen zumeist auf die Veränderung ethnozentristischer oder rassistischer Vorurteile und Einstellungen einzelner Personen oder relativ klar einzugrenzender sozialer Gruppen (z.B. benachteiligter Jugendlicher). Der Großteil der Gelegenheiten zur Diskriminierung von Menschen mit einer anderen Nationalität, Sprache, Religion oder Kultur ist jedoch in formalen Rechten und in den „normalen" organisatorischen Strukturen, Programmen und Routinen in den Basisinstitutionen des gesellschaftlichen Lebens (z.B. im Bildungsbereich, im Beschäftigungssystem und auf dem Wohnungsmarkt) eingebettet. Diese Form der Diskriminierung lässt sich mit dem aus den angelsächsischen Ländern stammenden Begriff der *institutionellen Diskriminierung* genauer erfassen. Auch in Deutschland haben in den vergangenen Jahren die ungelösten Probleme der Asyl- und Einwanderungspolitik (vgl. Jäger/Kaufmann 2002), die in nationales Recht umzusetzenden Antidiskriminierungsgesetze der Europäischen Union (vgl. EU 2000; 2000a) und nicht zuletzt das alarmierende Gefälle in den Schulerfolgen entlang der Trennlinien der ethnischen und sozialen Herkunft (vgl. Deutsches PISA-Konsortium 2001; Bos et al. 2003; Gomolla/Radtke 2002) die Aufmerksamkeit auf die institutionellen Ursachen der Ungleichheit gelenkt.

Im Unterschied zum Vorurteilsansatz (vgl. Allport 1954)[31] versteht der Begriff der „institutionellen Diskriminierung" Rassismus oder Sexismus als Ergebnis *sozialer Prozesse*. Das Wort „institutionell" lokalisiert die Ursachen von Diskriminierung im *organisatorischen Handeln* im Netzwerk zentraler gesellschaftlicher Institutionen (z.B. Bildungs- und Ausbildungssektor, Arbeitsmarkt, Wohnungs- und Stadtentwicklungspolitik, Gesundheitswesen und Polizei). In einem neueren britischen Expertenbericht wird institutioneller Rassismus bzw. institutionelle Diskriminierung definiert als das

> „kollektive Versagen einer Organisation, Menschen aufgrund ihrer Hautfarbe, Kultur oder ethnischen Herkunft eine angemessene und professionelle Dienstleistung zu bieten. Er [institutioneller Rassismus] kann in Prozessen, Einstellungen und Verhaltensweisen gesehen und aufgedeckt werden, die durch unwissentliche Vorurteile, Ignoranz und Gedankenlosigkeit zu Diskriminierung führen und durch rassistische Stereotypisierungen Angehörige ethnischer Minderheiten benachteiligen. Er überdauert aufgrund des Versagens der Organisation, seine Existenz und seine Ursachen offen und in angemessener Weise zur Kenntnis zu nehmen und durch Programme, vorbildliches Handeln und Führungsverhalten anzugehen. Ohne Anerkennung und ein Handeln, um solchen Rassismus zu beseitigen, kann er als Teil des Ethos oder der Kultur der Organisation weit verbreitet sein." (Macpherson of Cluny 1999, 6.34; Übersetzung M.G.)[32]

Das Zitat lenkt den Blick auf die Einbettung der Ursachen von Diskriminierung in der „normalen" *Alltagskultur von Organisationen* und in der *Berufskultur* der in ihnen tätigen Professionellen. Die Mechanismen institutioneller Diskriminierung werden – in den Worten von Stuart Hall

> „auf informellen und unausgesprochenen Wegen durch ihre Routinen und täglichen Verfahren als ein unzerstörbarer Teil des institutionellen Habitus weitergegeben. Diese Art von Rassismus wird Routine, gewohnt, selbstverständlich." (Hall 2001, 165)

---

31 Zur Kritik am Vorurteilsansatz vgl. z.B. Henriques (1984), Rizvi (1993), Terkessidis (1998).
32 Das Zitat stammt aus dem im Frühjahr 1999 veröffentlichten Abschlussbericht eines Tribunals zur Untersuchung der fehlgeschlagenen polizeilichen Aufklärung der Ermordung des schwarzen College Schülers Stephen Lawrence. Der Fall löste über die britischen Landesgrenzen hinaus intensive Debatten über institutionellen Rassismus aus. Die Begleitumstände und die politischen Konsequenzen, die die britische Regierung auch im Bildungs- und Erziehungsbereich aus den Aufklärungsergebnissen zog, werden in Kapitel 6 ausführlich dargestellt.

3. Institutionelle Diskriminierung und schulischer Wandel

Historisch geht der Begriff der „institutionellen Diskriminierung" auf die Diskussion zum institutionellen Rassismus in den USA und in Großbritannien zurück.[33] Stokely Carmichael und Charles Hamilton (1967), zwei politische Aktivisten der Black Power-Bewegung, verwendeten den Begriff vor fast 40 Jahren in ihrer gleichnamigen berühmten politischen Kampfschrift, um zu beschreiben, wie die Interessen und Einstellungen der weißen[34] Mehrheit in den Institutionen des amerikanischen Lebens inkorporiert sind. Carmichael und Hamilton zeigen die Effekte von institutionellem Rassismus am Beispiel der proportional übergroßen Sterblichkeit bei schwarzen Neugeborenen auf. Sie führen dieses Phänomen auf die Verkettung von struktureller Armut, Ernährungsmängeln, ungenügender medizinischer Versorgung und der Entstehung schwarzer Slums und Ghettos zurück. In Abgrenzung zu individuellem Rassismus definieren Carmichael und Hamilton institutionellen Rassismus als

„[...] less overt, far more subtle, less identifiable in terms of *specific* individuals committing the acts. (... it) originates in the operation of established forces in the society, and thus receives far less public condemnation" (Carmichael/Hamilton 1967, 20, Hervorhebung im Original).

In Folge der von Carmichael und Hamilton angestoßenen Diskussion wurde institutioneller Rassismus rasch als brauchbares deskriptives und erklärendes Konzept akzeptiert.[35] Der Begriff wurde systematisch auf eine Vielzahl von Institutionen bezogen (z.B. den Arbeits- und Wohnungsmarkt, die Gesundheitsversorgung, Ausbildung, Gerichtsbarkeit, politische Partizipation, Präsentation in den Medien), theoretisch ausdifferenziert (vgl. Knowles/Prewitt 1969; Jones 1972; Blauner 1970; Benokraitis/Feagin 1974; Wellman 1977) und allmählich zu einem allgemeinen Modell „institutioneller Diskriminierung" weiterentwickelt, das alle relevanten Formen der Ungleichheit, vor allem nach Geschlecht, Ethnizität, sozialer Schicht, Alter, Behinderung und sexueller Orientierung, einzuschließen sucht. Das geschah in enger Verknüpfung mit neuen sozialpolitischen Interventionsstrategien zur Umsetzung rechtlicher und politischer Gleichheit. Erst die Vorstellung institutioneller Diskriminierung macht Programme der *Affirmative Action*, Quotierungen oder des *Ethnic* oder *Gender Monitoring* im politischen, ökonomischen und sozialen Bereich möglich. Der Interventionspunkt sind nicht länger das Individuum und sein Vorurteil, sondern die Organisation, die diskriminiert (vgl. Dittrich 1991).[36]

---

33 Für einen Überblick vgl. Feagin/Feagin (1986), Williams (1985), Troyna/Williams (1986), Dittrich (1991), Gomolla/Radtke (2002).
34 Die Begriffe „weiß" und „schwarz" bzw. „Weiße" und „Schwarze" oder „Farbige" werden als soziale Konstruktion bzw. als politischer Kampfbegriff verstanden.
35 Für eine prägnante literarische Beschreibung der komplexen Wechselwirkungen hinter dem Prozess der Ghettoisierung der schwarzen Bevölkerung in den nordamerikanischen Metropolen, sei auf eine kurze Passage in den „Jahrestagen", dem Hauptwerk des deutschen Schriftstellers Uwe Johnsons (1934-1984), der Ende der 1960er Jahre eine Zeit lang in New York lebte und arbeitete, verwiesen (vgl. Johnson 2000, 752ff.).
36 Die zur amerikanischen Diskussion starke Parallelen aufweisende Rezeption des Konzepts des institutionellen Rassismus in Großbritannien wird in Kapitel 6 thematisiert.

Während in den frühen Arbeiten zum institutionellen Rassismus in den USA die Identifizierung der *Effekte* institutioneller Diskriminierung im Vordergrund stand, verschob sich das Interesse in den 1970er Jahren allmählich auf die Aufklärung der *Mechanismen*, die hinter Korrelationsmaßen stehen, die auf unterschiedliche Gesundheitsprofile oder Bildungsresultate bestimmter Bevölkerungsgruppen verweisen. Zwei wegweisende Impulse zur Erforschung und Theoretisierung der *Wirkungsweisen* institutioneller Diskriminierung, die auch für die heutigen Diskussionen noch relevant sind, waren die Ausdifferenzierung des Begriffs der *indirekten institutionellen Diskriminierung* (vgl. Feagin/Feagin 1986) und die Fokussierung der Untersuchung institutioneller Diskriminierung auf die *Verteilungsprozesse in Organisationen* (vgl. Alvarez 1978).

Auf die von Joe R. Feagin und Clairece B. Feagin (1986)[37] ausgearbeitete Unterscheidung von *direkter* und *indirekter* institutioneller Diskriminierung stützt sich die Antidiskriminierungsgesetzgebung in einigen Ländern.[38] Formen *direkter institutioneller Diskriminierung* sind demzufolge regelmäßige, intentionale Handlungen in Organisationen. Dies können hochformalisierte, gesetzlich-administrative Regelungen sein, aber auch informelle Praktiken, die in der Organisationskultur als Routine abgesichert sind (implizite Übereinkünfte, „ungeschriebene Regeln").

Der Begriff der *indirekten institutionellen Diskriminierung* zielt dagegen auf die gesamte Bandbreite institutioneller Vorkehrungen, die Angehörige bestimmter Gruppen – wie ethnische Minderheiten – überproportional negativ treffen. Oberflächlich betrachtet und von ihrer Intention her erscheinen diese Praktiken oft als angemessen, gerecht oder zumindest neutral. Feagin und Feagin führen indirekte institutionelle Diskriminierung vor allem auf *Interaktionseffekte* von direkter Diskriminierung in einem institutionellen Bereich mit neutralen Praktiken in einem anderen zurück sowie auf die *Sedimentierung* diskriminierender Praktiken aus der Vergangenheit in gegenwärtigen Organisationsstrukturen.

Ein offensichtliches Beispiel für direkte institutionelle Diskriminierung in den deutschen Bundesländern ist die gesetzliche Ungleichbehandlung von Kindern mit einem Flucht- und Asylhintergrund. Eine Form direkter institutioneller Diskriminierung, die aus informellen Praktiken in einer Organisation resultiert, ist etwa die zur Gewohnheit gewordene Praxis in einer bestimmten Schule, Kinder mit Migrationshintergrund bei der Einschulung zum Spracherwerb in den Schulkindergarten aufzunehmen. Indirekte Diskriminierung als Kumulationseffekt einer Reihe einzelner organisatorischer Entscheidungspraktiken in der Schulkarriere eines Kindes liegt beispielsweise dann vor, wenn Migrantenkinder aufgrund sprachlicher und vermeintlicher kulturbedingter Mängel in der Schuleingangsphase – zumeist in fördernder Absicht – vermehrt zurückgestellt werden (z.B. in den Schulkindergarten, Kindergarten oder in eine Vorbe-

---

37 Erstmalig erschienen 1978.
38 Die Ahndung des Tatbestandes des indirekten institutionellen Rassismus ist ein zentrales Charakteristikum des britischen Race Relations Act von 1976, der im Jahr 2000 erweitert wurde (Race

reitungsklasse). Die daraus resultierende Stigmatisierung als Problemfall und die „Überalterung" steigert im weiteren Prozess der Leistungsselektion in der Grundschule dann das ohnehin höhere Risiko für eine Umschulung auf eine Sonderschule (vgl. Gomolla/Radtke 2002).

Um die für das Zustandekommen und die Aufrechterhaltung von Diskriminierung in Organisationen ursächlichen Strukturen und Verfahrensweisen präzise zu bestimmen, schlägt Rodolpho Alvarez (1979) vor, die Analyse auf den *Prozess der Verteilung von Belohnungen* in Organisationen zu fokussieren (in der Schule v.a. Ressourcen und weitere Zugänge eröffnende Leistungsresultate und Abschlüsse):

> „Institutional discrimination is a set of social processes through which organizational decision making, either implicitly or explicitly, results in a clearly identifiable population receiving fewer *psychic, social, or material reward per quantitative and/or qualitative unit of performance* than a clearly identifiable comparison population within the same organizational constraints." (Alvarez 1979, 2; Hervorhebung M.G.)

Sichtbar zu machen sei, so Alvarez, wie in einem Kontext, in dem in der Regel nur Leistungskriterien eine legitime Entscheidungsgrundlage darstellen, systematisch von askriptiven Merkmalen der ethnischen und sozialen Herkunft oder des Geschlechts Gebrauch gemacht wird. Die Mechanismen institutioneller Diskriminierung erschließen sich Alvarez zufolge, indem aufgezeigt wird, wie Prozesse, in denen bestimmte Gruppen weniger bekommen als das, was ihnen normativ zusteht, in einem konkreten organisationalen Setting mit Sinn ausgestattet werden. Als abhängige Variable in organisationalen Verteilungsprozessen sei die *Legitimierbarkeit* organisatorischer Entscheidungen durch Leistungsmerkmale, Sponsorenschaft und Askription zu untersuchen. Die spannende Frage bei der Erforschung und Erklärung der Mechanismen der Diskriminierung lautet, welche *institutionellen* und *organisatorischen* Faktoren daran beteiligt sind, dass askriptive Merkmale entscheidungsrelevant werden können und dennoch der Anschein der Legitimität und Fairness gewahrt bleibt:

> „[...] the variable to be explained is *justifiability*; that is, on what basis can a particular distribution pattern be justified. [...] The central and exciting part of the analysis takes place in the identification and articulation of *antecendent* and *intervening variables* by which to characterize normatively the process as eventually justifiable or not." (Alvarez 1979, 7f.; Hervorhebungen M.G.)

Besonders interessant an den Überlegungen Alvarez' ist der Hinweis auf die Verknüpfung von Belohnungsdistribution mit der Handlungsrationalität und den Zwecken der *gesamten Organisation*. Für die Aufgabenerfüllung und die Bestandsinteressen von Organisationen können askriptive Merkmale der Klientinnen und Klienten ebenso funktional sein wie Leistungskriterien, die Ansprüche begründen. Askriptionen erhöhen die Entscheidungsoptionen. Die positiven Gewinne und der Nutzen für die Orga-

---

Relations Amendment Act); die Antidiskriminierungs-Richtlinien der Europäischen Union differenzieren zwischen *unmittelbarer* und *mittelbarer* Diskriminierung (vgl. EU 2000; 2000a).

nisationen selbst, etwa mehr Flexibilität, Komplexitätsreduktion oder Problemdelegation, sind ein wesentlicher Faktor, der das Auftreten und die Wirkungsweisen institutioneller Diskriminierung erklärt.

Solche Prozesse lassen sich allerdings nicht allein im Kontext einzelner Organisationen erklären. Die Allokation qua Askription als gesamtgesellschaftlicher Mechanismus setzt Machtarrangements innerhalb und außerhalb der Organisation voraus, die sich mit dieser Praxis in Übereinstimmung befinden. In der oben schon zitierten Grundschulstudie (vgl. Gomolla/Radtke 2002) wurde etwa festgestellt, dass bei der Neuaufnahme von Erstklässlerinnen und Erstklässlern in einer Schule das Interesse, eine bestimmte Zügigkeit zu erhalten, eine Vorbereitungsklasse mit der nötigen Schülerzahl zu füllen, Probleme zu delegieren oder zukünftige zeitraubende Konflikte mit Eltern zu vermeiden, Strategien der Ethnisierung Vorschub leisten kann. Diese sind für die Organisation funktional – diskriminierende Wirkungen für die betroffenen Kinder werden mit Verweis auf die begrenzten Kapazitäten und Möglichkeiten der Schule offenbar hingenommen. Beim Übergang in die Sekundarstufe kann die räumliche Nähe unterbelegter Gymnasien umgekehrt aber auch dazu führen, dass Merkmale der Sprache und Kultur in den Beurteilungen und Empfehlungen am Ende der vierten Klasse *keine* Rolle spielen. Das zuletzt genannte Beispiel illustriert, dass die Bestands- und Funktionsinteressen einzelner Schulorganisationen oft mit den besonderen Gegebenheiten des lokalen Schulsystems zusammenhängen (z.B. Vorgaben der lokalen Schulentwicklungsplanung, Vorhandensein und Erreichbarkeit von Plätzen auf weiterführenden Schulen oder Profilierungstendenzen und damit einhergehende offene und versteckte Strategien der Schülerselektion seitens der aufnehmenden Schulen). Insgesamt zeigte sich, dass die Wahrscheinlichkeit, dass Ethnisierung in den alltäglichen schulischen Routinen zustande kommt, von Faktoren auf unterschiedlichen Ebenen beeinflusst ist. Institutionelle Diskriminierung kommt zustande im Zusammenwirken von Weichenstellungen auf der einwanderungs- und schulpolitischen Ebene, den Strukturen, Programmen und etablierten Praktiken in einzelnen Organisationen wie im lokalen Schulumfeld sowie einem pädagogischen *Common Sense*, der von defizitorientierten Handlungsansätzen der Ausländerpädagogik und statischen, rückwärtsgewandten Konzepten kultureller Identität bestimmt ist.

3.2 Voraussetzungen der Analyse und Intervention gegen institutionelle Diskriminierung in der Schule

Begriffliche und methodische Genauigkeit bei der Erforschung und Analyse institutioneller Diskriminierung ist nicht allein Ausdruck „akademischer" Spitzfindigkeit. Sie ist für die Entwicklung geeigneter Handlungsansätze, um institutionelle Diskriminierung im Schulalltag sichtbar zu machen und Veränderungen herbeiführen zu können, entscheidend.

Da institutionelle Diskriminierung nicht direkt zu beobachten ist, gehen Untersuchungen zumeist in zwei Schritten vor: Zum einen ist zu prüfen, *ob* Unterschiede in der Bildungsbeteiligung verschiedener Bevölkerungsgruppen nicht ursächlich auf Eigenschaften der jeweiligen Gruppen zurückzuführen sind, sondern als Effekte der Strukturen, Programme, Regeln und Routinen in den Organisationen gelten können, die – relativ unabhängig von individuellen Merkmalen der Schülerinnen und Schüler – Unterschiede zwischen verschiedenen Teilpopulationen bewirken. Erforderlich sind daher zunächst geeignete *statistische Vergleichsmaße und Vergleichsverfahren*, die anzeigen, dass bestimmte soziale Gruppen systematisch weniger Belohnungen oder Leistungen erhalten als klar identifizierbare Vergleichsgruppen (vgl. Alvarez 1979). In einem zweiten Schritt sind *qualitative Untersuchungen* anzuschließen, die der Frage nachgehen, *wie* die Unterschiede auf der Ebene der Organisationen zustande kommen und welche Bedingungen im breiteren Kontext des schulischen Handelns ermöglichen, dass Diskriminierung in den Schulen geschehen und aufrecht erhalten werden kann.

Zur *quantitativen Ermittlung der Effekte institutioneller Diskriminierung* werden üblicherweise Repräsentationsmaße verwendet, die die Über- oder Unterrepräsentation bestimmter Gruppen in den jeweils interessierenden Kategorien feststellen. Unterlegt ist normativ ein Begriff von Chancengleichheit, der nicht nur auf eine Angleichung der Zugangschancen von Kindern aus unterschiedlichen Herkunftsgruppen zielt, sondern eine Gleichheit der Ergebnisse anstrebt.[39]

Statistische Daten können Ungleichheiten jedoch genauso verdunkeln wie erhellen, beispielsweise wenn die Art der Vergleichsmaße nicht transparent sind (z.B. durchschnittliche Leistungen oder Erfolge in einzelnen Fächern). Auch eine unangemessene Definition der Vergleichsgruppen kann zu verzerrten Ergebnissen führen. Der Vergleich von Kindern mit ausländischem und mit deutschem Pass liefert beispielsweise ein verfälschtes Bild des Ausmaßes ethnischer Diskriminierung im deutschen Schulwesen, das die Situation von Kindern aus so genannten (Spät-)Aussiedlerfamilien oder von eingebürgerten Kindern aus Einwandererfamilien nicht wiederspiegelt. Ähnliche Schwierigkeiten resultieren aus einem Mangel an Klarheit hinsichtlich des Einflusses von Merkmalen der Ethnizität, sozialen Herkunft und des Geschlechts auf die Schulerfolge.

Angesichts der Schwierigkeiten bei der Entwicklung und Interpretation statistischer Vergleichsmaße schlagen David Gillborn und Caroline Gipps (1996, 11) vorsichtigen Pragmatismus vor: Wo statistische Diskrepanzen etwa in den relativen Schulleistungen unterschiedlicher Bevölkerungsgruppen signifikant sind, sei es *wahrscheinlich*, dass die Gruppen mit den niedrigeren Leistungen nicht die gleichen Bildungschancen erhal-

---

39 In Anlehnung an Gillborn und Youdell (2000, 2f.) lassen sich vier verschiedene Definitionen von Chancengleichheit bzw. Gerechtigkeit voneinander abgrenzen: (a) formale Gleichheit des Zugangs und der Vorkehrungen *(equality of access and provision)* als konservativste Minimaldefinition; (b) Gleichheit der Zugangsvoraussetzungen *(equality of circumstances)*; (c) Gerechtigkeit in der Partizipation und Behandlung *(equity of participation/treatment)* und (d) als quasi härtestes Kriterium das Ziel der Ergebnisgerechtigkeit *(equity of outcome)*.

ten. Sie *könnten* zusätzlichen Barrieren ausgesetzt sein, die verhindern, dass sie ihr volles Potential entfalten können. Hier sind weitere, vor allem *qualitative* Untersuchungsschritte erforderlich, um die Problemursachen genauer aufzuklären.[40]

Im Hinblick auf die Erforschung und Analyse der *Mechanismen der Diskriminierung* wie auch zur Exploration und Überprüfung von *Interventionsfeldern und Instrumenten*, um institutionelle Diskriminierung im Schulalltag sichtbar zu machen und abzubauen, lässt sich auf Überlegungen von Barry Troyna und Jenny Williams aufbauen (vgl. Williams 1985; Troyna/Williams 1986; Troyna 1993). Insbesondere in ihrem Buch „Racism, Education and the State" (Troyna/Williams 1986, 55f.) schlagen sie eine Agenda zur theoretischen Klärung des Konzepts vor, die auch für die Beschäftigung mit institutionellem Wandel in nicht-diskriminierender bzw. egalitärer Absicht hilfreiche Anhaltspunkte bietet. Troyna und Williams zufolge muss die Beschäftigung mit Phänomenen der institutionellen Diskriminierung zumindest auf drei Punkten basieren:

1. einer klaren theoretischen Ausformulierung der Beziehungen zwischen den (diskriminierenden) Institutionen,
2. einem Verständnis der internen Operationen und Praktiken der Institutionen und
3. einem Verständnis der Beziehung zwischen den Individuen, die Teil der Institution sind und den Strukturen, innerhalb derer sie arbeiten.

Ad 1.: Ein verbreitetes Missverständnis beim Versuch, die Mechanismen institutioneller Diskriminierung aufzudecken und entsprechende Gegenmaßnahmen zu entwickeln, ist die isolierte Betrachtung einzelner Organisationen und deren innerer Dynamik. Vielfach werden *direkte und kausale Beziehungen* zwischen bestimmten Effekten der Ungleichheit und der Praxis in einem institutionellen Sektor oder in einer konkreten Organisation unterstellt (vgl. auch Bhavnani 2001). Solche vereinfachten Kausalzuschreibungen werden der Komplexität der Ursachen institutioneller Diskriminierung jedoch nicht gerecht. Die Theorie der institutionellen Diskriminierung gewinnt ihre Perspektive gerade aus der Annahme, dass Diskriminierung in Organisationen nicht gänzlich spontan entsteht und dass die Gelegenheiten für einzelne Organisationen, zu diskriminieren, nicht zufällig verteilt sind.

Um mit dem Begriff der institutionellen Diskriminierung arbeiten zu können, sind daher die *Beziehungen zwischen den (diskriminierenden) Institutionen* in den Blick zu rücken. Ausschlaggebend ist vor allem der Einfluss rechtlicher Vorgaben und professioneller Normen. Um die disproportionalen Schulerfolgsmuster von Kindern aus Einwandererfamilien zu erklären, ist ferner das Zusammenwirken unterschiedlicher institutioneller Sektoren, etwa die Wirkungen einer restriktiven Einwanderungspolitik, der Stadtentwicklungspolitik und der Versorgung mit Gesundheits- und anderen sozialen Diensten zu beachten. Eine andere wichtige Einflussgröße sind Interaktionen zwischen unterschiedlichen Organisationen innerhalb eines institutionellen Sektors, bei-

---

40 Für eine ausführliche Auseinandersetzung mit den Problemen quantitativer Analysen zur Ermittlung der Effekte institutioneller Diskriminierung s. Gomolla/Radtke (2002, 81ff.).

spielsweise zwischen Schulbehörden und einzelnen Schulen oder zwischen abgebenden und aufnehmenden Schulen in einer Kommune. Das Handeln in den Schulen ist jedoch auch von in ihrem Umfeld vorherrschenden sozialen Erwartungen bestimmt, vor allem seitens der Elternschaft. Einzubeziehen sind desweiteren die Wirkungen breiterer, zumeist unter Beteiligung der Medien verbreiteter alltagsweltlicher Diskurse (beispielsweise zum Thema Ausländer oder Islam), die als Deutungsmuster zur Begründung von Entscheidungen in den Organisationen verfügbar sind.

Ad 2.: Unter dem Label „institutionelle Diskriminierung" werden vielfach historisch-soziologische und (sozial)psychologische Erklärungen von Rassismus und Diskriminierung vermischt. Dies drückt sich darin aus, dass die Ursachen der Diskriminierung – beispielsweise in der Schule – weiterhin in Einstellungen und Vorurteilen der Lehrerinnen und Lehrer gesucht werden. Initiativen zur Bekämpfung der Probleme beschränken sich weitgehend auf Fortbildungen und Trainingsprogramme, die auf die Information und Bewusstseinsbildung der Akteure im Umgang mit Fragen der Diversität und Pluralität zielen. Problemursachen im institutionellen Setting der Schule und gezielte organisationale und institutionelle Veränderungen werden dagegen nicht ins Auge gefasst.

Solche Ungenauigkeiten in Theorie und Praxis verkennen, dass es sich bei institutioneller Diskriminierung *nicht* um eine direkte und unmittelbare Übersetzung der Repräsentationen und Wahrnehmungen von „Anderen" in Vorurteile und Entscheidungen handelt. Gerade weil es zu einem großen Ausmaß eine *Institutionalisierung* von Rassismus bzw. Diskriminierung gebe, so der französische Rassismustheoretiker Michel Wieviorka (1995), funktioniere Diskriminierung auf einer Ebene, die nicht die gleiche sei wie die, auf der das Phänomen produziert werde. Zu untersuchen sei ein *Set von Praktiken*, die eine gewisse Autonomie und Eigendynamik erreicht haben. Dies sei aber eine Dynamik, die von widersprüchlichen Gefühlen und Interessen der einzelnen Akteure geformt sei, die aus der Geschichte resultieren und der Selbstreproduktion der Gesellschaft dienen.

Was in der Forschung oft fehlt, argumentiert die britische Autorin Jenny Williams (1985), sei die trennscharfe Konzeptualisierung der *institutionellen* Ebene, das heißt der involvierten institutionellen und organisatorischen Strukturen und Arbeitsweisen, die Ungleichheitsmuster schafften und aufrecht erhielten. Studien über institutionelle Diskriminierung hätten beim institutionellen Setting und den organisatorischen Arrangements anzusetzen, statt Diskriminierung immer wieder auf individuelles Verhalten zu reduzieren:

> „If institutions are defined as sets of structures and practices which are not reducible to the individuals who staff them, then it is reasonable that these structures and practices should be the object of study." (Williams 1985, 331)

In Bezug auf das Handeln der Lehrerinnen und Lehrer stellt sich etwa die Frage, ob nicht Faktoren, die mit Diskriminierung auf den ersten Blick gar nichts zu tun haben, eine wichtige Rolle für die Aufrechterhaltung einer Praxis haben, die bestimmte Gruppen systematisch benachteiligt. Zu denken ist hier an Merkmale der Organisation, Formen der Kooperation der Lehrkräfte oder an Merkmale der Professionskultur. Dabei ist davon auszugehen, dass die Beziehungen zwischen diskriminierenden Absichten, rassialisierten Praktiken und Effekten der Diskriminierung (in Form von Ungleichheiten) komplex und vielschichtig sind. Diese Beziehungen können zwar theoretisch postuliert, letztendlich aber nur empirisch geklärt werden (vgl. Troyna/Williams 1986).

Ad 3.: In Großbritannien hat in den 1980er Jahren in vielen Schulbezirken und Schulen der Versuch, anti-rassistische Programme quasi „auf dem Verwaltungsweg" einzuführen, zu der Erkenntnis geführt, dass ein oberflächlicher Gebrauch des Begriffs der institutionellen Diskriminierung, der die benachteiligten Gruppen und die involvierten institutionellen Strukturen nicht klar identifiziert, zwar eingängliche Slogans bietet, jedoch wenig taugt, um wirksame Gegenmaßnahmen zu entwickeln.[41] Im Gegenteil: In der Praxis sind solche Maßnahmen oft kontraproduktiv. Sie führen zu Polarisierungen und Blockadehaltungen.

Ein moralischer, symbolischer Anti-Rassismus basiert oft auf simplifizierenden Schwarz-Weiß-Schemata, die die reale Heterogenität der Identitäten und Lebenslagen von Angehörigen ethnischer Minderheitengruppen (wie auch von Angehörigen der Mehrheitsgesellschaft) genauso verkennen wie die individuellen und kollektiven Widerstandsformen und -potentiale der von Diskriminierung Betroffenen.

Auch die undifferenzierte Übertragung des Begriffs der institutionellen Diskriminierung auf ganze Institutionen oder Organisationen, statt sich mit den konkreten ursächlichen Strukturen und Praktiken zu beschäftigen, die sich im Handlungskontext einer Organisation und ihres Umfeldes zu erkennen geben, löst bei den in den Institutionen tätigen Professionellen oft mit einer gewissen Berechtigung Abwehr und Blockadehaltungen aus. Als pauschalisierende Erklärung für bestehende Ungleichheitsmuster lädt der Begriff der institutionellen Diskriminierung zugleich ein, von den involvierten Akteuren als Absolution von jeder Verantwortung missverstanden zu werden (kritisch vgl. Feagin/Feagin 1986; Williams 1985; Troyna/Williams 1986; Miles 1989; Wieviorka 1995; Gillborn 2000; Bhavnani 2001).

Wieviorka (1995) macht darauf aufmerksam, dass die Lokalisierung von Diskriminierung auf institutioneller Ebene keineswegs bedeutet, dass man pauschal jede Intentionalität ausschließen und jedes Bewusstsein über die Diskriminierung verneinen müsse. Im Gegenteil: Institutionelle Diskriminierung sei in der Praxis nie vollkommen unsichtbar und maskiert für diejenigen, die davon profitieren. Das Potential des Begriffs der institutionellen Diskriminierung liege gerade darin, Selbstverständlichkeiten zu hinterfragen, latente Formen der Benachteiligung und des Ausschlusses zur Sprache zu bringen, dazu beizutragen, dass Rassismus und Diskriminierung in den Medien thematisiert werden, Untersuchungen und Initiativen zur Bekämpfung der

---

41 Für genauere Ausführungen zur Debatte über den Anti-Rassismus der 1980er Jahre in Großbritannien vgl. Kapitel 6.

Probleme anzustoßen. Mit dem Konzept der Institutionalisierung würden Phänomene des Rassismus und der Diskriminierung auf einer Ebene lokalisiert, auf der Widerstand der Betroffenen, konzertiertes Handeln und politischer Druck potentiell ankommen und wirksam werden könnten.

Anders als Strategien, die auf dem Vorurteilsansatz basieren, zielt die Perspektive der institutionellen Diskriminierung primär auf die institutionell vorstrukturierten Modalitäten, Bildungs- und Erziehungsprobleme wahrzunehmen, professionell zu interpretieren und zu bearbeiten. Unter der Fragestellung nach geeigneten Interventionen, um institutionelle Diskriminierung in Organisationen sichtbar zu machen, abzubauen und zu unterbinden, sind die Subjekte auf andere Weise angesprochen und gefordert als in anti-rassistischen Trainingsprogrammen. Drei Punkte sind hier besonders relevant: *Erstens* ist die *Bereitschaft* erforderlich, institutionelle Diskriminierung als Problem in einer Organisation anzuerkennen. Die aktive Auseinandersetzung mit institutioneller Diskriminierung erfordert *zweitens* die *Kompetenzen* zur Reflexion des eigenen professionellen Handelns in seinen spezifischen institutionellen Kontextbindungen (vgl. Schön 1983) unter Gesichtspunkten der Ungleichheit und Diskriminierung. In dem Zusammenhang stellt sich *drittens* die Frage nach den konkret bestehenden *Spielräumen* und *Ressourcen*, die einen diskursiven Austausch über vorherrschende explizite und implizite Interpretations- und Wahrnehmungsmuster und Routinen in den betreffenden Einrichtungen fördern und die Entwicklung und Installierung einer neuen Praxis unterstützen. Die Frage einer nicht-diskriminierenden Praxis berührt die Frage nach der demokratischen Gestaltung der Schule.

Um den Begriff der institutionellen Diskriminierung für eine Analyse der Möglichkeiten und Grenzen institutionellen Wandels im Rahmen aktueller Programme zur Schulentwicklung fruchtbar zu machen, werden die dargestellten Diskriminierungskonzepte im Folgenden mit Konzepten aus der Organisationssoziologie präzisiert.

3.3 Schule als organisierte Institution und schulischer Wandel

Die Beschäftigung mit der Schule als Organisation hat in den vergangenen Jahren im Zuge der Schulautonomie- und Schulqualitätsdebatte rasant zugenommen. Sie ist jedoch noch immer eine ungewohnte Perspektive.[42] Dies gilt besonders im Kontext der

---

42 In den Organisationswissenschaften war die Schule als formell organisierter Bereich sozialen Verhaltens schon früh mitgedacht worden, jedoch lange Zeit ein weitgehend unerforschtes Terrain geblieben (vgl. Niederberger 1984). In der deutschsprachigen Schulforschung fanden sich auf dem Hintergrund eines geisteswissenschaftlichen und personalistischen Erziehungsverständnisses bis in die 1970er Jahre kaum organisationswissenschaftliche Zugänge zum Schulgeschehen (als Ausnahme vgl. Fürstenau 1967, 1968; Feldhoff 1970; Peter 1973). Im Zuge der Reformen der 1970er Jahre wurden die organisatorischen Seiten der Schule aus gesellschaftskritischem Blickwinkel als repressive, bürokratische, verregelte schulische Lernumwelt thematisiert (vgl. Hopf/Nevermann/Richter 1980, 387ff.). Auf dem Hintergrund eines von Max Weber geprägten bürokratietheoretischen Organisationsverständnisses entstand die Auffassung von einem „wesensmäßigen Antagonismus" zwischen organisatorischen und pädagogischen Aspekten des

Erklärungen unterschiedlicher Schulerfolge. Hier steckt, so der Schulforscher Hartmut Ditton (1995), die Auseinandersetzung mit den relevanten (Mikro-)Bedingungen und Prozessen im Verlauf der Schulzeit noch in den Anfängen. Er fordert daher, die Schule nicht länger als *„black box"* zu behandeln, sondern die institutionellen Arrangements, Praktiken, expliziten und impliziten Regeln, die für das pädagogische Handeln *konstitutiv* sind, ins Zentrum der Aufmerksamkeit zu rücken. In der amerikanischen Forschung hatten schon in den 1960er und 1970er Jahren Studien in der Tradition des Sozialkonstruktivismus, der Soziolinguistik und des *Labeling-approach* sichtbar gemacht, wie Karriereverläufe sowohl erfolgreicher als auch erfolgloser Schülerinnen und Schüler, bis hin zur Etikettierung und Aussonderung als „Verhaltensauffällige", „Lernbehinderte" oder „Geistigbehinderte", zu einem entscheidenden Anteil Konstrukt und Produkt der Organisation, ihrer Unterscheidungen und darauf aufbauenden Sequenzen von Entscheidungen sind.[43]

Um die Mechanismen im Innern der *„black box"* Schule, die an der Herstellung von Ungleichheiten ursächlich beteiligt sind wie auch Prozesse des geplanten Wandels, um solche Arrangements aufzubrechen, zu erforschen und zu analysieren, lassen sich Konzepte der neueren amerikanischen Organisationsforschung heranziehen. Theorieangebote, die unter den Bezeichnungen *„lose Kopplung", „verhaltenswissenschaftliche Entscheidungstheorie"* und *„Neo-Institutionalismus"* bekannt sind, stellen die im *scientific management* vermittelte Vorstellung, Organisationen seien technisch-rationale Instrumente, um organisatorische Aktivitäten effizent zu steuern, in Frage. Sie rücken stattdessen die Eigenrationalität der Organisationen, die Entscheidungen ermöglicht und beschränkt, in den Mittelpunkt:

Hinter dem Begriff der *„losen Kopplung"* steht die Beobachtung, dass komplexe Organisationen wie Schulen ihre Überlebensfähigkeit und Elastizität entscheidend dadurch sichern, dass sie intern nur so genannte „lose gekoppelte" Verbindungen zwischen formalen Organisationsstrukturen und den Kernaktivitäten der Organisation ausbilden (vgl. Meyer/Rowan 1977, 1978; Weick 1976; March/Olsen 1976).

Die *verhaltenswissenschaftliche Entscheidungstheorie* bricht mit der Praxis, Organisationen als einheitlich handelnde „Unternehmen" bzw. Entscheidungsträger aufzufassen und Entscheidungen als individuelle Entscheidungen, unabhängig von ihrem organisatorischen Kontext zu konzipieren. Ausgehend von der Kritik an Theorien rationaler Wahl werden die begrenzte Rationalität, Ambiguität und Konflikthaftigkeit organisationaler Handlungen und Entscheidungen in den Blick genommen. Merkmale des Entscheidungsprozesses an sich werden als Determinanten und unabhängige Variablen untersucht (vgl. March/Olsen 1976; March 1990; Olsen 1991).

Schulgeschehens. Dass dieser Ansatz die Erkenntnis des inneren Zusammenhangs von Organisation und Erziehung versperrte, wurde in der Folge vielfach kritisiert (vgl. z.B. Hopf et al. 1980, 387ff.; Terhart 1986).
43 Vgl. Cicourel/Kitsuse (1963, 1974), Mercer (1974), Mehan (1992), Mehan et al. (1985), Oakes (1985). Als Ausnahme in der deutschsprachigen Literatur vgl. z.B. Bühler-Niederberger (1991).

3. Institutionelle Diskriminierung und schulischer Wandel

Im Mittelpunkt des sich mit einzelnen Elementen der verhaltenswissenschaftlichen Entscheidungstheorie überschneidenden *Neo-Institutionalismus* in der Organisationssoziologie steht der Umweltbezug von Organisationen und die aktive Auseinandersetzung mit institutionellen Vorgaben seitens der Akteure. Er eröffnet eine wissenssoziologische Perspektive auf das Organisationsgeschehen, in der institutioneller Wandel als Auseinandersetzung mit institutionalisierten Deutungs- und Handlungsmustern begreifbar wird, der auch von Faktoren im breiteren politischen und gesellschaftlichen Umfeld der Organisationen bestimmt ist (vgl. Meyer/Rowan 1977, 1978; DiMaggio/Powell 1991; Zucker 1977).

3.3.1 Schulorganisationen als „lose gekoppelte" Systeme

Der Begriff der „losen Kopplung" geht auf Untersuchungen im Rahmen des Forschungsprogramms *„Environment for Teaching"* am Stanford Center for Research and Development in Teaching in den 1970er Jahren zurück. Vor allem John W. Meyer und Brian Rowan stellten in ihren berühmten Studien (1977, 1978) zunächst als eine Besonderheit von Einrichtungen des Erziehungssystems heraus, dass Organisationen in der Auseinandersetzung mit inkonsistenten Umweltanforderungen institutionelle Vorgaben lediglich symbolisch befolgen können, wobei sich diese auf die Aktivitätsstruktur der Organisation kaum auswirken. *Unterrichtsaktivitäten* und deren *Resultate*, so ein zentraler Untersuchungsbefund, werden konsistent unkontrolliert gelassen, sowohl im bürokratischen als auch im kollegialen Sinn. Im Kontrast dazu werden die *rituellen Klassifikationen*, mit denen die Schule ihr Handeln nach außen hin legitimiert und darstellt (z.B. Zensurensysteme, Versetzungsbestimmungen, die hierarchische Gliederung der Schulformen) eng und rigide kontrolliert. Die Regeln, die für die Klassifizierung und Zertifizierung von Schülerinnen und Schülern bzw. Schülerleistungen relevant sind, sind in Erlassen und Richtlinien viel weitgehender expliziert, als die Art und Weise, wie Schülerinnen und Schüler im Unterricht behandelt werden sollen. Komplementär zum Mechanismus der Entkopplung tragen – zumal es oft um Entscheidungen mit schwerwiegenden Folgen für die weitere Schulkarriere und die zukünftigen Lebenschancen der Betroffenen geht – Strategien der Vertrauensbildung *(logic of confidence)* dazu bei, eine generelle Aura des guten Glaubens aufrecht zu erhalten, dass alle Beteiligten nach bestem Wissen und Gewissen handeln. Unter „Vertrauenslogik" werden organisatorische Strategien der Vermeidung, des Übersehens und der Diskretion bezogen auf die tatsächlichen Kernaktivitäten der Organisation verstanden, etwa die für Beobachterinnen und Beobachter verschlossene Tür des Klassenzimmers, die Delegation von Aktivitäten an Professionelle oder die Zeremonialisierung von Kontrollverfahren (z.B. „Vorführstunden"):

> „Higher levels of the system organize on the assumption that what is going on at lower levels makes sense and conforms to rules, but they avoid inspecting it to discover or assume responsibility for inconsistencies and ineffectiveness. In this fashion, educational organizations work more smoothly than is commonly supposed, obtain high levels of exter-

nal support from divergent community and state sources, and maximize the meaning and prestige of the ritual categories of people they employ and produce" (Meyer/Rowan 1977, 341).

Die provozierende These von Meyer und Rowan (1977, 1978) lautet, dass Organisationen „Rationalitätsmythen" aus ihrer sozialen Umwelt in ihrer Formalstruktur aufgreifen, kopieren und zeremoniell zur Geltung bringen. Solche Rationalitätsmythen sind zum Beispiel breit geteilte Vorstellungen darüber, wie eine moderne und effiziente Organisation auszusehen habe. Die dadurch hergestellte Strukturähnlichkeit *(Isomorphie)* zwischen Organisation und Gesellschaft sichert die organisatorische Überlebensfähigkeit eher als eine bloße Orientierung an technisch-instrumentellen Kriterien der Problembearbeitung. Meyer und Rowan bezeichnen solche in der Formalstruktur von Organisationen adoptierten Regeln und Annahmegefüge als „Rationalitätsmythen", da sie soziale Ziele bestimmen und in regelhafter Weise festlegen, welche Mittel zur rationalen Verfolgung dieser Zwecke die angemessenen sind. Sie sind Mythen in dem Sinne, dass ihre Wirklichkeit und Wirksamkeit von einem geteilten Glauben an sie abhängt, sie also nicht einer objektiven Prüfung unterzogen werden können (vgl. Walgenbach 1995).

Solche Mechanismen werden durch die im Zuge der Autonomisierung eingeführten neuen Instrumente zur Qualitätssicherung, wie die Aufforderung zur Entwicklung von Schulprogrammen, zur Teamarbeit (auch im Unterricht) und neue Formen der Selbst- und Fremdevaluation, herausgefordert. In der Praxis sorgen diese Innovationen dementsprechend für Irritationen. Sie werden als Angriff auf die pädagogische Autonomie erlebt, der in Deutschland traditionell ein hoher Wert beigemessen wird. Es ist jedoch eine mit Hilfe empirischer Untersuchungen zu klärende Frage, ob die neuen Steuerungsinstrumente tatsächlich dazu beitragen, dass ein neuer „Meta-Sinn" in einer Schulorganisation institutionalisiert werden kann, der einer losen Kopplung von Organisationselementen entgegenwirkt (vgl. Vollmer 1996, 333f.).

Konträr zu einer solchen Position lassen sich die Denkweisen und Instrumente, die hinter dem Begriff der „Schuleffektivität" stehen, auch als Ausdruck neuer Rationalitätsmythen in den Blick nehmen, die die Schulen – zu Legitimationszwecken und um ihre Ressourcen zu sichern – inkorporieren. Viele der im zweiten Kapitel referierten Befunde sprechen dafür, dass Schulen um unter den im Zuge der Dezentralisierung veränderten strukturellen Vorgaben funktionieren zu können bis hin zur Sicherung ihres Überlebens in einer Markt- und Wettbewerbsumgebung, neue Strategien der Entkopplung entwickeln (z.B. Schulprogramm-Arbeit als reine Pflichterfüllung oder als Aushängeschild für die Eltern, Phänomene der „Fassadenevaluation", Manipulation von Testergebnissen und gesamtschulischen Leistungsresultaten).

Diese Mechanismen sagen mehr über neue gesellschaftliche Kontrollformen und Indienstnahmen der Schule aus als über die schulischen Probleme, die mit Hilfe der neuen Instrumente gelöst werden sollen. Im Kontext dieser Untersuchung ist dabei die hohe Relevanz und der zum Teil neuartige Rückgriff auf askriptive Merkmale des Geschlechts, der Ethnizität, sozialen Schichtzugehörigkeit, Behinderung und besonderer Lernbedürfnisse in den schulischen Routinen und Entscheidungen von Interesse.

3.3.2 Begrenzte Rationalisierbarkeit organisationaler Entscheidungen

Wie kann man sich, ausgehend von einem Verständnis von Organisationen als „lose gekoppelte Systeme", Entscheidungsprozesse in der Schule vorstellen? Antworten auf die Frage, wie Individuen in Organisationen Entscheidungen treffen und welche Rolle die Organisation dabei spielt, bietet die verhaltenswissenschaftliche Entscheidungstheorie.[44] Diese in den 1930er und 1940er Jahren entstandene Richtung der Organisationsforschung (vgl. Barnard 1938; March/Simon 1958) nimmt Entscheidungsaktivitäten zum Ausgangspunkt der Organisationsanalyse. Programmatischer Ausgangspunkt ist die Frage, wie Organisationen ihre Bestandssicherung durch Anpassung an komplexe und sich verändernde Umwelten bewerkstelligen. Das Bestands- und Anpassungsproblem von Organisationen wird dabei als Problem menschlichen Entscheidungsverhaltens formuliert (daher die Bezeichnung „verhaltenswissenschaftlich"; vgl. Berger/Bernhard-Mehlich 1993, 127).

Die verhaltenswissenschaftliche Entscheidungstheorie zielt auf die Kritik von Theorien rationaler Wahl, die Organisationen als Instrument für individuelle Wahlentscheidungen begreifen (z.B. im *New Public Management*). Theorien rationaler Wahl porträtieren Entscheidungsprozesse in Organisationen als intentional, folgerichtig und optimierend: als Ergebnis der Präferenzen, der Erwartungen, die mit bestimmten Handlungsalternativen verknüpft werden und schließlich der Wahlen seitens rationaler, gut informierter, einheitlich handelnder und wertmaximierender individueller Entscheiderinnen und Entscheider (vgl. Olsen 1991, 89). Die verhaltenswissenschaftliche Entscheidungstheorie geht hingegen davon aus, dass dieses Bild der Realität in den meisten Organisationen wenig entspricht. Organisationen funktionieren selten wie rationale „Entscheidungsmaschinen":

> „Die Antizipation zukünftiger Konsequenzen gegenwärtiger Entscheidungen unterliegt in vielen Fällen substantiellen Fehlern. Die Antizipation zukünftiger Präferenzen ist oft verwirrend. [...] Wahlverhaltenstheorien unter Unsicherheit betonen die Komplikationen bei der Schätzung zukünftiger Konsequenzen. Wahlverhaltenstheorien unter Konflikt oder Mehrdeutigkeit betonen die Komplikationen bei der Schätzung zukünftiger Präferenzen" (March 1990, S. 300 f.).

Im Rahmen der verhaltenswissenschaftlichen Entscheidungstheorie wurden alternative Rationalitätsmodelle entwickelt, die den Einfluss des *Entscheidungsprozesses* auf den Verlauf und das Resultat von Entscheidungen in den Blick rücken. Sie basieren auf der

---

44 Für zusammenfassende Darstellungen in der deutschsprachigen Literatur vgl. Berger/Bernhard-Mehlich (1993). In der Organisationssoziologie Niklas Luhmanns (vgl. z.B. Kieserling 1999; Luhmann 2000) sind wesentliche Aspekte der verhaltenswissenschaftlichen Entscheidungstheorie in einen systemtheoretischen Rahmen integriert.

Annahme, dass organisationale Handlungen und Entscheidungen wesentlich davon bestimmt sind, dass

- Zeit und Aufmerksamkeit knappe Ressourcen sind;
- in Entscheidungsprozessen eine Mehrzahl von Akteuren mit inkonsistenten Präferenzen eingebunden sind, so dass sich ein politisches System ergibt;
- ein Großteil organisatorischen Verhaltens, Wahlverhalten eingeschlossen, eher aus dem Befolgen von Regeln als dem Abschätzen von Konsequenzen besteht;
- Entscheidungen größtenteils unter Unsicherheit getroffen werden (ebd., 4ff.).

Konzepte der *„begrenzten Rationalität"* und der *„anarchischen Organisation"* (vgl. z.B. March 1990; Olsen 1991; Berger/Bernhard-Mehlich 1993) heben darauf ab, dass Entscheiderinnen und Entscheider in Organisationen meistens nicht vollständig oder gut informiert sind. Sie verfügen nur über begrenzte Zeit und Aufmerksamkeit und können nicht alle Alternativen, Ziele und Konsequenzen im Blick behalten. Insofern ist die *Verteilung von Zeit und Aufmerksamkeit* ein kritischer Prozess in Organisationen (beispielsweise Zeit und Aufmerksamkeit, um einen umfassenden Eindruck vom Leistungsvermögen eines neu an die Schule kommenden Kindes zu gewinnen, das Deutschdefizite aufweist).

Organisationen sichern ihre Überlebensfähigkeit gerade dadurch, dass sie *Ambiguitäten* im Hinblick auf ihre inhaltlichen und normativen Präferenzen aufrecht erhalten, etwa zwischen dem Anspruch alle Kinder gleich zu behandeln und der Maßgabe, schulische Prozesse so zu organisieren, dass der Unterricht reibungslos funktionieren kann.

Widersprüchliche Ziele resultieren in Schulen einerseits aus komplexen, häufig inkonsistenten und widersprüchlichen Außenanforderungen, denen Schulen nachkommen müssen. Andererseits trägt auch die Tatsache, dass Organisationen aus Mitgliedern bestehen, die eine Vielzahl unterschiedlicher Ziele verfolgen (z.B. bei den Lehrpersonen aufgrund unterschiedlicher individueller Erfahrungen, Ausbildungen oder politischer Zugehörigkeiten außerhalb der Schule etc.) zur organisationsinternen Zielvielfalt bei. All das schafft Schwierigkeiten, einheitliche Handlungsziele oder Prioritäten zu formulieren:

> „Organizations live with tensions and disagreements, and decision-makers have to convince, or bargain with, affected interests in order to achieve their support" (Olsen 1991, 90).

Schulorganisationen lassen sich als *mikropolitische Arenen* betrachten, in denen der „Kurs" von den Akteuren ausgehandelt wird, die – um ihre Interessen durchzusetzen – um Zustimmung und Unterstützung werben, Kompromisse schließen, Koalitionen eingehen (z.B. Fraktionen von „Innovationsfreudigen" und „Blockierern" in einem Schulteam) und bestimmte Strategien verfolgen (z.B. Verbündete für eine pädagogische Idee durch kooperatives Arbeiten oder durch „Politisieren" gewinnen). In Bezug auf die Dynamiken und Barrieren schulischen Wandels spielen die *Konflikte* im Schulalltag eine Schlüsselrolle:

3. Institutionelle Diskriminierung und schulischer Wandel

> „I take schools, in common with virtually all other social organizations, to be arenas of struggle; to be riven with actual or potential conflict between members; to be poorly coordinated; to be ideologically diverse. I take it to be essential that if we are to understand the nature of schools as organizations, we must achieve some understanding of these conflicts." (Ball 1987, 19)

Betrachtet man schulischen Wandel aus der mikropolitischen Perspektive, gerät vor allem die Dimension der *Macht* ins Blickfeld. Wichtige Fragen in Bezug auf die Initiierung oder Blockierung institutionellen Wandels sind etwa das Verhältnis von offizieller Macht, zumeist in Händen der Schulleitung oder der Behörden, und der Art und Weise, in der andere Akteure – oft in Opposition zur formellen, institutionellen Macht – die Ereignisse beeinflussen:

> „[...] schooling and teachers' work cannot be defined solely within the stultifying parameters of policy. Policies are not totalizing, they do not address every eventuality, they do not specify every act, they do not speak meaningfully to all settings." (Ball 1994, 177)

Organisationen bewältigen begrenzte Rationalität, Ambiguität und Konflikte durch die Ausbildung von *Routinen*, die sich entweder eher auf Inhalte oder auf Verfahren der Problemlösung beziehen können. Routinen dienen der Koordination vieler Individuen, um konzertierte Aufgaben effektiv ausführen zu können. Sie verkörpern organisationale Identitäten, Interessen, Werte und Kausaltheorien. Sie dienen zur Vermeidung destruktiver Konflikte und beinhalten Codes und Deutungsmuster, die helfen sollen, die uneindeutige Welt zu interpretieren.

Nicht alles Organisationsverhalten ist jedoch durch Routinen bestimmt, was allerdings nicht heißt, dass unbedingt in einem rationalen, instrumentellen Sinn entschieden wird. In relativ offenen Entscheidungsstrukturen, die sich durch komplexe Ökologien von Entscheidungsgelegenheiten, Teilnehmerinnen und Teilnehmern, Problemen und Lösungen auszeichnen, sind die Dinge eher durch *zeitliche Simultanität* verknüpft, statt durch eine kausal-instrumentelle Ordnung bzw. Überprüfung ihrer Bedeutung. Gehandelt wird nach Maßgabe dessen, was gerade zur Hand ist. Dabei rücken die Interdependenzen und Interaktionen zwischen den Organisationen in den Vordergrund. Das Problem der einen Organisation ist oft die Lösung der anderen (z.B. so genannte „Sogeffekte" durch separate Fördermöglichkeiten, die um den Regelunterricht gelagert sind, wie Schulkindergarten, Förderklassen oder Sonderschulen). Cohen, March und Olsen (1990, 330) prägten für derartige Organisationsstrukturen, die sich durch problematische Präferenzen, unklare Technologien und fluktuierende Partizipation auszeichnen und die besonders für Schulen und Universitäten charakteristisch sind, den Begriff der *organisierten Anarchie*:

> „Von diesem Standpunkt aus ist eine Organisation eine Ansammlung von Entscheidungen, die nach Problemen Ausschau halten, eine Ansammlung von Sachverhalten und Gefühlen, die nach Entscheidungssituationen Ausschau halten, in denen sie zutage treten könnten, als eine Ansammlung von Lösungen, die nach Sachverhalten Ausschau halten, zu deren Be-

antwortung sie dienen könnten, und als eine Ansammlung von Entscheidungsträgern, die nach Arbeit Ausschau halten." (Cohen/March/Olson 1990, 332)

Für Entscheidungsprozesse in organisierten Anarchien wurde die Metapher der *Garbage Can* entwickelt. Wahlmöglichkeiten werden als Papierkorb vorgestellt, in den von Teilnehmerinnen und Teilnehmern verschiedene Arten von Problemen und Lösungen geworfen werden, wann und wie sie geschaffen wurden. Die Mischung von Entscheidungselementen in einem bestimmten „Korb" hängt von der Zahl und Mischung der verfügbaren Körbe ab, von deren Etiketten; davon, welche Inhalte im Augenblick gerade produziert werden sowie von der Geschwindigkeit, in der Inhalte in „Körben" gesammelt, durch Entscheidungen wieder „geleert" und von der Bildfläche entfernt werden (vgl. Cohen, March/Olsen 1990, 333f.).[45] Organisationen kontrollieren die darin angelegten Unwägbarkeiten, indem sie Regeln etablieren, die den Zugang von Teilnehmerinnen und Teilnehmern, Problemen und Lösungen zu Entscheidungsgelegenheiten steuern. In dieser Perspektive wird begreifbar, dass viele Routinen in einer Organisation eher einen *inter-* als einen *intra*organisationalen Charakter haben (z.B. vorwegnehmende Beachtung von Erwartungen der die Kinder später einmal „abnehmenden" Sekundarschulen in den Grundschulen), und dass die Trennung zwischen Organisationen und ihrer Umwelt problematisch ist (vgl. Olsen 1991, 91f.).

3.3.3 Eine institutionelle Sichtweise von Organisationen und ihrer Veränderung

In der Literatur zum institutionellen Rassismus bzw. zur institutionellen Diskriminierung wird der Begriff der Institution nicht näher erläutert. Ebenso wenig wird das Verhältnis von Institution und Organisation ausdrücklich thematisiert. Das Verhältnis von Organisation und Institution bzw. Organisation und Gesellschaft wurde zum Angelpunkt des seit Ende der 1980er Jahre zunehmend als eigenständiger Forschungsansatz in Erscheinung tretenden Neo-Institutionalismus.[46] Insbesondere im Erziehungs- und Bildungssektor stehen hinter dem wieder erwachten Interesse an der politischen und sozialen Bedeutung von Institutionen unter anderem die Ernüchterung über die negati-

---

45 Entscheidend ist die Annahme, dass *garbage can*-Prozesse eben nicht völlig regellos und zufällig verlaufen, aber aufgrund der Vielzahl von Kombinationsmöglichkeiten in unterschiedlichen Konstellationen auch nicht vorhersehbar sind. Die vier Ströme, die im organisationalen Handeln zusammenfließen, werden sowohl durch die Strukturen der spezifischen Organisation als auch durch breitere soziale und politische Strukturen kanalisiert. Hinter der scheinbaren Anarchie der Entscheidungsprozesse verbergen sich Muster und Gesetzmäßigkeiten, die jedoch vielfältiger, komplexer und weniger offensichtlich sind als die Ordnung, wie sie in einfacheren Entscheidungsmodellen konzipiert wird (vgl. Berger/Bernhard-Mehlich 1993, 147).
46 In der neo-institutionalistischen Organisationsforschung lassen sich zwei Hauptströmungen unterscheiden: Eher makro-institutionalistische Arbeiten betonen die Wichtigkeit übergreifender institutioneller Faktoren für die Reproduktion von Organisationen (vgl. Meyer/Rowan 1977, 1978; DiMaggio/Powell 1991). Komplementär dazu gelten die Arbeiten der Soziologin Lynne G. Zucker (1977, 1983), die die Bedeutung von *„taken-for-granted"*-Annahmen und aktiven Aneignungsformen in Organisationen im Umgang mit institutionellen Faktoren betont, als auf individuelle Wahrnehmungs- und Interpretationsweisen heruntergebrochene Mikrofundierung des Neo-Institutionalismus (vgl. Hasse/Krücken 1999, 18ff.).

3. Institutionelle Diskriminierung und schulischer Wandel

ven Effekte der Deregulierung seit Anfang der 1980er Jahre und die zutage tretenden Schwierigkeiten, Schulen tatsächlich in einer bestimmten Richtung zu verändern (vgl. Crowson et al. 1996).

Um zu verstehen, wie die Begriff „Institution" und „Institutionalisierung" inhaltlich gefüllt werden, ist auf einen zentralen Bezugspunkt des neuen Institutionalismus zu verweisen: die Wissenssoziologie, wie sie von Peter L. Berger und Thomas Luckmann (1966) geprägt wurde.[47] Betont wird vor allem der Einfluss von Institutionen auf die *soziale Kognition*:

> „Institutionen sollen nicht mehr nur die Handlungschancen begrenzen, sondern bereits die Wahrnehmung von Handlungsoptionen steuern [...]. Ihr Einfluß liegt dabei weniger in irgendeiner Form von Zwang oder Sanktionsandrohung, stattdessen steuern sie Kognition über die Konstruktion sozialer Wirklichkeiten: Institutionalisierte Strukturen sozialen Sinns erscheinen als selbstverständlicher Aspekt einer vorgegebenen Realität. [...] Institutionen objektivieren Wissenselemente und strukturieren damit weitere Wissensmöglichkeiten, denn solches Wissen dient als Filter für spätere Wissensaufnahme." (Vollmer 1996, 316)

Zur Erklärung von Organisationsphänomenen wendet der organisationstheoretische Neo-Institutionalismus den Begriff der Institution in zwei grundlegenden Varianten an: In der einen Variante wird die Umwelt von Organisationen als *institutionelle Umwelt* beschrieben, in der anderen werden *Organisationen als Institutionen* betrachtet.

Der erste Aspekt betont die Einbettung individueller Organisationen in die Werte und kulturellen Wirklichkeitskonstruktionen der Gesellschaft, die von außen auf das Organisationshandeln strukturierend und normierend einwirken und die organisatorischen Operationen prägen. Im Fall von Schulen ist hier vor allem an politische und rechtliche Vorgaben, professionelle Normen und den sozio-kulturellen Kontext zu denken (vgl. Mitchell 1996, 174). Letzterer schließt die Ordnung des Zusammenlebens der Geschlechter oder unterschiedlicher ethnischer Gruppen ein. Insofern wirken die Organisationen an der Reproduktion dieser Ordnungen mit.

In der Frage nach dem Verhältnis von Organisation und Institution bzw. Gesellschaft steht der Neo-Institutionalismus in der Tradition Max Webers. Während in der Aufarbeitung von Webers Bürokratietheorie bisher die Analyse von Herrschaftsstrukturen im Vordergrund stand, akzentuiert der Neo-Institutionalismus den Aspekt der *Legitimität formaler Strukturen* wie auch das Leitmotiv der *Rationalisierung*:

> „Die soziale Propagierung von Rationalität als besonderer Wissensstruktur bietet danach den Nährboden für die Ausbreitung formaler Organisationen, die solche Rationalitätsvorstellungen inkorporieren." (Vollmer 1996, 317)

Der in diesem Zusammenhang auftauchende Begriff der *Isomorphie* hebt einerseits darauf ab, dass Organisationen mit ähnlichen institutionellen Umwelten ähnliche

---

47 Für einen Überblick über Unterschiede zwischen dem alten und dem neuen Institutionalismus in der Organisationsforschung vgl. DiMaggio/Powell (1991), Hasse/Krücken (1999).

Merkmale aufweisen; andererseits, dass Organisationen institutionelle Elemente ihrer Umwelt in ihre eigene institutionalisierte Struktur aufnehmen. Paul J. DiMaggio und Walter W. Powell (1983) haben diesen von Meyer und Rowan (1977, 1978) eingeführten Begriff weiter ausgearbeitet und dabei eine engere Definition von „Institution" zugrunde gelegt. Während Meyer und Rowan als institutionelle Umwelt der Organisationen relativ diffus „die Gesellschaft" verstehen, grenzen DiMaggio und Powell (1983) die Analyse auf Organisationen ein, die untereinander in einem wechselseitigen Legitimationsverhältnis stehen und mit ähnlichen Merkmalen operieren, die sich in ihre feldtypischen institutionellen Umwelten zurückverfolgen lassen („organisationales Feld"; vgl. Hasse/Krücken 1999, 16ff.). Zur Erklärung von Phänomenen institutioneller Diskriminierung lassen sich etwa die breiteren einwanderungspolitischen Rahmenbedingungen (z.B. rechtliche Regelungen, politische Debatten über Zuwanderung), die Reaktionen auf Migration in anderen sozial- und innenpolitischen Handlungsfeldern aber auch die Thematisierung der Zuwanderung in Wissenschaft und Medien als Bezugsrahmen in den Blick nehmen, aus denen Schulorganisationen institutionalisierte Elemente in ihre eigenen Strukturen inkorporieren.

DiMaggio und Powell (1983) unterscheiden ferner zwischen mehreren Formen der Adoption von institutionellen Elementen aus der Umwelt in die Formalstruktur von Organisationen. Isomorphie kann demnach durch *Zwang*, *Imitation* oder *normativen Druck* geschehen. Der erste Typ, die durch Zwang hervorgerufene Isomorphie, resultiert in der Regel aus staatlichen Vorgaben, die sich in bindenden Rechtsvorschriften niederschlagen. Das gemeinsame Operieren in rechtlichen Umwelten führt zur Strukturangleichung von Organisationen (vgl. Hasse/Krücken 1999, 16). Im Hinblick auf institutionelle Diskriminierung in der Schule ist hier an die Anerkennung des Problems durch Politik und Behörden zu denken, die organisationsübergreifend etwa in der Berücksichtigung von Fragen der Bildungsungleichheit im Rahmen eines Anti-Diskriminierungsgesetzes oder in der Benennung von Beauftragten in Schulbehörden ihren Ausdruck findet.

Der Begriff des „mimetischem Isomorphismus" bezieht sich auf Angleichungsprozesse in organisationalen Feldern durch die Ausrichtung an besonders erfolgreich wahrgenommenen anderen Organisationen. Mimentischer Isomorphismus erfolgt vor allem bei hoher Unsicherheit:

> „Unklare Ursache-Wirkungs-Zusammenhänge, heterogene Umwelterwartungen und der Mangel an eindeutigen Problemlösungstechnologien führen zu Prozessen wechselseitiger Beobachtung und Imitation. Als besonders erfolgreich und legitim wahrgenommene Modelle diffundieren daher rasch über Organisationsgrenzen hinweg; sie gelten als ‚Blaupause' für andere Organisationen im Feld und bewirken deren Konvergenz." (Hasse/Krücken 1999, 17)

Diese Vorstellung ist beispielsweise eine Erklärung dafür, warum Schulen im Kontext der Einführung von Wettbewerbs- und Marktmechanismen nicht zur Pluralisierung, sondern zur *Vereinheitlichung* von Schulprofilen tendieren. Anstelle des propagierten

Effekts, dass die Autonomisierung auch für traditionell benachteiligte Schülergruppen neue Nischen und Aufstiegsmöglichkeiten eröffnet, werden Aspekte der Pluralität und Chancengleichheit zugunsten einer strikten Orientierung an akademischen Leistungen und einer Rückkehr zu traditionellen Erziehungswerten von der politischen Agenda und aus dem Schulalltag verbannt. Umgekehrt ist zu erwarten, dass die konsequente Behandlung von Fragen der Pluralität und Gleichheit als Priorität in allen Fragen der Steuerung und Evaluation der Schulen, einschließlich des Sichtbarmachens, öffentlichen Honorierens und gezielten Verbreitens von erfolgreichen Praktiken und Einrichtungen, eine hohe symbolische Wirkung auf das gesamte organisationale Feld entfaltet. Der letzte Typ, die Herstellung von Isomorphie durch normativen Druck wird vor allem durch Professionen erzeugt:

> „Sie liefern ihren Angehörigen einen Orientierungsrahmen, der normative Bindungen entfaltet und zur Bevorzugung spezifischer, fall- und organisationsübergreifender Problemlösungsmuster führt." (Hasse/Krücken 1999, 17)

Betont wird der Einfluss der Personalselektion wie auch von Professionsvereinigungen auf das Wirksamwerden solcher Muster in organisationalen Feldern. Ein Beispiel ist die Einrichtung von Lehrstühlen für Interkulturelle Pädagogik an erziehungswissenschaftlichen Fakultäten und die damit einhergehende Verankerung von Aspekten der sprachlichen und sozio-kulturellen Pluralität in der Erstausbildung der Lehrerinnen und Lehrer.

Die Beispiele deuten schon darauf hin, dass es sich bei der von DiMaggio und Powell vorgeschlagene Unterscheidung der drei Angleichungsmechanismen Zwang, Imitation und normativem Druck um eine analytische Trennung handelt. In der Praxis gehen die drei Mechanismen zur Herstellung von Isomorphie vielfach ineinander über. Beispielsweise in der Verankerung von Aspekten der Pluralität und Chancengleichheit in kohärenten Strategien zum schulischen Qualitätsmanagement verbinden sich Zwang mit normativem Druck. In einem solchen Rahmen können erfolgreich operierende Organisationen als nachahmungswürdige Modelle wahrgenommen werden. Im Unterschied zu Meyer und Rowan (1977, 1978) schreiben DiMaggio und Powell (1983) Prozessen der Institutionalisierung weitreichende Homogenisierungseffekte in organisationalen Feldern zu, die sich nicht nur auf die Formalstruktur der Organisationen, sondern auch auf die *organisationalen Praktiken* auswirken können.[48]

Im vorliegenden Untersuchungskontext wichtig ist auch die Unterscheidung zwischen *technischen* und *institutionellen* Organisationsumwelten (vgl. Meyer/Scott 1983). Während die frühen Arbeiten des Neo-Institutionalismus einen grundsätzlichen Unterschied zwischen Organisationen des institutionellen (z.B. Schulen, Kultureinrichtungen) und des technischen Sektors (z.B. Wirtschaftsunternehmen) ausmachen, beto-

---

48 Peter Walgenbach (1995) weist darauf hin, dass die Adoption struktureller Elemente aus der Organisationsumwelt wie auch die Übernahme von Organisationsmodellen zum Zweck der Legitimierung und nicht aufgrund ihrer nachgewiesenen Effektivität und Effizienz, für die Organisationen erhebliche Risiken mit sich bringen kann.

nen die neueren Studien, dass technische und institutionelle Umwelten Dimensionen sind, die für sämtliche Organisationen strukturbildend wirken. Die jeweilige Bedeutung institutioneller und technischer Faktoren ist eine fallweise zu klärende empirische Frage (vgl. Hasse/Krücken 1999, 24f.).

Im Hinblick auf Phänomene der Schulautonomie und Schuleffektivität stellt sich beispielsweise die Frage, wie Schulen, die traditionell dem institutionellen Sektor zugeordnet werden, mit Steigerung des Effektivitäts- und Effizienzdrucks umgehen. Inwieweit haben diese Anforderungen gegenüber anderen institutionellen Erwartungen an die Schule (z.B. eine optimale Qualifizierung, die Wahrnehmung von Erziehungsfunktionen oder die Berücksichtigung von Zielen der Chancengleichheit) an Raum gewonnen? Wie gehen schulische Organisationen, die sowohl starkem institutionellen als auch hohem Effizienzdruck seitens der technischen Umwelten ausgesetzt sind, mit den neuen Vorgaben um? Wie werden diese wahrgenommen, interpretiert und umgesetzt? Wie beeinflussen widersprüchliche normative Anforderungen in der institutionellen und technischen Umwelt von Schulorganisationen, vor allem die Spannung zwischen pädagogischen Zielen und Interessen der Sicherstellung von Ressourcen und des Überlebens in einer Markt- und Wettbewerbsumgebung, die Kernaktivitäten der Organisation (vgl. auch Schaefers 2002)?

Die Bedeutung der Tatsache, dass Organisationen auf ihre Umwelten reagieren, ist in der Organisationsforschung seit Jahrzehnten unumstritten. Analysen von Organisationen als „offene Systeme" interessieren sich jedoch eher für die *Transaktionen* an der Organisationsgrenze statt für die *Konvergenzen* zwischen organisationalen- und Umweltstrukturen. Der Neo-Institutionalismus postuliert einen direkteren und zugleich subtileren Einfluss der institutionellen Umwelten von Organisationen auf das Verhalten in den Organisationen. Er geht davon aus, dass institutionalisierte Elemente aus der Umwelt die Organisation *durchdringen*. Die institutionelle Umwelt ist nicht „da draußen", sondern in den Köpfen der Organisationsmitglieder:

> „Environments, in this view, are more subtle in their influence; rather than being co-opted by organizations, they penetrate the organization, creating the lenses through which actors view the world and the very categories of structure, action and thought" (DiMaggio/Powell 1991, 13).

Im Hinblick auf geplanten institutionellen Wandel wird in neo-institutionalistischer Perspektive plausibel, dass Veränderungen organisatorischer Praktiken kaum durch die bruchlose Übernahme und Ausführung extern von der Organisationsspitze oder der Politik vorgegebener Ziele und Normen resultieren können. Unter wenig eindeutigen, widersprüchlichen und ambivalenten institutionellen Vorgaben operierende Organisationen sind grundsätzlich vor die Notwendigkeit gestellt, solche Inkonsistenzen intern aufzulösen. Diese Möglichkeit von Organisationen, gegenüber konfligierenden institutionellen Vorgaben auf Distanz zu gehen und sich dadurch Freiräume zu schaffen, wird in einer Reihe von Studien der Reformprozesse im Bereich der öffentlichen Verwaltung wie auch speziell der Bildungssysteme in verschiedenen Ländern mit der Unterschei-

3. Institutionelle Diskriminierung und schulischer Wandel 79

dung „*talk*" und „*action*" erfasst: Auf der „*talk*"-Ebene beherrscht man das gängige Reformvokabular, präsentiert sich Reformen gegenüber aufgeschlossen und signalisiert, dass man den aktuellen Vorstellungen einer rationalen und modernen Organisation entspricht. Auf der „*action*"-Ebene können dabei die hergebrachten Verhaltens- und Deutungsmuster unbeeinflusst bleiben (vgl. Brunsson/Olsen 1993).

Generell setzt die aktive Auseinandersetzung mit institutionellen Vorgaben durch die Akteure in den Organisationen eine erhebliche Eigenleistung im Aufbau organisationsinterner Wissensstrukturen voraus. Organisationen müssen unter dieser Annahme, so Hendrik Vollmer,

> „auf ihre institutionelle Umwelt mit eigenen Wissensstrukturen reagieren, anhand derer sie den Durchblick angesichts widersprüchlicher institutioneller Logiken in ihrer Umwelt bewahren. Dann aber geht es nicht mehr um die institutionelle Umwelt der Organisation, sondern vor allem um die institutionalisierte Wissensstruktur der Organisation selbst" (Vollmer 1996, 318).

Die Vorstellung *institutionalisierter Organisationsstrukturen* hebt auf die Verbindung von Institutionen als Selbstverständlichkeitsformen sozialer Wirklichkeit mit der *Routinisierung* von Handlungsabläufen in der Organisation ab. Die soziale Konstruktion von Wirklichkeit und ihre Institutionalisierung, etwa in Form von Deutungs- und Handlungsmustern in Schulorganisationen, wird als ein komplexes Ineinandergreifen ganz alltäglicher Interaktionen begreifbar. In den Worten von Karin Knorr-Cetina:

> „Man beginnt mit ungefestigten Handlungen und gelangt über Wiederholung, Routinisierung, Internalisierung von Erwartungen, sprachlichen Kategorisierungen, Übertragung auf die nächste Generation etc., zu festen und als feste erfahrenen sozialen Arrangements" (Knorr-Cetina 1988, 88).

Auch *Ämter* und *Rollen* (z.B. Klassenlehrer, Schulleiterin, Elternvertreter), die mit ganz bestimmten vorgegebenen Eigenschaften, Leistungen, Befugnissen und Verhaltenserwartungen verbunden sind, sind augenfällige Beispiele für institutionalisierte Wissensstrukturen in einer Organisation. In Anlehnung an Luhmann (1964, 29ff.) lassen sich institutionalisierte Organisationsstrukturen als in Regeln und Verhaltenserwartungen gefasste Handlungsstrukturen beschreiben, die Lehrpersonen, Eltern, Schülerinnen und Schülern als Organisationsmitgliedern zugemutet werden. *Mitgliedschaft* lässt sich als die zentrale Institution von Organisationen begreifen. Mit der Institutionalisierung von Mitgliedschaft verfügen Organisationen über eine produktive Vorstrukturiertheit von Wissensmöglichkeiten, mit der andere Formen der Institutionalisierung einhergehen, wie etwa der von Ämtern mit bestimmten Kompetenzen und Handlungsanforderungen. Zentral für das Funktionieren einer Institution ist die Institutionalisierung von *Entscheidungsproblemen*, die noch nicht festlegt, *wie* entschieden werden soll, aber *dass* entschieden werden muss (vgl. Vollmer 1996, 319f.).

Richtungsweisend für die neo-institutionalistische Beschäftigung mit institutionellem Wandel ist die Auflösung der verbreiteten Dichotomie von entweder vollständig institutionalisierten oder vollständig nicht-institutionalisierten Sachverhalten. Der

Neo-Institutionalismus geht von variablen Institutionalisierungsgraden aus bzw. von der Idee, dass die Wirksamkeit institutioneller Vorgaben im zeitlichen Verlauf variieren kann. Mit diesem Aspekt beschäftigt sich vor allem die Soziologin Lynne G. Zucker (1977) in ihren stärker mikrosoziologisch ausgerichteten Studien. Nicht nur widersprüchliche Erwartungen in der Umwelt der Organisationen, sondern auch organisationsinterne *„taken-for-grantedness"*-Annahmen und geteilte Deutungsmuster können einer bruchlosen Übersetzung von institutionellen Vorgaben in die Aktivitätsstruktur einer Organisation im Weg stehen. Zucker zeigt in ihren Studien, dass verschiedene Kontexte *(„social settings")* Wahrnehmungen, Beurteilungen und hierauf bezogene Reaktionen provozieren, die weitgehend unabhängig von den involvierten sozialen Akteuren sind. *„Social settings"* unterscheiden sich jedoch in den von ihnen erbrachten Koordinations-, Abstimmungs- und Integrationsleistungen und damit auch in der Stabilität ihrer Wirksamkeit. Handlungskontexten, die offen sind für situative Interpretationen und Veränderungen, misst Zucker einen geringen Institutionalisierungsgrad bei. Vorgaben, die sich als stabiler und resistenter gegenüber situativen Veränderungen erweisen, werden als hochgradig institutionalisiert aufgefasst. Hier ist umso eher mit kultureller Persistenz zu rechnen, das heißt Vorgaben, die auf eine gegebene Situation einwirken, sind dann relativ stabil, personenunabhängig und nicht offen für Veränderungen. Entscheidend ist, dass im Fall hoher Institutionalisierung eine direkte soziale Kontrolle, ob durch Anreize oder negative Sanktionen, nicht erforderlich ist. Im Gegenteil, die Anwendung von Sanktionen auf institutionalisierte Handlungen, so Zucker (1977, 728), könne sogar den Effekt haben, diese zu *de-institutionalisieren*, indem sie dann weniger objektiv, unpersönlich und faktisch erscheinen und deutlich werde, dass attraktive Alternativen bestehen (vgl. Hasse/Krücken 1999, 21):

> „Veränderungsträgheit von Organisationen liegt weniger in den materiellen ‚sunk costs' begründet, sondern vor allem darin, daß institutionalisierte Elemente reproduziert werden, weil Individuen sich oftmals Alternativen nicht vorstellen können und wenn sie es können, diese als unrealistisch betrachten [...] die bedeutenderen ‚sunk costs' sind ‚kognitiver Natur'. Das kann im Extremfall dazu führen, daß Institutionen fortbestehen, selbst wenn sie in niemandes Interesse mehr sind" (Walgenbach 1995, 272).

In neo-institutionalistischen Untersuchungen werden der Einfluss institutionalisierter Erwartungen und Regeln auf das Organisationshandeln, aber auch die aktive Auseinandersetzung mit institutionellen Vorgaben in Organisationen, weitaus detaillierter als in früheren Organisationstheorien analysiert. In Ergänzung zu den oben skizzierten Annahmen der verhaltenswissenschaftlichen Entscheidung (von denen sie sich in einigen Grundannahmen auch unterscheiden) eröffnen neo-institutionalistische Denkansätze vor allem einen Zugang zur Analyse langfristiger Veränderungsprozesse. Sie liefern Erklärungen für die Persistenz, „Ordnung" und Stabilität organisationaler Kräfte – auch gegen den Druck zur Veränderung.

3.4 Forschungsperspektiven

Die Theorie der institutionellen Diskriminierung kehrt gängige Problemzuschreibungen hinsichtlich der unterdurchschnittlichen Schulerfolge von Kindern und Jugendlichen mit Migrationshintergrund um. Die Ursachen werden nicht primär in Eigenschaften der Betroffenen, ihres familialen Hintergrundes und ihrer „Kultur" gesucht. Im Zentrum der Aufmerksamkeit steht das *organisatorische Handeln* der Schule. Die Grundidee, die hinter dem Begriff der institutionellen Diskriminierung steht, besagt, dass die Mechanismen der Diskriminierung in den schulischen Organisationsstrukturen, Programmen, Regeln, Kommunikationsmustern und Routinen eingebettet sind. Diskriminierung im Alltagshandeln konkreter Schulen kommt jedoch nicht spontan zustande. Die Gelegenheitsstrukturen für Diskriminierung in Organisationen sind aus dem Zusammenspiel von Faktoren auf unterschiedlichen Ebenen zu erklären: Als zentrale Ursachen sind die rechtlichen und politischen Rahmenbedingungen zu betrachten. Ausschlaggebend sind häufig die organisatorischen Strukturen und etablierten Gewohnheiten, Regeln und Praktiken im lokalen, zum Teil auch regionalen Handlungskontext der Schulen wie in den einzelnen Organisationen. Eine weitere Problemursache ist der pädagogische *common sense*, der stark von den defizitorientierten Handlungsansätzen kompensatorischer Förderpädagogik und statischen, rückwärtsgewandten Konzepten „kultureller Identität" bestimmt ist. Diese professionellen Rahmungen der pädagogischen Arbeit erweisen sich in der Praxis als anschlussfähig für ethnozentristische alltagsweltliche Diskurse zum Thema „Kulturdifferenz", zum Beispiel für populistische islamophobe Interpretationsmuster (vgl. Gomolla/Radtke 2002).

In der Analyseperspektive der institutionellen Diskriminierung lässt sich erklären, dass die Mechanismen der Ungleichheit auch deswegen so schwer sichtbar zu machen und aufzubrechen sind, weil sie sich im Kontext der komplexen Dynamik institutioneller und sozialer Veränderungsprozesse ebenfalls permanent verändern. Überträgt man diesen Ansatz auf den Doppelgegenstand der Schulentwicklung/Schulautonomie lässt sich der ambivalente Charakter der gegenwärtigen Bildungsreformen im Hinblick auf die Realisierung schulpolitischer Ziele der Gleichheit, Gerechtigkeit und demokratischen Partizipation genauer erfassen:

- *Institutionalisierung neuer Formen der Ungleichheit im Zuge der Autonomisierung*

Auf der einen Seite liefert die Theorie der institutionellen Diskriminierung eine plausible Erklärung für zahlreiche der im zweiten Kapitel referierten Befunde. Wir haben gesehen, dass die Politik der Autonomisierung in vielen Ländern zu einer Verfestigung traditioneller Ungleichheiten beiträgt und neue Formen des Ausschlusses und der Benachteiligung von Angehörigen ethnischer Minoritätengruppen, ökonomisch deprivierter Schichten wie auch allgemein von Kindern mit emotionalen Problemen, Verhaltensauffälligkeiten und besonderen Lernbedürfnissen mit sich bringt. In Schulen, die unter Bedingungen eines Quasi-Marktes und rigider staatlicher Qualitätskontrolle operieren, lässt sich eine Verschärfung der Selektivität beim Zugang zu Schulen beobachten. Neue Formen der Benachteiligung manifestieren sich jedoch auch in der ungleichen Distribution von Ressourcen zwischen den Schulen wie im Zuge der Verteilung von Unterrichts- und Betreuungsressourcen innerhalb einzelner Schulen. Anstelle einer Ausweitung demokratischer Mitsprachemöglichkeiten für alle vergrößert der Markt den Einfluss besser gestellter Eltern in der Schule, etc.

Um genauer zu erfassen, wie im Zuge der Etablierung neuer *Governance*-Strukturen im Bildungssektor Gelegenheitsstrukturen für Diskriminierung modifiziert oder neu geschaffen werden, lassen sich die Überlegungen zur institutionellen Diskriminierung und zum schulischen Wandel mit einer neo-institutionalistischen Analyse- und Forschungsperspektive verbinden. In Anlehnung an Troyna/Williams (1986) und Dale (1997, 1999) sind vor allem drei Ebenen ins Auge zu fassen:

(a) Es ist fast schon banal festzustellen, dass die Erscheinungsweisen institutioneller Diskriminierung unvermeidlich die Ziele, Prozesse und Strukturen offizieller Schulpolitiken widerspiegeln. Hier sind implizite ethnozentristische Annahmen am wahrscheinlichsten, die für Unterschiede in einzelnen Bildungssystemen verantwortlich sind, was die Gelegenheitsstrukturen und die Richtung von institutioneller Diskriminierung betrifft. In einem empirischen Vergleich lassen sich Weichenstellungen für institutionelle Diskriminierung auf schulpolitischer Ebene lokalisieren, wenn man den Stellenwert aufzeigt, den Themen sprachlicher und sozio-kultureller Vielfalt in den jeweiligen Reformdiskursen erhalten. Der Umstand allein, ob ethnische Kategorien verwendet werden oder nicht, ist dabei allerdings zunächst einmal relativ bedeutungslos. Das Verhältnis von offiziellen Schulpolitiken und Themen ethnischer Ungleichheit weist eine große Dynamik und Komplexität auf:

„Whether a discourse makes direct use of ‚racial' images/language is not, of itself, important. What matters is who uses the discourse, the role of ‚race' within it (explicitly and implicitly) and its consequences for the representation of the existing social formation." (Gillborn 1995, 20)

Ein „derassialisierter" Diskurs, so David Gillborn, in dem „Rasse" bzw. „Ethnizität" keine offensichtliche Rolle in den Schlüsselkonzepten spielt, sei erst einmal nicht besser oder schlechter als ein „rassialisierter" Diskurs, in dem „rassische" Kategorien in prominenter und expliziter Weise verwendet werden. Entscheidend sei jedoch, ob die wesentlichen Themen, um die es im schulpolitischen Diskurs geht, klare Implikationen für Themen ethnischer Gleichheit aufweisen (vgl. Gillborn 1995, 18ff.).

(b) Um die Auswirkungen der veränderten Beziehungen zwischen den Institutionen im Bildungsbereich für die Reproduktion oder Modifizierung von Phänomenen institutioneller Diskriminierung zu verdeutlichen, bedient sich Dale (1997, 1999) einer etwas vereinfachten Matrix (vgl. Abbildung 4). In diesem 3X3-Felder-Schema setzt er die drei klassischen Interventionsbereiche wohlfahrtsstaatlicher Politik (Finanzierung, Steuerung und Organisation der schulischen Bildung) mit den koordinierenden Instanzen (Staat, Markt und Gemeinde) in Beziehung:

3. Institutionelle Diskriminierung und schulischer Wandel

Kontrollaktivitäten	Koordinierende Institution		
	Staat	Markt	Gemeinde
Finanzierung			
Steuerung			
Organisation			

Abbildung 4: Vereinfachendes Schema von Bildungsregimen (nach Dale 1999, 275)

Dale geht davon aus, dass die mit den Transformationen der Regelungsstrukturen im Schulsektor einhergehenden Verschiebungen in der Machtbalance zwischen Staat, Schule und den „Abnehmerinnen und Abnehmern" der schulischen Bildung potentiell zu einer Vervielfältigung von Diskriminerungsmöglichkeiten führen. Um zu einer Abschätzung der Folgen dieser in vielen Ländern noch weitgehend unabgeschlossenen Restrukturierungen in Begriffen der Gleichheit, Gerechtigkeit und demokratischen Partizipation zu gelangen, sei sichtbar zu machen, wie durch staatliche Aktivitäten neue koordinierende Institutionen geformt und mit bestimmten Zwecken ausgestattet werden, welche genauen Operationsweisen daraus resultieren und wie sich diese Veränderungen auf die Bildungsbeteiligung unterschiedlicher Gruppen auswirken.

Die Restrukturierungen müssen nicht durchgehend zu einem Anwachsen von Phänomenen der Diskriminierung führen. Geht man von der Bedeutung aus, die dem Staat in Bezug auf Phänomene institutioneller Diskriminierung traditionellerweise zugeschrieben wird, könnte man auch annehmen, dass sein niedrigeres Profil in der Finanzierung, Steuerung und Organisation der Bildung zur Abschwächung oder Aufhebung von Phänomenen institutioneller Diskriminierung in bestimmten Bereichen beiträgt. Wie von Befürworterinnen und Befürwortern der Reformen argumentiert wird, könnte etwa die Verlagerung von Kontrolle über schulische Angelegenheiten auf die lokale Ebene, um ein Angebot zu schaffen, das auf lokale Bedürfnisse und Problemlagen besser zugeschnitten ist, zum Abbau institutioneller Diskriminierung beitragen. Zugleich ist davon auszugehen, dass die Dezentralisierung auch für ethnozentristische und rassistische Stimmen im lokalen Kontext die Einflusschancen vergrößert. Sozusagen nach dem Motto „Geld ist ‚farbenblind'" könnte man auch argumentieren, der Markt schwäche die Basis für die Institutionalisierung diskriminierender, rassistischer und sexistischer Praktiken ab. Viele der im zweiten Kapitel referierten Studien bestätigen jedoch die These, dass der Markt Segmentierungen entlang der Trennlinien Ethnizität und soziale Herkunft verstärkt, etwa indem er zur Verlagerung von öffentlichen Geldern von Schulen in ökonomisch deprivierten Gebieten auf wohlhabendere Schulen beiträgt oder das Feld für die Schulwahlen nach ethnischen Kriterien öffnet. Genauer lassen sich solche Fragen jedoch nur auf der Basis empirischer Untersuchungen beantworten.

(c) Neue Einfallstore für institutionelle Diskriminierung wurzeln nicht allein in den veränderten Einflusssphären von staatlicher Regulierung, schulischem Handeln und privaten Entscheidungen und Mitbestimmungsmöglichkeiten. Die im zweiten Kapitel referierten Untersuchungsergebnisse zu den Auswirkungen von Dezentralisierung, Quasi-Märkten und Qualitätsmanagement verweisen auf einen tiefgreifenden qualitativen Wandel im Verständnis schulischer Bildung von einem öffentlichen Gut zu einer Dienstleistung und Ware, der kaum einen Winkel der Schulwirklichkeit verschont. Dale (1997, 94) spricht von einem Übergang von einem bürokratischen zu einem marktartigen Operationsmodus. Von diesen Veränderungen müssten nicht alle Teile der Institutionen und nicht alle Operationen notwendigerweise berührt sein. Sie könnten sich zum Beispiel auf Praktiken der Rekrutierung von Schülerinnen und Schülern in anderer Weise auswirken als auf Strategien schulinterner Differenzierungen. Wie sich diese Veränderungen letztendlich auf das Postulat der Gleichbehandlung aller Schülerinnen und Schüler auswirken werden sei noch kaum abzusehen:

> „Of particular importance here is what may be the most intractable mode of operation in schools, the traditional professional mode, which basically states that the teachers' job is to treat all children alike as individuals. This combination of universalism and individualism has often been identified as a contributory factor in the institutionalisation of racism and it is not at all clear what effect the changes in the governance of education might have on it." (Dale 1997, 94)

Aus Sicht der institutionellen Diskriminierung lassen sich im aktuellen Reformkontext aber auch Chancen ausloten, um Strategien gegen Bildungsungleichheit zu implementieren, die mehr Erfolg versprechen als die bisherigen Herangehensweisen.

- *Schulentwicklung als Handlungsrahmen zum Abbau ethnischer Ungleichheit*

Betrachtet man ethnische und soziale Ungleichheiten als systematischen Effekt der „normalen" schulischen Operationen wird erklärbar, warum die in Deutschland bis heute vorherrschenden schulpolitischen und pädagogischen Antworten auf die migrationsbedingte Pluralisierung in Schulklassen und Stadtteilen so wenig Erfolg haben. Der Ansatz der kompensatorischen Förderung, um die Lernvoraussetzungen der Kinder aus Einwandererfamilien zu verbessern wie auch interkulturelle und antirassistische Konzepte, die auf die Anreicherung der Curricula um Aspekte der Diversität und Vielfalt und auf eine positive Gestaltung der sozialen Beziehungen zielen, lassen die Schule als Organisation und das institutionelle Umfeld, in dem die Schulen operieren, gleichermaßen außerhalb der Betrachtung.

In der Perspektive der institutionellen Diskriminierung erscheint es – quasi im Umkehrschluss zu den oben skizzierten Theoriekonzepten und Befunden – als aussichtsreicher, Aspekte der sprachlichen und sozio-kulturellen Pluralität und Ziele der Chancengleichheit systematisch mit der Entwicklung der gesamten Schule zu verbinden. Sämtliche Aktivitäten im Unterricht und im Schulalltag und auf der Ebene der Leitung, Organisation und des Managements einer Schule bis hin zu Prozessen im breiteren politischen und sozialen Umfeld, in dem die Schulen operieren, wären systematisch daraufhin zu überprüfen, inwiefern sie zur Verfestigung oder zum Abbau von Bildungsungleichheit beitragen. Für solche Zwecke auch tatsächlich geeignete quantitative Daten und qualitative Befunde über die Wirkungen und mögliche Problembereiche der schulischen Arbeit wären auf dem Hintergrund eines fundierten Wissens über

Phänomene der Ungleichheit und der Diskriminierung in die Organisationen zurück zu speisen, um gemeinsame Reflexionen der Praxis in ihren institutionellen Kontextbindungen anzuregen und auf dieser Basis gezielte Entwicklungsstrategien zu entwerfen.

Gerade in Deutschland, wo Fragen der Implementierung und der konkreten Umsetzung von Strategien zum Abbau der institutionellen Benachteiligungen von Migrantenkindern und Jugendlichen in den schulischen Organisationen wie auch der Dynamik institutioneller Veränderungsprozesse bisher wenig beachtet wurden, bietet die aktuelle Schulentwicklungsdiskussion neben den im zweiten Kapitel skizzierten Risiken insofern auch neue Chancen. Der Aufbau neuer Systeme zur Entwicklung und Evaluation der Schulen könnte als Handlungsrahmen genutzt werden, um zielgenauere, kreativere und kohärentere Maßnahmen zur Verbesserung der Bildungsbeteiligung von Schülerinnen und Schülern mit Migrationshintergrund zu entwickeln und zu institutionalisieren.

Leitfragen der Untersuchung

Um die Frage zu beantworten, wie sprachliche und sozio-kulturelle Heterogenität und Ziele der Chancengleichheit gezielt als Gegenstand schulischer Entwicklungsarbeit konzeptioniert werden können und welche Formen der Steuerung im Bildungsbreich und anderen sozialpolitischen Handlungsfeldern die effektive Umsetzung und den Erfolg solcher Strategien unterstützen bzw. welche Formen der Autonomisierung in ihren spezifischen institutionellen Kontexten mit dem Ziel der Chancengleichheit grundsätzlich nicht zu vereinbaren sind, sind empirische Analysen konkreter Versuche unerlässlich. Komparative Studien unterschiedlicher Strategien in verschiedenen Schulsystemen bieten sich hier geradezu an.

Die Chancen und Risiken der Politik der Schulentwicklung/Schulautonomie für Schülerinnen und Schüler aus Einwandererfamilien sollen im Folgenden auf der Basis eines empirischen Vergleichs von drei exemplarischen Programmen zur Schulentwicklung in kulturell heterogenen Lernkontexten in Nordrhein-Westfalen, dem Schweizer Kanton Zürich und London untersucht werden. Ausgehend von dem in Kapitel 2 und 3 dargestellten theoretischen Kontext der Untersuchung und den oben explizierten Vorannahmen formuliere ich folgende Leitfragen für den internationalen Vergleich, die auf drei Analyseebenen gelagert sind:

1. Im Hinblick auf die *Konzeptionierung* der untersuchten Programme stellt sich die Frage: Wie sind schulpolitische Strategien, die versuchen, Kriterien der Vielfalt und der demokratischen Gleichheit in die gegenwärtig eingeführten neuen Steuerungsmodalitäten im Schulbereich zu integrieren, gestaltet:
   - inhaltlich-pädagogisch,
   - als Ansatz zur Entwicklung von Unterricht und Schulorganisationen und
   - in ihren fachlichen und administrativen Stützsystemen?
2. Auf der Ebene der *Umsetzung in den Schulen* sind die Prozesse der Entwicklung und Implementierung sowie die laufende Praxis der Schulentwicklung zu untersu-

chen. Von besonderem Interesse ist die Reichweite der Strategien als Instrument für gezielte Veränderungsprozesse:
- Trägt die Schulentwicklung tatsächlich dazu bei, dass die schulischen Arrangements die Vielfalt der Lernvoraussetzungen und -bedürfnisse besser reflektieren?
- Wo lassen sich dabei Prozesse der diskursiven Verständigung über Probleme und Sichtweisen in Bezug auf Themen der Vielfalt und Ungleichheit zwischen den beteiligten Akteuren beobachten, die zur Etablierung neuer Problemzugänge und Sichtweisen führen und auch eine Neustrukturierung organisatorischer Arbeitsweisen zur Konsequenz haben, so dass Ansätze „organisationalen Lernens" erkennbar sind (vgl. Heller u.a. 2000; Rosenmund u.a. 1999)[49]?
- Welche nicht-beabsichtigten Konsequenzen sind zu erkennen, die den offiziellen Zielen der Strategien womöglich entgegenstehen?
3. Mit Blick auf das *breitere schul- und gesellschaftspolitische Dispositiv*, in dem die untersuchten Strategien entwickelt und umgesetzt werden, ist zu fragen, inwiefern die Restrukturierung neue Mechanismen institutioneller Diskriminierung schafft, die die Wirkungen von Maßnahmen in egalitärer Absicht unterlaufen. Um solche Mechanismen sichtbar zu machen, sind folgende Fragen relevant:
- Wie werden Aspekte der Pluralität und Chancengleichheit bzw. -gerechtigkeit im breiteren Reformkontext *positioniert*?
- Inwiefern werden durch die sich im Zuge der Autonomisierung verändernden *Beziehungen zwischen Institutionen* im Bildungs- und Erziehungssystem neue Ungleichheiten institutionalisiert?
- Inwiefern werden durch die sich im Zuge der Autonomisierung verändernden *Handlungslogiken der Organisationen*, die sich als Übergang von einem bürokratischen zu einem marktförmigen Operationsmodus bezeichnen lassen, neue Gelegenheitsstrukturen für Diskriminierung geschaffen?

Die Untersuchung dieser Fragestellungen und die Überprüfung der theoretischen Grundannahmen im weiteren Verlauf dieser Untersuchung erfolgt zunächst in den drei Länderstudien (Kapitel 4 bis 6), in denen die ausgewählten Strategien in ihrem spezifischen politischen und sozialen Kräftefeld beleuchtet werden. Im Schlusskapitel (Kapitel 7) werden die Ergebnisse der Länderstudien im Hinblick auf die Leitfragen der vorliegenden Untersuchung noch einmal in einer zusammenfassenden Kontrastierung ausgewertet.

---

49 Für eine präzisere Bestimmung des Begriffs der Schulentwicklung sei auf Kapitel 7 verwiesen.

TEIL II: SCHULENTWICKLUNG IM UMGANG MIT HETEROGENITÄT – DREI FALLSTUDIEN

4. Interkulturelles Lernen als Element von Schulöffnung in Nordrhein-Westfalen

Im Mittelpunkt des vorliegenden Kapitels steht der Themenschwerpunkt „Interkulturelle Verständigung" im Landesprogramm „Gestaltung des Schullebens und Öffnung von Schule" (GÖS) in Nordrhein-Westfalen (NRW). Das von Ideen der *Community Education* geprägte GÖS-Programm stammt aus den Anfängen der Autonomiebewegung Ende der 1980er Jahre. In den 1990er Jahren wurde es verstärkt in den Rahmen der aktuellen Schulautonomie- und Schulqualitätsdiskussion gestellt und als Plattform für die Entwicklung von Schulprofilen genutzt. Im Unterschied zu den beiden anderen Vergleichsländern werden Aspekte der Pluralität und Chancengleichheit bei der Umsetzung der Teilautonomie in NRW allerdings nicht systematisch berücksichtigt.

Das Kapitel gliedert sich in fünf Abschnitte. Die ersten vier Abschnitte beleuchten den breiteren einwanderungs- und schulpolitischen Bezugsrahmen der für den Vergleich ausgewählten Strategie zur Schulentwicklung. Sie bieten einen kurzen Überblick über die politischen Reaktionen auf die Zuwanderung, die Strukturen des Schulsystems und die schulpolitischen Antworten auf die Migration in Deutschland sowie speziell für das Bundesland NRW. Anschließend stelle ich das Landesprogramm GÖS mit seinem Themenschwerpunkt „Interkulturelle Verständigung" vor. Auf diesem Hintergrund wird eine exemplarisch ausgewählte Grundschule porträtiert, die seit vielen Jahren an GÖS teilnimmt. Die ethnographische Fallstudie illustriert, wie es der Schule mit Hilfe von GÖS und anderen Projekten gelungen ist, ihre Angebote und Arbeitsweisen gezielt an die Voraussetzungen in einem Stadtteil mit einem hohen Anteil Zugewanderter anzupassen. Neben der zum Teil sehr erfolgreichen Praxis werden jedoch auch Schwierigkeiten deutlich, die Schulentwicklung tatsächlich auf die Ursachen ethnischer Ungleichheit auszurichten. Andererseits wird das Problem virulent, unter dem Druck aktueller Reformanforderungen, in denen die Pluralität nicht explizit berücksichtigt wird, den erreichten Status quo aufrecht zu erhalten.

4.1 Soziale und politische Veränderungen im Kontext der Migration

Ein kurzer Umweg über die Geschichte der Immigration nach Deutschland erlaubt es, die aktuellen Kontroversen um die Einwanderung besser zu verstehen und die schulpolitischen Reaktionen auf die Migration zu verorten. Migration in die Bundesrepublik bzw. nach Deutschland ist kein neues Phänomen. Die bis 1999 gültige Regelung der deutschen Staatsbürgerschaft mit ihrem ethnischen Kern *(ius sanguinis)*, demzufolge man Deutsche oder Deutscher durch Geburt wird, wenn ein Elternteil deutsch ist, geht auf das Reichs- und Staatsangehörigkeitsgesetz (RuStAG) aus dem Jahr 1913 zurück. Mit diesem Gesetz wurde die völkische Auffassung ethnisch-kultureller Zugehörigkeit gegenüber dem republikanischen Staatsverständnis nach dem historischen Vorbild Frankreichs durchgesetzt. Am Vorabend des 1. Weltkrieges lebten rund 1,2 Millionen ausländische Wanderarbeiterinnen und -arbeiter im Deutschen Reich, die in der Industrie und Landwirtschaft als Arbeitskräfte gebraucht wurden.[50] Zwangsrotation und Karenzzeiten sollten dafür sorgen, dass vor allem polnische Landarbeiterinnen und Landarbeiter auch „ausländische Wanderarbeiter" blieben. Gegenüber den „deutschen Polen" aus den östlichen Grenzregionen, die als Inländer galten und deren dauerhafte Niederlassung nicht verhindert werden konnte, betrieb der preußische Staat eine Germanisierungspolitik, die ihre spurlose Integration in die preußisch-deutsche Kulturnation zum Ziel hatte (vgl. Bade 1994).

In der Weimarer Republik folgte die Ausländerpolitik bereits stärker den Interessen des Arbeitsmarktes. Die Anzahl ausländischer Arbeitskräfte ging bei wirtschaftlicher Rezession und Massenarbeitslosigkeit stark zurück.[51] Das seit dem Weltkrieg geschaffene System der öffentlichen Arbeitsverwaltung ermöglichte die zentrale wohlfahrtsstaatliche Steuerung und Kontrolle der Ausländerbeschäftigung. Nach 1933 wurde es sukzessive zu einem totalitaristischen Herrschaftsinstrument für den erzwungenen Arbeitseinsatz deformiert (vgl. Schuhmacher et al. 1999, 80).

Die in der Weimarer Republik entstandenen arbeitsmarktpolitischen Instrumente zur Steuerung der Migration wurden nach dem zweiten Weltkrieg[52] in der Bundesrepublik erneut aufgegriffen.[53] Die Politik in der so genannten „Gastarbeiterperiode", die vom ersten Anwerbevertrag mit Italien (1955) bis zum Anwerbestopp (1973) reichte, war vom Prinzip der *Rotation* von Arbeitskräften als modernisierte Variante der Saisonarbeit bestimmt. Es schien unnötig, für die Angeworbenen politische Vorkehrungen über den vorübergehenden Aufenthalt hinaus zu treffen (vgl. Treibel 1999, 54ff.).

Mit dem Anwerbestopp vom 23. November 1973 setzte eine Phase der westdeutschen Ausländerpolitik ein, die als „Konsolidierung" bezeichnet wird. Auf dem Hintergrund der wirtschaftlichen Rezession versuchte man aus Angst vor den integrations- und haushaltspolitischen Folgen einer gleichbleibend hohen Anzahl ausländischer Beschäftigter bzw. Arbeitsloser nicht nur die Zahl der ausländischen Beschäftigten, sondern auch der insgesamt in der Bundesrepublik lebenden Zugewanderten drastisch zu

---

50 Vgl. Bade (1994); für einen ausführlichen historischen Überblick vgl. Herbert (1986 und 1994).
51 1932 lag die Zahl der ausländischen Arbeitskräfte bei nur ca. 110.000 (vgl. Bade 1994, 15).
52 Für die Jahre 1945-1989 bezieht sich die Darstellung allein auf die damalige Bundesrepublik.
53 Eine Besonderheit der deutschen Migrationsgeschichte ist die erhebliche Einwanderung ethnischer Deutscher: 1945-1950 12,5 Mio. Vertriebener aus den Gebieten östlich der Oder-Neisse-Grenze und aus Ost- und Südeuropa, sowie fast 4,5 Mio. Flüchtlinge aus dem Gebiet der ehemaligen Deutschen Demokratischen Republik; nach 1989 so genannte „Aussiedler" aus Rumänien, Polen und den Staaten der ehemaligen Sowjetunion (vgl. Mahnig 1998, 46).

senken. Diese Politik führte bis zum Jahr 1984 zu einem Rückgang der Zahl der ausländischen Beschäftigten um rund eine Million auf 1,6 Mio. (vgl. Treibel 1999, 60).[54]

Ein paradoxer Effekt der widersprüchlichen Konsolidierungspolitik (die Diskussion drehte sich sowohl um Integration als auch um Rückkehrförderung) bestand darin, dass sich ein Großteil der Ausländerinnen und Ausländer in Deutschland niederließ. Vor diesem Hintergrund wurde die Integration der „Gastarbeiter" und ihrer Familien zum prioritären Ziel erklärt. Eine entsprechende Gesetzesbasis und ein umfassendes integrationspolitisches Dispositiv wurden jedoch nicht entwickelt. Integration wurde überwiegend als Anpassung der „anderen" an die Lebensformen in der Bundesrepublik verstanden:

> „Die einzelnen Ausländerinnen und Ausländer beurteilt man nach ihrer individuellen Integrations*bereitschaft* und die verschiedenen Nationalitäten nach ihrer kulturell-herkunftsbedingten Integrations*fähigkeit*." (Treibel 1999, 62)

Ende der 1970er Jahre sah es für eine kurze Zeitspanne danach aus, als wolle sich die sozial-liberale Koalition auf die Frage der Integration konzentrieren (z.B. durch die Schaffung des Amtes der Ausländerbeauftragten 1978). Nach dem Regierungswechsel 1982 wurde die Ausländerpolitik jedoch noch restriktiver (z.B. durch gezielte Rückkehrpolitik und Versuche, den Familiennachzug zu beschränken).

Als Antwort auf die wachsende Ausländerfeindlichkeit wie auch als Gegenbegriff zum als „fürsorgerisch-autoritär" kritisierten Integrationsbegriff der Regierung erfuhr der Begriff der „multikulturellen Gesellschaft" besonders von Teilen der Linken und in der Pädagogik Ende der 1980er Jahre wachsende Zustimmung (vgl. Frank 1995). Viele Befürworterinnen und Befürworter dieses Konzepts versprachen sich jedoch ausschließlich eine Bereicherung der „menschlich und kulturell als verstockt-langweilig empfundenen Bundesrepublik" – Multikulturalität bedeutete vor allem „multikultureller Konsum, der mittlerweile zum Alltagshandeln gehört" (Treibel 1999, 65). Trotz des Fehlens einer kohärenten Integrationspolitik sind in den 1980er Jahren einige wichtige einwanderungspolitische Maßnahmen, vor allem auf der Ebene der Länder und Kommunen zu verzeichnen, insbesondere im Schulbereich sowie in Fragen der Interessenvertretung von Ausländerinnen und Ausländern.[55] Auf die Wahlerfolge rechtsradikaler Parteien Anfang 1989 reagierte die Regierung mit einem neuen Ausländergesetz, das 1990 verabschiedet wurde und zum ersten Mal Ansprüche auf Einbürgerung anerkannte.

---

54 Rotation gehört keinesfalls der Vergangenheit an, sondern wird seit den 1990er Jahren weiterhin bzw. wieder verstärkt praktiziert. Das Spektrum reicht von Werkvertragsarbeit über Saisonarbeit bis zur Pendelmigration. 1996 waren 50.000 Werkvertragsarbeitnehmerinnen und -arbeitnehmer aus dem Ausland in Deutschland tätig, vor allem aus Polen, Ungarn, Kroatien, Tschechien und der Türkei (vgl. Mahnig 1998, 48f.).

55 Vgl. die Darstellungen der schulpolitischen Reaktionen auf die Migration unter 4.3 und 4.4.

Gegen Ende der 1980er Jahre nahm trotz gesetzlicher Verschärfungen die Zahl der Asylantinnen und Asylanten stark zu.[56] In überzogenen Mediendarstellungen wurde die „Asylantenflut" zur vorrangigen innenpolitischen Bedrohung hochstilisiert. Gleichzeitig steigerte sich die Zahl rassistischer Gewalttaten und Anschläge, zunächst in den ostdeutschen, dann aber auch in den westdeutschen Bundesländern, dramatisch. Allein 1992 wurden bei rassistischen Anschlägen 17 Menschen getötet (vgl. Terkessidis 2000, 35). Das derartige „Zusammenspiel [...] von Regierung, Medien, ‚Straße' und Intellektuellen" (ebd.) führte dazu, dass 1993 das Grundrecht auf Asyl faktisch abgeschafft wurde. Gleichwohl formierten sich erstmals in der Geschichte der Bundesrepublik größere öffentliche Gegenbewegungen zum Problem des Rassismus. Zunehmend wurde die vollständige politische Teilhabe der Migrantinnen und Migranten gefordert (vgl. Jung et al. 2000, 48f.).

Das von der im Herbst 1998 an die Macht gelangten Regierungskoalition aus SPD und Bündnis 90/Die Grünen neu geregelte Staatsangehörigkeitsrecht rückt von der Abstammungsregel ab und ergänzt diese durch ein *ius soli*. In Deutschland geborene Kinder erhalten demnach automatisch die deutsche Staatsangehörigkeit, jedoch nur auf Zeit. Besitzen sie außerdem noch die Staatsangehörigkeit des Heimatlandes der Eltern, müssen sie sich mit 23 Jahren für eine der beiden entscheiden. Die Einbürgerung Erwachsener ist nach acht Jahren möglich, jedoch von mehr Bedingungen abhängig als nach dem Ausländergesetz von 1990.

Fragen der strukturellen oder institutionellen Diskriminierung werden in den integrationspolitischen Debatten in Deutschland bis heute nur am Rande thematisiert. Anfänge einer breiteren Diskussion sind im Jahr 2000 im Kontext der in nationales Recht umzusetzenden Antidiskriminierungsgesetze der Europäischen Union zu verzeichnen (vgl. EU 2000; 2000a). Im übernächsten Abschnitt wird aufgezeigt, dass das zögerliche Bekenntnis zu einer aktiven Einwanderungs- und Integrationspolitik, das sich in der mangelnden Beschäftigung mit Fragen der ethnischen Gleichheit und den strukturellen Voraussetzungen der Integration manifestiert, auch die schulpolitischen Reaktionen auf die Migration wesentlich geprägt hat.

Eckdaten zur Migration und zum Schulerfolg von Migrantinnen und Migranten

Im Jahr 1999 lag der Anteil an Menschen mit einem ausländischen Pass an der Gesamtbevölkerung der Bundesrepublik Deutschland bei 9% (7,344 Mio.). Betrachtet man die Zusammensetzung der ausländischen Wohnbevölkerung nach Nationalität, bildeten Ende 1999 die Angehörigen türkischer Nationalität mit 28,0% die größte Gruppe, gefolgt von Staatsangehörigen der Bundesrepublik Jugoslawien (Serbien und Montenegro) mit 10,0%, Italienern mit 8,4%, Griechen mit 5,0%, Polen mit 4,0%, Kroaten mit 2,9%, Österreichern mit 2,5% und Bosniern mit 2,3%. Ein bedeutender Teil der Wohnbevölkerung ausländischer Herkunft ist in Deutschland geboren

---

56 Lag die Zahl der Flüchtlinge, die in Deutschland um Aufnahme ersuchten, 1988 noch bei 103.100 wurde 1992 mit 438.200 Gesuchen ein Höhepunkt registriert (vgl. Mahnig 1998, 50)

(22,5%), in der Altersgruppe der unter 6-Jährigen 88,8%, von den 6- bis 18-Jährigen 57,7% (vgl. Beauftragte der Bundesregierung für Ausländerfragen 2000b, 24). Ende 1999 waren 14,9% (rund 1,2 Mio.) der Ausländerinnen und Ausländer als Flüchtlinge mit unterschiedlichem Status registriert (ebd., 7).[57] Neben der Asylmigration und Fluchtbewegungen in Folge der Jugoslawienkriege trug die starke Zuwanderung von Aussiedlerinnen und Aussiedlern aus Polen, Rumänien und der ehemaligen UdSSR zur weiteren Diversifikation der Herkunft von neu Einwandernden bei. Hinzu kamen die „neuen Gastarbeiter", die aufgrund verschiedener Abkommen mit osteuropäischen Ländern nach Deutschland gelangten (vgl. Mahnig 1998, 48f.).

Räumlich konzentriert sich die ausländische Wohnbevölkerung auf die Länder Baden-Württemberg, Bayern, Hessen und Nordrhein-Westfalen (1998 mehr als 70%). In den Kernstädten erreicht sie eine durchschnittliche Größenordnung von ca. 15%, die in den Metropolen noch erheblich überschritten wird. Die Zahl der Migrantinnen und Migranten in den östlichen Bundesländern ist allgemein sehr gering (vgl. Beauftragte der Bundesregierung für Ausländerfragen 2000a, 11). Der größte Teil der ausländischen Erwerbstätigen ist abhängig beschäftigt. 1999 erreichte der Anteil der Selbstständigen einen Höchststand (9,3%). Von Arbeitslosigkeit sind Personen ausländischer Herkunft regelmäßig überproportional betroffen. Der Anteil der sozialversicherungspflichtig beschäftigten Ausländerinnen und Ausländer hat seit 1994 stetig abgenommen. Im Jahr 1999 lag er bei 7,5% (8,9% im westlichen und 1,1% im östlichen Bundesgebiet).

In den allgemeinbildenden Schulen ist der Ausländeranteil seit 1980 nahezu kontinuierlich gestiegen. 1999 lag die Quote der ausländischen Schülerinnen und Schüler bei 9,4%. Der größte Teil dieser Gruppe besitzt einen türkischen, italienischen, jugoslawischen, griechischen, portugiesischen oder spanischen Pass. Sie verteilt sich zu 42,3% auf Grundschulen (44,0% einschließlich der Vorklassen und Schulkindergärten), zu 19,9% auf Hauptschulen, zu 9,3% auf Gymnasien, zu 8,4% auf Realschulen, zu 6,8% auf Gesamtschulen sowie zu 6,4% auf Sonderschulen.[58] Der bis in die 1990er Jahre hinein zu beobachtende leichte Trend zu höheren Schulabschlüssen und günstigeren Ausbildungsbedingungen für die Migrantenkinder und -jugendlichen ist Mitte der 1990er Jahre zum Stillstand gekommen. Nach wie vor sind Schülerinnen und Schüler mit ausländischem Pass an den Haupt- und Sonderschulen stark überrepräsentiert und dementsprechend an Realschulen und Gymnasien unterdurchschnittlich vertreten. Der Trend zu höheren Schulabschlüssen bei den Migrantenjugendlichen hat sich ab 1993 merklich verlangsamt. Da bei deutschen Absolventinnen und Absolventen die Tendenz zu höheren Abschlüssen anhält, wird die Kluft zwischen Einheimi-

---

57 Davon waren u.a. ca. 185.500 Asylberechtigte, 44.000 Konventionsflüchtlinge, schätzungsweise 130.000 Familienangehörige von anerkannten Flüchtlingen und 9.500 Kontingentflüchtlinge, 120.500 jüdische Zuwanderer aus den Nachfolgestaaten der Sowjetunion, 264.000 Asylbewerber/innen und ca. 50.000 Flüchtlinge aus Bosnien und Herzegowina (vgl. Beauftragte der Bundesregierung für Ausländerfragen 2000b, 10).
58 Quelle: Statistisches Bundesamt, Fachserie 11, R 1, 1999/2000.

schen und Zugewanderten nicht geringer (vgl. Beauftragte der Bundesregierung für Ausländerfragen ebd., 15). Laut Statistischem Bundesamt besuchten im Jahr 1999 10,9% der deutschen im Vergleich zu 19,9% der ausländischen Schülerinnen und Schüler eine Hauptschule; auf den Gymnasien lag das Verhältnis bei 22,3% zu 9,3%; bei den Realschulen bei 12,4% zu 8,4%.

An Sonderschulen finden sich Kinder und Jugendliche mit einem Migrationshintergrund seit Jahren markant häufiger als deutsche Kinder.[59] Nach Kornmann/Neuhäusler (2001) besuchten 1999 4,1% der deutschen im Vergleich zu 6,4% der ausländischen Kinder eine Sonderschule. Bei den Sonderschulen für Lernbehinderte lag die Differenz mit 2,3% zu 4,7% noch höher. Mit steigenden Anteilen ist seit 1994 in den alten Bundesländern rund ein Viertel der Schülerschaft in Sonderschulen für Lernbehinderte ausländischer Herkunft. Auch in den neuen Bundesländern wird eine konstante Zunahme der Migrantenkinder an dieser Schulform festgestellt. Hinsichtlich der nationalen Zugehörigkeit haben die Kinder aus dem ehemaligen Jugoslawien seit 1996 die „Spitzenreiterposition" inne, gefolgt von den italienischen und türkischen Kindern. Die Wahrscheinlichkeit, auf eine Sonderschule für Lernbehinderte überwiesen zu werden, beträgt bei jugoslawischen Kindern, die als Kriegsflüchtlinge nach Deutschland kamen, seit 1998 mehr als ein Vierfaches des Durchschnittswerts.

4.2 Das Schulsystem in Deutschland[60]

Das Ausbildungswesen in Deutschland ist vom Grundsatz des Föderalismus und damit einhergehend einer Vielfalt von Schulstrukturen bestimmt, die durch die neuen Bundesländer noch zugenommen hat. Der föderative Aufbau und konfessionelle Gegensätze, die bis heute spürbar sind, werden von der Idee einer nationalen Bildungseinheit überwölbt (vgl. Anweiler 1996, 34). In Bezug auf die schulische Versorgung der immigrierten und altansässigen Minoritäten sind aufgrund der unterschiedlichen Schulsysteme, sozio-strukturellen Gegebenheiten und ausländerpolitischen Standpunkte in den einzelnen Bundesländern ebenfalls äußerst unterschiedliche rechtliche, organisatorische und curriculare Vorkehrungen getroffen worden (vgl. Gogolin et al. 1999).

---

59 Vgl. z.B. Apitzsch (1990, 1990a); Kornmann et al. (z.B. 1989, 1996 und 1997).
60 Mit Ausnahme ausdrücklicher Hinweise und der allgemeinen Aussagen über das föderalistische Grundprinzip handelt die vorliegende Darstellung ausschließlich von den alten Bundesländern; für ausführlichere Darstellungen vgl. Lehmann (1994), Europäische Kommission (1995), Anweiler (1996), Fuchs/Reuter (2000).

4.2.1 Grundzüge der Pflichtschule[61]

Die *Pflichtschulzeit* dauert in den meisten Bundesländern neun Jahre.[62] Für die Jugendlichen, die anschließend keine Vollzeitschule besuchen, besteht mindestens bis zur Vollendung des 18. Lebensjahres die Pflicht zum Besuch einer Berufsschule (Teilzeitschulpflicht). Die *Grundschule* umfasst überwiegend vier Jahrgangsstufen.[63] Die Einrichtungen der *vorschulischen Erziehung* (Kindergärten, Horte) gehören in den alten Bundesländern und seit 1991 auch in den neuen Ländern nicht zur öffentlichen Schule.[64] Eine Ausnahme bilden so genannte *Vorklassen* für noch nicht schulpflichtige Fünfjährige und die *Schulkindergärten* für die Sechsjährigen, die vom Schulbesuch zurückgestellt werden. Die kostenpflichtige Betreuung im Elementarbereich wird hauptsächlich von nichtstaatlichen Wohlfahrtsverbänden, Kirchen und Gemeinden getragen. Der Versorgungsgrad ist relativ niedrig.[65] 1992 wurde erstmals ein Rechtsanspruch auf einen Kindergartenplatz vom vollendeten dritten Lebensjahr bis zum Schuleintritt gesetzlich verankert. Die Kindergärten haben keine direkte schulvorbereitende Rolle im Sinne früher Lernprogramme. Allgemein beschränkt sich die *Aufsicht und Betreuung* in deutschen Schulen üblicherweise auf die Unterrichtsstunden. Mit dem Ziel der Entlastung der Eltern durch verlässliche Öffnungszeiten wurde im Grundschulbereich in den 1990er Jahren in allen Ländern die „Volle Halbtagsschule" oder „Verlässliche Grundschule" zum Teil auf freiwilliger Basis, zum Teil flächendeckend eingeführt (vgl. Carle 1998, 454f.). Ganztagsschulen finden sich nur unter den Gesamtschulen.

Beim *Übertritt von der Grundschule in die Sekundarstufe* hat der Elternwille Vorrang vor dem staatlichen Bestimmungsrecht.[66] Eine „positive Auslese" für eine bestimmte Schulart gilt als unzulässig. Das 5. und 6. Schuljahr dienen als *Orientierungsstufe* (schulformunabhängig, relativ selbstständig oder schulformabhängig). Die an die Primarstufe anschließende *Sekundarstufe I* wird überwiegend dreigliedrig geführt, mit den Zügen Hauptschule, Realschule und Gymnasium. Die überwiegend mit neun, in einigen Bundesländern mit zehn Jahren (mit der zusätzlichen Möglichkeit zum Real-

---

61 In den Ländern der ehemaligen DDR wurde nach der Öffnung der Mauer im Herbst 1989 bis zum Inkrafttreten des „Vertrages über die Herstellung der Einheit Deutschlands" innerhalb eines Jahres ein Bruch mit der über 40jährigen Geschichte des Bildungswesens vollzogen. Die Anpassung des ehemals zentralistischen Bildungssystems an die westlichen Strukturen fand Mitte der 1990er Jahre ein vorläufiges Ende. Laufende und künftige weitere Strukturreformen werden durch die Auswirkungen des drastischen Geburtenrückgangs in den neuen Bundesländern erzwungen (vgl. Fuchs/Reuter 2000).
62 In Berlin, Brandenburg, Bremen und Nordrhein-Westfalen zehn Jahre.
63 In Berlin, Bremen und Brandenburg gibt es eine sechsjährige Grundschule, in der die 5. und 6. Klasse als Orientierungsphase dienen.
64 In der ehemaligen DDR zählten die *Kinderkrippen* für bis zu dreijährige Kinder nominell zum Bildungssystem; die *Kindergärten* unterstanden dem Ministerium für Volksbildung (vgl. Anweiler 1996).
65 1989 in der BRD 79,9%, in der ehemaligen DDR allerdings 95,1% (vgl. Anweiler 1996).
66 Zu den Übergangsregelungen in den alten Bundesländern bis 1989 vgl. Portmann (1989).

schulabschluss, der so genannten „Mittleren Reife") abschließende *Hauptschule* bereitet allgemein auf eine Berufsausbildung vor. Der *Realschulabschluss* eröffnet sowohl berufliche Ausbildungsmöglichkeiten als auch den Übergang in die Fachoberschule (mit anschließender Fachhochschulreife) oder auf ein Gymnasium. In den Gymnasien schließt an die 10. Klasse die *Sekundarstufe II* an. Ein erfolgreicher Abschluss (Abitur) berechtigt unmittelbar zum Hochschulstudium.

Zusätzlich zum herkömmlichen dreigliedrigen System gibt es in der Bundesrepublik als ein Ergebnis der in den 1960er Jahren einsetzenden Bildungsreformdebatte seit mehr als drei Jahrzehnten die *Gesamtschule*. Diese konnte das gegliederte Sekundarschulsystem allerdings nicht ernsthaft in Frage stellen (vgl. Tillmann 1986).[67] In den 1980er Jahren führte die starke Konkurrenz um Schülerinnen und Schüler durch den Rückgang der Geburten und durch steigende Bildungsaspirationen zu einem doppelten „*Creaming*"[68], dessen Verlierer die Gesamt- und die Hauptschulen waren. Die Gesamtschulen wurden vor allem für deutsche Eltern zur Ersatzlösung, wenn der Übertritt auf das Gymnasium oder die Realschule als zu risikoreich erschien. In der ungewollten Position als zusätzliche „vierte" Regelschule ist konzeptgetreues Arbeiten für viele Gesamtschulen de facto unmöglich. Viele Hauptschulen konnten auch durch vielfältige Fächerangebote und anspruchsvollen Unterricht nicht verhindern, „Restschulen" für eine bereits mehrfach ausgelesene Schülerschaft, besonders für Migrantenjugendliche, zu werden (vgl. Rösner 1989). Um die soziale Selektivität der Schule zu vermindern wurde neben der Errichtung der Gesamtschulen versucht, die weiterführenden Bildungsgänge curricular enger zu verzahnen und die gegenseitige Anerkennung von Abschlüssen und Berechtigungen auszuweiten. Die horizontale Durchlässigkeit konnte auf diesem Wege jedoch nicht erhöht werden (vgl. Rösner 1997). In den ostdeutschen Bundesländern zeichnete sich in den 1990er Jahren die Tendenz zur Errichtung von nur einer Schulform der Sekundarstufe I neben dem Gymnasium ab.[69]

Zum allgemeinbildenden Schulwesen in Deutschland gehört ein hoch differenziertes *Sonderschulsystem*. Nach der Art der Behinderung ist die Sonderschule in zehn Typen aufgeteilt, unter denen die Schule für Lernbehinderte, gefolgt von den Schulen für Geistig- und Sprachbehinderte, am stärksten vertreten ist.[70] Ab 1976 wurden in der Bundesrepublik zahlreiche Schulversuche mit Integrationsklassen durchgeführt, die in den 1980er Jahren ausgeweitet wurden. 1994 verabschiedete die Ständige Konferenz der Kultusminister der Länder (KMK) neue „Empfehlungen zur sonderpädagogischen

---

67 Die Gesamtschule ist in den Bundesländern unterschiedlich verbreitet. In Brandenburg besuchen mehr als 50%, in Berlin rund ein Drittel und in Bremen, Hamburg, Hessen und Nordrhein-Westfalen mehr als 10% der Schülerinnen und Schüler der Sekundarstufe I eine Gesamtschule. In Bayern, Baden-Württemberg, Sachsen, Schleswig-Holstein und Thüringen hat die Gesamtschule hingegen keine oder nur eine marginale Bedeutung (vgl. Fuchs/Reuter 2000, 55). Zum Überblick über die Gesamtschuldiskussion in der Bundesrepublik vgl. Gudjons/Köpke (1996).
68 „*Creaming*" bezeichnet das „Abschöpfen" der leistungsfähigsten Mitglieder einer Gruppe.
69 Mittel-, Regel-, Sekundarschule in Sachsen, Thüringen und Sachsen-Anhalt und Gesamtschule in Brandenburg (vgl. Döbert 1997, 125).
70 Für einen Überblick vgl. Preuss-Lausitz (1986), Hinz (1993), Opp (1993), Prengel (1993).

Förderung in der Bundesrepublik Deutschland" (KMK 1994). Sie räumen dem gemeinsamen Lernen in der Allgemeinen Schule oberste Priorität ein und ersetzen die vorrangig institutionenbezogene Sichtweise durch den Begriff des individuellen „sonderpädagogischen Förderbedarfs".

4.2.2 Steuerung, Finanzierung und Organisation

Die Dualität von Föderalismus und „nationaler Bildung" manifestiert sich in den komplexen Entscheidungs- und Kontrollstrukturen, die sich vertikal über die Ebenen EU, Bund, Länder und Kommunen erstrecken. In der Bundesrepublik Deutschland gibt es keine umfassende gesetzliche Regelung für das gesamte Bildungswesen. Die einzelnen Bereiche unterliegen unterschiedlichen Gesetzgebungskompetenzen, die größtenteils bei den 16 Bundesländern liegen. Horizontal ist die Bildungspolitik mit anderen Politikfeldern vernetzt, wie der Wirtschafts- und Beschäftigungspolitik (berufliche Aus- und Weiterbildung) oder der Sozial-, Jugend- und Familienpolitik (z.B. Vorschulerziehung) (vgl. Fuchs/Reuter 2000, 31). Das Kräftefeld der Bildungspolitik wird neben den Parteien vom Interessenpluralismus gesellschaftlicher Verbände und Organisationen, sowie von den Kirchen und Repräsentanten der Wissenschaft bestimmt. Eine besondere Rolle für die Bildungsgestaltung spielen politikberatende Expertengremien (z.B. Deutscher Bildungsrat 1965-1975; Wissenschaftsrat) und die Verfassungs- und Verwaltungsgerichtsbarkeit des Bundes und der Länder.[71]

Nach dem Grundgesetz obliegt dem Staat die Führungsrolle in der Organisation, Verwaltung und Aufsicht über die Schulen und die weiteren Bildungsstrukturen, besonders im Pflichtschulbereich. Der Bund ist insbesondere Akteur in der außerschulischen Berufsbildung, im Hochschulwesen und in der Forschungspolitik. Die Länder sind für die Gesetzgebung zuständig, welche die Organisation der Bildungsstrukturen, der Lehrerbildung und der Bildungsinhalte regelt (ebd., 38ff.). Sie arbeiten im Rahmen der „Bund-Länder-Kommission für Bildungsplanung und Forschungsförderung" (BLK) und der KMK zusammen. Die KMK ist das wichtigste Koordinierungsgremium auf Bundesebene. Sie besitzt zwar keine legislativen Kompetenzen, ihre Beschlüsse und Empfehlungen zu nahezu allen strukturellen und inhaltlichen Fragen im Bildungswesen gewähren jedoch ein Mindestmaß an Einheitlichkeit. Eine Bundesverwaltung im Bildungswesen besteht nicht. In den Ländern gibt es ein zwei- oder dreistufiges System der Schulverwaltung, an deren Spitze das Kultusministerium (mit unterschiedlichen amtlichen Bezeichnungen) steht. Auf der untersten Ebene befinden sich die Schulämter der Kommunen, in einigen Ländern gibt es eine mittlere Instanz. Die Gemeinden sind als Schulträger für die Finanzierung und Regelung der materiellen Belange verantwortlich. In ihren Zuständigkeitsbereich fallen etwa die Schulentwicklungsplanung, die Gebäude, das nicht unterrichtende Personal und der Schülertrans-

---

71 Anweiler (1996, 36) weist darauf hin, dass in Zukunft auch die Entscheidungen des Europäischen Gerichtshofs eine wachsende Rolle spielen könnten.

port. Für pädagogische Fragen ist ausschließlich die Landesbehörde zuständig. Funktionen der Schulaufsicht im engeren Sinne werden auf der Ebene der regionalen Behörden von Schulrätinnen und Schulräten wahrgenommen. Die Leitung der einzelnen Schule obliegt einem Schulleiter oder einer Schulleiterin und deren Stellvertretung. Ihre Zuständigkeiten liegen traditionellerweise in der Verwaltungsleitung, dem Gremienvorsitz und der Vertretung der Schule nach außen.

Die Bildungsfinanzierung entspricht der Aufgabenverteilung zwischen Bund, Ländern und Kommunen. Während der 1990er Jahre wurde mit rund drei Viertel die Hauptlast der jährlichen Aufwendungen von den Ländern getragen. Knapp ein Fünftel entfiel auf die Kommunen und 6% bis 10% auf den Bund (ebd., 42). Wie in anderen Staaten wird auch in Deutschland das staatliche Angebot durch private Bildungseinrichtungen (v.a. im Gymnasialbereich) ergänzt, die zum Teil staatlich bezuschusst werden. Die öffentliche Finanzierung der Schulen hängt in keinem Land von der Schülerzahl ab. Im Rahmen von Projekten zur Einführung der Schulautonomie werden jedoch wirtschaftliche Anreize gesetzt. Als Hintergrund der Implementierung der Schulautonomie sind seit Anfang der 1980er Jahre Tendenzen zur Kürzung der öffentlichen Bildungsfinanzierung, zur Verlagerung der Bildungsausgaben auf die Bundesländer und die privaten Haushalte (z.B. durch vermehrte Gebühren im Elementarbereich und durch die Aufhebung der Lehrmittelfreiheit) sowie ein leichter Anstieg der Privatisierung zu konstatieren (vgl. Munín 2001, 93ff.).

Obwohl eine „materiale Selbstverwaltung" der Einzelschule schon 1973 vom Deutschen Bildungsrat gefordert wurde, sind die einzelnen öffentlichen Schulen rechtlich und tatsächlich weitgehend unselbstständig.[72] Daran hat auch die in den 1970er Jahren gesetzlich erweiterte Mitwirkung von Eltern, Lehrpersonen und Schülerschaft wenig geändert (vgl. Anweiler 1996, 36f.). Dagegen bestehen Spielräume in dem durch die pädagogische Freiheit geschützten Tätigkeitsraum der einzelnen Lehrpersonen.

Ende der 1980er Jahre setzte erneut eine Diskussion über die Ausweitung der Handlungsspielräume der schulischen Akteure ein. Die mittlerweile für die Schulautonomie günstigeren Bedingungen verbanden sich mit einem Perspektivenwechsel in der internationalen Schulforschung, der die Einzelschule als ausschlaggebende Größe für den

---

72 Massive Kritik an der „verwalteten Schule" wurde unter dem Eindruck der Bürokratie des Nationalsozialismus schon in den 1950er Jahren von dem Bildungsforscher und späteren Mitglied des Deutschen Bildungsrats Hellmut Becker formuliert (vgl. Becker 1993). Der 1966 eingesetzte Deutsche Bildungsrat schlug im „Strukturplan für das Bildungswesen" (1973) die Selbstständigkeit der Schulen auf curricularer, personeller und finanzieller Ebene vor. Kurz vor seiner Auflösung im Jahr 1973 gab er umfassende Empfehlungen zur „Verstärkte[n] Selbstständigkeit der Schule und Partizipation der Lehrer, Schüler und Eltern" ab (vgl. Deutscher Bildungsrat 1973). 1981 wurde der Autonomiegedanke durch den auf dem Deutschen Juristentag vorgelegten Entwurf für ein neues Landesschulgesetz weiter gefördert. Dieser Entwurf berücksichtigte stärker als je zuvor die pädagogische Freiheit für die Lehrpersonen und die Mitbestimmungsrechte von Eltern- und Schülerschaft (vgl. Deutscher Juristentag 1981). In den späteren Schul- und Mitwirkungsgesetzen der Länder fand der Aspekt der Schulautonomie allerdings keinen Niederschlag mehr.

Erfolg der pädagogischen Arbeit akzentuiert, wie auch mit Initiativen aus den Bildungsministerien einzelner Bundesländer (vgl. Munín 2001, 92f.).

War die Autonomieforderung in den 1970er Jahren überwiegend von der Lehrerschaft und den Lehrerverbänden vorgebracht worden, wechselten in den 1990er Jahren die Lager. Bei einer Vielzahl von Definitionen (vgl. Döbert 1997, 127) wurde Autonomie vor allem auf Seiten von Politik und Behörden als Handlungskonzept propagiert, während die Lehrerschaft skeptisch reagierte (vgl. Timmermann 1995). Im Unterschied zur primär bildungspolitisch motivierten Forderung nach mehr Freiheit für die schulischen Akteure in den 1970er Jahren geht es in der Debatte der 1990er Jahre um die Delegation von Verantwortlichkeiten und Kompetenzen in pädagogischer, organisatorischer und finanzieller Hinsicht wie auch in Personalfragen, von den Behörden auf die einzelnen Schulen. Die Autonomisierung ist vom Aufbau neuer staatlicher Steuerungsmodelle des Schulsystems und der Schulen sowie einer veränderten öffentlichen Bildungsfinanzierung begleitet (vgl. Munín 2001).[73]

In einer Anfangsphase standen noch pädagogische, gesellschaftspolitische und demokratisch-partizipatorische Ziele im Vordergrund, vor allem die Verbesserung der pädagogischen Leistungsfähigkeit der Einzelschule. Die die internationale Diskussion bestimmende Koppelung von Autonomie mit der Einführung von Wettbewerbs- und Marktmechanismen, um die Effizienz im Bildungsbereich zu steigern, stieß in Deutschland zunächst auf starke Skepsis. Erst in der zweiten Hälfte der 1990er Jahre wurden im Zuge neo-liberaler Sparpolitiken Gesichtspunkte der Kosteneffizienz und der Rentabilität von Bildungsinvestitionen, so etwa Frank-Olaf Radtke (1997), zum vorherrschenden Thema. Als weiteres Motiv treten die ökonomische Krisensituation und finanzielle Engpässe der öffentlichen Hand hervor:

„Wo über Investitionen und ihre Rentabilität nachgedacht wird, kommt die Deregulierungsmode im Gewand einer Verwaltungsreform, die Aufgabenverlagerung und Ressourceneffizienz verspricht, gerade recht. Zumindest gerät das Autonomieversprechen der 1970er Jahre in einen neuen Kontext. [...] Es zeichnet sich – wie schon im Gesundheits- und nun auch im Rentenbereich – eine Umstellung der Aufgaben öffentlicher Erziehung auf eine ‚Grundversorgung' ab: Für den individuellen, karriereförderlichen Nutzen der Bildung soll in Zukunft ein jeder selbst bezahlen." (Radtke 1997, 281)

Pädagogische Begründungen für erweiterte Selbständigkeit tauchen selten oder nur am Rande auf (vgl. Döbert 1997, 129). Mit Fragen der Erziehung, des Unterrichts und seiner fachlichen wie fachdidaktischen Modernisierung wie auch mit generellen schulpo-

---

73 Ingo Richter (1995) führt sechs verschiedene Begründungsansätze auf: (1) Demokratisierung der Gesellschaft; (2) verwaltungswissenschaftliche Begründung von mehr Selbstverwaltung; (3) pädagogische Freiheit, um Erziehungs- und Unterrichtsaufgaben zu optimieren; (4) eine Begründung von Schulautonomie aus dem kollektiven Elternrecht spiele nur verdeckt eine Rolle als Recht der Wahl zwischen verschiedenen Schulformen und zwischen öffentlichen und privaten Schulen; (5) Einüben von demokratischen Lebensformen; (6) ökonomische Begründungen, basierend auf der Sicht der Schule als Betrieb, der auch nach betriebswirtschaftlichen Gründen operiert und seine finanziellen Mittel selbst bewirtschaftet.

litischen Zielen der Bildungsgerechtigkeit und demokratischen Partizipation wurden die geplanten und bereits angelaufenen Reformvorhaben kaum systematisch in Beziehung gesetzt. Obgleich bei der Umsetzung der Autonomisierung von Anfang an viele offene Fragen eingeräumt wurden, insbesondere im Hinblick auf die Sicherung von Chancengleichheit, werden beispielsweise kritische Untersuchungen aus dem Ausland, die übereinstimmend auf die vielfältigen Risiken verweisen, kaum zur Kenntnis genommen.[74] Ohne die Vor- und Nachteile unterschiedlicher Regelungsvarianten in einer breiten Öffentlichkeit zur Diskussion zu stellen begannen die Länder in zügigem Tempo Tatsachen zu schaffen. Inzwischen sind die Schulen in fast allen Bundesländern entweder per Gesetz, im Rückgriff auf Verwaltungsvorschriften oder durch Schulversuche und Modellvorhaben angehalten, weitgehend eigenständig Profile auszubilden, eigene Standards für die schulische Arbeit zu entwickeln und in Schulkonferenzen schulische Angelegenheiten selbst zu entscheiden.[75]

4.2.3 Antworten des Bildungssystems auf Migration[76]

Aufnahme und Förderung der Migrantenkinder

In der Bundesrepublik Deutschland waren schulpolitische Maßnahmen für ausländische Kinder nach 1945 zunächst nur auf die Migrationsbewegungen der Nachkriegszeit gerichtet (vgl. Puskeppeleit/Krüger-Potratz 1999, Bd. 1, 3ff.).[77] Für die ab 1955 einreisenden „Gastarbeiterkinder" wurden – dem offiziellen politischen Konsens entsprechend, dass die BRD kein Einwanderungsland sei und die ausländischen Familien bald in ihre Heimat zurückkehren würden – über Jahre hinweg keinerlei Vorkehrungen zur schulischen Integration getroffen. Die KMK erklärte 1964 erstmals gezielte Maßnahmen für notwendig. Die Empfehlungen zum „Unterricht für Kinder von Ausländern" von 1964 enthalten bereits die Leitgedanken, die bis heute die Bildungspolitik

---

74 Für eine ausführliche Analyse des Diskurses über die Schulautonomie in Deutschland, wie er in den 1990er Jahren an der Schnittfläche von Politik und Wissenschaft geführt wird, sei auf die Dissertation von Helena Munín (2001) verwiesen.
75 Zum Stand der Reformen in den Bundesländern vgl. Munín (2001, 98ff.), Avenarius et al. (2003).
76 Zum Überblick über die Vorkehrungen für Migrantenkinder und -jugendlichen in den 16 Bundesländern (ohne KMK) vgl. Gogolin et al. (1999); zu den Beschlüssen der KMK vgl. Puskeppeleit/Krüger-Potratz (1999); zum Umgang mit ethnischen Minderheiten im Bildungswesen der DDR vgl. Krüger-Potratz (1991, 29ff.).
77 Erste Verlautbarungen der KMK, die auf die Kinder der „Gastarbeiter" Bezug nehmen, waren die Beschlüsse von 1950 zur „Errichtung von Schulen für fremde Volksgruppen" und von 1952 zur „Schulpflicht der Ausländer" (vgl. Puskeppeleit/Krüger Potratz 1999, Band 1, 3ff.). Seit der Gründung der staatlichen Pflichtschule in der Weimarer Republik waren allerdings schon immer sowohl nicht staats- und reichsangehörige wie auch staats- und reichsangehörige Kinder nichtdeutscher Muttersprache und Kultur („Volkstum") in dieser unterrichtet worden. Für beide Gruppen gab es schulrechtliche Regelungen, an die in einigen Punkten nach dem 2. Weltkrieg angeknüpft wurde (ebd., 1f.; vgl. auch Krüger-Potratz et al. 1998, Krüger-Potratz 2000).

prägen:[78] Festgelegt wurde die Schulpflicht für ausländische Kinder.[79] Gemeinsamer Unterricht wurde zum Regelfall erklärt. Den ausländischen Kindern sollte der Schulbesuch durch Zusatzmaßnahmen erleichtert werden, vorwiegend nach dem Modell der separaten Vorbereitungsklassen. Nach dem Wechsel in die Regelklasse konnten die Kinder zum Teil zusätzlichen Förderunterricht in der deutschen Sprache erhalten. Des Weiteren wurde festgelegt, Unterricht in der Muttersprache zu gewährleisten. Dieser sollte von den diplomatischen Vertretungen der Heimatländer vermittelt und durch die deutschen Schulbehörden unterstützt werden. Die Sonderklassen konnten eingerichtet werden, wenn die Anteile der zugewanderten Kinder in Schulen oder Kommunen signifikante Ausmaße erreichten.[80]

Die im Beschluss der Kultusministerkonferenz von 1964 formulierten Positionen wurden in den KMK-Empfehlungen von 1971, 1976 und 1979 sukzessive ausdifferenziert und ergänzt. Vor allem in der Koppelung der Integration an den Erhalt der Muttersprache, die in den späteren Neufassungen noch verstärkt wurde, manifestierte sich die doppelte Zielsetzung von Integration und Rückkehrorientierung.

Deutsch als Zweitsprache, bilinguale Alphabetisierung und Fremdsprachenunterricht

Dem Erwerb von Deutsch als Zweitsprache wurde seit den 1970er Jahren große Bedeutung beigemessen. In mehreren Ländern wurden Lehrpläne für den Zweitsprachenunterricht und eine Fülle von Lehrmitteln entwickelt. Diese Lehrpläne sind zum Teil (z.B. in Bayern) hinsichtlich der Zieldefinition und der methodisch-didaktischen Differenzierungen nach Nationalität, Alter und Vorbildung der Schülerinnen und Schüler äußerst detailliert. Erwähnenswert ist auch die Entwicklung der wissenschaftlichen Forschungsaktivitäten über den ungesteuerten und gesteuerten Erwerb der Zweitsprache, insbesondere bezogen auf Migrantenkinder (z.B. Apeltauer 1987). In den 1990er Jahren wurde die Didaktik der Zweitsprache sowohl in Unterrichtsplänen als auch in den Curricula der Lehrerausbildung vereinzelt in umfassendere Konzepte interkultureller Erziehung eingebettet (vgl. KMK 1992). Einige Bundesländer entwickelten For-

---

78 Für die schulische Integration der spätausgesiedelten Kinder und Jugendlichen existieren eigene Regelungen (vgl. Puskeppeleit/Krüger-Potratz 1999, Band 2; Merdian 1996, 68ff.).

79 Dennoch bestehen Regelungsunterschiede in der Schulpflicht in Abhängigkeit vom ausländerrechtlichen Status bis heute. Kinder von Asylsuchenden haben in einigen Bundesländern lediglich ein *Recht* auf Schulbesuch (z.B. Baden-Württemberg, Nordrhein-Westfalen, Thüringen). Während für Kontingentflüchtlinge (aufgenommen im Rahmen humanitärer Aktionen) und Konventionsflüchtlinge (definiert durch den Flüchtlingsbegriff der Genfer Konvention) die Schulpflicht gilt, sind Bürgerkriegs- und Kriegsflüchtlinge in Hamburg, Rheinland-Pfalz und Thüringen nicht schulpflichtig (vgl. Reuter 1999, 30f.).

80 Neben der „Vorbereitungsklasse in Normalform", in der die Verweildauer auf maximal zwei Jahre angelegt ist und in der Kinder aus unterschiedlichen Herkunftsländern unterrichtet werden, war bis Anfang der 1980er Jahre auch die „Vorbereitungsklasse in Langform" für Schülergruppen gleicher Muttersprache für die Jahrgänge 1-6 verbreitet. Der Übergang in die Regelklasse sollte nach der 4. oder der 6. Klasse erfolgen. Die Schülerinnen und Schüler blieben jedoch vielfach (ohne die Möglichkeit eines Schulabschlusses) in diesen Klassen, wodurch administrativ eingerichtete de facto türkische oder griechische Ausländerschulen entstanden waren.

men der zweisprachigen Alphabetisierung, wie sie im KMK-Beschluss aus dem Jahr 1976 empfohlen wurden. Bekannt geworden ist das „Bayerische Modell", das stark von identitätstheoretischen Überlegungen und vom Rückkehrgedanken geprägt war. Die frühkindliche Zweisprachigkeit sollte in homogenen Gruppen möglichst schon im Kindergarten gefördert werden. Der getrennte Unterricht sollte helfen, eine voll entfaltete Zweisprachigkeit und Bikulturalität auszubilden (vgl. Fthenakis et al. 1985; BAGIV 1985). Ähnliche Auffassungen führten zur Einrichtung griechischer Gymnasien (vgl. Hopf 1987). In Berliner Grundschulen werden seit 1983 Formen bilingualen Unterrichts praktiziert, in denen vorwiegend türkische Kinder gleichzeitig oder nacheinander in zwei Sprachen Lesen und Schreiben lernen. Anfangs fand die zweisprachige Alphabetisierung in „Ausländerregelklassen" statt, seit 1989 wird sie zunehmend in gemischten Klassen durchgeführt (vgl. Rösch 2001). Vor allem in Ballungszentren wird von der Möglichkeit Gebrauch gemacht, Kindern aus Einwandererfamilien den Übergang auf die weiterführenden Schulen zu erleichtern, indem in der Sekundarstufe I anstelle einer Fremdsprache Unterricht in einer Herkunftssprache erteilt wird. Das parallele Angebot der Prestigefremdsprachen wirkt sich jedoch negativ auf die Migrantensprachen aus (vgl. Reich 1994). Waren Feststellungsprüfungen und Fremdsprachenanerkennungsregelungen anfänglich kompensatorisch begründet oder durch die Rückkehroption legitimiert, zeichnen sich Anfang der 1990er Jahre vor dem Hintergrund einer zunehmend komplexer werdenden Einwanderungssituation Ansätze einer Pluralisierung der Schulsprachenangebote ab, in die auch der muttersprachliche Unterricht einbezogen wurde (vgl. Reuter 1999, 42).

Muttersprachlicher (Ergänzungs-)Unterricht

In Deutschland umfasst der muttersprachliche Ergänzungsunterricht (MU) neben der Unterweisung in der Herkunftssprache die Gebiete Landeskunde und im Fall des türkisch-sprachigen Unterrichts partiell auch islamische Religionskunde.[81] Er kann als Bestandteil des regulären Unterrichts in den öffentlichen Schulen oder als Ergänzungsunterricht durch die diplomatischen Vertretungen der betreffenden Länder abgehalten werden. Die Schulträger sind angehalten, die Unterrichtsräume unentgeltlich zur Verfügung zu stellen, während die Herkunftsländer die Lehrkräfte und Unterrichtsmaterialien finanzieren.[82] In einigen Ländern wurden Lehrpläne für islamischen

---

[81] Religionsunterricht im Sinne des Grundgesetzes als bekenntnisorientiertes ordentliches Fach gibt es für die ca. 400.000 muslimischen Schülerinnen und Schüler bisher nicht (vgl. Beauftragte der Bundesregierung für Ausländerfragen 2000a, 171). In NRW läuft ein Modellversuch. In Berlin ist nach einem Rechtsstreit die muslimische Organisation „Islamische Föderation" berechtigt, Kindern muslimischen Glaubens ohne staatliche Aufsicht (aufgrund der spezifischen Rechtslage in Berlin) in den Schulen Religionsunterricht zu erteilen. Zur aktuellen Debatte und Praxis in einzelnen Bundesländern vgl. Beauftragte der Bundesregierung für Ausländerfragen (2000b).
[82] Die Verantwortung der deutschen Behörden kann, muss aber nicht so weit gehen, dass sie die vollen Kosten für die Lehrerbesoldung übernehmen (z.B. Bayern, Niedersachsen, Nordrhein-Westfalen, Hessen bis 1999). In anderen Ländern unterliegt der MU der vollständigen Verantwortung der Konsularbehörden der Herkunftsstaaten und wird teilweise bezuschusst.

Unterricht türkischer Schülerinnen und Schüler, in Bayern und Nordrhein-Westfalen auch für den griechisch-orthodoxen Religionsunterricht entwickelt (vgl. KMK 1992, 38). In anderen Bundesländern liegen Lehrpläne aus den Herkunftsländern zugrunde. In den 1980er Jahren versuchte man, den MU aus dem Modell der Beschulung der „Gastarbeiterkinder" zu lösen (vgl. Rixius/Thürmann 1987; GEW 1988). Die Länder, die für den Unterricht voll verantwortlich sind, einigten sich 1989 auf umfassendere Ziele, die die reale Situation der Schülerinnen und Schüler mit Migrationshintergrund reflektieren sollten. Trotz der Innovationen bleibt diese Einrichtung in ihrer bestehenden Form problematisch. Die seit Jahren vorgetragene Kritik hebt darauf ab, dass der Unterricht fast ausschließlich Schülerinnen und Schülern nicht-deutscher Herkunft aus den früheren Anwerbeländern erteilt wird. Er ist immer noch stark von den Vorstellungen der diplomatischen Vertretungen der Länder bestimmt. Diese verkennen die sozio-kulturelle Lebenslage der meisten Migrantenkinder häufig ebenso wie die auch heute noch an der Doppelstrategie mit Rückkehroption orientierten Vorschriften der deutschen Behörden. Es fehlt ferner ein systematisches Angebot für Kinder von Asylsuchenden und Kriegsflüchtlingen. Aufgrund ungünstiger Unterrichtszeiten und zusätzlicher Wege wird der MU von vielen Schülern und Eltern als Belastung erlebt. Aus pädagogischer Sicht wird die mangelnde und schwierige Integration in das Regelpensum bemängelt. Kritisiert werden die gravierenden Unterschiede in den didaktischen Konzepten, mangelnde thematische Koordination und Ausbildungsmängel unter den Lehrkräften. Grundsätzlichere Reformvorschläge gehen in die Richtung, MU konsequenterweise entweder vollständig aus dem öffentlichen Schulwesen herauszulösen oder als ordentliches Schulfach zu etablieren, um eine zielgerichtete Förderung der „natürlichen Zweisprachigkeit" zu ermöglichen und das bestehende Spektrum bilingualer Unterrichtsangebote zu erweitern (vgl. Reuter 1999). Im Kontext der Diskussion um ein Einwanderungsgesetz gewann Ende der 1990er Jahre die Frage an Aktualität, inwiefern der MU generell mit dem Selbstverständnis einer liberalen Einwanderungsgesellschaft zu vereinbaren ist (vgl. Brumlik 2000).[83]

Interkulturalität und Europäische Dimension

In den vergangenen Jahrzehnten hat in der Semantik der KMK ein Perspektivenwechsel stattgefunden: Aus „fremden Volksgruppen", die „aufgenommen wurden" sind aktiv Beteiligte im Austausch in einer mehrsprachigen Gesellschaft geworden (vgl. Allemann-Ghionda 1999, 85). Dieser schlägt sich mit zeitlicher Verzögerung in den Lehrplänen der Grundschulen in den meisten Bundesländern nieder (vgl. Bühler-Otten et al. 2000; Allemann-Ghionda 1999; Luchtenberg 1995).

---

83 Die nationalen Minderheiten der Dänen und Friesen in Schleswig-Holstein und Niedersachsen sowie der Sorben in Brandenburg und Sachsen werden im Einigungsvertrag von 1990 erstmals berücksichtigt. Ihre Rechte in Bezug auf den Spracherhalt sind in den Länderverfassungen sowie in speziellen Gesetzen und Verträgen geregelt (vgl. Allemann-Ghionda 1999, 79f.).

In den bildungspolitischen Beschlüssen und Erlassen der 1980er und 1990er Jahre werden Fragen des schulischen Umgangs mit der sprachlichen und kulturellen Pluralisierung im Gefolge der Arbeitsmigration allmählich von europabezogenen Themen überlagert (vgl. KMK 1990 und 1992a, Anlage 1, 1). In dem gemeinsamen Bericht der Länder und dem darauf folgenden Beschluss „Zur europäischen Dimension im Bildungswesen" (KMK 1992a) werden unter einen Katalog von europabezogenen Zielen und Lernfeldern erstmalig Bildungsangebote subsumiert, die als Reaktion auf Folgen der Migration konzipiert worden waren (vgl. KMK 1992, 34). Der KMK-Beschluss von 1996 (KMK 1996) vereinigt unterschiedliche bildungspolitische Linien der vorangegangenen Jahrzehnte auf nationaler und europäischer Ebene. Erstmalig gilt die Tatsache einer kulturell und sprachlich pluralen Gesellschaft als Ausgangspunkt. Die Fokussierung auf die ausländischen Kinder als Zielgruppe wird fallengelassen. Interkulturelle Bildung wird als allgemeiner Erziehungsauftrag definiert, als

„Entwicklung von Einstellungen und Verhaltensweisen, die dem ethischen Grundsatz der Humanität und den Prinzipien von Freiheit und Verantwortung, von Solidarität und Völkerverständigung, von Demokratie und Toleranz verpflichtet sind." (KMK 1996, 5)

Interkulturelle Kompetenz, verstanden als „durch Perspektivwechsel erlangte Wahrnehmung der Differenz im Spiegel des anderen", wird als Schlüsselqualifikation für alle Kinder und Jugendlichen angestrebt. „Der interkulturelle Aspekt ist dabei nicht in einzelnen Themen, Fächern oder Projekten zu isolieren, sondern eine Querschnittsaufgabe in der Schule". Betont wird beispielsweise ein gutes Schulklima, das von gegenseitigem Respekt und Toleranz, demokratischen Formen der Auseinandersetzung und klaren Regeln geprägt ist. Zusammenarbeit mit zugewanderten Eltern wird als Feld interkulturellen Handelns definiert. Den Lehrkräften werden ein „offener Gedankenaustausch über Ziele und Maßnahmen erzieherischer Bemühungen", transparente Entscheidungsgrundlagen, Elternbesuche und aktives Einbeziehen der Eltern ins Schulleben empfohlen. Im Unterricht soll eine „interkulturelle Akzentuierung der bestehenden Inhalte" Wissen und Einsichten über „identitätsbildende Traditionslinien und Grundmuster der eigenen wie fremder Kulturen" vermitteln (alle Zitate KMK 1996).

Eine explizit antidiskriminatorische Perspektive, die die Schule als Institution in den Blick rückt, wird allerdings nicht eingenommen, obwohl einige Vorschläge eine solche Stoßrichtung aufweisen (u.a. die Forderung nach einer Revision von Schulbüchern und nach erleichterter Einstellung nicht-deutscher Lehrkräfte in allen Fächern). Zwar werden Machtverhältnisse in Schule und Gesellschaft vage thematisiert. Solche Vorschläge bleiben jedoch auf die Ebene individueller Haltungen und auf das Interaktionsgeschehen beschränkt, wie etwa der Appell an die Lehrkräfte, als Angehörige der Mehrheitsgesellschaft ihre Einstellungen kritisch zu reflektieren. Insgesamt verfehlt auch der KMK-Beschluss von 1996 eine systematische kritische und transformatorische Perspektive auf die Schule als Institution und Organisation, auf dem Hintergrund ihrer nationalstaatlichen Geschichte, unter Gesichtspunkten der Pluralität und Gleichheit (vgl. Puskepelleit/Krüger-Potratz 1999).

4. Interkulturelles Lernen als Element von Schulöffnung in Nordrhein-Westfalen

Thematisierung von Pluralität und Gleichheit in den Erziehungswissenschaften[84]

In der migrationspädagogischen Diskussion, wie sie im Schnittfeld von Bildungspolitik und Erziehungswissenschaften geführt wird, wird übereinstimmend zwischen einer zumindest theoretisch abgeschlossenen Phase der „Ausländerpädagogik" bis Anfang der 1980er Jahre und der Programmatik der „interkulturellen Erziehung" unterschieden.[85] Letztere wird seitdem als allgemeines Erziehungsprinzip (auch im außerschulischen Bereich) zu begründen und zu implementieren versucht. Dabei meint interkulturelle Erziehung eher den „Titel eines Programms als schon das Programm selbst" – ein noch zu entwickelndes und zu realisierendes Projekt (vgl. Krüger-Potratz 1995, zit. n. Diehm/Radtke 1999, 128).

Die sich in den 1980er Jahren als Spezialdisziplin in den Erziehungswissenschaften etablierende Ausländerpädagogik interessierte sich für den soziokulturellen und sozioökonomischen Hintergrund der Kinder von „Gastarbeitern", ihre Identitätsbildung als „bikulturelle" Persönlichkeiten, für die familialen Normenauffassungen in den Herkunftsländern sowie für Themen des Zweitsprachenerwerbs. Der kompensatorische Handlungsansatz rückte vor allem die Defizite der Migrantenkinder in den Vordergrund:

„Nicht nur einzelne Schüler, ihre Biographie, ihre Lebensumstände, sondern die sie **prägende Herkunftskultur** selbst schien – gemessen an den Standards der eigenen Kultur – defizitär zu sein." (Diehm/Radtke 1999, 129; Hervorhebung im Original)

Hinsichtlich der praktischen Umsetzung wird die Ausländerpädagogik als ein Bündel von „administrativ-organisatorischen ad-hoc-Lösungen" (Diehm/Radtke 1999, 135) kritisiert, mit dem die „Gastarbeiterkinder" unter den widersprüchlichen Vorgaben von Integration und Rückkehroption möglichst rasch an die deutsche Schule angepasst werden sollten, die jedoch primär der Entlastung der Regelschule dienten. Die Kritik entzündete sich vor allem an der Wirkungslosigkeit auf den Schulerfolg der Kinder aus Einwandererfamilien und am paradoxen Effekt der Verstärkung der Desintegration durch die Art der schulischen Förderung. Aber auch der Ethnozentrismus der ideologischen Annahmen des Kompensations- und Assimilationsansatzes wurde zurückgewiesen. Deutlich wurde die „Unmöglichkeit, Politik durch Pädagogik zu ersetzen" (vgl. Hamburger/Seus/Wolter 1981).

---

84 Einen Überblick über die Diskussion zur interkulturellen Erziehung in Deutschland mit unterschiedlichen Akzenten vermitteln Czock (1993), Hamburger (1994), Auernheimer (1995), Nieke (1995), Prengel (1993), Kiesel (1996), Krüger-Potratz (1999), Diehm/Radtke (1999).

85 Die Entwicklung der migrationspädagogischen Diskussion wird oft mit Hilfe von Phasenmodellen periodisiert (vgl. exemplarisch Nieke 1986, 1995). Diese sind jedoch eher irreführend, um die Dynamik von Veränderungen und die weiteren Implikationen der jeweiligen Modelle, die identifiziert und voneinander abgegrenzt werden, zu verstehen. Sie entbehren auch der empirischen Grundlage im Hinblick auf die Praxis. Häufig mit der Idee eines Fortschritts zum Besseren einhergehend erfüllen sie eher legitimatorische Funktionen zur Kritik und Umsteuerung der Praxis, wobei zurückliegende Perioden im Licht der jeweils aktuellen programmatischen Überlegungen stilisiert werden (vgl. Krüger-Potratz 1994; Diehm/Radtke 1999, 125ff.).

Im Kontext der Debatten über die multikulturelle Gesellschaft betont die Programmatik der interkulturellen Erziehung die Gleichwertigkeit der unterschiedlichen Kulturen und setzt der Defizit-Hypothese die Differenz-Hypothese entgegen. Durch verschiedene Herkunftskulturen, Sprachen, Gebräuche und Religionen verursachte Sozialisations- und Verhaltensunterschiede sollen respektiert werden, ohne sie als Mängelphänomene der Migrantinnen und Migranten zu definieren. Erstmals richten sich Verhaltenserwartungen auch an die Angehörigen der Mehrheitsgesellschaft – Kinder, Eltern und Lehrpersonen. Die Vermittlung der Fähigkeiten, unter Bedingungen kultureller Vielfalt zu leben, wird zur Aufgabe der Schule erklärt. Gestützt auf normative Anerkennungs- und Gerechtigkeitsideale wird Ethnozentrismus und Rassismus in der Pädagogik ausdrücklich abgelehnt.[86] Die sich allmählich formierende Kritik an der interkulturellen Erziehung basiert vor allem auf zwei Gesichtspunkten: Erstens werden theoretische Mängel in der Begründung ihrer Ziele sowie die fehlende empirische Überprüfung ihrer Mittel konstatiert. Zweitens stellt sich die Frage nach kulturalisierenden und ethnisierenden Nebenwirkungen dieses Programms, durch die Schülerinnen und Schüler mit einem Migrationshintergrund potentiell wiederum als Problemträger erscheinen und strukturell ausgegrenzt werden können. Ähnlich wie der Ausländerpädagogik wird der interkulturellen Erziehung die Pädagogisierung sozialer Probleme vorgeworfen – im Sinne einer Instrumentalisierung der Pädagogik, die die strukturellen Ursachen von ethnischer Ungleichheit in Schule und Gesellschaft verdeckt (vgl. Diehm/Radtke 1999, 146).

Das 1990 eingeleitete, von der Deutschen Forschungsgemeinschaft geförderte Schwerpunktprogramm FABER[87] rückt anstelle der Assimilations- bzw. Integrationsbereitschaft der Eingewanderten und deren Bildungsvoraussetzungen das Bildungssystem als Institution und Organisation, in ihrem monolingualen und nationalstaatlichen Selbstverständnis als grundlegende Problemursache ins Blickfeld (vgl. Gogolin/Nauck 2000). Die pädagogischen Institutionen werden auch durch die wachsende Beschäftigung mit der Umsetzung interkultureller Programme in der Schulpraxis thematisiert.[88] Explizit antirassistische oder antidiskriminatorische Handlungsansätze spielten in der migrationspädagogischen Diskussion allerdings nach wie vor eine marginale Rolle.

Lehreraus- und -fortbildung

In den 1970er Jahren begann, kurz nachdem die Problemwahrnehmung seitens der Schulverwaltung und der Erziehungswissenschaften eingesetzt hatte, die Institutionali-

---

86 Manfred Hohmann (1987) grenzt eine *begegnungsorientierte* Richtung interkultureller Pädagogik, bei der Kulturunterschiede zum Lerngegenstand gemacht werden sollen, um soziale und interkulturelle Kompetenzen zu fördern von einer *konfliktorientierten* Richtung ab, in der es stärker um die Bearbeitung der in multikulturellen Verhältnissen auftretenden Spannungen gehe.
87 Das Kürzel FABER steht für „Folgen der Arbeitsmigration für Bildung und Erziehung"; für einen Überblick über zentrale Ergebnisse aus unterschiedlichen Projekten vgl. Gogolin/Nauck (2000).
88 Vgl. z.B. Hornberg (1995), Fischer et al. (1996), Auernheimer et al. (1996, 2001), Auernheimer (2001).

sierung der Ausländerpädagogik in der Lehreraus- und -fortbildung. In einem ersten Schritt wurden Maßnahmen zur Fort- und Weiterbildung von Lehrerinnen und Lehrern eingeleitet, um möglichst rasch auf die Probleme reagieren zu können. Das Schwerpunkt lag zunächst auf dem Bereich Didaktik von Deutsch als Zweitsprache, der ab der ersten Hälfte der 1970er Jahre an den Universitäten etabliert wurde. In einem zweiten Schritt setzte ab Ende der 1970er Jahre die Einrichtung von Aufbaustudiengängen mit unterschiedlichen Bezeichnungen ein. Neben Kursen in den Sprachen der Eingewanderten werden in weiteren Veranstaltungen soziale, historische, wirtschaftliche und kulturelle Aspekte der Migration behandelt. Ferner wird Grundlagenwissen über den Erwerb der Erst- und Zweitsprache, über die Didaktik und Methoden des Deutschen als Zweitsprache, Didaktik der Fachsprachen der einzelnen Unterrichtsfächer sowie Wissen zur Unterrichtsplanung und Entwicklung von Unterrichtsmaterialien in Deutsch als Zweitsprache vermittelt.

In den 1980er Jahren wurde zunehmend gefordert, die sich in der Institutionalisierung der Ausbildung manifestierende fragwürdige Arbeitsteilung zu korrigieren: Während die Aufgabe der Förderung der ausländischen Schülerinnen und Schüler an einige speziell ausgebildete Lehrkräfte delegiert wurde, blieb der *Mainstream* der Ausbildung von den Veränderungen in der Bevölkerungs- und Schülerstruktur unberührt. Weitere Kritikpunkte bezogen sich auf die Aufteilung der Studiengangsanteile (sprach-, erziehungs- und sozialwissenschaftliche Anteile) auf verschiedene Fachbereiche und Fächer, wodurch eine integrierte Sicht der Probleme versperrt würde, sowie auf die starke Ausrichtung der sprachdidaktischen Ausbildung am kompensatorischen Ansatz der Ausländerpädagogik, statt die zukünftigen Lehrerinnen und Lehrer auf den Unterricht in sprachlich heterogenen Klassen vorzubereiten. Ein weiteres Problem stellte auch die geringe Beteiligung von Studierenden und Lehrenden mit eigenem Migrationshintergrund dar (vgl. Auernheimer 1995).

4.3 Rahmenbedingungen im Bundesland Nordrhein-Westfalen

Nordrhein-Westfalen ist mit einer Fläche von 34.068 km² das zweitgrößte und mit knapp 18 Mio. Einwohnerinnen und Einwohnern das bevölkerungsreichste deutsche Bundesland. Die Arbeitsmigration konzentrierte sich besonders auf die industriellen Kernzonen des Ruhrgebiets und den Kölner Raum. 1999 besaßen rund 11,4% der Wohnbevölkerung einen ausländischen Pass (vgl. Landesdatenamt für Datenverarbeitung und Statistik NRW 2002).

In den allgemeinbildenden Schulen lag der Anteil der Schülerinnen und Schüler nicht-deutscher Staatsangehörigkeit bei 13,2%, in den Großstädten und Industriezentren wesentlich höher. Die ausländische Schülerschaft verteilte sich zu 41% auf die Grundschulen (mit Schulkindergärten: 42,5%), zu 20% auf die Hauptschulen, zu 8,9% auf die Realschulen, zu 9,3% auf die Gymnasien und zu 11,4% auf die integrierten Gesamtschulen. Dass die Aussichten auf einen höher qualifizierenden Schulabschluss für diese Gruppe beträchtlich niedriger liegen als für Einheimische, wird besonders durch ihre in den 1990er Jahren weiter ansteigende markante Übervertretung an den Sonderschulen für Lernbehinderte, angezeigt (vgl. Neumann et al. 1999, 274).[89]

Das *Schulsystem* weist die in alten Bundesländern zumeist übliche Struktur auf: Die Primarstufe dauert vier Jahre. Die dreigliedrige Sekundarstufe umfasst die Hauptschule (mit der Möglichkeit zum Hauptschulabschluss oder einem mittleren Abschluss nach der 9. bzw. der 10. Klasse), die Realschule sowie das Gymnasium und die Gesamtschule mit jeweils gymnasialer Oberstufe. Die Gesamtschule wird als Ganztagsschule geführt. Beim Übergang von der Primarstufe in die Sekundarstufe I erhalten die Erziehungsberechtigten eine begründete Empfehlung für die Schulform, die für die weitere schulische Förderung am besten geeignet erscheint. Die Förderung von lernbeeinträchtigten Schülerinnen und Schülern erfolgt in Nordrhein-Westfalen in der Regel in einem hoch differenzierten Sonderschulwesen. Mitte der 1990er Jahre beschloss die Regierung die Errichtung von Förderzentren als Alternative zu Sonderschulen und die Ausweitung integrierter sonderpädagogischer Förderung (vgl. KM NRW 1995).

Schulträger sind die Gemeinden oder Gemeindeverbände. Diese sind verpflichtet, Grund- und Hauptschulen zu errichten und fortzuführen. Für die Errichtung weiterer Schulformen muss ein Bedürfnis artikuliert sowie eine Mindestzügigkeit erreicht werden. Die Schulaufsicht ist dreistufig gegliedert. Die oberste Aufsichtsbehörde ist das Ministerium für Schule und Weiterbildung, Wissenschaft und Forschung des Landes Nordrhein-Westfalen (MSWWF)[90] in Düsseldorf, das über Angelegenheiten von grundsätzlicher Bedeutung entscheidet. Die fünf Regierungspräsidien[91] sind für die Sicherung der fachlichen Anforderungen im Unterricht sowie die Schulaufsicht für alle Schulen mit Ausnahme der Grund-, Haupt- und zum Teil der Sonderschulen zuständig. Für letztere sind die Schulämter als untere Schulaufsichtbehörde in den kreisfreien Städten und Kreisen verantwortlich. Bei den Schulaufsichtsbehörden ist jeweils eine Person für „ausländische Schülerinnen und Schüler" explizit zuständig. Zu ihrem Aufgabengebiet gehört die Aufsicht über die in ihrem Gebiet tätigen ausländischen Lehrkräfte. In den Kommunen sind Fragen der Beschulung der ausländischen und ausgesiedelten Schülerschaft für alle Schulformen und -stufen den Schulämtern übertragen (vgl. Neumann et al. 1999, 268).

Zentraler Pfeiler der *schulischen Integration der Kinder und Jugendlichen mit Migrationshintergrund* sind die maximal zweijährigen Vorbereitungsklassen sowie der zusätzliche Sprachunterricht. Die Zahl der Vorbereitungsklassen war in den 1990er

---

89 1999 besuchten 4,4% aller ausländischen Schülerinnen und Schüler eine SOLB, im Vergleich zu 1,9% der deutschen. Der Ausländeranteil an dieser Schulform lag mit 27,7% doppelt so hoch wie der prozentuale Anteil an der gesamten Schülerschaft (vgl. Kornmann/Neuhäusler 2001). Fast die Hälfte aller ausländischen Sonderschülerinnen und Schüler ist türkischer Nationalität (45,9%), gefolgt von der Gruppe der serbischen (15,3%), italienischen (6,5%), libanesischen (5,8%), albanischen (4,7%) und marokkanischen Kinder (4,1%) (vgl. MSWWF NRW 2001b).
90 Ehemals Kultusministerium.
91 Die fünf Regierungsbezirke sind Arnsberg, Detmold, Düsseldorf, Köln und Münster.

Jahren stark rückläufig (vgl. Neumann et al. 1999, 275). Der Muttersprachliche Ergänzungsunterricht unterliegt der deutschen Schulaufsicht. Er hat einen Umfang von fünf Stunden pro Woche und soll in enger Verbindung mit dem Pflichtunterricht erteilt werden.[92] In der Sekundarstufe I können Herkunftssprachen von Migrantinnen und Migranten als versetzungsrelevantes Fach anstatt einer Pflichtfremdsprache oder eines Wahlpflichtfachs angeboten werden. Kinder von Asylsuchenden sind schulpflichtig, wenn laut Ausländerbehörde damit gerechnet werden kann, dass sie sich nicht nur für einen vorübergehenden Zeitraum in NRW aufhalten werden.[93] Ansonsten sind sie berechtigt, eine Schule zu besuchen und mit der Aufnahme zu regelmäßigem Schulbesuch verpflichtet. Im Unterschied zu den Bestimmungen für die ausländischen Schülerinnen und Schüler (KM NRW 1982) wird im Runderlass „Schulische und außerschulische Fördermaßnahmen für ausgesiedelte Kinder und Jugendliche" (KM NRW 1988) die Integration als Aufgabe aller Schulformen definiert.

In NRW gingen von diversen Schul- und Modellversuchen innovative Impulse für den Unterricht mit Kindern zugewanderter Minoritäten aus. Beispielsweise im Rahmen des Modellversuchs „Lernen für Europa" (1991-1994) unterstützte das Landesinstitut für Schule und Weiterbildung innovative Vorhaben in Schulen in den vier Feldern Spracherwerb/fremdsprachliches Lernen, Spracherhalt/natürliche Mehrsprachigkeit, Interkulturelles Lernen und Vorbereitung auf Europa. Spezielle Unterrichtsangebote für die Kinder aus Einwandererfamilien sollten von einem „Reparaturbetrieb für Migrationsschäden" zu einem „Strukturelement eines Bildungssystems werden, das für eine sprachlich und kulturell plurale Gesellschaft Leistungen erbringt." Dabei wurden Aspekte des institutionellen Wandels und der Innovation explizit mitgedacht (vgl. LSW 1995). Viel Beachtung fand auch das 1992 probeweise eingeführte Begegnungssprachen-Konzept (vgl. Thürmann/Otten 1994)[94], das jedoch zugunsten des frühen Englisch-Lernens in der 3. Grundschulklasse wieder weitgehend abgeschafft wurde (vgl. Neumann et al. 1999, 304f.; MSWWF 2001). Auch die Regelung, dass Förderunterricht grundsätzlich allen Schülerinnen und Schülern zugute kommen soll, stellt eine nordrhein-westfälische Besonderheit dar.

Ein anderer wichtiger Modellversuch, der in den 1980er Jahren in Ruhrgebietsstädten gestartet und mittlerweile in anderen Bundesländern übernommen wurde, sind die „Regionalen Arbeitsstellen zur Förderung ausländischer Kinder und Jugendlicher" (RAA). In diesen Einrichtungen werden Maßnahmen zur schulischen Betreuung zugewanderter Kinder und sonstige Betreuungsangebote für die Familien lokal gebün-

---

92 Der Unterricht wird für griechische, italienische, marokkanische, portugiesische, spanische, türkische und tunesische, möglichst auch für Kinder aus dem ehemaligen Jugoslawien angeboten. Seit 1996 sind Russisch, Polnisch, Farsi, Koreanisch und (versuchsweise) Kurdisch zugelassen (vgl. Neumann et al. 1999, 271).
93 Z.B. auch bei Ablehnung eines Asylantrags, wenn ein Bleiberecht besteht oder sie nicht abgeschoben werden können, d.h. den Status von De-facto-Flüchtlingen haben.
94 Die Wahl der Begegnungssprache oblag der Schule, z.B. Niederländisch als Sprache des Nachbarlands oder eine Sprache der Migrantenkinder; vgl. Neumann et al. (1999, 277).

delt. Ein wichtiges „Scharnier" zwischen Wissenschaft, Praxis und Politik stellt das 1997/98 gegründete „Landeszentrum für Zuwanderung" in Solingen dar, das sich vorranig mit der Entwicklung und Institutionalisierung von Antidiskriminierungsarbeit beschäftigt.

In den Richtlinien und Lehrplänen sind für alle Schulformen konkrete Hinweise zur interkulturellen Erziehung oder Bildung formuliert (vgl. Neumann et al. 1999, 285). Kompetenzen im Bereich der interkulturellen Pädagogik können zur Zeit von Lehrkräften im Schuldienst und Studierenden in Zusatzstudiengängen an vier Universitäten bzw. Gesamthochschulen erworben werden.[95] Im Lehramtsstudium ist im Umfang von zwei Semesterwochenstunden ein Wahlpflicht-Studienelement „Kulturelle Wertorientierungen und ihre Auswirkungen auf die Schule, insbesondere Ursachen und Folgen der Migration" enthalten. Für die Fortbildung der Lehrkräfte ist in begrenztem Ausmaß zudem das Landesinstitut für Schule und Weiterbildung (LSW) zuständig, das vor allem in Zusammenarbeit mit den Bezirksregierungen die Ausbildung von Moderatorinnen und Moderatoren unter den Lehrkräften koordiniert. Ab Mitte der 1990er Jahre ist jedoch ein deutlicher Rückgang der Fortbildungen auf dem Gebiet des Unterrichts von Schülerinnen und Schülern mit Migrationshintergrund zu verzeichnen. Interkulturelle Fragestellungen wurden von Themen wie Gewalt, Erziehungsprobleme und Schulentwicklung verdrängt bzw. sollen stärker innerhalb regulärer Angebote beachtet werden (vgl. Allemann-Ghionda 1999, 105f.). In Anbetracht des immensen Qualifizierungsbedarfs ist hier ein ähnlicher Rückschritt festzustellen wie in der Schulsprachenpolitik. Fragen der Pluralität und Gleichheit werden zunehmend von einer „Differenzblinden" Politik der Autonomisierung und der Verbesserung der Schulqualität verdrängt.

Einführung der Teilautonomie

Die von der Bildungskommission Nordrhein-Westfalen herausgegebene Denkschrift „Zukunft der Bildung – Schule der Zukunft" (Bildungskommission NRW 1995) erwies sich länderübergreifend als Meilenstein in der Diskussion und Implementierung der Schulautonomie. In Nordrhein-Westfalen wurden auch ohne neues Schulgesetz größere Freiheiten für die Schulen, veränderte Finanzierungskonzepte und neue staatliche Steuerungselemente eingeführt. Alle Schulen wurden verpflichtet, zwischen 1997 und Ende des Jahres 2000 ein Schulprogramm zu entwickeln. Das Anfang 1997 veröffentlichte *Entwicklungskonzept „Stärkung der Schule"* (MSW NRW 1997) erläutert die Leitvorstellungen der erweiterten Gestaltungsfreiheit und Selbstverantwortung der einzelnen Schule, für die Bereiche Schulprogramm, Unterricht und Unterrichtsorgani-

---

95 Bielefeld, Essen, Köln, Münster; ebenso im Magister-Studiengang an der FernUniversität-Gesamthochschule Hagen. Nach der im Jahr 2000 beschlossenen Prüfungsordnung gliedert sich das Lehrangebot im Umfang von 40 Semesterwochenstunden in vier Bereiche: Sprachpropädeutik und Deutsch als Zweitsprache, Interkulturelle Erziehung und Bildung, Soziale Probleme in der multikulturellen Gesellschaft und Sprachen der Migrantinnen und Migranten; vgl. Puskeppeleit/Krüger-Potratz (1999, 92f.), Neumann et al. (1999, 283).

sation, Schulleitung, Lehrerschaft, Eltern und Schülerschaft sowie Evaluation. Im Schulprogramm soll der allgemeine Bildungs- und Erziehungsauftrag im Hinblick auf die spezifischen Voraussetzungen der Schülerschaft, der Schule und ihres Umfeldes konkretisiert werden. Die Schulen erhalten Anregungen und Unterstützung bei der Schulprogrammarbeit durch Dokumentationen von Fachtagungen zu den Themen „Schulprogramm" und „Evaluation", durch Handreichungen, Material- und Beispielsammlungen und durch eine Vielzahl von Publikationen aus dem Landesinstitut. Auf der Grundlage des Schulprogramms sollen sie zukünftig in regelmäßigen Abständen die Umsetzung und den Erfolg ihrer Arbeit überprüfen. Gleichzeitig wurden die Spielräume in der Unterrichtsorganisation erweitert. Den Schulleitungen wurden Dienstaufsichtsaufgaben übertragen. In finanzieller Hinsicht wurde Budgetierung und Sponsoring ermöglicht (vgl. Avenarius et al. 2003, 60).[96]

Das Entwicklungskonzept „Stärkung der Schule" wurde 1998 in einem *Bericht an den Landtag zur „Entwicklung und Sicherung der Qualität schulischer Arbeit"* (MSWWF NRW 1998) weitergeführt. In diesem Dokument werden die besondere Herausforderung der sprachlichen und kulturellen Pluralisierung und die speziellen Bildungsbedürfnisse von Kindern aus Einwandererfamilien an mehreren Stellen erwähnt. Die Förderung von Migrantenkindern bildet zum Beispiel ein Unterkapitel in einem Katalog von konkreten Maßnahmen zur Sicherung der Schulqualität. In dem daraus hervorgehenden *Rahmenkonzept zur „Qualitätsentwicklung und Qualitätssicherung schulischer Arbeit"* (MSWWF 1998a) tauchen die Begriffe „interkulturelles Lernen" und „Chancengleichheit" hingegen nur noch als „Einleitungs-Rhetorik" auf:

„Die Schule steht vor der Aufgabe, soziales und interkulturelles Lernen zu unterstützen und die Identitätsentwicklung der Kinder und Jugendlichen sowie ihre soziale Integration zu fördern. Eine stabile Identität und eine gute soziale Einbindung sind auch Voraussetzungen für wirksames Lernen und die Entwicklung von Leistungswillen." (MSWWF 1998a, 8)

„Eine besondere Herausforderung ist [...] die umfassende Förderung von Schülerinnen und Schülern entsprechend ihrer Leistungsfähigkeit damit die Förderung von Chancengleichheit und sozialer Integration. Das schließt sowohl den Ausgleich von Lerndefiziten und die besonderen Hilfen für Schülerinnen und Schüler mit Lernrückständen als auch die Förderung von herausragenden Leistungen und besonderen Talenten und Neigungen ein." (MSWWF 1998a, 10)

Im ersten Zitat wird „soziales und interkulturelles Lernen" als Beitrag zur Identitätsentwicklung und zur sozialen Integration aller Kinder bestimmt, die wiederum als Voraussetzung für gute Schulleistungen verstanden werden. Im zweiten Zitat wird in-

---

96 Einzelne Elemente aus der Denkschrift wurden parallel in einzelnen Projekten aufgegriffen, z.B. „Selbstevaluation als Element einer höheren Selbstständigkeit von Schule" (vgl. Döbert 1997, 138) oder „Schule und Co." im Kreis Herford und in der Stadt Leverkusen, wo die Finanzautonomie und Eigenverantwortung der Modellschulen in Zusammenarbeit mit der Wirtschaft erprobt wurde (vgl. MSWWF NRW 2001a).

dividuelle Leistungsförderung mit der „Förderung von Chancengleichheit und sozialer Integration" gleichgesetzt. Bei aller Vagheit der Formulierungen ist es fraglos als positiv zu werten, dass einerseits die Förderung des schulischen Lernens mit umfassenden Erziehungszielen verknüpft wird und andererseits speziell im Hinblick auf die Integration von Schülerinnen und Schülern mit Migrationshintergrund das Problem der unterdurchschnittlichen Leistungsergebnisse und Schulerfolge in den Mittelpunkt gerückt wird. Dennoch deutet sich in den gewählten Begriffen an, dass auf Altbekanntes zurückgegriffen wird: Die formulierte Zielvorstellung der Förderung aller Kinder nach ihren individuellen Fähigkeiten, vom „Ausgleich von Lerndefiziten und [...] besonderen Hilfen für Schülerinnen und Schüler mit Lernrückständen" bis zur Förderung von „herausragenden Leistungen und besonderen Talenten und Neigungen" – das Wort „Begabung" wird vermieden – hebt im Fall der Kinder mit Lernrückständen auf den Ansatz der kompensatorischen Förderung in der Tradition einer Defizitperspektive ab.

In dem Papier wird insgesamt mit dem Schwerpunkt auf dem Unterricht ein „umfassendes und komplexes Verständnis von Schulqualität" definiert, das sich zum einen auf die *Ergebnisse* (Kenntnisse, Fertigkeiten und Fähigkeiten; grundlegende Lernkompetenzen und Schlüsselqualifikationen; persönliche Identität und Stabilität; Werthaltungen und moralisches Urteilen sowie Handeln im Sinne des Grundgesetzes und der Landesverfassung) bezieht. Zum anderen wird ein Katalog von *Kriterien in Bezug auf die Prozesse und Strukturen schulischer Arbeit* aufgeführt, an denen man gute Schulen erkennen könne. Hier werden Gesichtspunkte der Pluralität und Chancengleichheit nicht thematisiert.

Auf die sprachliche und sozio-kulturelle Heterogenität wird im wesentlichen nur noch indirekt an zwei Punkten eingegangen: Zum einen wird darauf verwiesen, dass die Arbeit und die Arbeitsergebnisse der einzelnen Schulen von Eingangsvoraussetzungen abhängen, die sie nicht oder nur begrenzt beeinflussen können – „Deshalb müssen Ergebnisse von vergleichenden Qualitätsprüfungen (besonders im Bereich der Ergebnisse schulischer Arbeit) umsichtig bewertet werden" (MSWWF 1998a, 12). Zum anderen findet sich in dem Passus zur „Kompetenz in der deutschen Sprache als Aufgabe des gesamten Unterrichts" (ebd., 23), der die Mitberücksichtigung der Sprachkenntnisse in der Leistungsbewertung auch außerhalb des Faches Deutsch fordert, der Hinweis, dass „Alter, Ausbildungsstand und Muttersprache der Schülerinnen und Schüler beachtet werden" werden. Das heißt, Aspekte der Pluralität werden eher als *Hintergrund* der schulischen Arbeit berücksichtigt. Wenn sie zum Gegenstand der pädagogischen Aufmerksamkeit werden, geschieht dies unter Gesichtspunkten der Sprachförderung, wobei positiv hervorzuheben ist, dass diese als Aufgabe des gesamten Unterrichts definiert wird. Eine Perspektive, die das Ziel der Leistungsförderung mit dem Abbau ethnischer Ungleichheit verbindet und dabei die gezielte Gestaltung des institutionellen Settings in Unterricht und Schule als Ansatzpunkt definiert, um der Heterogenität besser gerecht zu werden, wird in dem Papier nicht eingenommen.

Abbildung 5 fasst noch einmal die zentralen Interventionsfelder und Instrumente der Schulentwicklung in NRW zusammen:

"Schulprogramm und Evaluation
Jede Schule ist verpflichtet, ein **Schulprogramm** zu entwickeln. [...] Das Schulprogramm ist eine wichtige Grundlage für die **Evaluation** schulischer Arbeit. [...] Durch ein Schulprogramm können besondere Schwerpunkte der schulischen Arbeit ausgeprägt und so eine Profilbildung angeregt werden. [...] Evaluation muss, wenn sie wirksam sein soll, ein alltägliches Element der schulischen Arbeit werden. Ziel ist der Aufbau einer reflektierten Evaluationskultur in den Schulen.

Unterrichtsentwicklung als "Schulentwicklung in der Klasse"
Die Sicherung und Weiterentwicklung der Qualität des Lehrens und Lernens im Unterricht ist zentrale Aufgabe der Schulentwicklung. [...] Analyse, Bewertung und Verbesserung des Unterrichts wird so zu einer ständigen Aufgabe der Lehrenden und ihrer Lerngruppen.

Entwicklung einer Kultur der Zusammenarbeit und gemeinsamen Verantwortung
Die individuelle Entwicklung und Verbesserung der eigenen Lehrtätigkeit muss sich verbinden mit der Entwicklung von Teamarbeit und innerschulischer Kooperation. Diese konkretisiert sich in der gemeinsamen Entwicklung veränderter Unterrichtskonzepte, gegenseitigen Hospitationen, regelmäßigen wechselseitigen Rückmeldungen [...] Jeder, der in der Schule arbeitet, hat Bedeutung für die Entwicklung der schulischen Arbeit und trägt mit Verantwortung.

Parallelarbeiten/wechselseitige Korrekturen/Aufgabenbeispiele
[...] Lehrerinnen und Lehrer sollen künftig auf der Grundlage entsprechender inhaltlicher Absprachen in bestimmten Abständen **gemeinsame Arbeiten für mehrere Parallelklassen** schreiben [...] Lehrkräfte sollen auf dieser Basis ihre Anforderungen an die Schülerinnen und Schüler [...] sowie ihre Beurteilungsmaßstäbe in der Leistungsbewertung erörtern. Dazu können **wechselseitige Korrekturen** und der **Austausch von Klassenarbeitssätzen** helfen. [...] Dieser Prozess soll in einem nächsten Schritt zu einer Gestaltung des Unterrichts führen, der die Schülerinnen und Schüler befähigt, den notwendigen Anforderungen gerecht zu werden.
Um die notwendigen Anforderungen erkennbarer zu machen und die Vergleichbarkeit der Abschlüsse besser zu sichern, werden im Auftrag des Ministeriums gegenwärtig **Aufgabenbeispiele** als Modelle für die von den Schulen selbst zu erarbeitenden Aufgaben entwickelt. [...]
Die Schulaufsicht hat den Auftrag, den innerschulischen Diskurs über Lernergebnisse und Leistungsanforderungen in den einzelnen Schulen anzustoßen und zu diesen Fragen einen Austausch zwischen den Schulen zu organisieren. [...]

Verstärkter Einbezug der Eltern und Schülerinnen und Schüler
[...] Für die Entwicklung ihrer Schule und des Unterrichts haben viele von ihnen [von den Eltern, M.G.] weiterführende Ideen und konstruktive Vorschläge einzubringen. Es muss verstärkt Praxis in den Schulen werden, dieses Potenzial regelmäßig und systematisch einzubinden. Neben der Beteiligung von Eltern an der Arbeit der Schulmitwirkungsgremien kann dies auch durch themenbezogene Eltern-Lehrer-Arbeitskreise geschehen. [...]

Zusammenarbeit mit den Schulträgern, Öffnung der Schulen, Einbindung des regionalen Umfeldes, Bildung von Schulnetzwerken
Eine intensive Zusammenarbeit mit den Schulträgern und die Öffnung der Schulen insbesondere für das regionale Umfeld und Partner wie Ausbildungsbetriebe, Studienseminare, Hochschulen, Arbeitsamt, Jugendhilfe, Kirchen, Verbände und Vereine stärkt die schulische Qualitätsentwicklung und Qualitätssicherung.[...]"

Abbildung 5: Ziele und Mittel der Schulentwicklung nach dem nordrhein-westfälischen Rahmenkonzept zur Qualitätsverbesserung in den Schulen (MSWWF NRW 1998a, 19ff.)

4.4 Interkulturelles Lernen im Schulentwicklungsprogramm „Gestaltung des Schullebens und Öffnung von Schule" (GÖS)

Das Kürzel „GÖS" steht für ein Landesvorhaben, das Schulen bei der Weiterentwicklung ihrer pädagogischen Praxis unterstützt, gegebenenfalls finanziell fördert und Kommunen sowie außerschulische Partner berät. Die Grundidee dieses Schulentwicklungsansatzes besteht darin, Lernen situationsbezogen zu organisieren und dabei die Bildungsressourcen des schulischen Umfeldes zu nutzen. Betont wird die Besonderheit jeder Schule als „individueller Lernort in einer typischen Region und mit einem unverwechselbaren Schulprofil". Unter dem Motto „Für das Leben lernen" werden die Gestaltung des Schullebens und die Öffnung von Schule als zwei Dimensionen einer inneren Schulreform verstanden. Ziel ist zum einen die Verstärkung fächerübergreifenden Lernens. Schule soll als ganzheitlicher Lern- und Lebensort erfahrbar werden. Zum anderen sollen Schulen in Zusammenarbeit mit nichtschulischen Institutionen und einzelnen Personen, die außerhalb der Schule Lernenswertes anbieten, neue Dimensionen ihrer täglichen Arbeit erschließen. Das Rahmenkonzept „Gestaltung des Schullebens und Öffnung von Schule" wurde 1988 von der Landesregierung veröffentlicht. In den ersten Jahren wurden als Versuchsphase zwei Dutzend kommunale Modellvorhaben sowie rund 240 schulische Einzelvorhaben gefördert. In der Denkschrift der Bildungskommission des Landes NRW zur Zukunft der Schule (vgl. Bildungskommission NRW 1995) finden sich die Leitideen dieses Konzepts wieder. In NRW wurde GÖS zum Schuljahr 1996/97 in ein Förderprogramm mit landesweitem Ausschreibungsverfahren überführt. Inzwischen hat sich fast jede dritte der ca. 67000 Schulen mit mindestens einem Projekt beteiligt (vgl. LSW 2000).

Im Rahmen des GÖS-Programms können sich Schulen um Unterstützung für Projekte in fünf Themenschwerpunkten bewerben: (1) Beruf und Arbeitswelt, (2) Gemeinwesen und soziale Verantwortung, (3) Interkulturelle Verständigung, (4) Kultur und (5) Umweltbildung. Als Kriterien für die Bewilligung von Projekten gelten die folgenden vier pädagogischen Leitperspektiven, die bereits im Rahmenkonzept von 1988 formuliert sind:

1) Schule und Gemeinwesen – Lebensweltorientierung: Betont wird die Kooperation mit außerschulischen Partnern bzw. das Lernen an außerschulischen Lernorten. Es sollen Zusammenhänge zwischen dem, was in der Schule fachlich aufgearbeitet wird und den Fragestellungen oder Problemen, die Kinder und Jugendliche im kommunalen Bereich betreffen, hergestellt werden.

2) Handlungs- und Erfahrungsorientierung – Pädagogische Leitideen: Als pädagogische Leitideen gelten die Intensivierung und Erweiterung sozialer Beziehungen, das selbsttätige Erschließen von Wirklichkeit, produktorientiertes Lernen, Mehrperspektivität sowie die Förderung der kreativen Gestaltungskräfte und der individuellen Fähigkeiten und Interessen.

3) Schule als Lebens- und Erfahrungsraum – Modell-Lernen: Das Aufeinandertreffen von Lernenden aus unterschiedlichen Schichten, verschiedenen kulturellen und ethnischen Kontexten und verschiedenen Altersgruppen wird als Lernchance betrachtet.

4) Schule als lernende Organisation – Schulentwicklung: Von der GÖS-Arbeit wird die Entwicklung der Schule in Teilbereichen oder als Ganzes erwartet:

„Lehrerinnen und Lehrer reflektieren und erweitern Lernformen im Unterricht, Schülerinnen und Schüler übernehmen stärker Verantwortung für Lernprozesse und das soziale Miteinander, Kontakte zu außerschulischen Partnern gestalten die Lehr- und Lernkultur mit, fachübergreifende Themen und projektorientieres Arbeiten differenzieren die Organisationsformen des Unterrichtsalltags." (Landtag NRW/MSWWF 2000, 8)

Formal unterscheiden sich die Projekte in Einzel- und Entwicklungsvorhaben. Für Einzelvorhaben können Landesmittel nach der heute gültigen Währung bis zu 1500 € beantragt werden, die als Anschubfinanzierung verstanden werden. Die Schulen sind hier aufgefordert, durch Kooperationen mit Partnern vor Ort oder *Fundraising* weitere Mittel zu akquirieren. Für Entwicklungsvorhaben werden zusätzlich vier Entlastungsstunden bereitgestellt.

Erfahrungsaustausch und Vernetzung zwischen den beteiligten Schulen, Kommunen und anderen interessierten Personen oder Einrichtungen werden durch regionale Foren gefördert (Großveranstaltungen und Arbeitstreffen). Eine GÖS-Arbeitsstelle am Landesinstitut für Schule und Weiterbildung (LSW) in Soest, an der für jeden Schwerpunkt ein spezielles Team von Beraterinnen und Beratern aus allen Schulformen tätig ist, nimmt zentrale Koordinierungs-, Beratungs- und Transferfunktionen wahr. Im Schwerpunkt Interkulturelle Verständigung sind neben der koordinierenden Kraft sechs hauptamtliche Lehrpersonen als Beraterinnen und Berater tätig. Sie haben an einem Tag in der Woche unterrichtsfrei und bekommen fünf Ermäßigungsstunden. Die Arbeitsgruppen sind hauptsächlich mit Entscheidungen über Anträge, mit der Beratung der Schulen im Zusammenhang mit den Projektanträgen und mit Koordinierungstätigkeiten beschäftigt. Sie werden mitunter auch bei Schwierigkeiten und Konflikten in einzelnen Schulen herangezogen oder greifen diese von sich aus auf. Systematische Begleitung der Schulen bei der Entwicklung und Durchführung von Projekten kann vom Landesinstitut nicht geleistet werden.

Die Projekte werden vom LSW fortlaufend evaluiert und dokumentiert. Die teilnehmenden Schulen sind aufgefordert, am Ende des Schuljahres ihre Erfahrungen zu beschreiben. Diese Berichte werden an der GÖS-Arbeitsstelle unter anderem von den Beraterinnen und Beratern der jeweiligen Schwerpunkte ausgewertet. Exemplarische Beispiele werden in Themenheften zusammengestellt, die im LSW angefordert werden können. Praxisbeispiele, Erfahrungen und weiterführende Texte sind auch auf der Homepage des Landesinstituts im Internet ausgestellt[97] (vgl. Landtag NRW/MSWWF 1999). In der aktuellen Diskussion über Wege zur Qualitätsverbesserung wird das GÖS-Rahmenkonzept als pädagogische Plattform zur Schulprogrammentwicklung genutzt (ebd., 7). Eine Mitarbeiterin des LSW hebt die Synergien zwischen GÖS und der neu eingeführten Schulprogrammarbeit hervor:

---

97 http://www.learn-line.nrw.de/Themen/GÖS

„GÖS hatte diesen enormen Erfolg auch durch diese zeitliche Kombination mit dem drohenden Schulprogramm [...] ich denke mal, dass mit GÖS viele Schulprogramme gestrickt werden, da bekommen die Schulen Hilfe. [...] Das war ja nicht beabsichtigt. Also, dieses zufällige Zusammentreffen war positiv für beide Seiten." (A., GÖS-Beraterin; I/489-534)[98]

Interkulturelle Verständigung als GÖS-Themenschwerpunkt

Im Rahmen von GÖS wird unter dem Schwerpunkt „Interkulturelle Verständigung" ein breites Spektrum thematischer Ziele subsumiert: Abbau von Fremdenfeindlichkeit, Entwicklung internationaler Begegnungen, Förderung der Mehrsprachigkeit und Wertschätzung der kulturellen Vielfalt. Ansonsten gelten für die Projekte die allgemeinen GÖS-Leitziele. Spezifischere Anforderungen an die Ausrichtung der Arbeit sind nicht vorgegeben. In einer der aus dem Bereich Interkulturelle Verständigung hervorgegangenen Dokumentationen findet sich eine Definition von „Interkultureller Verständigung", die ebenfalls weit gefasst ist. Statt konkreter Arrangements für interkulturelles Lernen werden vier notwendige Grundeinstellungen zur Gestaltung von Unterricht und Schulalltag vorgeschlagen: (1) eine prinzipiell selbstkritische und hinterfragende Haltung sowohl gegenüber den eigenen Deutungs- und Definitionsweisen als Lehrerin oder Lehrer als auch gegenüber den pädagogischen Arrangements in der Schule; (2) Offenheit für „Zwischenräume" zwischen Positionen und Definitionen; (3) die Einübung von Mehrperspektivität und (4) das Einlassen auf authentische Situationen. Diese Einstellungen sollen zwischen den Eckpfeilern Wahrnehmung, Begegnung, biographisches Erzählen, Konflikte und Partnerschaft als Zugangsmodalitäten für interkulturelles Lernen realisiert werden (vgl. Lauer 1998).

Diesen recht vagen Leitlinien entspricht ein breites Spektrum von Projekten, die unter dem Stichwort „Interkulturelle Verständigung" gefördert wurden. Es reicht von Schulpartnerschaften und Solidaritätsprojekten über kompensatorische Maßnahmen zum Abbau sprachlicher und sozialer Defizite sowie Strategien zur Förderung der (vorhandenen) Mehrsprachigkeit bis hin zu Handlungsansätzen zur Verbesserung des multikulturellen Zusammenlebens in Schule und Stadtteil. Dabei zeigen die Evaluationen des LSW[99], dass nicht alle GÖS-Vorhaben dem Begriff der Schulentwicklung im engeren Sinne standhalten, viele GÖS-Projekte jedoch mehr sind, als nur die „Sahnehäubchen" im ansonsten unverändert bleibenden Schulalltag. In vielen Praxisbeispielen trägt die GÖS-Arbeit zum Hinterfragen und Aufbrechen gängiger Unterrichtskonzepte und fachlicher Strukturen, zur engeren Kooperation und dem Einbezug von mehr Lehrkräften in die Innovationen, sowie zur Etablierung langfristiger pädagogischer Entwicklungsarbeit bei. Im schulischen Umgang mit sprachlicher und kultureller Vielfalt bedeutet dies etwa, dass Schulpartnerschaften nach dem GÖS-Ansatz nicht nur auf

---

98 Zum Zweck der Anonymisierung werden die in den drei Untersuchungsländern interviewten Personen in Schulbehörden und Schulen für jede Länderstudie gesondert in der Reihenfolge, in der sie zitiert werden, als Frau oder Herr A., B., C., etc., bezeichnet.
99 Vgl. LSW (1998, 1998 a und b, 1999, 1999a); Haenisch (1999, 2000).

4. Interkulturelles Lernen als Element von Schulöffnung in Nordrhein-Westfalen

den Fremdsprachenunterricht bezogen, sondern oft an mehrere Fächer angebunden sind. Eine Schulpartnerschaft mit einer Grundschule in Weißrussland wird zum Beispiel zur Stärkung der prekären Position der Aussiedlerinnen und Aussiedler an der eigenen Schule genutzt. In einigen Schulen wurden im Rahmen von GÖS-Projekten der Muttersprachliche Ergänzungsunterricht und die dafür zuständigen Lehrkräfte intensiver in den Schulbetrieb eingebunden. In zahlreichen Schulen entstanden in diesem Rahmen Schulvorbereitungs- und Deutschkurse für ausländische Mütter und Kinder oder spezifische Konzepte für die Beratung von Eltern. Besonders in „sozialen Brennpunkten" wird die Zusammenarbeit der Schulen mit einer Vielzahl von Partnern auf lokaler Ebene gefördert. Neben dem Expertenwissen, dem Austausch und der Vernetzung mit anderen Institutionen (z.B. der Organisation von Deutschkursen in den Schulen über die Volkshochschulen oder mit einem Stadtteilerneuerungsprojekt) dienen diese Netzwerke zur Beschaffung weiterer finanzieller Mittel.

Andererseits ist festzustellen, dass viel mehr als eine Anerkennung und „Offizialisierung" der Initiativen einiger weniger (meist ohnehin) engagierter Lehrkräfte mit diesem „Impulsprogramm" nicht zu leisten ist. Systematische Schulentwicklungsarbeit, die auf Wandel in den schulischen Kernbereichen zielt wird damit kaum gefördert. Lediglich im Fall dezidierter Entwicklungsvorhaben werden größere Veränderungswirkungen auf Unterricht und Schulorganisation festgestellt (vgl. Landtag NRW/MSWWF 1999, 10f.).

Unter diesen Bedingungen ist – wie die folgende Aufstellung belegt – der Anreiz für Schulen, sich mit Fragen der sprachlichen und kulturellen Vielfalt auseinanderzusetzen, relativ gering. Trotz hoher Anteile von Migrantinnen und Migranten in vielen nordrhein-westfälischen Kommunen und Schulen werden im GÖS-Schwerpunkt „Interkulturelle Verständigung" mit Abstand die wenigsten Projekte beantragt:

Bereiche:	1996/97	1997/98	1998/99	1999/00	Summe
Beruf und Arbeitswelt	99	103	113	142	457
Gemeinwesen und soziale Verantwortung	154	106	171	218	649
Interkulturelle Verständigung	56	61	84	73	274
Kultur	135	122	171	188	616
Umweltbildung	160	149	250	322	881
Summe der geförderten Projekte	604	541	789	943	2877

Abbildung 6: GÖS-Projekte 1996/97-1999/00 nach Themenschwerpunkten (vgl. LSW 2000, 1)

Obwohl davon auszugehen ist, dass die vom Landesinstitut angebotenen Instrumente und Unterstützungen von einzelnen Akteuren unterschiedlich gefüllt und genutzt werden, deuten sich in der Auswertung der verfügbaren Dokumente die Grenzen von Schulentwicklung an, in Schulorganisationen Auseinandersetzungen mit Phänomenen institutioneller Diskriminierung anzuregen und zu fördern. Die Fallstricke von Schulentwicklung in der Tradition begegnungsorientierter interkultureller Pädagogik werden im Folgenden am Beispiel von zwei Passagen aus dem Interview mit Frau A., einer am Projekt beteiligten Schulberaterin, aufgezeigt. Im ersten Zitat erläutert sie ihr Verständnis von „Interkultureller Verständigung" als GÖS-Themenschwerpunkt:

„Für uns ist wichtig zu sehen, welche Kinder haben wir überhaupt in der Klasse? Wie nehme ich die wahr? Deren Eltern oder sie selber – aus welchen Herkunftsländern kommen sie? Kann ich diese Kinder oder die Eltern, Verwandten eventuell als Experten für Unterrichtsinhalte machen? Wie sieht es in der Schule aus? Wie viele Kinder ausländischer Herkunft haben wir, und wie können wir das nutzen als Potential, als Möglichkeit, Unterrichtsinhalte sinnvoll zu vermitteln? Dann, wie sieht es im Stadtteil aus? Wo gibt es hier diese berühmten Restaurants von ausländischen Menschen, Geschäfte, Vereinigungen, Institutionen und Sonstiges, um das mal zu erkunden. Also ‚Interkulti' bedeutet jetzt nicht, ich mache – jedenfalls, nicht nur – einen wunderschönen Austausch mit einer Klasse in Griechenland, sondern ich gucke hier, was ich vor Ort antreffe. Dabei ist mir aber auch wichtig, dass Interkulturelles Lernen in jeder Klasse stattfinden sollte. [...] Weil ich das falsch finde zu sagen, ja gut, die Grundschulen, vielleicht Sonderschulen, Hauptschulen, die müssen sich ja damit beschäftigen, weil sie halt so viele Kinder haben. Jeder sollte sich damit beschäftigen. Zumal im angestrebten Europa, Solidarität mit der einen Welt usw. So, und wenn wir halt erst mal schauen, was ist hier in Deutschland, und was können wir da tun, um Fremdenfreundlichkeit zu fördern? Fremdenfreundlichkeit bedeutet ja nun nicht kritiklose Akzeptanz. Es gibt genauso gut den Ausländer, der kriminell ist oder der machomäßig ist. Aber dieses Grundsätzliche: Ja ich akzeptiere, dass ausländische Menschen hier sind und ich sehe da auch Vorteile und Bereicherungen. Also so, ich sag jetzt mal: ‚Kritisch wohlwollendes Verhalten'. Oder eher ‚wohlwollend kritisches', vielleicht in dieser Reihenfolge." (A., GÖS-Beraterin; I/93-129)

Frau A. expliziert einen Handlungsansatz, der die Tradition begegnungsorientierten interkulturellen Lernens, mit dem Ziel, Toleranz zu fördern, mit dem Grundsatz der Öffnung von Unterricht und Schule verbindet: Anwesende Migrantinnen und Migranten in den Klassen, in der Schule und im Stadtteil sollen als Expertinnen und Experten aktiviert werden, um „Unterrichtsinhalte sinnvoll zu vermitteln". Unterlegt ist zum einen ein essentialistisches Konzept von Kultur. Dabei wird „Multikulturalität" als Bereicherung der Aufnahmegesellschaft verstanden. In der Thematisierung von „Geschäften, Vereinigungen, Institutionen" wird die kulturalisierende Perspektive auf den Stadtteil, die sich zuerst auf das Kulinarische richtet, etwas abgeschwächt. Hier deuten sich Möglichkeiten für eine breitere Auseinandersetzung an. Gleiches gilt für die Forderung, dass interkulturelles Lernen nicht auf Klassen und Schulen mit einem hohen Anteil von Migrantenkindern und -jugendlichen beschränkt bleiben, sondern in allen Schulen stattfinden soll. Im letzten Drittel des Zitats wird die Förderung von „Fremdenfreundlichkeit" als allgemeineres Ziel bestimmt. In den nicht auflösbaren inhärenten Widersprüchlichkeiten der Forderung nach „Fremdenfreundlichkeit" treten die ethnozentristischen Überlegenheitsvorstellungen, die sich mit dem Konzept der „kulturellen Bereicherung" verbinden, hervor.

Im zweiten ausgewählten Zitat soll das Verständnis von Rassismus beleuchtet werden, das die Interviewpartnerin mit der GÖS-Arbeit verbindet. Frau A. geht auf das schon erwähnte Problem der geringen Anzahl von Projekten im Themenschwerpunkt „Interkulturelle Verständigung" ein:

"Wir haben natürlich auch gerätselt, woran das liegt. [...] Und Interkulturelle Verständigung – ich sage das mal so: ‚zwischen Belastung und Bereicherung'! [...] ‚Interkulti' ist halt auch: ‚Hilfe!!' Als Lehrer – die meisten sind ja überaltert – ist man ja nicht darauf vorbereitet worden, so viele ausländische Kinder zu haben. Jetzt hat man Schwierigkeiten mit denen und muss sich dann ja selbst mit der Frage auseinandersetzen: ‚Wie ausländerfeindlich bist du eigentlich, so heimlich?' Nicht dass sie's jetzt an den Kindern auslassen, aber ja, dann stößt man so an innere Geschichten und hat seine eigenen rassistischen Vorurteile. Niemand von uns ist ja frei davon, ich wäre ja ein bißchen blauäugig, das so zu sehen. Also, da ist es für die Lehrer schon mal schwierig [...] Viele sehen das wirklich immer nur unter dem Aspekt ‚Problem'." (A., GÖS-Beraterin; I/245-290)

Im Zitat definiert die Interviewpartnerin die Wahrnehmung von Pluralität im Schulalltag als „zwischen Belastung und Bereicherung" schwankend. Viele Lehrerinnen und Lehrer würden sich in Bezug auf Fragen der kulturellen Diversität hilflos fühlen und Auseinandersetzungen mit solchen Themen eher vermeiden. Die Interviewpartnerin begründet diese Reaktion zum einen mit Ausbildungsmängeln, zum anderen mit Ängsten vor der Konfrontation mit eigener latenter „Ausländerfeindlichkeit". Bemerkenswert ist an dieser Passage, dass die von der Interviewpartnerin dargestellten – ihrer eigenen Auskunft nach ganz alltäglichen und verbreiteten Haltungen in den Schulen – nicht als ein Besorgnis erregendes Problem thematisiert werden, das zumindest Handlungsbedarf schafft, auf den etwa mit Fortbildungen zu reagieren wäre. Die Argumentation rekurriert auf ein (sozial)psychologisches Verständnis von Rassismus als Ergebnis ethnozentristischer Einstellungen und Vorurteile („innere Geschichten", „eigene rassistische Vorurteile"). Als Rassismus scheinen dabei eher manifeste Übergriffe zu gelten („an den Kindern auslassen"). Die verbreitete Vermeidungshaltung in den schulischen Einrichtungen, sich mit Fragen der Pluralität aktiv auseinanderzusetzen, wird nicht als Form der Diskriminierung gewertet.

Die aufgezeigten Grenzen und Risiken des GÖS-Konzepts als Vehikel für Schulentwicklung in egalitärer Absicht zeigen sich auch in der Praxis der exemplarisch untersuchten Grundschule, von der die folgende Fallstudie berichtet.

4.5 Fallstudie 1: Die Grundschule Nordpark

4.5.1 Die Schule in ihrem lokalen Umfeld

Die Grundschule Nordpark befindet sich in einer vom Bergbau und von der Stahlindustrie geprägten mittleren Großstadt im nördlichen Ruhrgebiet. Der Stadtteil wird von einer verkehrsreichen Durchfahrtsstraße mit vielen kleinen Läden und Geschäften geschnitten. Nach der Stilllegung mehrerer Zechen ist das Ortsbild von Industriebrachen bestimmt. Mit der Aufgabe der Kohleförderung und Schließungen von Zulieferbetrieben gingen in den 1990er Jahren mehrere Tausend Arbeitsplätze verloren. Heute liegt der Anteil der Arbeitslosen noch über dem städtischen Durchschnitt, der mit 18%

zu den Höchstwerten in Nordrhein-Westfalen zählt. Bei den Arbeitslosen, von denen viele Langzeitarbeitslose und Jugendliche sind, ist der Ausländeranteil besonders hoch. Die überwiegend städtisch geprägten Wohnquartiere weisen eine mangelhafte Bausubstanz und Wohnqualität auf (z.B. fehlende wohnungsnahe Frei- und Spielflächen, Umweltbelastungen, Probleme im sozialen Umfeld wie Spielhallen, Drogenprobleme, mehrere Unterkünfte für Obdachlose). Seit Mitte der 1990er Jahre partizipiert der Ortsteil an einem Programm der Landesregierung für Stadtteile mit besonderem Erneuerungsbedarf (vgl. MSKS NRW 1998).[100]

Im Stadtteil wurden schon in den 1960er Jahren einige Straßenzüge überwiegend von türkischen „Gastarbeitern" bewohnt. Heute leben in den ehemaligen Werkssiedlungen fast ausschließlich zugewanderte Familien. Mit ca. einem Viertel der Wohnbevölkerung liegt der Ausländeranteil über dem städtischen Durchschnitt von ca. 14%. Mit mehr als 80% sind Zugewanderte aus der Türkei die größte Nationalitätengruppe. In den Grundschulen lag der Ausländeranteil im Schuljahr 1999/2000 bei durchschnittlich 40%, in einigen Grund- und Hauptschulklassen bei mehr als 70%.[101]

Die Nordpark-Schule ist mit ca. 370 Schülerinnen und Schülern eine relativ große, drei- bis vierzügige Gemeinschaftsgrundschule. Der Schulhof ist teilweise von Bäumen umgeben und mit einigen Spielgeräten bestückt. Beim Betreten des stattlichen, mehrstöckigen, um die Wende vom 19. zum 20. Jahrhundert erbauten Schulgebäudes, wird rasch eine einladende, lebendige und warme Atmosphäre spürbar. Die Flure wirken hell und freundlich, geschmückt mit zahlreichen von Schülerinnen und Schülern erstellten Bildern und Objekten. Im Eingangsbereich werden Kinder und Eltern auf großen Wandbildern in mehreren Sprachen begrüßt. Ausstellungsgegenstände, Bilder und Fotos deuten auf die sprachliche, kulturelle und religiöse Vielfalt hin. Informationen über Veranstaltungen in Schule und Stadtteil sind gut sichtbar ausgelegt. Auf Stellwänden ist das breite Spektrum der Aktivitäten und Kooperationen der Schule im Stadtteil dokumentiert. Fotos der Lehrpersonen mit ihren Namen ermutigen zur Kontaktaufnahme. Auffallend ist die Freundlichkeit und Bereitwilligkeit, mit der sämtliche Angestellte in der Schule auf die Anliegen von Kindern und Eltern eingehen.

Im Lehrerzimmer fallen der große Stundenplan und die zumeist offenen Türen der Schulleiterräume auf, die den Gemeinschaftscharakter der Arbeit zu symbolisieren scheinen. Die großen Klassenräume sind ebenfalls zumeist farbenfroh und kreativ gestaltet. Der hintere Teil ist als Spielecke eingerichtet, mit Teppichen, Kissen, Büchern, Spiel- und Arbeitsmaterial. Wandtafeln mit Klassendiensten und Verhaltensregeln ermahnen zu Respekt und Achtung im Umgang miteinander und betonen das Gemein-

---

100 Dieses wurde z.T. durch die Internationale Bauausstellung Emscher Park (1989-1999), einem Projekt zur Erneuerung der alten Industriegebiete im nördlichen Ruhrgebiet, unterstützt.
101 Nach der Schülerjahresstatistik der zuständigen RAA waren im Schuljahr 1999/2000 die Schülerinnen und Schüler mit einem Migrationshintergrund im Stadtteil folgendermaßen auf den verschiedenen Schulformen vertreten: Grundschulen: 40%, Hauptschulen: 39%, Realschulen: 19%, Gymnasien: 9%, Gesamtschulen: 58%, Sonderschulen für Lernbehinderte: 42% (vgl. Stadt*/RAA 1999).

schaftsleben. Explizite Hinweise auf die sprachlich und kulturell heterogene Schülerschaft finden sich nur in einigen Räumen. Bei der Auswahl der ausliegenden Bücher scheinen mehrsprachige oder interkulturelle Bezüge keine Rolle gespielt zu haben. Die Nordparkschule bietet täglich feste Unterrichtszeiten von 8.00 bis 13.30 Uhr. In den letzten Stunden liegen Förderstunden sowie Muttersprachlicher Unterricht. Der im Schulgebäude untergebrachte Hort, in dem ca. 25 Kinder von 7.30 bis 17.00 Uhr betreut werden, führt eine Hausaufgabenhilfe. Die Klingel wurde als Stressfaktor abgeschafft, da sie vom Unterricht und von den Bedürfnissen der Kinder nur ablenke.

Die Schülerzahlen sind in den letzten Jahren kontinuierlich gestiegen. Der Anteil der Migrantenkinder ist leicht auf ca. 50% gesunken. Die meisten Kinder mit Migrationshintergrund sind türkischer Herkunft. Andere Familien kommen aus dem Libanon, dem Kosovo, Albanien, Griechenland, Spanien, Tunesien und Marokko. Die Kinder gehören vielfach schon der dritten Generation an. Häufig ist ein Elternteil neu zugewandert. Eine kleine Gruppe hat einen Flucht- und Asylhintergrund. Von den konfessionellen Gruppen ist die der muslimischen Kinder die größte.

Das 22 Personen starke Kollegium besteht fast gänzlich aus Frauen. Etwa ein Viertel ist seit Jahrzehnten an der Schule, ansonsten ist die Fluktuation hoch. Die seit Anfang der 1980er Jahre amtierende Schulleiterin wird von einer Konrektorin unterstützt, die seit einigen Jahren an der Schule tätig ist. Für den Muttersprachlichen Ergänzungsunterricht kommen stundenweise zwei Lehrkräfte türkischer Herkunft.

Lokale und regionale Initiativen zur Verbesserung der Chancen der Migrantenkinder

Im lokalen Umfeld der Nordpark-Schule werden seit Jahren Anstrengungen unternommen, um die Chancen von Kindern und Jugendlichen mit Migrationshintergrund zu verbessern. Mehrere lokale Schulen haben diesbezüglich spezielle pädagogische Profile entwickelt (vgl. Stadt*/RAA 1990, 2). Ein Schwerpunkt dieser Initiativen, die von der Stadt, der „Regionalen Arbeitsstelle zur Förderung ausländischer Kinder und Jugendlicher" (RAA), einzelnen Schulen und anderen Akteuren, wie dem im Stadtteil etablierten Verein „Ausländische Kinder und Mütter", getragen werden, ist die gezielte Förderung im Vorschulbereich und beim Eintritt in die Grundschule.

Nach dem Beschluss der Landesregierung von 1993, der allen Kindern das Recht auf einen Kindergartenplatz zuspricht, waren im Umfeld der Nordpark-Schule drei neue Tageseinrichtungen eröffnet worden. Der Anteil der ausländischen Kinder in den Tageseinrichtungen war von 30% (1993)[102] auf ca. 85% gestiegen (vgl. Stadt* 2000, 12). Die intensive Elternarbeit, die in einzelnen Schulen und vom Verein „Türkische Kinder und Mütter" geleistet wurde, hatte dazu beigetragen, dass Eltern mit Migrationshintergrund ihre Kinder verstärkt in den Kindergärten anmeldeten (vgl. Stadt* 1998, 14).

Zum Zeitpunkt meiner Datenerhebung partizipierte der Stadtbezirk der Nordpark-Schule an einem ressortübergreifenden Stadtteilprogramm (vgl. ILS 1997; Stadt*

2000). Um die Schulerfolge von Kindern aus Einwandererfamilien zu verbessern unterstützte das Programm die Ausweitung der verlässlichen Grundschule, Projekte zur Ganztagsbetreuung in der Schule und ein Pädagogisches Zentrum im Stadtteil, das Hilfe bei Schulproblemen und eine Hausaufgabenbetreuung anbietet.[103] In Schulen und Kindergärten wurden in Kooperation von Stadtteilinitiative, RAA, Sozial- und Jugendamt sowie den Leiterinnen und Leitern von Kindertageseinrichtungen und Grundschulen neue Konzepte zur Sprachförderung entwickelt. Diese umfassen einerseits eine gezielte Deutschförderung im Kindergartenbereich, andererseits eine zusätzliche Unterstützung beim Erwerb von Deutschkenntnissen in der Eingangsphase in den Grundschulen. In den städtischen Einrichtungen wurden zahlreiche Arbeitskreise gegründet und Fortbildungsveranstaltungen durchgeführt, um die Erzieherinnen und Erzieher (zumeist deutscher Herkunft) für die Aufgaben der intensiven Sprachförderung und Kooperation mit Migranteneltern zu qualifizieren und für Themen interkultureller Erziehung zu sensibilisieren. Erstellt wurden auch Materialien zur Sprachförderung. Die neu eröffneten Kindertageseinrichtungen erhielten für die Vormittage eine zusätzliche zweisprachige Fachkraft (zumeist türkischer Herkunft), die aus dem Stadtteilprogramm finanziert wurde. Die bilingualen Erzieherinnen und Erzieher erfüllen vielfältige Funktionen. Das Spektrum reicht von gezielter Sprachförderung und Stärkung des (sprachlichen) Selbstvertrauens der Kinder (auch durch Ermutigung zum Gebrauch der Erstsprache/n) über Vorbildfunktionen für die Kinder (z.B. üben sie einen qualifizierten Beruf aus und sprechen zwei Sprachen) der Herstellung und Pflege von Kontakten zu Eltern, dem Motivieren der Eltern zur Teilnahme an zusätzlichen Freizeit- und Bildungsangeboten, die im Rahmen des Stadtteilprogramms angeboten werden (z.B. Gruppen für Eltern mit ihren Kindern bis zu drei Jahren), der Weitergabe ihrer speziellen Kenntnisse über Kinder und Familien an andere Pädagoginnen und Pädagogen bis zur Vermittlung zwischen den Kulturgruppen (vgl. Stadt* 2000, 10ff.).

Mit der gesonderten Sprachförderung in Grundschulen mit hohen Anteilen von Migrantenkindern wurden aus dem Stadtteilprogramm finanzierte Honorarkräfte beauftragt. Ziel war hier ebenfalls der möglichst bruchlose Übergang vom Elementar- in den Grundschulbereich und die Berücksichtigung des individuellen Sprachstands der Kinder (vgl. Stadt* 2000, 20). Die Förderung in den Grundschulen gliedert sich formal in zwei Phasen: Bei den Aufnahmegesprächen Anfang des Kalenderjahres wird gezielt der Sprachstand erfasst. Bei Kindern, die noch Mängel in der deutschen Sprache aufweisen, insbesondere bei Kindern ohne Kindergartenerfahrung oder bei denjenigen, die noch nicht von einer speziellen Sprachförderung profitieren konnten, wird den Eltern die Teilnahme an einer zusätzlichen Sprachförderung empfohlen, die bis zur Ein-

---

102 Im Vergleich zu 90% aller deutschen Kinder.
103 In den 1990er Jahren wurden in Anbetracht der sich verschlechternden sozio-ökonomischen Lage vieler Ruhrgebietsbezirke, von denen Kinder und Jugendliche mit Migrationshintergrund besonders betroffen sind, umfassende, ressortübergreifende Handlungskonzepte auf kommunaler Ebene gefordert, in denen die Bildungspolitik eine Schlüsselrolle spielen soll (vgl. z.B. Schuhmann 2001).

schulung im Sommer an zwei Nachmittagen pro Woche in den Räumen der Schule abgehalten wird. Im ersten Schuljahr findet vormittags eine Sprachförderung in Form von zusätzlichen Unterrichtsstunden oder als ergänzende Hilfe im regulären Unterricht statt. Das Konzept betont die Vielfalt der Möglichkeiten, in denen die Sprachlehrer und -lehrerinnen die Kinder unterstützen können.

4.5.2 Felder der Schulentwicklung

Pädagogische Schulentwicklung ist an der Nordpark-Schule seit rund zwei Jahrzehnten Programm. Als Frau B., die jetzige Rektorin, Anfang der 1980er Jahre an die Schule kam, habe sie das negative Image einer Problemschule („Türkenschule") gehabt. Deutsche Eltern seien umgezogen, um ihre Kinder nicht auf die Nordpark-Schule schicken zu müssen. Das Kollegium habe sich mit den hohen Anteilen von Zugewanderten und vielfältigen Schwierigkeiten in Schule und Stadtteil überfordert gefühlt. Frau B., die sich schon vorher im Bereich der Ausländerpädagogik engagiert hatte und von dem aus England stammenden Konzept der *Community Education* überzeugt war, ergriff die sich ihr bietende Chance für einen Neuanfang. Eine wichtige Etappe war die Beteiligung an einem Modellversuch Mitte der 1980er Jahre, in dessen Rahmen zugewanderten Kindern der Übergang vom Kindergarten in die Grundschule erleichtert bzw. jene ohne Kindergartenbesuch auf die Schule vorbereitet werden sollten. Das Projekt brachte zusätzliche personelle und finanzielle Kapazitäten in die Schule (z.B. ABM-Kräfte, wissenschaftliche Begleitung), die zum Aufbau neuer Strukturen im Bereich der Zusammenarbeit mit den Eltern (Projekt „Türkische Kinder und Mütter") genutzt wurden. Ein zweiter Motor der Schulentwicklung wurde das Landesprogramm „Gestaltung von Schule und Öffnung des Schullebens" (GÖS), an dem die Nordpark-Schule von Anfang an beteiligt war. Mit Hilfe der Projekte verschaffte die Nordpark-Schule sich bald den Ruf einer guten und engagierten Schule.

Auch zum Zeitpunkt der Untersuchung ist das Selbstverständnis der Nordpark-Schule wesentlich von der Idee der Stadtteil-Schule[104] geprägt. In einem aktuellen Schulprospekt stellt sich die Schule wie folgt dar:

> „Damit alle sich in unserer Schule wiederfinden, bieten wir außer Unterricht noch etwas mehr an, für die Kinder und für die Erwachsenen. Dabei hat jeder die Möglichkeit, seine Wünsche anzumelden oder seine Kenntnisse weiterzugeben. Weil es nicht nur Arbeit, sondern auch Freude macht, ein Stück Weg gemeinsam zu gehen, hat es an unserer Schule mittags selten jemand eilig, nach Hause zu kommen." (Nordpark-Schule: Schulprospekt)

An anderer Stelle in der gleichen Broschüre wird die Idee der *Öffnung von Schule* verdeutlicht:

> „Schulöffnung ist ein Prozess, der im Kleinen beginnt; er ist standortabhängig und entwickelt seine eigene Dynamik. Für uns beginnt dieser Prozess im Lehrerzimmer und mit der Auseinandersetzung mit dem eigenen Rollenverständnis. Es geht uns dabei um den Abbau

---

104 Ausführlich zum Konzept der *Community Education* vgl. Reinhardt (1992).

von Distanzen: zwischen Lehrer/innen und Schulleitung, zwischen den Kolleg/innen, zwischen dem Kollegium und dem Personal, zwischen Lehrer/innen und Eltern.... . Daneben geht es um den Aufbau gemeinsamer Arbeit von Parallelklassen, um ‚Partnerklassen' in der Schule, um verstärkte Zusammenarbeit zwischen den Kolleg/innen und einen Unterricht ‚der offenen Tür'." (ebd.)

Im Zitat wird Schulöffnung als Grundsatz der pädagogischen Entwicklungsarbeit bestimmt. Dieser Prozess schließt Auseinandersetzungen mit dem eigenen Rollenverständnis der Lehrkräfte ein, die positive Gestaltung der kollegialen Beziehungen, wie auch die Verbesserung der Beziehungen zwischen Lehrkörper und Eltern. Im letzten Abschnitt werden die Auswirkungen auf die professionelle Zusammenarbeit bei der Gestaltung des Unterrichts betont, wobei das Prinzip der Schulöffnung mit den neuen Instrumenten zur Qualitätssicherung verknüpft wird.

Für Frau B. ist GÖS zu einem Kürzel für das Ziel einer dialogbereiten und lernfähigen Schule geworden, die sich selbst in der Auseinandersetzung mit ihrer Umgebung permanent entwickeln muss:

„Also, GÖS ist etwas, das – wenn es ernst genommen wird – die ganze Schule einschließt, nicht nur ein Projekt. Man fängt an einer Stelle an und geht dann über zu anderen Projekten. Mal ist es mehr, mal ist es weniger, das ist klar, es gibt Durststrecken. Der zentrale Strang ist mit Sicherheit die Stadtteilarbeit. Die wirkt nicht nur in den Unterricht, sondern in alle Bereiche hinein [...] Dann dieser AG-Bereich: etwas für sich selbst tun, nach den jeweiligen Neigungen, sich darstellen können, auch bei anderen, sich wirklich als Mensch weiterentwickeln: Wer bin ich, wo stehe ich, was gibt es im Umfeld? [...] Aber auch etwas miteinander tun, sich gegenseitig kennen lernen, lernen sich zu achten [...] Es bringt den Menschen untereinander etwas, die Umgangsformen verändern sich." (B., Schulleiterin; I/326-378)

In dieser Darstellung klingen begegnungsorientierte Ansätze interkulturellen Lernens an. Unterlegt ist ein Verständnis von Rassismus und Diskriminierung als Ergebnis individueller Einstellungen und Vorurteile. Die Persönlichkeitsentwicklung der Kinder wird mit der Zielsetzung sozialen Lernens in Beziehung gesetzt. GÖS als Entwicklungsprinzip, das die ganze Schule involviert, wird von der Schulleiterin aber nicht nur auf die Verbesserung der sozialen Beziehungen bezogen, sondern auch auf den allgemeinen Auftrag der Schule, den Lernprozess aller Kinder, mit welchen speziellen Voraussetzungen und Bedürfnissen sie auch kommen, optimal zu fördern:

„Oft gibt es diese Zuschreibungen in der Richtung: ‚Die Eltern haben ja Kinder geliefert, die mir das nicht so machen, wie ich möchte und jenes nicht machen.' Damit ziehen sich die Kolleginnen aus der Verantwortung. Es sind immer die Eltern und die Kinder [lacht]. [...] Es ist sehr spannend, mit den Menschen etwas zu machen, gerade auch mit denen, die in schwierigen Situationen leben – auf sie zuzugehen, Kontakte zu pflegen, sie annehmen. Statt immer mit Schuldzuweisungen zu kommen [...] wir müssen viel mehr bei den Kindern ansetzen, wir müssen die Kinder fit machen." (B., Schulleiterin; I/469-565)

Die Schulleiterin hebt auf dem Hintergrund ihrer Ideen von „Schulöffnung" den schulischen Auftrag hervor, Kindern unabhängig von ihrer Herkunft eine möglichst gute Ausbildung zukommen zu lassen. Die Schule dürfe sich nicht mit dem Blick auf scheinbar „mangelnde" Voraussetzungen der Kinder aus der Verantwortung stehlen. Sie müsse Kinder und Eltern akzeptieren, wie sie sind und ihrerseits günstige Lernvoraussetzungen schaffen.

In den folgenden Abschnitten wird gezeigt, wie die Nordpark-Schule die eigene Praxis in verschiedenen Feldern gezielt verändert hat, um einer sprachlich und soziokulturell heterogenen Schülerschaft besser gerecht zu werden bzw. wie sie permanent um eine solche Anpassung bemüht ist. Als zentrale Interventionsfelder erweisen sich der Bereich der außerunterrichtlichen Lern- und Freizeitangebote, die Gestaltung des Schullebens als Raum für soziales Lernen, Öffnung des Unterrichts, Deutschförderung und der Einbezug und die Zusammenarbeit mit Eltern.[105]

Außerunterrichtliche Lern- und Freizeitangebote

Eine Säule der Stadtteilarbeit ist das Nachmittagsprogramm von Freizeitangeboten im Schulhaus. Von den Lehrpersonen ist jede Vollzeitkraft verpflichtet, aus ihrem Stundenkontingent eine Arbeitsgruppe mit einem wöchentlichen Termin anzubieten. Die breite Palette reicht von Veranstaltungen in den Bereichen Sport, Tanz, Theater, Spielen, Blockflötenunterricht, Trommeln, Lesegruppe, Chor bis hin zum Schulgarten. Bei den Kindern sollen die AGs zusätzlich Fertigkeiten und Sozialkompetenzen fördern, die in der Schule in der Regel vorausgesetzt werden. Anstelle von Notendruck sollen die Kreativität, die Potentiale und Neigungen im Vordergrund stehen. In den Stunden am Nachmittag sollen sich nicht nur die Schülerinnen und Schüler untereinander besser kennenlernen. Auch die Lehrkräfte sollen einen umfassenderen Blick auf die Kinder gewinnen. Ein wichtiger Gesichtspunkt bei der Planung von AGs ist der Aufbau von Kooperationen zwischen Lehrpersonen, Kindern, Eltern und außerschulischen Partnern.[106] In den vergangenen Jahren wurden einige aufwendige Kunst- und Theaterprojekte mit einer externen Künstlerin durchgeführt, in denen Fragen des Zusammenlebens in der Einwanderungsgesellschaft behandelt wurden. Der Blick in die Aufstellungen des AG-Angebots und Berichte der Lehrkräfte lassen jedoch vermuten, dass für Kinder mit Migrationshintergrund kompensatorische Förderangebote überwiegen und verbreitete Trennungen und Wertungen im Hinblick auf unterschiedliche sprachliche Voraussetzungen und kulturelle Zugehörigkeiten tendenziell reproduziert werden (z.B. Trommeln für türkische Kinder, während diese schwer zu motivieren seien, in den Theater-AGs mitzumachen).

---

105 Die Reihenfolge der Darstellung folgt der Relevanz, die den jeweiligen Bereichen im Schulalltag zukam, soweit sie sich auf der Basis meiner Feldforschung rekonstruieren ließ.
106 Genannt werden z.B. Sportvereine, kirchliche Organisationen, eine Moschee, Kindergärten, weiterführende Schulen, Handwerksbetriebe und Läden, ein Bio-Bauer, der lokale Gesundheitsladen, der Bücherbus der Volkshochschule, ein Kleingartenverein oder ein Seniorenwohnheim.

Schulalltag als Raum für soziales und interkulturelles Lernen

Initiativen zur gezielten Gestaltung des Schulalltags als Ort für beispielhafte soziale Lernerfahrungen drehen sich an der Nordpark-Schule um die beiden Pole *Rituale, Aktionen und Feiern* auf der einen Seite und das Formulieren und Einhalten klarer *Verhaltens- und Kommunikationsregeln* auf der anderen Seite.

Das reichhaltige *Programm an Veranstaltungen, Aktionen und Feiern im Jahreskreis* umfasst unter anderem regelmäßige Projektwochen im Frühjahr und im Herbst, Schulfeste, Konzert- und Theaterbesuche, eine zweimal jährlich erscheinende Schulzeitung, Elterngesprächskreise und -nachmittage und gemeinsame Einsätze zur Spielplatzpflege. Alle vier Wochen findet nach dem Vorbild der „*assemblies*" in englischen Schulen[107] eine Veranstaltung in der Turnhalle statt, zu der die Eltern eingeladen sind. Schülergruppen aus allen Klassen bieten kleine Präsentationen, die auch das Selbstbewusstsein der Kinder stärken sollen.

Besondere Beachtung verdient das *Religionsprogramm* der Nordpark-Schule. Ende der 1980er Jahre entstand die Idee zu einem ökumenischen Gottesdienst zu Weihnachten, um die Ausgrenzung eines Großteils der Schülerinnen und Schüler zu verhindern. Nachdem die Weihnachtsfeier bei allen Beteiligten auf viel positive Resonanz stieß, versuchten die Lehrerinnen und Lehrer bei der Planung des jährlichen Schulprogramms weitere Anlässe zu finden, bei denen alle Religionen berücksichtigt werden konnten. In einem Erfahrungsbericht der Schule wird der damit angestoßene Prozess folgendermaßen beschrieben:

„Bei der Vorbereitung dieses Gottesdienstes stellten wir fest, dass auch die Vertreter der evangelischen und katholischen Kirche zunächst Schwierigkeiten hatten, sich an einen Tisch zu setzen und die Feier mit uns gemeinsam zu planen. Es wurde die Frage aufgeworfen, wie weit sich eine Religionsgruppe der anderen öffnen darf und ob an solch einem wichtigen Tag auf den Gottesdienst in der eigenen Konfession verzichtet werden kann. In weiteren Gesprächskreisen, die nach Weihnachten 1989 stattfanden, versuchten wir zunächst, Hemmschwellen zwischen Vertretern der evangelischen und katholischen Kirchen abzubauen. Als Idee schwebte uns vor, auch unsere muslimischen Schülerinnen und Schüler stärker an unseren religiösen Aktivitäten zu beteiligen und Veranstaltungen gemeinsam zu gestalten." (Nordpark-Schule: Erfahrungsbericht zur interreligiösen Arbeit)

Das Vorbereitungsteam bestand aus allen evangelischen und katholischen Religionslehrerinnen und -lehrern, den türkischsprachigen Lehrpersonen für den muttersprachlichen Unterricht, den Pfarrern der evangelischen und katholischen Kirche sowie dem Imam im Stadtteil. Schon bald folgten christlich-islamische Einschulungsfeiern unter Beteiligung aller Kirchenvertreter im Stadtteil und gemeinsame Gottesdienste in der Moschee. Zusätzlich zu den gemeinsamen Festen wurden getrennte Feiern in den Räumen der einzelnen Religionsgemeinschaften abgehalten. Interreligiöse Themen wurden zugleich im Religionsunterricht und im muttersprachlichen Unterricht aufge-

---

107 Vgl. Kapitel 6.

4. Interkulturelles Lernen als Element von Schulöffnung in Nordrhein-Westfalen

griffen (z.B. ökumenische Bewegung, Kennenlernen und Vergleichen der unterschiedlichen Religionen, Besuche von Moscheen und Synagogen).

Ohne die Bedeutung dieser beeindruckenden Initiative zu schmälern ist es, um den Umgang mit Pluralität im Rahmen der untersuchten Form der Schulentwicklung genauer zu erfassen, die Problemwahrnehmungen und Deutungsmuster genauer zu betrachten, mit denen die Lehrerinnen und Lehrer ihr Vorgehen begründen. Im folgenden Auszug aus dem gleichen Bericht werden die pädagogischen Ziele konkreter bestimmt:

> „Unsere Intention ist es, in Veranstaltungen Gemeinsamkeiten in den Religionen hervorzuheben und das Trennende zu vernachlässigen bzw. nicht weiter zu verfolgen. Dieser Gedanke sollte einerseits einen Zugang zur eigenen Religion bieten, andererseits zu Akzeptanz und Toleranz der anderen, zum Teil fremd erscheinenden Religion führen. Es war und ist immer noch beabsichtigt, durch das gegenseitige Kennenlernen bei den Eltern einen Abbau von Vorurteilen zu erreichen, bei den Kindern Vorurteile erst gar nicht wachsen zu lassen und damit auch einen Beitrag zur Gewaltprävention zu leisten." (ebd.)

Im Zitat wird der Dialog zwischen den unterschiedlichen Religionsgruppen als Ziel der interreligiösen Arbeit bestimmt. Als Ausgangspunkt der Arbeit wird auf gemeinsame Glaubenstraditionen und Symbole verwiesen. Unterlegt ist ein Konzept von interkultureller bzw. interreligiöser Verständigung als Verständigung über gemeinsame, universelle Zugänge und Werte. Damit soll das desinteressierte Nebeneinander der unterschiedlichen Glaubensgemeinschaften in der Schule durchbrochen und ein neuer Zugang zur eigenen Religion erschlossen werden. Ausgehend von einem sozialpsychologischen Verständnis von Rassismus und von Kulturkonflikttheorien werden der Austausch zwischen den religiösen Gruppen, die gemeinsame Arbeit und die Feiern als Beitrag zum Abbau und zur Verhinderung von Vorurteilen (Kontakthypothese) wie auch als Prävention von Gewalt herausgestellt. Ähnlich stellt die Schulleiterin die Kooperation mit der Moschee als Beitrag zur sozialen Integration im Stadtteil heraus:

> „Wir machen das, um Kontakte zur Moschee zu halten und die nicht noch weiter abwandern zu lassen. Wir haben kein einziges Kopftuchkind. Und wir arbeiten mit denen ganz intensiv zusammen, weil wir möchten, dass die Kinder sich auch frei entwickeln können. [...] Es ist mittlerweile eine gute Zusammenarbeit, obwohl es eine rechtsorientierte Moschee ist. [...] Der Imam nimmt uns ab, dass wir etwas Positives wollen." (B., Schulleiterin; III/129-150)

Die Begründung der interreligiösen Arbeit rekurriert auf Kulturkonfliktszenarien, in denen die Grenzen von muslimischen und rechtsgerichteten islamistischen Orientierungen verschwimmen. Soziale Integration wird als Vermeidung bzw. Entschärfung von Spannungen und Konflikten, die religiös-kulturell kodiert sind, verstanden. In einer assimilationistischen Perspektive wird das Ziel („dass die Kinder sich auch frei entwickeln können") daran festgemacht, dass die fremde Kultur unsichtbar wird („kein einziges Kopftuchkind"). Der Gewinn der Kooperation (kein Abwandern in ein rechtsorientiertes Milieu – sichtbar daran, dass in der Schule keine Kopftücher getragen werden – wird offenbar wichtiger genommen als die Vorbehalte gegenüber dem rechtsorientierten Imam, mit dem die Schule kooperiert.

Betrachten wir die Seite der Gestaltung des Gemeinschaftslebens durch das Formulieren und Einhalten von *für alle verbindlichen Regeln*. Betont werden beispielsweise von den Lehrpersonen vorgelebte höfliche, freundliche und demokratische Umgangsformen, die den Kindern als Modell dienen sollen. Im alltäglichen Miteinander sollen die Kinder Prinzipien der Fairness und Gleichberechtigung einüben, zum Beispiel indem sie im Unterricht aufgefordert werden, in Phasen gegenseitigen Aufrufens immer abwechselnd Jungen und Mädchen zu beachten. Ein wichtiger Grundsatz an der Schule ist die Forderung nach Toleranz. „Man muss andere nicht lieben, aber jeden Menschen achten" ist ein Leitspruch, der immer wieder zu hören ist. Diese Erziehungshaltung wird von den Lehrerinnen und Lehrern auch als Antwort zum Thema „Rassismus" begriffen – in den Worten der Schulleiterin:

> „Über Antirassismus reden wir eigentlich nicht so viel. Wir machen auch keine Einzelprojekte zu dem Thema, sondern Antirassismus spielt sich jeden Tag ab und ist immer relevant. Keiner von unseren Kollegen darf an bestimmten Schwierigkeiten, die sich ergeben haben, sei es vor dem Unterricht, in der Pause oder nach dem Unterricht, vorbeigehen. Solche Vorfälle müssen immer thematisiert werden, sie müssen aufgeklärt werden. Wir versuchen, ihnen nachzugehen und Regeln im Umgang mit solchen Vorfällen zu finden. Wir sind da recht konsequent. [...] Die wichtigste Regel ist, jeden zu achten und fair zu behandeln, das wissen alle Kinder. Es gibt keinen Unterschied zwischen Deutschen und Ausländern, das sind grundsätzliche Regeln." (B., Schulleiterin; I/688-729)

Antirassismus wird im Zitat als allgemeine Orientierung der Schule präsentiert („spielt sich jeden Tag ab und ist immer relevant"). Mit der schulischen Handlungsmaxime, Vorfälle immer zu thematisieren, aufzuklären und nach gemeinsamen Regeln zu behandeln, scheint die Interviewpartnerin ausschließlich auf rassistische Vorfälle unter den Schülerinnen und Schülern hinaus zu wollen. Antirassismus wird als Achtung und faire Behandlung aller Kinder (ohne Unterschied zwischen Deutschen und Ausländern) definiert. Konkreter wird die Interviewpartnerin zu dem Thema jedoch nicht.

Dass die Haltung „Über Antirassismus reden wir eigentlich nicht ... Antirassismus spielt sich jeden Tag ab" eher trügerische Sicherheit bietet als dass die Lehrerinnen und Lehrer diesem Problem aktiv begegnen, deutet sich im nächsten Zitat von Frau C., einer jungen Kollegin, an. Hier kommt ein Gefühl der Nicht-Zuständigkeit und des Desinteresses, genauer hinzusehen, worum es bei Prozessen der Grenzziehung unter den Schülerinnen und Schülern eigentlich geht, zum Ausdruck:

> „Also, ich denke, die Stärken der Schule sind ganz klar, dass es eigentlich – klar, in den Klassen gibt's immer Reibereien und es gibt auch immer noch – obwohl ja noch in vielen Klassen mehr ausländische Kinder als deutsche Kinder sind, es gibt oft noch so dieses ‚Deutsche gegen Türkische', im Fußballspielen zum Beispiel. Oder wenn man die Kinder so reden hört. Die spielen zwar auch alle miteinander, aber irgendwie ist es doch noch getrennt. Auf der anderen Seite wird aber hier kein einziges Kind benachteiligt oder wird

kein einziges Kind schief angeguckt. Es wird immer versucht, die Kinder in die Klassengemeinschaft mit einzubeziehen." (C., Klassenlehrerin; II/71-99)

Frau C. stellt die integrative Grundhaltung als Stärke der Schule heraus. Dabei kommt die Interviewpartnerin auf Grenzziehungen zwischen deutschen und türkischen Kindern zu sprechen (Mannschaftsbildung beim Fußball; „wenn man die Kinder so reden hört"). Der Charakter solcher Trennungen wird jedoch nicht näher bestimmt, beispielsweise ob der Interviewpartnerin rassistische Sprüche oder Beschimpfungen auffallen. Auch der genauere Stellenwert der Gruppenbildungen im Schulalltag bleibt diffus (etwa ob sich diese Beobachtungen auf bestimmte Situationen konzentrieren oder welches Gewicht ethnischen Unterscheidungen im Verhältnis zu anderen Abgrenzungskriterien wie z.B. Junge/Mädchen oder sportlich/nicht sportlich zukommt). Auf der Basis des impliziten Kulturdifferenzansatzes werden Trennlinien zwischen deutschen und türkischen Schülerinnen und Schülern eher als etwas „Gegebenes" betrachtet, woran die Schule zunächst einmal nichts ändern kann. Verletzungen des Grundsatzes der Integration scheinen erst mit gröberen Äußerungen rassistischer Ausgrenzung und Gewalt vorzuliegen. Die wechselseitigen Wahrnehmungen, Reaktionen und Prozesse der Gruppenbildung unter den Kindern – und vielleicht auch in den Interaktionen zwischen Lehrpersonen und Kindern und Eltern – werden nicht als möglicher Gegenstand der pädagogischen Arbeit betrachtet.

Öffnung des Unterrichts zum Schulumfeld

In der Geschichte der Nordpark-Schule hat das GÖS-Programm den *Unterricht* als Gegenstand von gezielter Entwicklungsarbeit stärker ins Blickfeld gerückt. Schulinterne Lehrpläne und umfeldorientierte, fächerübergreifende Curricula mit interkulturellem Ansatz sollen die sozialen, kulturellen und religiösen Gegebenheiten im Umfeld der Schule reflektieren. Zumeist in Form von Projektarbeit werden größere Vorhaben zur Erschließung der Umwelt durchgeführt, wobei die Schule mit vielen Einrichtungen im Stadtteil kooperiert. Ziel ist vor allem die Anleitung zu selbstständigem Arbeiten. Das Schwergewicht liegt dabei eindeutig auf dem Sach- und dem Religionsunterricht, den musischen Fächern und dem Sport. Frau D., eine junge Lehrerin, die sich für GÖS besonders stark engagiert, illustriert diesen Ansatz am Sachunterricht:

„Das Fach Sachunterricht hat hier an der Schule einen ganz anderen Stellenwert, einen ganz anderen Inhalt als an anderen Schulen. Hier steht nicht der Lehrplan mit all seinen Facetten so im Vordergrund, dass man die Themen abhandelt, die darin vorkommen. Ich sage das jetzt mal so: Hier ist Sachunterricht eben nicht ,in vitro' sondern ,in echt' – in Anführungszeichen. Zum Beispiel wenn wir zum Thema ,alt und jung' etwas machen wollen, dann werden wir ins Altenheim gehen. Das ist ein Partner von uns, da haben wir eine Ansprechadresse. Und wenn wir Dinge wissen wollen von früher, dann können wir die alten Leute fragen. [...] Dieser Ansatz hat auch Auswirkungen auf die Methoden. Im Lehrplan steht zum Beispiel, dass man lernen muss, ein Interview durchzuführen oder sich Informationen zu beschaffen und aufzuarbeiten. Wir machen das dann mit den alten Leuten zusammen [...] das ist für mich eine Stadtteilschule – im Mittelpunkt steht das, was eben ansteht, was gerade situationsbezogen ist, zeitlich passt, auch die vielen Feste. Von denen aus wird auch Unterricht organisiert. Und dann wird geguckt, was vom Lehrplan passt denn jetzt dazu? Das finde ich sehr gut, sehr realistisch, sehr echt. Für die Kinder hat dieses Tun immer Sinn, es kommt ein Produkt dabei raus, es wird zum Beispiel etwas vorgeführt. [...] Ja, die lernen sich in ihrer Lebenswirklichkeit hier auskennen. [...] Also, wir sind hier nicht in Kreuzberg, aber wir sind hier auch in einem Stadtteil mit einer sehr hohen Arbeitslosenquote. Hier finden bestimmt nicht alle Kinder eine Lehrstelle, auch nicht jedes zweite. Und die sind dann plötzlich auf sich angewiesen, um zu überleben, ihnen wird viel Selbstständigkeit abverlangt werden." (D., Klassenlehrerin; I/595-658)

Im Zitat werden die Erfahrung, Authentizität und Sinnhaftigkeit des schulischen Lernens betont. Statt abstraktem Lehrplanwissen soll die Schule dazu beitragen, dass sich die Kinder „in ihrer Lebenswirklichkeit vor Ort auskennen lernen". Am Schluss wird der geschilderte Unterrichtsansatz auch als Vorbereitung herausgestellt, damit die Kinder aus den geringen Chancen, die ihnen aller Wahrscheinlichkeit nach bei der Entlassung aus der Schule geboten werden, das Beste machen. Dass die Schule es als eine ihrer Erziehungsaufgaben definiert, Kinder und Jugendliche auf die produktive Bewältigung möglicher Enttäuschungen, Brüche und Erfahrungen der Desintegration vorzubereiten, ist an sich positiv zu bewerten. Unter der pessimistischen Zukunftsprognose scheint die Verbesserung der Chancen der Kinder durch eine erfolgreiche Schulkarriere jedoch keine Rolle mehr zu spielen. Hier deutet sich das Risiko an, dass „Schulöffnung" zum sozialen Umfeld dazu beitragen kann, dass schlechte Ausgangsbedingungen im Unterricht quasi dupliziert werden, statt dass die Schule dazu beiträgt, den Lernerfolg von ungünstigen sozialen Bedingungen zu entkoppeln.

Abgesehen von Projektarbeit, wie sie im Zitat beschrieben wird, sind die Unterrichtsformen an der Nordpark-Schule eher traditionell. Frontalunterricht überwiegt. Unterricht in Doppelbesetzungen oder im Teamteaching ist von der Schulleiterin erwünscht. Dass er kaum zustande kommt, scheint nicht nur am Personalmangel zu liegen, sondern auch an mangelnder Erfahrung der Lehrkräfte mit kooperativer Arbeit.

Förderung in Deutsch als zusätzlicher Sprache

Die Nordpark-Schule hatte aufgrund der zusätzlichen Deutschförderung im Rahmen des einleitend beschriebenen Stadtteilprojekts seit 1998 auf Vorbereitungsklassen verzichtet. In Zusammenarbeit mit dem Verein „Ausländische Kinder und Mütter" bietet sie eine *schulvorbereitende Mutter-Kind-Gruppe* an. Einzuschulende Kinder erhalten von einer Referendarin an zwei Nachmittagen in der Woche Deutschunterricht. Parallel wird von einer Türkisch sprechenden Mitarbeiterin des Vereins eine Stunde für die Mütter angeboten. Bei Kaffee und Gebäck geht es vor allem um Fragen der Erziehung und der Unterstützung des schulischen Lernens.

Im ersten Grundschuljahr beschränkt sich die *zusätzliche Deutschförderung* auf separate Unterrichtsstunden im Anschluss an den Vormittagsunterricht. Da sich diese teilweise mit dem Muttersprachlichen Ergänzungsunterricht überschneiden, kommen sie, so die Feststellung mehrerer Lehrerinnen, eher deutschen Kindern zugute. *Sprach-*

förderung im Klassenverband, die in dem Konzept durchaus vorgesehen ist, wird an der Nordpark-Schule kaum praktiziert:

> „Das Problem ist, dass die Doppelbesetzungen eigentlich fast nie stattfinden. An so einer großen Schule ist immer irgend etwas, dass immer irgendwer vertreten werden muss. Dann fallen natürlich als erstes die Doppelbesetzungen aus." (C., Klassenlehrerin; II/133-138)

Ansätze zur Sprachvermittlung als *Querschnittsaufgabe* zeigen sich in vielen Klassen, zum Beispiel in der bewusst gemischten Zusammensetzung der Schülergruppen an einzelnen Tischen, im Bemühen der Lehrkräfte um eine deutliche, klare Unterrichtssprache und Arbeitsanweisungen, im ständigen Korrigieren von Wort- und Grammatikfehlern im laufenden Unterricht, in systematischer Arbeit zur Erweiterung des Wortschatzes (z.B. durch Lernwörterkarteien, die Verbindung von allgemeinen Grammatik-Übungen mit Strategien zur Wortschatz-Erweiterung im Deutschunterricht) und in der gezielten Unterstützung einzelner Kinder in Phasen der Stillarbeit. Ob die heterogenen Sprachkenntnisse als Störung behandelt werden oder aber akzeptiert und beispielsweise als Chance für kooperatives Lernen genutzt werden, hängt jedoch stark von der individuellen Bereitschaft und Kompetenz der einzelnen Lehrkräfte ab. Die Spannweite soll an zwei Beispielen illustriert werden:

Frau D. stellt in der zitierten Interviewsequenz die sprachliche Heterogenität in der Klasse als Grundvoraussetzung des Unterrichtshandelns heraus:

> „Denn der Wortschatz ist nicht bei allen Kindern gleich. Also, ich habe jetzt so drei, vier Kinder in der Klasse, bei denen es schwierig ist. Zum Beispiel, wenn wir eine Geschichte lesen, werden die Kinder immer aufgefordert zu fragen: ‚Was heißt das? Was ist das?' Das kann man gut mit allen Kindern zusammen machen. Da profitieren die türkischen Kinder auch von den deutschen. Einfach von der Kritik untereinander. Manchmal lasse ich auch übersetzen. Also, Sprachunterricht machen wir jede Stunde, auch im Sport, immer. Das [Ignorieren der Sprachdefizite; M.G.] muss doch nicht sein. Das merkt man doch sofort selbst. Das kommt einem doch so vor, als wenn man irgendwo im Raum stehen bleibt. Man setzt sich doch ein Ziel mit den Kindern, und das will man erreichen. Man kann doch nicht Aufgaben schreiben, wenn man die Zahlen noch nicht schreiben kann. Eins baut auf dem andern auf. Und wenn sich die Sprache nicht weiterentwickelt bei einigen Kindern, dann werden sie sitzen bleiben. Das sind dann vielleicht doch keine schlechten Schüler." (D., Klassenlehrerin; II/117-143)

Im Zitat wird ein individualisierender Unterrichtsansatz vorgeführt. Der Unterricht müsse am tatsächlichen Entwicklungsstand und den Bedürfnissen der Kinder ansetzen. Ein solcher Unterricht muss der interviewten Lehrerin zufolge flexibel sein. Unterbrechungen des Unterrichtsablaufs durch die Nachfragen von Kindern mit Lücken in der deutschen Sprache sind ausdrücklich erwünscht. Zugleich wird die Spracharbeit als Möglichkeit dargestellt, kooperatives Lernen in der Klasse und das Selbstbewusstsein aller Kinder zu fördern. Dabei profitieren nicht nur die türkischen Kinder von den deutschen. Mehrsprachigkeit wird als Kompetenz sichtbar gemacht.

Frau C. stellt im folgenden Zitat den Aspekt der Überforderung durch eine Vielzahl von Kindern mit zum Teil gravierenden sprachlichen Defiziten in den Vordergrund:

> „Auf der anderen Seite finde ich es oft auch sehr schwierig. Man kann kaum einen normalen Satz sprechen, ohne dass ein Kind da sitzt: ‚Häh? Was wollen wir machen? Hab ich nicht verstanden.' Und das finde ich unheimlich mühsam. Dass man also immer wieder alles von vorne erklären muss. Wobei ich aber sagen muss, das sind nicht nur die ausländischen Kinder. Das ist, denke ich, auch ein Problem einfach hier im Stadtteil. Auch die deutschen Kinder, das sind halt eben, man kann nicht alle über einen Kamm scheren, aber es sind doch sehr viele Kinder aus sozial schwachen Familien. Wo auch die Eltern, würde ich mal sagen, ein niedriges Bildungsniveau haben. Auch bei vielen Deutschen sind die Eltern nicht hinterher, dass die Kinder Hausaufgaben machen, dass die Kinder von zu Hause aus gute Sprachkenntnisse oder ein Sprachgefühl mitkriegen. Und wenn sie dann mit sechs in die Schule kommen, ist es eigentlich unheimlich schwierig, dann ist die Sprachentwicklung eigentlich gelaufen. Und das finde ich frustrierend." (C., Klassenlehrerin; I/048-068)

Im Kontrast zum vorangegangen Zitat wird als Normalitätserwartung ein weitgehend reibungsloser Unterricht in deutscher Sprache dargestellt, der nicht durch Nachfragen aufgrund von Sprachdefiziten gestört wird. Frau C. hebt darauf ab, dass die Probleme auch bei deutschen Kindern bestehen würden. Sprachprobleme hingen eher von der sozialen Herkunft und dem niedrigen Bildungsniveaus der Eltern ab. Am Schluss des Zitats wird im argumentativen Rückgriff auf wissenschaftliche Erkenntnisse, die einen Abschluss der Sprachentwicklung im Alter von sechs Jahren postulieren, eine fatalistische Haltung formuliert – was kann die Schule da noch tun?

Durch die Verpflichtung, ein Schulprogramm zu erarbeiten, war ein breiter Verständigungsprozess im Kollegium zum Thema Sprachförderung in Gang gekommen, der zu neuen gemeinsamen Strategien führte. Frau C. berichtet:

> „Ein paar Monate haben wir intensiver über den Bereich Sprache gesprochen und dann sind wir eigentlich übereingekommen, dass – ja, obwohl wir schon relativ viel machen und versuchen es intensiv zu machen und uns auch relativ viel gerade um die ausländischen Kinder kümmern, dass es einfach nicht reicht. Dass wir praktisch an allen Ecken und Kanten überfordert sind. [...] Daraus ist zum Beispiel hervorgegangen, dass wir jetzt im 4. Schuljahr, immer wenn wir mit einem neuen Thema anfangen, erst einmal am Anfang eine Wörtersammlung machen, mit den Kindern zusammen. [...] Worüber wir ziemlich lange diskutiert haben, sind so ganz grundlegende Sachen wie, dass wir die Kinder jetzt anhalten, in ganzen Sätzen zu reden." (D., Klassenlehrerin; I/339-354)

Zusammenarbeit mit den Eltern

In der Nordpark-Schule wird eine gute Beziehung zu den Eltern als Basis betrachtet, um den Unterrichtsauftrag erfüllen zu können. Dass der initiierende Pol die Schule sein muss, gilt dabei als selbstverständlich:

„So eine Klage von Schulen oder Kindergärten: ‚Wir erreichen unsere türkischen Eltern nicht!' Das hat für mich ganz klar etwas mit der Art der Begegnung zu tun." (E., Mitarbeiterin des Vereins „Türkische Kinder und Mütter"; I/563-661)

Um Eltern gezielt in die schulischen Prozesse einzubeziehen und Formen der Kooperation aufzubauen, ist an der Nordpark-Schule ein breites Spektrum von Handlungsansätzen etabliert. Als Schlüsselelement für eine positive Beziehung wird das *Gespräch* betrachtet. Die Schule schafft bewusst vielfältige Anlässe für die Eltern, ins Schulhaus zu kommen und mit Lehrpersonen und anderen Eltern in Kontakt treten zu können. Hierzu zählen neben den traditionellen Sprechtagen und Klassenpflegschaftstreffen die zahlreichen Feste, Veranstaltungen und Freizeitangebote (z.B. Bastelkreise, Gesprächskreise für türkische Mütter, Elternfrühstück), mit denen vor allem die Mütter angesprochen werden sollen. Es gibt ferner von Eltern selbst initiierte Vereinigungen und Interessengemeinschaften. Darüber hinaus sind die Lehrkräfte angehalten, Kontakte jeder Art (z.B. beim Bringen oder Abholen der Kinder) zu nutzen, um mit den Eltern ins Gespräch zu kommen und den Kontakt zu pflegen. Für die Gestaltung von Gesprächssituationen sind den Lehrkräften eine Reihe erprobter Regeln an die Hand gegeben (z.B. Freundlichkeit wahren, die Eltern an Termine erinnern und auf Programme hinzuweisen, nur positive Bemerkungen über ein Kind zu machen, kein auffälliges Verhalten anzusprechen). Speziell für die Gestaltung von *Beratungsgesprächen* existieren in der Schule Leitlinien wie:

> „einen passenden Termin vereinbaren; eine angemessene räumliche Atmosphäre schaffen; nicht den Schreibtisch zwischen sich und die Eltern postieren, ‚über Eck' sitzen; am Wohlergehen des Gesprächspartners interessiert sein (evtl. Kaffee reichen); sich aufgeschlossen, freundlich und kooperationsbereit zeigen, die Eltern immer wieder mit Namen ansprechen; die Gesprächspartner aktiv werden lassen, Aufmerksamkeit und Interesse wachhalten, Positives benennen" (Nordpark-Schule: Schulprogramm-Entwurf).

Eine grundsätzlich „elternzentrierte" Kommunikationshaltung wird im folgenden Zitat von der Schulleiterin als wichtiger Grundsatz herausgestellt, der – so die Schulleiterin – manche spannungsgeladene Situation schnell entschärft und Vertrauen schafft:

> „Elterngespräche können ja zu sehr viel Frust auf beiden Seiten führen. Solche Situationen hatten wir auch [...] Aber es gibt hier kaum noch Unmut und Ärger. Weil die Kolleginnen und Kollegen daran gewöhnt sind, freundlich zu bleiben und den Eltern zuerst einmal zuzuhören. Und wenn sie die Hintergründe der Kinder und Eltern erfahren, legen sich die Emotionen meistens sowieso. [...] Die Eltern erzählen uns, wenn sie zu Hause Schwierigkeiten haben. Nicht nur mit ihren Kindern, auch mit ihrem persönlichen Umfeld. [...] Das hängt aber auch damit zusammen, dass wir natürlich schon – das sage ich aber auch zu meinen Kollegen – grundsätzlich nicht mit Vorwürfen kommen. Wir versuchen immer mit ihnen gemeinsam zu überlegen, wie wir Probleme aus der Welt schaffen." (B., Schulleiterin; I/326-388)

Auch *Hausbesuche* sind üblich, um mehr Eindrücke über das Umfeld des Kindes zu gewinnen, die Beziehung zu den Eltern zu vertiefen und Probleme anzusprechen, die im Rahmen schulischer Veranstaltungen vielleicht nicht thematisiert werden. Mehrere Lehrerinnen thematisieren in den Interviews eine Erweiterung ihres Rollenverständnisses um sozialpädagogische und sozialarbeiterische Aspekte. Sie verstehen sich als Ansprechpartnerinnen oder -partner in vielen Belangen, die über den Unterricht weit hinaus gehen. Die Suche nach Lösungen für ein Lernproblem kann dann auch schon einmal dazu führen, dass die Klassenlehrerin während eines Hausbesuches zuerst einkaufen geht und den Kühlschrank der Familie auffüllt.

Eltern sind ebenso zur *freiwilligen Mithilfe* in der Schule eingeladen, etwa als Begleitung von Klassenfahrten oder in einzelnen Projekten (z.B. Schulhofgestaltung). Bei Eltern mit einem anderen religiösen oder kulturellen Hintergrund wird gern gesehen, wenn sie ihre speziellen Kenntnisse einbringen, etwa wenn ein jüdischer Vater für den Religionsunterricht den Besuch einer Synagoge organisiert. Eltern können auch im *Unterricht* anwesend sein. Dies wird vor allem als Hilfe gesehen, um die Kinder zu Hause besser unterstützen zu können.

Eine explizite Form der *Elternbildung* stellen die Deutsch- oder Alphabetisierungskurse für türkische Mütter und die Mutter-Kind-Gruppen vor der Einschulung dar. Im Rahmen dieser Kurse erfolgt außer der Sprachvermittlung und Weiterbildung der Mütter *Erziehungsberatung, Anleitung zur Unterstützung und Betreuung von Hausaufgaben* und *Hilfestellungen bei der Vernetzung* neu zugewanderter Frauen vor Ort. Ein generell wichtiges Anliegen ist die *Weitervermittlung* von Schülerinnen und Schülern und Eltern mit speziellen Anliegen, etwa zum Pädagogischen Zentrum, zur Erziehungsberatungsstelle oder den Einrichtungen der Erwachsenenbildung.

Die *Förderung von Gelegenheiten zur demokratischen Mitsprache und Mitbestimmung* von Eltern mit Migrationshintergrund wird an der Nordpark-Schule offenbar nicht als Aufgabenfeld der Elternarbeit gesehen. In den Entscheidungsgremien, in denen sich Eltern engagieren können – die traditionelle Klassen- und Schulpflegschaft sowie ein Förderverein, der die Arbeit der Schule unter anderem durch Spendensammlungen für besondere Anschaffungen und die Organisation von Festen und Aktionen unterstützt – sind Eltern mit Migrationshintergrund kaum vertreten.

4.5.3 Mikropolitische Dynamik bei der Umsetzung

GÖS und andere Projekte, an denen die Schule partizipierte, war zum Zeitpunkt meiner Feldforschung im Kollegium recht umstritten. Der Schulleiterin gelang es, kraft ihrer Autorität den Status quo aufrecht zu erhalten („Ab und zu habe ich mal einen Aufstand, aber wir machen es trotzdem so – weil ich es will!"). Im Kollegium war jedoch eine gewisse Polarisierung nicht zu übersehen, in den Worten von Frau B.:

> „Es sind immer einige Leute, die den Motor spielen und andere, die eigentlich den Bremser machen. Also, im Moment sind die jungen Leute eher die Bremser als die Alten." (B., Schulleiterin; III/231-233)

Von der Schulleiterin und beispielsweise von der Konrektorin favorisierte weitreichendere Aktivitäten im Bereich der Schulentwicklung lassen sich in dieser angespannten Situation kaum umsetzen. Frau B. schildert ein Beispiel:

> „Wir hatten gerade gestern in unserer Konferenz eine heiße Diskussion. Unsere Konrektorin hatte den Antrag gestellt, eine aktuelle Stunde einzuführen, jede Woche. Das hieße für uns alle, zusätzlich eine Stunde hier zu verbringen zur internen Beratung. Gleichzeitig sollten die Konferenzen kürzer werden, die, wenn Sie 375 Kinder haben und auch noch etwas bewegen möchten, nicht mal eben so durchgeführt werden können. Eine Kollegin sagte: ‚Und ich bin gegen diese aktuelle Stunde, weil ich mich durch das Land Nordrhein-Westfalen überlastet fühle.' Anstatt zu überlegen, wie können wir uns Entlastung verschaffen, um eigentlich mehr Spaß an dieser Gesamtsituation zu finden!" (B., Schulleiterin; I/472-489)

Auf der Suche nach Erklärungen für die Spannungen und Konflikte betont die Schulleiterin die Überforderung einzelner Lehrkräfte, die auf die Vermittlung von „Deutsch als Zusatzsprache", interkulturelles Lernen, Arbeit mit Eltern oder Teamarbeit zumeist gänzlich unvorbereitet seien. Neben dem üblichen Schulbetrieb neue Kolleginnen und Kollegen gründlich einzuarbeiten werde von allen Beteiligten mitunter ebenfalls als Überforderung erlebt, zumal bei der hohen Fluktuation:

> „Sie fangen ja mit jedem Schuljahr mit einem neuen Team an und müssen erstmal gucken, ist dieses Team überhaupt teamfähig, kann man mit dem Team überhaupt arbeiten, und wie kann man mit dem Team arbeiten. Welche Bereitschaft ist denn da? Wo muss ich denn ansetzen?" (F., Klassenlehrerin; I/564-569)

Die Argumente der „Blockiererinnen" drehen sich vor allem um das Thema „Arbeitsbelastung" bzw. „Mehrarbeit" (z.B. jede Woche eine Stunde, um über aktuell drängende Themen zu sprechen). Aktivitäten, wie etwa Besprechungen oder AGs am Nachmittag, werden als „ineffizient" und als „Zeitverschwendung" bewertet („Was machen wir so lange?!"; G., Klassenlehrerin; I/412-414). Die Projekte würden nur auf ein besseres Image der Schule zielen. Ansonsten brächten sie vor allem viel Unruhe in die Schule und kämen nicht wirklich den Kindern zugute:

> „Es sind sehr viele Sachen, die nur nach außen gemacht werden, die nach außen hin natürlich unheimlich toll klingen, im Grunde für uns aber erstens Mehrarbeit bedeuten. Was aber für mich noch schlimmer ist: sie bringen immer Unruhe rein. Also, wir haben kaum eine Schulwoche, wo wir wirklich von montags bis freitags mal ganz normalen geregelten Unterricht nach dem normalen Stundenplan haben." (C., Klassenlehrerin; I/161-166)

Wie am Beispiel der „aktuellen Stunde" schon angeklungen war, wird der Unwille in Bezug auf das Thema Schulentwicklung durch die Innovationen verstärkt, die im Zuge der allmählichen Einführung der Teilautonomie in NRW auf die Schule zukommen. Auf dem Hintergrund der reichhaltigen Praxis an der Nordpark-Schule im Bereich der Schulentwicklung wird die Entwicklung eines Schulprogramms in der Schule allgemein wichtig genommen. Dennoch ist sie nicht besonders beliebt:

„Das Schulprogramm ist auch viel Wirbel um nix. Ich weiß nicht, wie lange wir da schon dran sitzen. Seit 2 Jahren, 2 1/2 Jahren. Und dann sitzen wir hier ständig, haben diese Gruppe und jene Gruppe, die eine Gruppe schreibt das, und die andere schreibt das, und dann wird das zusammengetragen. Und dann gibt es wieder irgendeine Schulleitersitzung, und dann wird wieder alles über den Haufen geworfen, und man muss wieder von vorne anfangen. Und es ist irgendwie ein Fass ohne Boden" (C., Klassenlehrerin; I/194-208)

Als Problem empfunden und zum Teil offen abgelehnt wird jedoch auch die vermehrte Verpflichtung zu Teamarbeit und Kooperation, zum Beispiel die nun obligatorische Absprache gemeinsamer Arbeiten für mehrere Parallelklassen. Im folgenden Zitat spricht Frau C. Irritationen und Ängste an, durch neue, ungewohnte Arbeitsformen im engeren Kontakt mit den Kolleginnen und Kollegen eigene fachliche oder persönliche Schwächen zu offenbaren. In dem Zitat drückt sich aber auch Widerstand gegen die verschärfte Kontrolle ihrer Arbeit aus:

„Wir setzen uns schon mit den Jahrgangskollegen ab und zu zusammen und reden darüber [über Fragen des Unterrichts, M.G.]. Es läuft in dem einen Jahrgang besser, in dem anderen Jahrgang nicht so gut. Was aber, denke ich, auch immer so eine Sache ist. Das ist eine persönliche Sache, ob man das kann oder ob man das nicht kann. Hier in der Schule ist das Problem: es wird sehr von oben aufgedrängt – ‚Parallelarbeit, Parallelarbeit, Parallelarbeit!' Also, für mich gilt das so, ich kann nicht für die anderen sprechen, aber je mehr mir von oben aufgedrängt wird, desto mehr sträube ich mich dagegen. Und von daher finde ich, macht dieses Aufdrängen mehr kaputt, als dass es hilft." (C., Klassenlehrerin; I/147-160)

Insgesamt schlagen sich die in der Analyse der schulpolitischen Rahmenbedingungen aufgezeigten Überlagerungen der Schulentwicklungsansätze der 1980er Jahre vom Qualitätsdiskurs der späten 1990er Jahre und die damit einhergehende Verdrängung von Aspekten der Pluralität und Gleichheit von der schulpolitischen Agenda im Mikrokosmos der exemplarisch ausgewählten Nordpark-Schule deutlich nieder. An dem beschriebenen Konflikt um die Schulentwicklung sticht hervor, dass die „Blockiererinnen" die an der Schule etablierte Praxis im Bereich der Schulentwicklung – GÖS und andere Projekte, die stark um Themen der interkulturellen Verständigung und der Stadtteilschule zentriert sind – gegen die neuen Anforderungen im Zuge der Autonomisierung und des Aufbaus neuer Systeme zur Qualitätssicherung (z.B. Schulprogramm, Parallelarbeiten) ausspielen. Der Schulleiterin gelingt es schon seit Jahren bei schwankenden, tendenziell knapper werdenden Ressourcen und wechselnden Vorgaben ihre pädagogischen Vorstellungen aufrecht zu erhalten. Gerade in der Kombination der Nicht-Thematisierung von Fragen der Pluralität und Chancengleichheit in den neuen *Mainstream*-Programmen der Schulentwicklung mit der im Zuge der Reformen faktisch auf die Lehrkräfte zukommenden neuen Anforderungen, die als Mehrarbeit wahrgenommen werden, scheint ihre Position jedoch besonders anfechtbar geworden zu sein.

4.5.4 Risiken hinsichtlich institutioneller Diskriminierung

In der Studie der Nordpark-Schule zeigen viele Beispiele, dass neben den vielfältigen Aktivitäten, um die Schule besser an die Gegebenheiten in einem kulturell heterogenen Stadtteil anzupassen, Formen der systematischen Benachteiligung und des Ausschlusses aufgrund der ethnischen Herkunft weitgehend unbemerkt bleiben können. Deutlicher Ausdruck dieser Tendenz war die Tatsache, dass die unterschiedlichen Erfolge und Übergänge einzelner Gruppen mit der Schulentwicklung nicht in Beziehung gesetzt wurden. Die Interventionen verbleiben tendenziell eher in der Logik der kompensatorischen Förderung oder sie zielen auf die Verbesserung der sozialen Beziehungen. Auf diesem Hintergrund bleiben Risiken der Diskriminierung ausgeblendet, die im Gesamtsetting der Schule angelegt sind. An dieser Stelle möchte ich nur zwei Beispiele für diese Tendenz anführen, die direkt mit den untersuchten Innovationen zusammenhängen.

Das erste Beispiel bezieht sich auf Diskriminierungen aufgrund der unterschiedlichen sprachlichen Voraussetzungen – trotz vermehrter Förderung im vorschulischen Bereich. Aufgrund der beschriebenen neuen Formen der Sprachförderung im Vorschul- und Schuleingangsbereich verzichtet die Schule bewusst auf Vorbereitungsklassen für neu kommende Kinder mit sprachlichen Mängeln. Dabei gerät jedoch aus dem Blick, dass sich das Angebot der zusätzlichen Sprachförderung *in* der Nordpark-Schule nicht wesentlich erweitert hat. Die zusätzlichen Förderstunden für die Migrantenkinder fallen permanent aus. So überrascht es nicht, dass in den Interviews die Zurückstellung in den Kindergarten und die Wiederholung der ersten Klasse als Förderoptionen präsentiert werden:

„Also, in den Schulkindergarten haben wir eigentlich immer sehr wenige Kinder gegeben. Weil es schon wieder ein Wechsel der Lerngruppe ist. Es ist auch die Frage, was an Sprachförderung im Schulkindergarten denn wirklich läuft, der Schulkindergarten ist normalerweise nicht zur Sprachförderung gedacht. Wir haben es lieber, dass die Kinder dann das erste Schuljahr noch einmal wiederholen. Wir führen dann gleichzeitig für diese Kinder ein zusätzliches Förderprogramm durch, um im ersten Schuljahr Sprachkenntnisse zu vermitteln. Oft ist es auch sinnvoller, Kinder mit Sprachdefiziten – die gibt es sogar unter den Deutschen – dass man die im Kindergarten belässt." (B., Schulleiterin; II/190-204)

Als zweites Beispiel, das im gegenwärtigen Kontext der Autonomisierung besonders interessant ist, gehe ich ausführlicher auf das Risiko ein, dass im Zuge einer Intensivierung der Zusammenarbeit mit Eltern neue Einfallstore für Diskriminierung entstehen. In den vergangenen Abschnitten wurde im Zusammenhang mit der Elternarbeit an der Nordpark-Schule schon auf eine paternalistische Haltung hingewiesen, die die Aufmerksamkeit auf Sozialisationsmängel und dysfunktionale Familienstrukturen lenkt. Die folgende Interviewsequenz enthält zahlreiche kulturalisierende Zuschreibungen in Bezug auf die Erziehungskompetenzen von türkischen Eltern. Die Interviewpartnerin erläutert, warum ihr Kenntnisse über den kulturellen Hintergrund der Kinder helfen, die Eltern besser zu beraten:

„Es ist aber für beide Geschlechter so, dass sie bis zum sechsten Lebensjahr eigentlich sehr wenig Erziehung genießen. Sie leben mit. Sie werden nicht weg geschubst, sie werden auch geliebt, aber sie werden nur wenig erzogen, nur an den Stellen, wo's notwendig ist. Mit ihnen wird nicht gelesen, mit ihnen wird nicht gespielt, mit ihnen wird auch nicht richtig gesprochen. Sie unterhalten sich zwar mit ihren Kindern, aber nicht so wie viele deutsche Eltern das machen, in erklärender Form, sondern um das Leben zu gestalten – um zu essen, zu trinken, sich anzuziehen und auch die Körperpflege bedingt zu vollziehen, aber es wird nicht erzogen. Und das war mir nicht klar, dass das so ist, dass es da solche Unterschiede gibt. Die springen so ‚drumrum'. Und gerade bei den Jungen ist das so, dass sie besonders hervorgehoben werden. Wenn ein Sohn die Oma haut oder die Mama, dann wird gesagt: ‚Guck mal, wie stark der schon ist!' Darüber wird gelacht. Und der Kleine steht da und gebärdet sich in eigentlich abscheulicher Form. Und er wird noch bestärkt in seinem Verhalten. [...] Ein anderes Beispiel ist noch, dass die Eltern ihren Kindern viel versprechen. Jetzt gerade so in den Geschäften hier, wo man so viel kaufen will. Die deutschen Mütter, wenn sie sich mit ihren Kindern auseinandersetzen, sagen: ‚Nein, das bekommst du nicht!', und erklären auch, warum sie's nicht bekommen. Die türkischen Mütter sagen: ‚Wenn du jetzt schön lieb bist, dann kaufe ich dir das Fahrrad.' Aber es wird nicht gemacht, es wird nicht gekauft. Also, man macht leere Versprechungen. Was ihnen natürlich die Arbeit in der Schule wieder erschwert. Wenn ich sage: ‚Pass mal auf, wenn du jetzt nicht deinen Mund hältst, dann musst du zu hause arbeiten!' – das glaubt der mir ja gar nicht, ne. Weil es keine Konsequenz gibt. [...] Und hier muss man sich dann eben also ganz besonders beweisen und man muss dem Kind dann ganz klar die Regeln und Grenzen setzen, was man mit deutschen Kindern halt weniger oder mit den meisten weniger setzen muss. Die wissen, was Grenzen heißen. In Anführungsstrichen. Ich möchte das nicht so pauschal unterscheiden, denn es gibt auch viele deutsche Familien, wo keine Grenzen gesetzt werden, aus anderen Gründen nicht, da ist es nun mal nicht die Form der Erziehung. Und es gibt auch türkische Mütter, die mittlerweile Grenzen setzen oder Erziehung ganz anders angehen als das wohl in der Türkei üblich ist." (F., Klassenlehrerin; I/172-226)

Auf der Basis von Normalitätszuschreibungen, die von deutschen Mittelschichtfamilien ausgehen, wird „Erziehen" als Merkmal den Deutschen bzw. der deutschen Kultur zugeschrieben (auch wenn nicht alle diesen Anspruch erfüllen), während „Nicht-Erziehung" als Merkmal der türkischen Eltern herausgestellt wird (auch wenn einige es anders machen). Die mangelnde Erziehung seitens türkischer Eltern wird als Ursache für Lernprobleme ihrer Kinder in der Schule und Schwierigkeiten bei den Hausaufgaben bzw. als Ansatzpunkt der schulischen Zusammenarbeit mit den Eltern präsentiert. Drei Problembereiche werden hervorgehoben:

Zunächst geht die Interviewpartnerin auf den Mangel an Erziehung in türkischen Familien ein (Kinder „leben mit"). Konkret ist damit der Mangel an Förderung in den Bereichen Lesen, Spielen und Sprechen gemeint. Während deutsche Eltern erklärend mit ihren Kindern sprechen, reden türkische Eltern mit ihren Kindern nur, „um das Leben zu gestalten". Die stark abwertende Haltung der Interviewpartnerin zeigt sich in der Anspielung auf die mangelnde Körperpflege („die Körperpflege bedingt zu vollziehen") und wird in der Formulierung „springen so drumrum" bildhaft ausgedrückt, die auf den (aus Sicht der deutschen Schule) planlosen Charakter des Miteinanders zwischen türkischen Eltern und Kindern abhebt. Basierend auf Kulturdifferenztheorien werden Stereotype in Bezug auf die „südländische Mentalität" (im Sinne von: „mit der Wahrheit nicht so genau nehmen", „übertreiben") und Gewalttätigkeit und Machismo als Teil der männlichen Sozialisation angeführt. In der Schule führe dies zu Verhaltensauffälligkeiten und Disziplinproblemen. Verstärkt würden diese Disziplinprobleme durch den allgemeinen Mangel an Konsequenz, den die türkischen Kinder von ihren Eltern erführen. Mit dieser psychischen Struktur seien die türkischen Kinder für Lern- und Disziplinprobleme im Unterricht prädestiniert, da sie die grundlegenden Spielregeln nicht kennen könnten. Dadurch forderten sie von den Lehrkräften besondere Erziehungsanstrengungen („ganz klar die Regeln und Grenzen setzen"), was bei deutschen Kindern weniger erforderlich sei („wissen, was Grenzen heißen"). Beim Versuch, ihre Erfahrungen etwas zu relativieren, verstärkt die Interviewpartnerin die Konstruktion eines Modernitäts- und Machtgefälles zwischen der deutschen und der türkischen Kultur, etwa im Gegensatzpaar von *irrationalem türkischen* und *vernünftigem deutschen* Erziehungsverhalten. Der Bezugspunkt dieser Konstruktionen sind die Normalitätserwartungen einheimischer, christlich sozialisierter Mittelschichtfamilien. Weit davon entfernt, als gleichberechtigte Partner in Bezug auf die Lernentwicklung der Kinder angesehen und behandelt zu werden, stellen die Eltern in einer solchen Konzeption von Elternarbeit zu passiven Rezipienten eines gesicherten institutionellen Wissens dar.

Solche kulturalisierenden Zuschreibungen haben im Diskurs über die Autonomisierung der Schule eine besondere Brisanz. Viele der im zweiten Kapitel referierten Studien zeigen, dass in der Rhetorik von „Partnerschaft" und „Kooperation" Eltern auf neue Weise zum Objekt der Schule werden – je nach sozialer und ethnischer Herkunft jedoch auf unterschiedliche Weise. Im folgenden Zitat werden Erwartungen an Eltern formuliert, die über deren rechtliche Pflichten hinausgehen:

„Bei Kindern, die schwach sind im Unterricht, bei türkischen Eltern, da erwarte ich schon mal öfter, dass sie sich morgens, wenn sie nicht arbeiten müssen, oder wenn sie halt Zeit haben, einfach nur in den Unterricht mit reinsetzen, da sind" (F., Klassenlehrerin; I/312-315).

Während deutsche Eltern stärker in den Gremien vertreten sind, die das Schulleben aktiv mitgestalten (z.B. Förderverein, Stammtische, Schulpflegschaft), treten türkische eher bei Festen in Erscheinung, sowie in den Angeboten zur Beratung:

„Die Beteiligung türkischer Eltern an den Stammtischen hat aber dann irgendwie ziemlich stark nachgelassen. [...]. Türkische Eltern arbeiten bei Schulfesten stark mit, aber ein Kneipenabend ist schwierig, auch wegen der Ernährung [...] Aber ich denke, das Hauptproblem ist, dass die türkischen Eltern sich nicht so in Gespräche einbringen können, soziale Barrieren" (H., Klassenlehrer; I/254-306)

Im Zitat wird die fehlende Beteiligung von Eltern türkischer Herkunft an von der Schule initiierten Stammtischen für Eltern sowohl mit unterschiedlichen Ernährungsgewohnheiten als auch mit sprachlichen und sozialen Barrieren erklärt. Auffallend ist, dass nicht nach Lösungen gesucht wird, die den Bedürfnissen aller Eltern entsprechen (z.B. Hinterfragen des „Stammtisches" als geeignete Form für ein Treffen, Treffen in Gemeinderäumen statt in Gaststätten). Ähnlich argumentiert die Schulleiterin:

> „Die Bedürfnisse der ausländischen Eltern liegen im Regelfall etwas anders. Dafür gibt es aber andere Angebote, wie Deutschkurse und Gesprächskreise für ausländische Eltern. [...] Wir haben die Erfahrung gemacht, man kann diese Menschen nicht zwangsweise miteinander verbinden. [...] Das sind einfach kulturelle Unterschiede, die wir akzeptieren müssen, an denen können wir arbeiten. Wichtig ist das Gespräch. Ich muss den anderen nicht lieben, aber ich muss ihn achten." (B., Schulleiterin; III/204-236)

Im Zitat werden im Rückgriff auf Kulturdifferenz- und Kulturkreistheorien Separierungen innerhalb der Elternschaft mit unterschiedlichen Bedürfnissen gerechtfertigt. Die Interviewpartnerin argumentiert, dass die kulturelle Identität Privatsache sei, demnach seien kulturelle Unterschiede von der Schule erst einmal zu akzeptieren („man kann diese Menschen nicht zwangsweise miteinander verbinden"), zugleich sei im Gespräch kontinuierlich an der Verbesserung des Kontaktes zu arbeiten und eine Haltung des gegenseitigen Respekts anzustreben. Dass durch die in der Schule praktizierten Formen des Einbezuges und der Zusammenarbeit mit Eltern diese Separierungen aktiv hervorgerufen werden, kann in dieser Perspektive ausgeblendet bleiben.

Beide Zitate verweisen generell auf die prekäre Grenze zwischen öffentlichem schulischem Auftrag und dem privaten Bereich in der Zusammenarbeit zwischen Schule und Eltern. Sichtbar wird die einseitige Ausrichtung der Elternarbeit in der Nordpark Schule: Die Schule ergreift klar und engagiert die Initiative, wenn es um sozialpädagogische und beratende Handlungsbereiche geht. Sie fühlt sich jedoch nicht dafür zuständig, Strukturen zu fördern, die auf eine gleichberechtigte Mitsprache und Partizipation der Migrantinnen und Migranten zielen. Auf diesem Hintergrund werden Eltern mit Migrationshintergrund und aus unterprivilegierten sozialen Gruppen tendenziell von den Entscheidungsprozessen in der Schule abgekoppelt und in die Rolle von Klientinnen und Klienten gedrängt.

4.5.5 Erstes Zwischenfazit

Die Reichweite der untersuchten Strategien als Instrument für geplanten institutionellen Wandel werden an späterer Stelle im zusammenfassenden Vergleich (Kapitel 7) genauer herausgearbeitet. In diesem kurzen Zwischenfazit ist zunächst einmal festzuhalten, dass die Nordpark-Schule unter der Leitidee der Schulöffnung im Laufe der Jahre eine Vielzahl kreativer Lösungen entwickelt hat, mit der die Lehrerinnen und Lehrer versuchen, der sprachlich, religiös und kulturell heterogenen Schüler-, Eltern- und Nachbarschaft im Stadtteil besser gerecht zu werden und dabei vielfältige Ressourcen im Stadtteil zu erschließen. Als zentrale Interventionsfelder erweisen sich der Bereich der außerunterrichtlichen Lern- und Freizeitangebote, die Gestaltung des

Schullebens als Raum für soziales Lernen, Öffnung des Unterrichts, Deutschförderung und der Einbezug und die Zusammenarbeit mit Eltern.

Grob betrachtet bewegt sich die pädagogische Entwicklungsarbeit zwischen den Polen sozialen und interkulturellen Lernens auf der einen Seite und der gezielten Gestaltung der schulischen Strukturen und Prozesse, um den konkreten Bedürfnissen und Problemlagen in Schule und Stadtteil besser gerecht zu werden, auf der anderen Seite. Dabei ließ sich herausarbeiten, dass die Initiativen primär vom Prinzip der kompensatorischen Förderung und von Theorien der Kulturdifferenz und begegnungsorientierten Konzepten interkultureller Pädagogik untermauert sind. Etwas überspitzt formuliert weisen sie mit zunehmender Nähe zu den Kernbereichen des schulischen Handelns umso stärker den Charakter des Zusätzlichen und Besonderen auf. Ansatzweise wird diese Stoßrichtung zugunsten einer allgemeineren Berücksichtigung der Pluralität auch in Handlungsbereichen, die das schulische Lernen unmittelbar betreffen, durchbrochen. Aber generell wird die Frage des (ungleichen) Schulerfolgs der Kinder mit Migrationshintergrund mit der Entwicklungsarbeit kaum in Beziehung gesetzt.

In den aufgezeigten Spannungen im Schulhaus manifestiert sich die Überlagerung der Schulentwicklungsansätze der 1980er Jahre, die stärker von der Idee der *Community Education* und pluralistischen Erziehungskonzepten geprägt sind, vom Qualitätsdiskurs der späten 1990er Jahre, in dem die Verbesserung der Leistungsresultate im Vordergrund steht. Während in der Schuluntersuchung vielfältige Ansatzpunkte und Möglichkeiten sichtbar werden, beide Aspekte zu verbinden, deutet sich de facto die Gefahr an, dass die teilweise sehr erfolgreiche Praxis unter dem Primat eines „Differenz-blinden" Leistungsdiskurses gänzlich verloren gehen könnte. Dabei würden sich zweifellos die Risiken für vielfältige Formen der institutionellen Diskriminierung vergrößern – umso mehr, je stärker der äußere Druck auf die Schule durch Leistungserwartungen von Eltern, verschärften Wettbewerb mit anderen Schulen und Selektionstendenzen der aufnehmenden Sekundarschulen steigt.

5. „Qualität in multikulturellen Schulen" (QUIMS) – ein Projekt der Volksschulreform im Kanton Zürich

Das fünfte Kapitel lenkt den Blick auf die Volksschulreform im Schweizer Kanton Zürich, in deren Zentrum – vergleichbar mit den Strukturreformen in den deutschen Bundesländern – die Einführung der teilautonomen Schule steht. Im Unterschied zu Deutschland zeichnet sich das Vorgehen der Zürcher Behörden dadurch aus, dass die sprachliche und kulturelle Pluralisierung in Klassenzimmern und Schulhäusern bei der Einführung der Teilautonomie explizit berücksichtigt wird. Mit dem Projekt „Qualität in multikulturellen Schulen" (QUIMS), das als eines von 14 Teilvorhaben einer Gesamtreform der Zürcher Volksschule konzipiert worden war, versucht der Kanton, die veränderten Ausgangsbedingungen der Volksschule infolge der Migration von Anfang an in die Strukturreformen einzubeziehen.

Die Länderstudie ist analog zum vierten Kapitel aufgebaut. Im Mittelpunkt steht – nach einer kurzen Skizze der einwanderungs- und schulpolitischen Rahmenbedingungen auf gesamtschweizerischer Ebene und im Kanton Zürich – die Darstellung des QUIMS-Projekts. Da sich dieses noch in der Anfangsphase befindet, gibt es zur pädagogischen Nachhaltigkeit und zu den Auswirkungen auf die Bildungschancen zur Zeit noch keine aussagekräftigen Befunde. Aus demselben Grund liegt der Schwerpunkt der exemplarischen Fallstudie einer am QUIMS-Projekt beteiligten Primarschule auf dem Prozess des Einstiegs in die Schulentwicklung.

5.1 Soziale und politische Veränderungen im Kontext der Migration

Die Schweiz ist im Ausland als Einwanderungsland weniger bekannt als für ihre lebendige kulturelle Vielfalt, die aus der föderalistischen Staatsstruktur mit Freiräumen für die Kantone und authochthonen Minderheiten resultiert (vgl. Poglia 1995, 19f.).[108] In ihrem Selbstverständnis als ethnisch pluraler Nationalstaat hat das Land einen eigenen sowohl von der deutschen als auch von der französischen Tradition abweichenden nationalen Mythos. Die Nation wird nicht als ethnische Gemeinschaft verstanden, sondern als Gemeinsamkeit von Institutionen, Geschichte und Interessen (vgl. Heckmann 1994, 20f.). Das Schweizerische Bürgerrecht basiert dennoch auf dem *ius sanguinis* und ist ähnlich restriktiv wie in Deutschland. Das „Bundesgesetz über Aufenthalt und Niederlassung der Ausländer" (ANAG) aus dem Jahr 1931 bestimmt als Kriterium für die Zulassung allein die „geistigen und wirtschaftlichen Interessen sowie den Grad der Überfremdung des Landes" (zit. n. Wimmer 1998, 207).[109]

---

[108] 1990 verteilten sich die vier Landessprachen auf die Gesamtbevölkerung wie folgt: Deutsch 63,7%, Französisch 19,2%, Italienisch 7,6% und Rätoromanisch 0,6%; sonstige 8,9%. Die Amtssprachen auf Bundesebene sind Deutsch, Französisch und Italienisch (vgl. EDK 1996, 1).
[109] Zur Geschichte der Einwanderung in der Schweiz vgl. Vuilleumier (1987).

Vor dem ersten Weltkrieg erreichte der Ausländeranteil 15,4%. Bei den Zugewanderten handelte es sich größtenteils um Arbeitsmigrantinnen und -migranten aus Deutschland, Italien, Frankreich und Österreich, die in der rasch wachsenden Textil- und Metallindustrie und im Baugewerbe gebraucht wurden (vgl. Mahnig/Wimmer 1998, 4). Damals herrschte eine im Vergleich zu heute erstaunliche Freizügigkeit gegenüber Migrationsbewegungen. Freundschaftsverträge mit den Nachbarländern regelten den Austausch von Arbeitskräften und garantierten die Niederlassungs- und weitgehende Berufs- und Bewegungsfreiheit.

Dennoch beherrschte auf dem Hintergrund der rapiden Urbanisierung und demographischen Veränderungen bald das Problem der „Überfremdung" die öffentliche Diskussion (vgl. D'Amato 1998, 201). Während der Bundesrat noch 1914 einen Gesetzesentwurf zur Einführung des *ius soli* vorlegte, wurden unter dem Kriegsrecht strenge Kontrollen und Begrenzungen der Einwanderung installiert (z.B. Schaffung des Zentralen Fremdenpolizeibüros), um „Profiteure", „Spione", „Revolutionäre" und unkontrollierbare Flüchtlingsströmen abzuwehren. Infolge dieser Politik ging der Ausländeranteil zwischen dem ersten und dem zweiten Weltkrieg stark zurück. In Einbürgerungsangelegenheiten gewannen die „Rassenfrage" und antisemitische Motive an Bedeutung (vgl. Tanner 1998; D'Amato 1998).

Nach 1945 profitierte die Schweiz mit ihren vom Krieg unversehrten Produktionsstrukturen rasch von den ökonomischen Bedürfnissen der Nachbarländer. Bereits 1948 wurde ein erstes Anwerbeabkommen mit Italien unterzeichnet. Die Anwerbung von Arbeitskräften erfolgte auf der Grundlage des Rotationsprinzips. Den ausländischen Arbeiterinnen und Arbeitern wurde weder der Familiennachzug noch eine Arbeitslosen-, Alters- und Hinterbliebenenversicherung oder der Anspruch auf einen Stellenwechsel garantiert (vgl. Wimmer 1998, 211). Das Ausländerkontingent sollte zudem als Krisenpuffer dienen und sich von den rechtlichen Grundlagen her leicht an die Bedürfnisse des Arbeitsmarktes anpassen lassen.

Mit dem so genannten „Italienerabkommen" (1964) erfolgte die Abkehr vom Rotationskonzept. Neben dem Familiennachzug fasste die Politik erstmals eine schrittweise Integration ins Auge. Das Abkommen führte zu hitzigen Debatten an den Stammtischen. 1964 setzte eine Serie von Gesetzesinitiativen[110] ein, in denen Schweizer Bürgerinnen und Bürger die massive Beschränkung der Einwanderung oder gar die Zwangsausweisung niedergelassener Ausländerinnen und Ausländer forderten. Zwar wurden Volksinitiativen mit ausländerfeindlichen Inhalten letztlich immer abgelehnt, doch sie übten auf die Regierung genügend Druck aus, um die Politik in eine restrikti-

---

110 In der Schweiz können politische Bewegungen die staatliche Politik mit den Mitteln der direkten Demokratie relativ schnell und nachhaltig beeinflussen. Die wichtigsten Elemente sind die *Volksinitiative* und das *Referendum* (auf nationaler und lokaler Ebene). Eine Volksinitiative muss, um Erfolg zu haben, in 18 Monaten 100.000 Wähler-Unterschriften sammeln (auf Stadt-Ebene 4000). Per Referendum kann jedes im Parlament angenommene Gesetz einer Volksabstimmung unterworfen werden, wenn nach seiner Verabschiedung 50.000 Stimmen gesammelt wurden (auf Stadt-Ebene 4000) (vgl. Mahnig/Wimmer 1998, 24; Mahnig 1999, 34).

vere Richtung zu lenken (z.B. Verabschiedung der „Begrenzungsverordnung" 1970, die eine Kontingentierung der erstmaligen Aufenthaltsbewilligungen sowie die Inländerbevorzugung bei der Besetzung offener Stellen vorschreibt; Einrichtung des „Zentralregisters für Ausländer" 1972; vgl. Wimmer 1998, 215).[111] Zur Zeit des konjunkturellen Einbruchs von 1974 mussten 190.000 Zugewanderte die Schweiz verlassen. Ein ähnliches Phänomen wiederholte sich in abgeschwächter Form 1982/83.

In den 1980er Jahren gewann der Begriff der „multikulturellen Gesellschaft" im politischen Diskurs an Einfluss. Vorstöße zur Ausweitung der zivilen Rechte der Migrantinnen und Migranten scheiterten jedoch immer wieder am Abstimmungsverhalten der Schweizer Bürgerinnen und Bürger. Die „Mitenand-Initiative", ein breites Bündnis für eine „menschlichere Ausländerpolitik" (vgl. Sprenger 1999, 275), die unter anderem die Abschaffung des Saisonniers-Status forderte, wurde 1981 von einer starken Mehrheit zurückgewiesen. Auch Vorstöße zur erleichterten Einbürgerung für Zugewanderte der zweiten Generation und zur Einführung des Stimm- und Wahlrechts für Ausländer und Ausländerinnen auf kantonaler Ebene blieben ohne Erfolg. 1990 ließ sich lediglich das doppelte Staatsbürgerrecht durchsetzen, das weitere Liberalisierungsvorschläge im Bürgerrechtsbereich nach sich zog (vgl. D'Amato 1998, 230ff.).

Ab Mitte der 1980er Jahre stiegen die Ausländerzahlen durch den Nachzug von Familien und durch zunehmende Asylmigration erneut.[112] Auf dem Hintergrund der sich verschlechternden wirtschaftlichen Lage nahmen Fremdenfeindlichkeit und rassistische Gewalt in vielen Ausdrucksformen zu (vgl. Stutz 1998, 11ff.). Verstärkt wurden diese Strömungen durch das 1991 verabschiedete „Drei-Kreise-Modell", das die Zulassung von Einwandernden von ihrer Herkunft abhängig machte und auf der Unterscheidung zwischen „kulturnahen" oder „kulturfernen Ländern" basierte (ebd.).

Das Engagement antirassistischer Initiativen trug dazu bei, dass im September 1994 ein neuer Strafrechtsartikel gegen Rassismus in einer Volksabstimmung angenommen wurde. Dieser ebnete den Weg zur Ratifizierung der Internationalen Konvention zur Beseitigung jeder Form von Rassendiskriminierung. 1995 setzte der Bund die Eidgenössische Kommission gegen Rassismus (EKR) ein, die in einem ersten Bericht an den UNO-Ausschuss (EKR 1996) neben Formen direkter Diskriminierung auch den Tatbestand der indirekten Diskriminierung ahndet.[113] Vom „Forum gegen Rassismus", einer

---

111 Eine der wichtigsten ersten Initiativen gegen die „Überfremdung" wurde 1970 mit knapper Mehrheit abgelehnt, noch ohne Beteiligung der Frauen (!), denen das Stimm- und Wahlrecht auf Bundesebene erst 1971 zuerkannt wurde. Gianni D'Amato (1998, 212) zählt ab 1970 14 weitere Abstimmungen mit ausländerpolitischem Inhalt.
112 Die Asylgesuche stiegen von 9.703 im Jahr 1985 auf 41.600 1991 an; nach zwischenzeitlich starken Rückgang nehmen die Asylanträge seit 1997 wieder zu (vgl. Mahnig/Wimmer 1998, 8).
113 Die EKR „fördert eine bessere Verständigung zwischen Personen unterschiedlicher Rasse, Hautfarbe, Abstammung, nationaler oder ethnischer Herkunft, Religion, bekämpft jegliche Form von direkter oder indirekter Rassendiskriminierung und schenkt einer wirksamen Prävention besondere Beachtung. [...] Sie analysiert konkrete Tatbestände in der Schweiz sowie ihre individuellen und gesellschaftlichen Auswirkungen" (EKR 1999, 11).

Nicht-Regierungs-Organisation (NGO), wurde ein umfassender Zusatzbericht vorgelegt, der noch stärker den Blick auf rassistische Diskriminierungen im staatlichen Bereich lenkt (Stutz 1998). Vor allem aufgrund der sinkenden Partizipation von Migrantinnen und Migranten am Arbeitsmarkt wurde zunehmend eine prospektive und kohärente Migrationspolitik gefordert, die sich nicht darauf beschränkt, auf tagespolitische Ereignisse zu reagieren und sich den sozialen Problemen der Einwanderung stellt (vgl. Expertengruppe Migration 1997). Die Annahme eines Artikels zur Integration in das ANAG im Juni 1998 gibt dem Bund die Möglichkeit, lokale Integrationsprojekte zu fördern (vgl. Mahnig/Wimmer 1998, 29). 1998/99 wurde das Drei-Kreise-Modell durch ein duales System ersetzt, das bis zur Verabschiedung eines neuen Ausländergesetzes die Einwanderung aus den Ländern der EU/EFTA vereinfachen soll, jedoch an der restriktiven Haltung gegenüber Bürgerinnen und Bürgern anderer Staaten festhält. Die größeren Städte entwickelten Ende der 1990er Jahre neue zusammenfassende Ansätze zur Eingliederung der Eingewanderten in Form von „Integrationsleitbildern" (vgl. z.B. Wicker et al. 1996; Der Stadtrat von Zürich 1999). In den Integrationsleitbildern wird dem Bereich Schule und Bildung eine herausragende Bedeutung für ein gutes Zusammenleben in einer von Pluralität bestimmten, demokratisch verfassten Gesellschaft beigemessen. Die vorfindbaren Bildungsungleichheiten zwischen verschiedenen Bevölkerungsgruppen und zwischen Schulen werden als gravierendes Risiko für den sozialen Zusammenhalt problematisiert.

Eckdaten zur Migration und zum Schulerfolg von Migrantinnen und Migranten

Im Jahr 1999 lag der Anteil der ausländischen Wohnbevölkerung in der Schweiz bei 21,1% (rund 1,5 Mio.).[114] Obwohl sich der Anteil der Einwandernden aus nichteuropäischen Herkunftsländern seit 1970 von 5% auf 12,5% im Jahr 1999 erhöht hat, stammte eine knappe Mehrheit der Ausländerinnen und Ausländer aus EU- und EFTA-Staaten. Die Nachfolgestaaten des früheren Jugoslawiens (25,5%), Italien (21,7%), Portugal (9,5%) und Deutschland (7,2%) sind die wichtigsten Herkunftsländer (vgl. Bundesamt für Statistik 2000, 14). Fast ein Viertel der ausländischen Staatsangehörigen ist in der Schweiz geboren. 1999 nahm die Schweiz bezogen auf die Gesamtbevölkerung die größte Zahl Asylsuchender in Westeuropa auf (eingereicht wurden 46.100 Asylgesuche; 107.000 Menschen aus dem Asylbereich hielten sich offiziell in der Schweiz auf). Über die Hälfte aller Neueinreisenden waren ethnische Albaner aus dem Kosovo, gefolgt von Staatsangehörigen aus dem Irak, aus Bosnien-Herzegowina, der Türkei und Sri Lanka (vgl. ebd.).

In Abhängigkeit vom Urbanisierungsgrad, der Wirtschaftsstruktur und der Distanz zur Landesgrenze schwankt der Ausländeranteil in den Kantonen zwischen 8% (Uri) und 38% (Genf). Die höchsten Ausländeranteile finden sich in der französisch- und italienischsprachigen Schweiz und in den industrialisierten städtischen Gebieten, die

---

114 Dieser Prozentsatz umfasst Personen mit zeitlich unbegrenzter Niederlassungsbewilligung, solche mit mindestens einjähriger befristeter Aufenthaltsbewilligung und Asylsuchende.

niedrigen Quoten in den ländlichen Regionen der Deutschschweiz (vgl. ebd., 37). Der Anteil der Ausländerinnen und Ausländer auf dem Arbeitsmarkt übersteigt seit den 1960er Jahren stets 20% und liegt heute bei ca. 25% (inklusive Grenzgängerinnen und Grenzgänger). Ausländerinnen und Ausländer sind vor allem im Industrie- und im Dienstleistungssektor beschäftigt. 1999 wurden unter den Ausländerinnen und Ausländern 5,8% Arbeitslose gezählt, im Vergleich zu 1,8% bei den Schweizerinnen und Schweizern (ebd., 193).

Im Pflichtschulbereich (Primarstufe und Schultypen der Sekundarstufe I) ist die Quote der Ausländerinnen und Ausländer seit 1980 nahezu kontinuierlich gestiegen.[115] 1999/2000 besaßen 22,9% der Kinder einen ausländischen Pass, in der Sekundarstufe II lag die Quote bei 16,5% (ebd., 668). Der bei weitem größte Teil dieser Gruppe kam aus dem ehemaligen Jugoslawien, gefolgt von der Kategorie „Andere", Italien, Portugal und der Türkei. Die ausländischen Schülerinnen und Schüler im Pflichtschulbereich verteilten sich zu 55,8% auf die Primarstufe, zu 14,4% auf Schulen der Sekundarstufe I mit Grundansprüchen[116], zu 11,5% auf die Sekundarschule I mit erweiterten Ansprüchen, zu 6% auf integrierten Schultypen der Sekundarstufe I und zu 12,2%[117] auf die Sonderschulen und -klassen.

Einschlägige Untersuchungen verweisen seit Jahren auf die erheblich niedrigeren Bildungschancen sowohl junger Ausländerinnen und Ausländer aus dem „Süden" gegenüber Schweizer Jugendlichen als auch der Angehörigen der zweiten gegenüber jenen der ersten Immigrationswelle (vgl. EDK 2000, 17ff.). In den letzten Jahren nehmen Jugendliche aus dem ehemaligen Jugoslawien, der Türkei oder Portugal sichtlich weniger an den höher qualifizierenden Bildungsgängen teil als Gleichaltrige aus der Schweiz, Italien oder Spanien. Diese Gruppen weisen allgemein eine höhere Wiederholungsquote auf als ihre Schweizer Mitschülerinnen und Mitschüler. In der Sekundarstufe I sind sie in den niedrigen Ausbildungsgängen überproportional vertreten. 1999 befanden sich 23,8% der Schweizer Schülerinnen und Schüler auf einer Sekundarschule mit niedrigem Anforderungsniveau, während von der Gruppe der Ausländerinnen und Ausländer mit 45,2% fast die Hälfte diese Schulform besuchte. Während von den Schweizer Kindern und Jugendlichen 62,5% die Sekundarschulen mit erweiterten Ansprüchen besuchten, waren es bei den ausländischen Schülerinnen und Schülern lediglich 36%. Bei den integrierten Schulformen fiel die Diskrepanz sichtlich geringer aus (13,7% der Schweizer vs. 18,8% der ausländischen Schülerinnen und Schüler) (vgl. Bundesamt für Statistik 2001, 668).

---

115 Die Gruppe der Schülerinnen und Schüler mit ausländischem Status umfasst ein heterogenes Spektrum von Kindern mit ausländischem Pass und einem schweizerischen Elternteil, Kindern von ausländischen Eltern, die selbst ihr ganzes Leben in der Schweiz verbracht haben bis zu Kindern, die neu eingewandert sind. In den Statistiken wird z.T. zwischen „ausländischen" und „fremdsprachigen" Schülerinnen und Schülern unterschieden. In schulpolitischen Dokumenten und in der Umgangssprache wird eher der Begriff „fremdsprachig" verwendet.
116 Realschule; vgl. 5.2.1.
117 Klassen 11-13; vgl. 5.2.1.

Kinder aus Einwandererfamilien sind in den Sonderklassen und Sonderschulen überdurchschnittlich vertreten. 1999 besuchten 4,2% der Schweizer Kinder eine Sonderklasse/-schule im Vergleich zu 12,2% der Zugewanderten. Von den Kindern mit Migrationshintergrund in Klassen mit besonderem Lehrplan besuchten 1997/98 lediglich 15% eine Klasse zum Spracherwerb – dreieinhalb mal mehr wurden in Sonderklassen für Lernbehinderte unterrichtet (vgl. Kronig et al. 2000, 20). Diese Globalzahlen überdecken große kantonale und lokale Unterschiede. Betrachtet man die nationale Zugehörigkeit, so ist in den vergangenen Jahren ein starker Rückgang der Kinder italienischer Herkunft festzustellen. Sie wurden in ihrer „traurigen Spitzenposition" von den Kindern aus dem ehemaligen Jugoslawien abgelöst (ebd., 14ff.).

5.2 Das Schulsystem in der Schweiz

In der Schweiz gilt das Bildungswesen, besonders die Pflichtschule und die Vorschule, als wichtiger föderalistischer Politikbereich, wobei der Föderalismus sehr viel ausgeprägter ist als in Deutschland. Das Konkordat über die Schulkoordination zwischen den Kantonen aus dem Jahr 1970 sieht eine weitaus geringere Koordination zwischen den Kantonen vor als dies in der Bundesrepublik angestrebt wird. Die ausgeprägte Vielfalt der Schulstrukturen wird dadurch verstärkt, dass die Kantone in vier verschiedenen Sprach- und Kulturregionen angesiedelt sind, so dass es angemessen ist, von 26 kantonalen Bildungs- und Schulsystemen zu sprechen (OECD 1991; von Blumenthal 1991; Allemann-Ghionda 1999).[118]

Für die Schulversorgung der altansässigen und zugewanderten Minoritäten gibt es ebenfalls keine bindenden Regelungen auf nationaler Ebene. Bei differenten Schulsystemen, sozio-strukturellen Gegebenheiten und politischen Kräfteverhältnissen wurden in den Kantonen recht unterschiedliche Vorkehrungen getroffen. Während das Schweizerische Bildungswesen in der Vergangenheit als wenig reformfreudig galt, vollziehen sich seit Anfang der 1990er Jahre tiefgreifende Umgestaltungen der öffentlichen Schule.

5.2.1 Grundzüge der Pflichtschule

Die *Pflichtschulzeit* dauert in den meisten Kantonen neun Jahre und umfasst die Primarstufe und die Sekundarstufe I. Die *Primarstufe* wird in den meisten Kantonen sechsjährig geführt.[119] Der Unterricht findet am Vor- und Nachmittag statt. Zentrale Reformen in den 1980er und 1990er Jahren betreffen den Mathematikunterricht und

---

118 Die Schweizer Kantone sind zwar hinsichtlich der Kompetenzen im Bildungswesen, nicht jedoch in ihren inneren Strukturen, ihrer Fläche und ihrer Bevölkerung mit den Bundesländern in Deutschland zu vergleichen. 1992 lagen die Bevölkerungszahlen in den Kantonen zwischen 14.000 und 1.150.000 Einwohnerinnen und Einwohnern.
119 In den Kantonen Aargau, Bern, Basel-Land und Neuenburg dauert die Primarstufe 5, in Basel-Stadt und Waadt 4 Jahre (vgl. EDK 1996).

die Vorverlegung der Einführung der ersten Fremdsprache.[120] Die Lehrerschaft verfügt traditionellerweise über große Spielräume in der Wahl der Unterrichtsinhalte und der didaktischen Methoden. Vor dem Eintritt in die Grundschule besuchten Mitte der 1990er Jahre etwa 99% aller Schweizer Kinder eine Einrichtung der *Vorschulerziehung* (vgl. EDK 1996). Der ein- bis zweijährige Besuch des *Kindergartens* in der Deutschschweiz bzw. der *école infantine* oder *scuola dell'infanzia* (Kinderschule) in der Westschweiz bzw. im Tessin ist fakultativ und unentgeltlich. Spielen steht im Mittelpunkt der Kindergarten-Erziehung, während die Vorschule in den frankophonen und italophonen Landesteilen das frühe Lernen betont. In den letzten Jahren wird die Zusammenführung des Kindergartens mit den ersten beiden Jahren der Grundschule zu einer *Basisstufe* diskutiert, um den Schuleintritt flexibler und kindgerechter zu gestalten und im integrierten Unterricht individuell gezielter zu fördern (vgl. EDK 2000). Die *Aufsicht und Betreuung* in Schweizer Schulen beschränkt sich üblicherweise auf die Unterrichtsstunden. Mittags kehren die Schülerinnen und Schüler in der Regel nach Hause zurück.

Zur Abschwächung der Selektivität beim *Übertritt von der Grundschule in die Sekundarstufe* zielten Reformen in den 1990er Jahren darauf, die Verfahren der Schülerbeurteilung durch Verzicht auf Noten in den ersten Jahren der Grundschule sowie allgemein durch breiter abgestützte, pädagogisch fundierte Beurteilungen zu verbessern (einschließlich engerer Zusammenarbeit mit den Eltern). Bei der Neuregelung von Übertrittsverfahren sollte auch die Selektivität der aufnehmenden Schulen, die bis dahin punktuelle Übertrittsprüfungen durchführten, zugunsten der stärkeren Berücksichtigung von Elternwünschen, Empfehlungen der abgebenden Schulen und nichtfachlicher Beurteilungsgesichtspunkte (z.B. Arbeits-, Lern- und Sozialverhalten) abgeschwächt werden (vgl. Mayer 1994, 358f.).

Im Aufbau der *Sekundarstufe I* wird die Vielfalt der kantonalen Schulstrukturen besonders deutlich. Die Sekundarstufe I umfasst, je nach Dauer der Primarstufe zumeist drei, zum Teil aber auch vier oder fünf Jahre. In den meisten Kantonen gliedert sie sich in drei Schulzüge: Schultypen mit *Grundansprüchen* (Realschule) bereiten auf die allgemeine Berufsausbildung vor, Abteilungen mit *erweiterten und höheren Ansprüchen* auf die höheren Berufsausbildungen oder die Maturitätsschulen[121] (Klassen 10 bis 13). In einigen Kantonen kommt die Unterstufe des Gymnasiums als separater Zweig hinzu (*"Untergymnasium"*). Versuche zur Einführung einer Gesamtschule sind, von einigen Ausnahmen abgesehen, über die Testphase nicht hinausgekommen. Um die Durchlässigkeit zwischen den Schulformen und die Korrigierbarkeit von Schullaufbahnentscheidungen zu erhöhen, haben einige Kantone unterschiedliche Orientierungsphasen eingeführt (Genf, Basel-Stadt). Die Eidgenössische Kommission der kan-

---

120 Die je nach Kanton im 3. bis 6. Grundschuljahr eingeführte erste Fremdsprache ist Französisch in der Deutschschweiz sowie in den Kantonen Tessin und Graubünden und Deutsch in der französischen Schweiz (vgl. Allemann-Ghionda 1999, 269).
121 Die Maturität entspricht der Hochschulreife in Deutschland.

tonalen Erziehungsdirektoren (EDK) hat Mitte der 1990er Jahre allen Kantonen zur Reform der Sekundarstufe I geraten und kooperative oder integrierte Modelle als Alternative empfohlen (vgl. EDK 1995).

Zum postobligatorischen Schulbereich gehören die allgemeinbildenden Schulen (*Maturitätsschulen* oder *Gymnasien, Diplom-Mittelschulen*[122] und die sich im Zuge der Reformen der Lehrerbildung in der Auslaufphase befindlichen *Lehrerbildungsinstitutionen*) sowie die Zweige der dualen und schulischen *Berufsbildung*. Während der Besuch der Pflichtschule unentgeltlich ist, ist auf der Sekundarstufe II ein Beitrag an Lehrmitteln und teilweise auch an Schulgeld erforderlich. Die Gymnasialausbildung ist grundsätzlich sehr selektiv organisiert.

Jeder Kanton verfügt über verschiedene Typen von „*Schulklassen mit besonderem Lehrplan*"[123] für verschiedene Probleme in den Bereichen Lernstörungen, Verhaltensstörungen, körperliche und geistige Behinderung und chronische Krankheiten.[124] Der Unterricht für Schülerinnen und Schüler mit Lernstörungen erfolgt in den deutschsprachigen Landesteilen eher in Form separater Angebote (Sonderklassen, Sonderschulen) und in den romanischen tendenziell eher integriert (vgl. Allemann-Ghionda 1999, 265 sowie 445ff.).[125] Dadurch, dass im Schweizer Sonderschulwesen die speziellen Förderklassen für neu zugewanderte Kinder („Anpassungs-", „Aufnahme-", „Fremdsprachenklassen", „classes d'accueil") zu den Klassen mit besonderem Lehrplan gezählt werden, werden Fremdsprachigkeit und Migration begrifflich wie organisatorisch unmittelbar in die Nähe der *Lernbehinderung* (!) gerückt. In den 1990er Jahren wurden in fast allen Kantonen Schulformen zur gemeinsamen Unterrichtung behinderter und nicht-behinderter Kinder eingerichtet. Bei den insgesamt steigenden Quoten der Schülerinnen und Schüler, die eine Sonderklasse oder eine Klasse mit besonderem Lehrplan besuchen, wird die Bedeutung der Integrationsentwicklung jedoch noch als gering eingeschätzt (vgl. Kronig et al. 2000, 66ff.).

5.2.2 Steuerung, Finanzierung und Organisation

In der Schweiz gilt das Bildungswesen, besonders die Pflichtschule und die Vorschule, als wichtiger föderalistischer Politikbereich. Das Konkordat über die Schulkoordination zwischen den Kantonen aus dem Jahr 1970 sieht eine weitaus geringere Koordina-

---

122 Schulen der allgemeinen Bildung mit niedrigeren Standards als das Gymnasium.
123 Bei den Schulklassen mit besonderem Lehrplan wird zwischen „Kleinklassen" und „Sonderschulen"/"Sonderklassen" unterschieden, wobei die Begriffe zumeist synonym gebraucht werden. Die Unterscheidung geht auf die Finanzierungsstruktur zurück: Die verschiedenen Typen von Kleinklassen werden von den Kantonen und Gemeinden finanziert, die Sonderschulen und –klassen aus Beiträgen der Eidgenössischen Invalidenversicherung (Kronig et al. 2000, 20).
124 Die Klassifikation der Schweizerischen Zentralstelle für Heilpädagogik wurde in die Schulstatistiken des Bundes übernommen.
125 Neben Sonderklassen und Sonderschulen existiert in der Schweiz ein extensives System von um den Regelunterricht gelagerten Förder- und Unterstützungsdiensten (Sprachtherapie, Hilfen für dyslektische Kinder, Dyskalkulietherapie, Physiotherapie usw.; vgl. Bühler-Niederberger 1991).

tion zwischen den Kantonen vor als dies in der Bundesrepublik angestrebt wird,[126] mit dem Ergebnis, dass Schweizer Bildungspolitik primär Politik in und zwischen den Kantonen ist.

Nach der Landesverfassung gehören Bildung und Schule fast ausschließlich in den Zuständigkeitsbereich der Kantone und Gemeinden. In gewissen lokalen Belangen ist die bildungspolitische Verantwortung sogar den Schulgemeinden übertragen. Die Kantone können unter anderem in Fragen der Schuldauer, der Lehrmittel, der Lehrerausbildung, dem Zeitpunkt der Selektion in die Sekundarstufe I und der Anzahl der Schultypen auf der Sekundarstufe I eigene Regelungen erlassen. Lediglich die Sekundarstufe II sowie die berufliche Bildung werden wesentlich vom Bund gesteuert.

Der Bund überwacht, dass die Kantone einen ausreichenden und unentgeltlichen Grundschulunterricht gewährleisten. Eidgenössische Gremien mit Koordinierungscharakter, wie die seit 1897 bestehende EDK mit ihren vier Regionalkonferenzen, tragen – in Teilbereichen durch Kompetenzen des Bundes ergänzt – durch die Vermittlung von Informationen, Erfahrungsaustausch, Vereinbarungen und Empfehlungen zur fortwährenden Anpassung einer gemeinsamen Grundlage bei. Ihre Beschlüsse sind nicht bindend, sondern versuchen die einzelnen Partner zu überzeugen.

Die Leitung und Administration des Schulwesens unterliegt der kantonalen Exekutive mit ihren *Erziehungsdepartments* als Ministerialstruktur unter der Leitung eines vom Volk gewählten *Erziehungsdirektors*. In vielen Kantonen, wie etwa Zürich, tritt ein *Erziehungsrat* hinzu, der von den Kantonsparlamenten entsprechend der Parteienstärke gewählt wird. Er berät das *Erziehungsdepartment* und nimmt in den deutschsprachigen Kantonen zusätzlich Verwaltungsaufgaben wahr. Die kantonalen Bildungsverwaltungen sind in der Regel relativ klein geblieben und flach organisiert. *Pädagogische Arbeitsstellen* sind für die Bereiche Statistik, Forschung, Dokumentation sowie die Entwicklung von Lehrplänen und Lehrmitteln zuständig. *Aufsichtsfunktionen* werden nur in den wenigsten Kantonen von hauptamtlichen Schulinspektorinnen und -inspektoren ausgeübt, in einigen Kantonen unterstützt durch Inspektorinnen und Inspektoren aus der Lehrerschaft. Die Schulaufsicht hat ihre Aufgabenbereiche in den 1990er Jahren stark von Kontrollfunktionen zu pädagogischer Beratung fortentwickelt.

Eine Stärke der Schweizer Volksschule ist ihre ausgeprägte Verankerung in den Gemeinden. Die Gemeinden sind unter Mitbeteiligung der Kantone die Träger der Volksschule. Sie finanzieren vor allem im Elementar- und Primarbereich die Gebäude, die Einrichtung, das Lehrmaterial und übernehmen einen Teil der Besoldung des

---

126 Die beigetretenen Kantone verpflichten sich zur Angleichung ihrer Schulgesetzgebung in den folgenden Punkten: Schuleintrittsalter, Schulpflicht, Ausbildungsdauer bis zur Maturität (Abitur) und Schuljahresbeginn. Neben zwingenden Bestimmungen versteht sich das Konkordat v.a. als Instrument zur freiwilligen Zusammenarbeit und Harmonisierung (Anerkennung von Abschlüssen, Zusammenarbeit im Bereich der Planung, Forschung und Schulstatistik etc.) (vgl. EDK 1996, 3).

Lehrkörpers.[127] Neben der Schulaufsicht sind sie für den Schulhausbau sowie die Wahl der Lehrpersonen zuständig; vor allem aber für den Vollzug der kantonalen Schulregelungen. Die wichtigsten lokalen Institutionen sind die *Schulgemeinde* und die *Schulpflege*. Der Schulgemeinde muss nicht mit der politischen Gemeinde identisch sein. Ihr obliegt im Rahmen der kantonalen Gesetze die örtliche Zuständigkeit für die Schule. Sie besitzt eine eigene Steuerhoheit, verabschiedet den Schulhaushalt und bildet eine eigene Behördenstruktur aus, deren wichtigstes Entscheidungsorgan die *Schulgemeindeversammlung* ist. Die lokale Schulpflege, die sich aus gewählten lokalen Politikerinnen und Politikern und aus Laien zusammensetzt, übt neben Aufsichtsfunktionen und dem Vollzug der kantonalen Gesetze und Verordnungen vielfältige Aufgaben aus (Besetzung der Lehrerstellen, Überwachung der Pflichterfüllung durch die Lehrer, Unterstützung der Lehrer, Aufnahme, Schulbesuch und Entlassung von Schulkindern, Sorgen für „gutes Betragen der Jugend" auch außerhalb des Unterrichts, Beobachtung des Unterrichts (Schulbesuche) und Berichtspflicht über den Stand der Schule; vgl. Kussau/Oertel 1997, 368). Durch die besondere Position der Gemeindeschulpflegen, die oft sowohl eine starke lokalpolitische Lobby besitzen als auch mit den pädagogischen und organisatorischen Belangen in den Schulen unmittelbar vertraut sind, erwiesen sich diese in der Vergangenheit als wichtige Vermittlungsinstanz für eine gewisse Anpassung der Schule an die zunehmende sprachliche und kulturelle Pluralisierung (vgl. Rosenmund/Nef 1998; Rosenmund et al. 1999). In der Deutschschweiz gibt es in der Volksschule traditionellerweise keine eigentliche „Schulleiterin" oder „Schulleiter" sondern lediglich das Amt eines Schulhaus-Vorstehers bzw. -vorsteherin als „Gleiche oder Gleicher unter Gleichen", mit dem überwiegend administrative Aufgaben verbunden sind. Das Schweizer Schulsystem ist insgesamt stark von den Strukturen und Mechanismen der direkten Demokratie geprägt, wodurch auch für Eltern traditionellerweise ein erhebliches Mitentscheidungsrecht gegeben ist. Der Ausschluss der ausländischen Eltern von diesen Mechanismen führte zur Entwicklung neuer Formen der Mitsprache und Partizipation (z.B. passives Wahlrecht, Vertretung der ausländischen Eltern in Konsultativkommissionen etc.).

Die einzelnen Schulen verfügten in der Schweiz bis in die 1990er Jahre hinein nur über sehr geringe Gestaltungsspielräume. In den meisten Kantonen wurden fast alle Belange der Volksschule bis ins Detail zentral geregelt (Größe der Klasse, verbindliche Lehrpläne, offizielle Lehrmittel etc.). Ähnlich wie in Deutschland war dagegen der durch die pädagogische Freiheit geschützte Tätigkeitsraum der Lehrkräfte relativ groß. Die Diskussion um die teilautonome Schule kam in der Schweiz in den 1990er Jahren auf, als die wirtschaftliche Rezession und die sich verschärfende fiskalische Krise Reformdruck erzeugten. Die politischen Reaktionen orientierten sich vor allem an der Konzeption des *New Public Management* (NPM) (Dubs 1996), mit deren Hilfe die Verwaltungsführung und -tätigkeiten effektiver und kostengünstiger gestaltet werden

---

[127] Das staatliche Angebot wird durch anerkannte oder subventionierte Privatschulen ergänzt, hauptsächlich jedoch in der Sekundarstufe II.

sollten („Wirkungsorientierte Verwaltungsreform"). In diesem Rahmen wurden Ergebnisse der allgemeinen Bildungs- und Schulforschung aufgegriffen, die nahe legen, dass nicht das Schulsystem die qualitätsrelevante Erklärungsvariable und folglich Bezugsgröße politischer Interventionen sei, sondern dass vielmehr die Einzelschule und die Klassenebene die Schulqualität bestimmten (vgl. z.B. Oelkers 1993; Moser/Rhyn 1997; Fend 1998). Das Gesamtkonzept des NPM in seiner schweizerischen Adaptation propagiert vor allem die

> „Abkehr von ‚staatlicher Regulierung' zugunsten output-orientierter Zielvorgaben mit Steuerung über Globalbudgets und kundenorientierten Leistungsaufträgen im Sinne eines ‚kompetitiven Staates' und einer deutlichen Effizienzsteigerung des öffentlichen Mitteleinsatzes" (Kussau/Oertel 1997, 373f.)

Die schweizerische Variante von NPM umfasst auch Merkmale neoliberaler Staats- und Wohlfahrtsstaatskritik (z.B. Buschor 1997, 149), die im politischen Diskurs der 1990er Jahre allerdings wenig betont wurden. Konzepte zur Privatisierung gewannen zwar im Kontext der NPM-Debatte an Bedeutung, hatten bis Ende der 1990er Jahre aber noch keine praktischen Auswirkungen (vgl. Kussau/Oertel 1997, 373).

Im Hinblick auf das Konzept von Schulautonomie im Rahmen von NPM betont der St. Gallener Wirtschaftswissenschaftler Rolf Dubs (1996), einer der führenden Vertreter des NPM in der Schweiz, folgende Elemente:

> „(1) [...] eine strategische Führung, d.h. höhere politische und Verwaltungsinstanzen geben Ziele vor; deren Umsetzung (operative Führung) ist eine selbständig zu erfüllende Aufgabe unterer Stellen, (2) die öffentliche Verwaltung wird nicht mehr als staatlicher Vollzugsapparat, sondern als Dienstleistungsunternehmen verstanden, (3) die Entscheidungskompetenzen im Rahmen der Zielvorgaben höherer Instanzen werden nach unten delegiert, damit die Bürokratie abgebaut wird und sich die Ausführenden für ihre Leistungen verantwortlich fühlen, (4) die Verwaltungskultur soll auf diese Weise leistungs- und kundenorientiert (outputorientiert) werden, so dass eine Steigerung der Effizienz und Effektivität der Verwaltungstätigkeit eintritt und die Entscheidungsfreudigkeit der einzelnen Verwaltungsstellen erhöht wird." (Dubs 1996, 7)

Mitte der 1990er Jahre wurden in einzelnen Kantonen so genannte „wirkungsorientierte Schulreformen" begonnen, in deren Mittelpunkt die Einführung der teilautonomen Schule steht.[128] Die in vielen Schulen bereits existierenden Erfahrungen mit lokaler Schulentwicklung bereiteten in gewisser Weise den Boden für die geplanten Umstrukturierungen. Sie wurden von großen Teilen der Lehrerschaft und der am Thema Schule interessierten Öffentlichkeit in der Anfangsphase mitunter fast euphorisch begrüßt (vgl. Steiner-Khamsi 1998). Die Zustimmung bezog sich jedoch eher auf den Aspekt der pädagogischen Schulentwicklung und den Ausbau der hierzu erforderlichen Freiräume der Einzelschule. Dem NPM und der wirkungsorientierten Verwaltungsreform wurde eher mit Skepsis begegnet (vgl. Dubs 1996, 6).

---

128 Zu den Entwicklungen in den deutschschweizerischen Kantonen vgl. Kussau/Oertel (1997).

Nachdem Ende der 1990er Jahre die Teilautonomie in einigen Kantonen unter Hochdruck eingeführt wurde, so etwa Lucien Criblez (2001) bilanzierend, kühlte die Euphorie unter der Macht des Faktischen vielerorts ab. Auf Seiten der Lehrerinnen und Lehrer wurde zunehmend festgestellt, dass das, was sie lange vor den Reformen an profilierter Schulentwicklungsarbeit geleistet haben, im Rahmen der Autonomisierung nicht anerkannt und berücksichtigt wird. Hingegen nahm die Arbeitsbelastung beträchtlich zu. Die Schulen sahen sich mit einer Vielzahl neuer Probleme konfrontiert, für die keine Mittel und Bearbeitungsbereiche zur Verfügung gestellt wurden. In vielen Kantonen, so auch in Zürich, geriet der Reformprozess ins Stocken und machte Nachdenklichkeit und bescheideneren Zielen Platz.

5.2.3 Antworten des Bildungssystems auf Migration

Aufnahme und Förderung der Migrantenkinder

Die erste schulbehördliche Entscheidung, die sich mit den Einwandererkindern beschäftigt, wurde Gita Steiner-Khamsi zufolge (1995, 58f.), 1962 im Kanton Solothurn getroffen. Der Regierungsrat lehnte ein Gesuch des italienischen Konsulats in Basel ab, eine Schule für die italienischen Kinder zu eröffnen, unter anderem da dadurch die Assimilierung erschwert und „der den fremden Staatsangehörigen eigene Hang zur Absonderung gefördert" (zit. n. Steiner-Khamsi, ebd.) werde. Alternativ wurde die Integration der italienischen Schülerinnen und Schüler in den Solothurner Schulen mit Hilfe von Deutschkursen beschlossen. Bei steigender Zahl zugewanderter Kinder in den Schulklassen dauerte es aber weitere zehn Jahre, bis die EDK erstmals „Empfehlungen zur Schulung fremdsprachiger Kinder" abgab (EDK 1972).[129] Diese Richtlinien betonen die Grundsätze Integration, Chancengleichheit und Förderung der Herkunftssprache und -kultur als Pfeiler einer wirksamen Eingliederung. Die Kantone wurden aufgefordert, „die geeigneten Maßnahmen zu treffen, um jede Diskriminierung von Gastarbeiterkindern in der Schule zu vermeiden und diesen womöglich dieselben Aufstiegschancen zu eröffnen wie den Schweizer Kindern" (ebd.). Für ihre Integration in den öffentlichen Schulen sei alles zu tun, „ohne dass ihnen daraus Nachteile entstehen" (ebd.). Auf der einen Seite sollte die zügige Integration in die Regelschule durch Zusatzmaßnahmen unterstützt werden (Sprachklassen, Sprachkurse, außerschulische Betreuung und Aufgabenhilfe). Auf der anderen Seite sollte die Förderung der Herkunftssprachen und -kulturen eine Entwurzelung verhindern und die „Gastarbeiterkinder" auf eine eventuelle Rückkehr ins Herkunftsland vorbereiten. Die EDK betrachtete es jedoch nicht als Aufgabe der Schweizer Behörden, die entsprechenden Vorkehrungen selbst in die Hand zu nehmen. Diese Empfehlungen wurden 1974 und 1976 ergänzt. Im EDK-Beschluss von 1985 (EDK 1985) wurde das Ziel der Rückkehrvorbe-

---

129 Auch in Bezug auf Themen der Migration ist die EDK, u.a. durch ein Migrationssekretariat und eine Arbeitsgruppe, die sich mit einwanderungsbezogenen Erziehungsfragen beschäftigt, das wichtigste Organ auf Bundesebene (vgl. Gretler 1995, 7f.).

reitung fallengelassen. Obgleich der EDK-Beschluss von 1991 für „die direkte Einweisung Neuzugewanderter in die der Vorbildung und dem Alter entsprechenden Schultypen und Klassen der öffentlichen Schulen, unterstützt durch unentgeltliche Förder- und Sprachkurse" (EDK 1991) plädiert, existieren unterschiedliche Formen der Aufnahme von Kindern mit Migrationshintergrund. Cristina Allemann-Ghionda (1999, 274f.) zufolge bevorzugen die deutschsprachigen Kantone Anpassungsklassen, während die französischsprachigen im Bereich der Grundschule die Einschulung in die Regelklasse vorziehen. Im Tessin werden die Kinder ausschließlich direkt in Regelklassen aufgenommen und individuell in der Unterrichtssprache gefördert.

Kinder mit einem Asyl- und Fluchthintergrund sind zum Schulbesuch berechtigt und sollen rasch in das Schweizerische Bildungssystem integriert werden (vgl. EDK 1991). Bei den 1999 in relativ großer Zahl ins Land gekommenen albanischsprachigen Kindern und Jugendlichen aus dem Kosovo war das Schulrecht allerdings umstritten. Unter dem vordringlichen Ziel einer möglichst baldigen Rückkehr empfahl die EDK

„eine ihrem Alter angemessene schulische, berufliche und soziale Förderung [...]. Bei grosser Konzentration Schulung in Zentren des Bundes oder der Kantone mittels besonderer Klassen für albanischsprachige Kinder und Jugendliche. Sofern von der Zahl und der örtlichen Situation möglich: Ausnahmsweise Aufnahme in bereits bestehende Schulstrukturen für Fremdsprachige (Fremdsprachklassen, Übergangsklasse, etc.). Für die Schulung einzelner Flüchtlingskinder und -jugendlichen: Ad-hoc-Lösungen in den ordentlichen lokalen Schulstrukturen (mit Unterstützung von ambulant tätigen albanischsprachigen Lehrpersonen)." (EDK 1999, 2)

Trotz der Bekräftigung des Grundsatzes der Integration in den Regelunterricht durch die EDK nahm die Tendenz zur Aussonderung der fremdsprachigen Kinder in den 1980er und 1990er Jahren zu (vgl. Kurmann 1995).

Territoriale Unterrichtssprache, Fremdsprachen- und zweisprachiger Unterricht

Nach dem Territorialprinzip ist in der Schweiz die Unterrichtssprache mit der offiziellen Landessprache der jeweiligen Region identisch. In einigen mehrsprachigen Kantonen variieren die Schulsprachen gebietsweise (vgl. Allemann-Ghionda 1999, 268). In der Deutschschweiz ist zudem der Gebrauch der schweizerdeutschen Mundart in den Schulen und Universitäten stark verbreitet.[130] Da eine solche Situation der Zweisprachigkeit (Diglossie)[131] schichtspezifische Unterschiede im Sprachgebrauch verstärken kann, fordern alle Kantone in ihren Lehrplänen für die Grundschule explizit die Verwendung des Hochdeutschen als hauptsächliche Unterrichtssprache (ebd., 267).

---

[130] Die immer schon große Beliebtheit des *Schwyzertüütsch* verstärkte sich in den 1990er Jahren unter anderem als Ausdruck des Protests gegen die Forderung nach Mehrsprachigkeit im Zusammenhang mit dem politischen Ziel der Anschlussfähigkeit der Schweiz an die EU.

[131] In der Deutschschweiz verläuft die Trennungslinie zwischen der Verwendung von Deutsch und Schwyzertüütsch v.a. zwischen den Bereichen mündlicher und schriftlicher Kommunikation.

Die Diskussion über den Fremdsprachenerwerb und die Förderung der Mehrsprachigkeit ist seit den 1970er Jahren ein wichtiges Anliegen der EDK. In den meisten Kantonen wurde die Einführung einer ersten Fremdsprache, die eine der Landessprachen ist, in der Primarschule beschlossen. Seit Mitte der 70er Jahre wird die Einführung kommunikativer Methoden des Fremdsprachenunterrichts für alle Schülerinnen und Schüler propagiert. 1987 stellte die EDK die verstärkte Förderung der vier Landessprachen „in die Bestrebungen auf europäischer Ebene zur Differenzierung und Diversifizierung, zur Erneuerung des Fremdsprachenunterrichts" (ebd., 270). Als Alternative zu konventionellen Methoden des Fremdsprachenunterrichts favorisiert die Schulpolitik zunehmend das Immersionsprinzip, bei dem die Fremdsprache auch Unterrichtsmedium in anderen Fächern sein soll. Allemann-Ghionda beobachtet für die 1990er Jahre eine große Experimentierfreudigkeit und die Einführung zahlreicher kleinerer Projekt zur Einführung von zweisprachigem Unterricht (v.a. in grenznahen Gebieten; in einigen Kantonen bereits als Angebot im Kindergarten).

Von diesen Entwicklungen könnten grundsätzlich auch Kinder aus Einwandererfamilien profitieren. Die Vorstellung von zweisprachigem Unterricht bezieht sich jedoch auf die Landessprachen, wenn nicht gar auf die frühe Einführung des Englischen. Lediglich das Italienische, das zugleich Migrations- und Landessprache ist, ist etwa in einem zweisprachigen Gymnasium im Kanton Zürich auch Unterrichtssprache (vgl. Moos 1994). Allgemein stößt zweisprachiger Unterricht bei Lehrpersonen und Behörden auch noch Mitte der 1990er Jahre auf erhebliche Widerstände, zumal er mit dem konsolidierten helvetischen Territorialprinzip bricht.

Unterricht in heimatlicher Sprache und Kultur

Die Förderung in den Migrations- oder Familiensprachen erfolgt in der Schweiz ausschließlich im Rahmen des Unterrichts in heimatlicher Sprache und Kultur (HSK). Abhängig von der Anzahl der Schülerinnen und Schüler der Sprachgruppen soll die Herkunftssprache laut Empfehlungen der EDK (EDK 1991) bereits im Vorschulbereich gefördert werden. In der Pflichtschule sollen mindestens zwei wöchentliche Stunden in HSK angeboten werden, nach Möglichkeit innerhalb des regulären Unterrichtspensums. Ähnlich wie der Muttersprachliche Unterricht in Deutschland ist die Situation der HSK-Kurse in der Schweiz prekär. Obwohl die EDK die Bedeutung dieser Einrichtung seit 1972 betont, fällt die Umsetzung in einzelnen Kantonen und Gemeinden hinsichtlich der Trägerschaft und Finanzierung, der Integration in den regulären Stundenplan und der Öffnung der Kurse für alle interessierten Schülerinnen und Schüler höchst unterschiedlich aus. Als Ursache für die starken Kontraste zwischen Absicht und Verwirklichung gelten vor allem die diffuse rechtliche Stellung der HSK-Angebote, die zu geringe Gruppengröße von Kindern aus einzelnen Herkunftsländern sowie ein allmählicher Wandel der Kulturpolitiken der traditionellen Herkunftsländer, die sich zunehmend aus der Verantwortung für den HSK-Unterricht zurückziehen.[132] In den letzten Jahren wird versucht, das HSK-Kursangebot stärker an den realen Lebensverhältnissen der in der Schweiz ansässigen Kinder und Jugendlichen mit Migrationshintergrund auszurichten. Unterricht in den Erst- bzw. Familiensprachen wird als Förderung von Sprach- und Handlungskompetenz aufgefasst, die zweisprachig aufwachsende Kinder zur Bewältigung ihres Alltags benötigen. Erwartet werden positive Auswirkungen für das Leistungsprofil und das Selbstbild der Kinder sowie für das soziale Klima in den Schulen. Einige Kantone fördern solche Neuorientierungen durch entsprechende Weiterbildungen für die Lehrkräfte und bessere Abstimmung der Lehrpläne auf die Stundenpläne der öffentlichen Schulen. In städtischen Schulen in Basel und Zürich wurden Gesamtsprachenkonzepte entwickelt, die sowohl eine Intensivierung des Deutschunterrichts für Zweisprachige als auch Unterricht in Erstsprachen als Wahlfach umfassen. Bei gut integrierten HSK-Kursen werden die Lehrpersonen zunehmend gezielt im erzieherischen Bereich und in der Arbeit mit den Eltern eingesetzt (vgl. Truniger 1998).

Interkulturalität in politischen Beschlüssen und Lehrplänen

Ansätze zur interkulturellen Erziehung wurden von der EDK zum ersten Mal 1985 empfohlen. Die Erziehungsdirektoren hielten die Kantone an, „interkulturelle Kontakte und Unterrichtsformen auf allen Stufen zu ermöglichen und, wenn nötig, sie zu unterstützen." (EDK 1985). Die Bewahrung der Herkunftskultur und -sprache wurde in diesem Papier nicht mehr wie in den vorhergehenden Beschlüssen mit der Vorbereitung auf die Remigration begründet, sondern als ein Recht des Kindes dargestellt. Stärker entwicklungspsychologisch argumentierend heißt es: „Die Integration respektiert das Recht des Kindes, die von den Eltern gelebte kulturelle Identität zu bewahren." (ebd.). Durch die Aufforderung, das Mehrwissen von Migrantenkindern und Jugendlichen in der heimatlichen Sprache und Kultur bei Promotions- und Selektionsentscheidungen angemessen zu berücksichtigen, wurden erstmalig spezifische Stärken der Schülerinnen und Schüler mit einem Migrationshintergrund anerkannt. Gefordert wurde verstärkte Zusammenarbeit von einheimischen und ausländischen Lehrkräften und Einbezug der Eltern in den Integrationsprozess der Kinder. Die 1991 verabschiedeten Empfehlungen der Erziehungsdirektoren zur Schulung der fremdsprachigen Kinder gehen vor allem in drei Punkten über die bisherigen Maßnahmen hinaus: (1.) erstmalig wird das Anliegen der interkulturellen Erziehung *aller* Kinder explizit angesprochen – anstelle der „Betreuung der Gastarbeiterkinder" soll die Lehrerschaft nun in der Aus- und Fortbildung auf den Unterricht in multikulturellen Klassen vorbereitet werden; (2.) wird die Notwendigkeit von Forschung und Entwicklung in diesem Bereich deutlich gemacht – an Universitäten und andere Bildungseinrichtungen wird appelliert, sich mit

---

132 Der italienische Staat baute 1993 zugunsten prestigeträchtigerer Kulturprogramme das Angebot der Italienisch-Kurse im Ausland so stark ab, dass in der Schweiz 90 Lehrkräfte entlassen wurden (vgl. D'Amato 1998, 226ff.).

der Thematik der interkulturellen Erziehung zu befassen; (3.) wird empfohlen, auf kantonaler Ebene Verantwortliche zu bestimmen und/oder Arbeitsstellen einzurichten, welche die EDK-Empfehlungen umsetzen und koordinieren. Letzteres wurde in zahlreichen Kantonen bereits seit längerer Zeit realisiert (vgl. Gretler 1995, 68).

Dieser Wandel in den schulpolitischen Richtlinien fand in den 1990er Jahren auch allmählich Eingang in die Lehrpläne. Ausdrückliche Nennungen von Zielen und Formen interkultureller Erziehung finden sich vor allem im Tessin und in den neuesten deutschschweizerischen Lehrplänen der Kantone Basel-Stadt, Bern, Thurgau und Zürich (vgl. Allemann-Ghionda 1999, 287ff.). Dabei werden Fragen der interkulturellen Erziehung zunehmend mit der europäischen Dimension im Bildungswesen verknüpft (ebd., 285).

Thematisierung von Rassismus und Diskriminierung in der Schule

Vor dem Hintergrund zunehmender rassistischer Gewalt und der Diskussion um den Beitritt zur UNO-Konvention gegen Rassismus gab die Konferenz der Erziehungsdirektoren im Juni 1991 eine wichtige „Erklärung zu Rassismus und Schule" (EDK 1991a) ab. Das Papier folgt einer differenzierten Definition von Rassismus, die die Ursachen einerseits auf einer politisch-historischen und andererseits auf einer psychologisch-gruppendynamischen Ebene verortet. Betont wird die Notwendigkeit, neben den offenen Erscheinungsformen auch die verdeckten Formen von Rassismus und Diskriminierung sichtbar zu machen und zu bekämpfen:

> „Die Tendenz zur Ausschliessung anderer, welche sich bis zur eigentlichen Diskriminierung entwickeln kann, ist eine Gefahr, gegen die keine Gruppe und keine Nation gefeit ist. Hetzparolen und aggressive Handlungen gegen Asylbewerber, Witze über Menschen anderer Nationen oder Kulturen, Aktionen gegen Fahrende, Diskriminierungen von Immigranten bei der Wohnungssuche und tendenziöse Berichterstattungen verschiedener Massenmedien zeigen Rassimus in der Schweiz in unterschiedlichen Formen und Ausprägungen. Es gilt darum, nicht nur extreme Formen von rassistischem Verhalten zu bekämpfen, sondern vor allem auch die verdeckten Formen von Rassismus und Rassendiskriminierung bewusst zu machen und ihnen entgegenzuwirken." (EDK 1991a).

In Bezug auf die Schule wird der zentrale Beitrag zur „vollen Integration der fremden Kinder und Jugendlichen" und der Erziehung zu Achtung und Toleranz hervorgehoben. Das Papier definiert einen Katalog von Erziehungszielen, welche Rassismus abbauen und verhindern sollen. Hierzu zählen ein „sicheres Selbstwertgefühl in der Begegnung mit anderen", Stärkung der „persönlichen Identität und Offenheit gegen aussen", Empathie für sich selbst und andere, „Wahrung der Menschenrechte und der demokratischen Kultur", „Solidarität mit Benachteiligten", „Bewusstmachung von verstecktem und unbewusstem Rassismus" und „Wahrnehmung der Einheit der menschlichen Gemeinschaft" (ebd.).

Ferner schlagen die Erziehungsdirektoren eine Vielzahl an klaren Maßnahmen auf verschiedenen Ebenen des Schulgeschehens vor, die auf eine kritische Revision der schulischen Strukturen, Praktiken und Lehrinhalte unter dem Gesichtspunkt von Rassismus und Diskriminierung abheben: Die *Kantone* sind etwa aufgefordert, „ihre Schulstrukturen, Verordnungen, Reglemente und Organisationen" daraufhin zu überprüfen, „dass sie sich für Kinder anderer Herkunft und Kulturen unterstützend und nicht diskriminierend auswirken" (ebd.). Lehrpläne und Lehrmittel sollen auf rassistisches Denken hin durchgesehen werden. Empfohlen werden sollen „jene, welche die Achtung vor anderen Menschen, Rassen und Kulturen fördern" (ebd.). In der *Lehrerbildung* sollen neben dem Thema der interkulturellen Erziehung auch die Ursachen, Erscheinungsformen und Möglichkeiten zur Verhinderung von Rassismus in verschiedenen Ausbildungsfächern behandelt werden. Vermittelt werden sollen didaktisch-methodische Verfahren, „welche die Verständigung fördern und dem Rassismus entgegenstehen" (ebd.). Im Bereich der *Fortbildung und Beratung* sollen Lehrpersonen von Klassen mit hohem Ausländeranteil spezielle Unterstützung erhalten. Die *Schulbehörden* sind angehalten, etwa durch unbürokratische Lösungen und gute Kontakte zu den Eltern zum Abbau von Rassismus und Diskriminierung beizutragen. „Insbesondere berücksichtigen sie die Zugehörigkeit zu anderen Sprach- und Kulturgruppen bei Promotions- und Selektionsentscheidungen" (ebd.). An die *Lehrerorganisationen* ergeht der Appell, „sich an ihren Tagungen und Veranstaltungen für die Bekämpfung der Rassendiskriminierung" (ebd.) einzusetzen. Die *Lehrkräfte* sind aufgefordert, im Unterricht „offene und versteckte Formen von Rassismus" (ebd.) bewusst zu machen und abzubauen.

Sprachliche und kulturelle Vielfalt in der erziehungswissenschaftlichen Diskussion

In der Schweiz ist die pädagogische Diskussion der vergangenen Jahrzehnte, die sich mit den Folgen der Migration beschäftigt, ähnlich wie in Deutschland, von einem deutlichen Perspektivenwechsel bestimmt. Unter dem vorherrschenden Ziel der Assimilation der Migrantinnen und Migranten bildeten sich in den 1960er und 1970er Jahren zunächst ausländerpädagogische Handlungsansätze heraus. Für Gita Steiner-Khamsi (1995), in den 1990er Jahren eine der führenden kritischen Stimmen in der migrationspädagogischen Diskussion, reflektierte die Schweizerische Variante der „Maßnahmenpädagogik" (z.B. Herabsetzung der Klassengröße bei fremdsprachigen Schülerinnen und Schülern; Entwicklung spezieller Unterrichtsmaterialien und Fortbildungskurse) vor allem die Bedürfnisse der einheimischen Behörden und der Lehrerschaft. Die von besorgten Eltern und besonders von italienischen Migrantenorganisationen vorgebrachten Forderungen gleicher Rechte und des Abbaus von Diskriminierung in Schule und Berufsbildung blieben dagegen weitgehend ungehört. Die kompensatorischen ausländerpädagogischen Maßnahmen verfestigten sich bald zu einem schulischen Ersatz- und Stützsystem zur Förderung der fremdsprachigen Kinder (Aufgabenhilfe, Deutsch als Fremdsprache, Kurse in heimatlicher Sprache und Kultur, Einführungsklassen für Fremdsprachige, Unterricht durch spezielle Hilfskräfte). So entstand einerseits das Bild des „privilegierten fremdsprachigen Schülers" (im Gegensatz zu den einheimischen Kindern aus unterprivilegierten Schichten, die solche Zusatzmaßnahmen nicht erhielten). Andererseits rückte die defizitorientierte und paternalistische Haltung kulturelle „Andersheit" unmittelbar in die Nähe der Delinquenz.

Ähnlich wie in Deutschland erhielt die interkulturelle Pädagogik Anfang der 1990er Jahre durch die Debatte über die multikulturelle Gesellschaft Auftrieb. Die Euphorie wich jedoch rasch der Einsicht, dass der Kulturalismus in eine Sackgasse führte:

> „Es stellte sich die Frage, wem denn das Hervorheben kultureller Differenzen nützte und ob sich daraus wirklich eine sinnvolle, antidiskriminatorische pädagogische Praxis ableiten lasse. Diese Bedenken gegenüber dem Nutzen eines kulturalistischen Paradigmas läutete eine zweite Phase selbstkritischer Reflexion ein. Ging es Anfang der 80er Jahre noch um die Suche nach Alternativen zum damals vorherrschenden Defizit- und Kompensationsansatz in der Ausländerpädagogik, so sind heute – meiner Ansicht nach – Ansätze gefragt, die einen Ausweg aus dem vorherrschenden kulturalistischen Theoriefundament der interkulturellen Pädagogik anbieten." (Steiner-Khamsi 1995, 62f.)

In der Folge wurde interkulturelle Erziehung zu einem „pädagogischen Suchbegriff", unter den verschiedenste Definitionen, von Konzepten der kulturellen Bereicherung, der Förderung gegenseitiger Wertschätzung und Toleranz und des Lernens voneinander bis zu Versuchen, neue Wege einer antidiskriminatorischen Pädagogik zu finden, subsumiert wurden (vgl. Bühlmann 1998). Auf dem Hintergrund des dauerhaften disproportionalen schulischen Scheiterns der Kinder mit Migrationshintergrund verlagerte sich die kritische Aufmerksamkeit jedoch verstärkt auf den Beitrag der regulären Schulstrukturen und Konzepte der Pädagogik an der Ungleichheit. In den Vordergrund rückte die Frage, wie Schule und Berufsbildung gestaltet werden müssen, um allen Kindern und Jugendlichen gleiche Chancen in Ausbildung und Beruf zu ermöglichen:

> „Die Schule selbst ist ein Teil des Problems. Zu untersuchen ist, wieweit Konzepte, Programme und Praxis der Schule der real existierenden heterogenen Schülerschaft angemessen sind. Die bisherigen Konzepte umfassen vor allem die Unterstützung von Neueingereisten und den Zusatzunterricht in der lokalen Sprache. Offenbar genügen aber diese Konzepte nicht, um den Lernerfolg entscheidend zu verbessern. Einen ebenso geringen Einfluss scheint ein punktuelles und oberflächliches interkulturelles Lernen – Zuckerguss über eine sonst monokulturell gebliebene Schule – zu haben." (Truniger 1996, zit. n. Bühlmann 1998, 242)

Der Perspektivwechsel von den Defiziten der Migrantenkinder und Jugendlichen hin zu den Institutionen und Organisationen des Aufnahmelandes spiegelt sich in den 1990er Jahren auch in der Forschung. Ein Beispiel ist das Nationale Forschungsprojekt „Wirksamkeit unserer Bildungssysteme" (NFP 33), in dessen Rahmen zahlreiche Teilprojekte den Umsetzungsschwierigkeiten von Innovationen im erziehungswissenschaftlichen Diskurs und auf schulpolitischer Ebene in der Schulpraxis nachgingen.

Lehreraus- und -fortbildung

Ebenso wie die Schulsysteme sind auch die Institutionen der Aus- und Fortbildung der Lehrerinnen und Lehrer kantonal organisiert. Allemann-Ghionda kommt auf Basis einer von ihr durchgeführten qualitativ vergleichenden Untersuchung im Rahmen des Nationalen Forschungsprogramms 33 zu dem Ergebnis, dass die meisten Kantone die Themen Migration sowie sprachliche und kulturelle Vielfalt zumindest ansatzweise, in wenigen Fällen systematischer, in ihr Angebot aufgenommen haben;

> „insgesamt hinkt die Ausbildung der Lehrkräfte hinter den Entwicklungen in der Schule und in der Gesellschaft nach. Die Fortbildung vermag die Lücken und Defizite in der Erstausbildung vieler Lehrkräfte nicht aufzuholen. [...] Die Fortbildung ist größtenteils fakultativ, und in nicht wenigen Fällen kommen ausgeschriebene Kurse über ‚interkulturelle Themen' mangels genügender Anmeldungen nicht zustande." (Allemann-Ghionda 1999, 298)

Zu den Kantonen, die in der Schweiz hinsichtlich einer mehrsprachig und interkulturell ausgerichteten Lehreraus- und -weiterbildung Vorreiterfunktionen erfüllen, gehört der Kanton Zürich. Die Innovationen auf diesem Gebiet werden im Rahmen der folgenden Skizze des Zürcher Schulsystems ausführlicher dargestellt.

5.3 Rahmenbedingungen im Kanton Zürich

Der Kanton Zürich ist der flächen- und bevölkerungsmäßig größte Kanton in der Schweiz und das wirtschaftliche und finanzielle Zentrum des Landes. Die Stadt Zürich gilt, obwohl sie mit 350.000 Einwohnerinnen und Einwohnern relativ klein ist, als kosmopolitische Metropole mit einem regen kulturellen und intellektuellen Leben.

In den vergangenen Jahrzehnten ist der Anteil der Kinder mit ausländischem Pass in der Volksschule nahezu kontinuierlich gestiegen, 1999 lag er bei 25,9%. In der Stadt Zürich beträgt der Ausländeranteil in der Volksschule seit Jahren durchschnittlich 40%, in etlichen Schulen im Kanton, insbesondere auch in den Zürcher Innenstadt-Bezirken, weit über 50% (vgl. ED 1995). Im Kanton verteilt sich die ausländische Schülerschaft 1999 zu 61,3% auf die Primarstufe, zu 19,6% auf die Schultypen der Sekundarstufe I mit Grundansprüchen (Real- und Oberschule) und zu 7,3% auf die Sekundarstufe I mit erweiterten Ansprüchen[133]. Die schlechten Aussichten auf einen höher qualifizierenden Schulabschluss für Kinder mit Migrationshintergrund zeigen besonders ihre überdurchschnittlichen Anteile in den Sonderklassen.[134]

---

[133] Angaben ohne Kindergärten (vgl. BiD Zürich/Abt. Bildungsplanung/Bildungsstatistik).

[134] 1999 besuchten 2,7% der Schweizer Kinder im Vergleich zu 11,9% der Kinder mit Migrationshintergrund eine Sonderklasse (abzüglich der Einschulungs- und Sprachförderklassen für Migrantenkinder (in Zürich: Sonderklasse E): 7,9%). Bei den Schülerinnen und Schülern aus dem ehemaligen Jugoslawien liegt die Sonderklassenquote bei 10,7%, gefolgt von der Gruppe der Kinder aus Asien, Afrika, Mittel- und Südamerika mit 10,3%, Mazedonien mit 9,1% und der Türkei und Portugal mit jeweils 8,4% (vgl. QUIMS 2001, Anhang).

Wie in den meisten Schweizer Kantonen dauert die Primarstufe im Kanton Zürich sechs Jahre. Die Sekundarstufe I wird als hoch selektives, zumeist dreigliedriges System geführt. Sie umfasst die Sekundarschule (erweitertes Anspruchsniveau), die Realschule und die Oberschule (Grundansprüche). Zusätzlich besteht die Möglichkeit, nach der sechsten Grundschulklasse direkt auf ein Gymnasium zu wechseln. Es steht den Gemeinden auch frei, eine integrierte Oberstufe mit Niveaukursen zu führen. Im Sonderschulbereich findet sich ein ausdifferenziertes dreifaches Unterstützungssystem, bestehend aus kompensatorischen Aktivitäten in den Schulen und außerhalb des Regelunterrichts sowie verschiedenen Typen von Sonderklassen und Sonderschulen (vgl. EDK 2000).

Im Vergleich der Kantone der deutschsprachigen Schweiz ist das Zürcher Schulsystem zum Zeitpunkt der Untersuchung zu den dezentral gesteuerten zu rechnen. Die Organisation der Volksschule und die Ausführung der diesbezüglichen Gesetze ist Aufgabe der Gemeinden.[135] In den 1980er und 90er Jahren nutzten viele Zürcher Gemeinden die Spielräume, um mit neuen Formen der Schulorganisation zu experimentieren (z.B. Erprobung der Fünf-Tage-Woche, vermehrtes Teamteaching etc.; vgl. OECD 1991, 203; ED 1991, 32).

Zentrale Pfeiler der *schulischen Integration der Kinder und Jugendlichen mit Migrationshintergrund* sind der Zusatzunterricht „Deutsch für Fremdsprachige" (DfF) und einjährige Vorbereitungsklassen für neu zugewanderte Fremdsprachige (Sonderklasse E), sowie der Unterricht in heimatlicher Sprache und Kultur (HSK). Den Zusatzunterricht DfF gibt es im Kanton Zürich seit den 1960er Jahren. Dieser Bereich wurde zunehmend weiter strukturiert und ansatzweise professionalisiert, unter anderem durch die Entwicklung von Lehrmitteln für DfF (ab 1985), durch Empfehlungen über Ziele, Organisation und Pflichtenhefte für DfF (1989), durch die Einrichtung einer „Zusatzausbildung für Lehrkräfte von Fremdsprachigen" (seit 1988), durch Richtlinien für eine integrative Form der Sonderklasse E (Sonderklasse E/Mischform, 1992; vgl. Ohlsen 1994) sowie eine Verordnung und finanzielle Unterstützung für Integrationskurse für 15- bis 20-Jährige (1998). Vor allem Ende der 1980er, Anfang der 1990er Jahre erfolgte eine starke Ausweitung dieser Angebote (vgl. Rosenmund et al. 1999, 84f.). Der HSK-Unterricht wurde 1983 probeweise eingeführt und durch ein Reglement des Erziehungsrats im Jahr 1992 institutionell abgesichert, in dem die Rechte und Pflichten hinsichtlich der Durchführung der HSK-Kurse innerhalb der Volksschule festgeschrieben wurden. Dies führte zu einem Anstieg in der Akzeptanz dieser Angebote und der Zahl der Sprachgruppen und Kinder, die sie nutzen. Als spezielle Ein-

---

135 Der Kanton Zürich umfasst 179 Primarschulgemeinden. In Zürich und Winterthur, den beiden größten Städten, ist die Schulgemeinde noch einmal in einzelne Schulkreise mit eigenen Schulpflegen aufgeteilt. Kleinere Gemeinden haben nur eine Primarschulpflege; die Oberstufe wird dann für mehrere Gemeinden als so genannte Oberstufenschulgemeinde gemeinsam geführt. Größere Gemeinden, in denen sich das Einzugsgebiet der Primarstufe mit dem der Oberstufe deckt, haben eine einzige Schulpflege für den ganzen Volksschulbereich.

schulungsklasse für Flüchtlingskinder und Jugendliche aus dem Kosovo entwickelte der Kanton das Konzept der „Sonderklasse E plus" (SdE+).[136]

In der Lehrplanrevision von 1991 wurde interkulturelles Lernen im Sinne einer Berücksichtigung der Lebensweise und Kultur der in der Schweiz lebenden einheimischen und eingewanderten Minderheiten als allgemeiner didaktischer Grundsatz eingeführt. Im Fach „Mensch und Umwelt" enthält der Lehrplan inhaltliche Lernziele wie das Kennenlernen und Vergleichen von Lebensweisen in der Schweiz und anderswo, Begegnung mit Menschen anderer Kulturen, Toleranz, solidarisches Handeln und Kennenlernen verschiedener Religionen.

Die Bildungsdirektion führt seit 1980 eine Fachstelle für „Interkulturelle Pädagogik" (ca. 3,5 volle Stellen). Diese ist für die kantonale Konzeptentwicklung sowie für Beratung und Unterstützung der Schulgemeinden und Schulen zuständig. 1987 hatte der Erziehungsrat ein „Konzept zur interkulturellen Pädagogik in der Lehrerbildung" (revidiert 1993) verabschiedet, um zukünftige und aktive Lehrpersonen für die Arbeit in multikulturellen Kontexten aus- und weiterzubilden. Interkulturelle Pädagogik ist zum einen integrierter Bestandteil bestehender obligatorischer Ausbildungsbereiche in allen Institutionen der Lehrerbildung (einschließlich der Kindergarten- und Hortseminare). Zum anderen bestehen fakultative Angebote wie Studienwochen, Studienaufenthalte in Herkunftsländern von Migrantenkindern, Lehrerweiterbildungskurse (darunter schulinterne Weiterbildungen und eine 24-tägige Zusatzausbildung für Lehrkräfte von Fremdsprachigen am Pestalozzianum). Zur Ausbildung der Ausbildenden wird seit 1989 im Zweijahres-Rhythmus ein zehntägiger Kurs in IKP durchgeführt (vgl. Lanfranchi 1999, 1999 a, b). Auf kantonaler Ebene besteht seit 1982 eine erziehungsrätliche Kommission („Forum für interkulturelle Erziehung und Bildung"), in der die größeren Migrantengemeinschaften vertreten sind. Auch auf kommunaler Ebene existieren beratende Kommissionen unter Beteiligung von Migrantinnen und Migranten. Die Zusammenarbeit mit anderssprachigen Eltern unterstützt die Bildungsdirektion durch die Herausgabe von Informationsschriften und -videos in verschiedenen Sprachen. Das Problem der sich in den 1990er Jahren weiter verschlechternden Bildungschancen von Migrantenkindern wurde vom Erziehungsrat aktiv aufgegriffen. Vor dem Hintergrund breiterer Debatten über die Qualität der Schule erteilte der Erziehungsrat 1995[137] der pädagogischen Abteilung der Bildungsdirektion den Auftrag,

---

136 Vgl. auch Kassis (1999), Loppacher (2000); TA vom 18.5.1999.
137 Die 1995 verabschiedeten „Empfehlungen zur Schulung der fremdsprachigen Kinder und zur interkulturellen Pädagogik" versuchen stärker als bisher den Integrationsauftrag der Volksschule an die aktuelle Einwanderungssituation anzupassen. Sie folgen vier Leitideen: Gleichberechtigung und Chancengleichheit, Integration aller in der Schweiz lebenden fremdsprachigen Kinder in die öffentlichen Schulen, Festschreibung von interkulturellem Lernen als Unterrichtsprinzip im Lehrplan und Erziehung zu Toleranz und gegenseitigem Respekt: *„Unterricht und Erziehung wirken darauf hin, dass offene und versteckte Formen von Rassismus bewusst gemacht und bekämpft werden und dass die Begegnung mit fremden Menschen und Gruppen angstfrei und offen verlaufen kann."* (Erziehungsrat des Kantons Zürich 1995, 7).

"Ursachen des mangelnden Schulerfolgs zu untersuchen und pädagogische Mittel zur Verbesserung des Schulerfolgs vorzuschlagen. Besondere Beachtung verdienen die Schulen mit erschwerten sozialen Bedingungen und hohem Anteil an Kindern aus fremdsprachigen Familien. Die betroffenen Schulgemeinden und die Pädagogische Abteilung werden aufgefordert zu klären, wie die Qualität und das Leistungsniveau der Schulen auch in schwierigen Verhältnissen aufrechterhalten blieben, welche pädagogischen Konzepte hilfreich und welche besonderen Hilfestellungen notwendig sind. Diese Schulen sollen ein besonderes Profil entwickeln können" (Erziehungsrat des Kantons Zürich 1995, 11f.)

Einführung der Teilautonomie

Die Teilautonomisierung der Volksschulen im Kanton Zürich wurde ab Mitte der 1990er Jahre als *Top-down*-Reformvorhaben, im Rahmen einer umfassenden Verwaltungsreform, durch den neu angetretenen Bildungsdirektor Ernst Buschor lanciert. Der ehemalige St. Gallener Professor für Wirtschaftswissenschaften zählt in der Schweiz zu den führenden Verfechtern des *New Public Management*-Ansatzes. Die Einführung der teilautonomen Schule im Kanton Zürich weist die Besonderheit auf, dass sie als Kernelement einer Reform des gesamten Volksschulwesens konzipiert ist. Ähnlich wie in England zielen die Restrukturierungen auf ein kohärentes Modell der schulischen Qualitätsentwicklung und -sicherung auf der Basis von NPM. Bei den angeführten Motiven der Autonomisierung werden neben ökonomischen Argumenten (internationaler Wettbewerb um „Standortvorteile"; Einsparung von Bildungsausgaben) auch der Trend zur multikulturellen Gesellschaft als zentrale Veränderung des sozioökonomischen Umfeldes der künftigen Volksschule betont. Die Integration des hohen Anteils der Migrantenkinder und Jugendlichen wird als besondere Herausforderung für die Volksschule dargestellt:

„Nicht mehr allein an die Familie gebundene Sozialstrukturen und die Einwanderung sind es vor allem, die die Lernvoraussetzungen in der Schule verändern. Neue Lebensverhältnisse und die Begegnung im Alltag mit Menschen aus verschiedenen Kulturen erfordern Orientierungswissen und soziale Verantwortung, wozu auch die Schule wesentlich beitragen muss. Eine besondere Herausforderung für die Volksschule ist der Anteil fremdsprachiger Jugendlicher. Sprachliche Defizite sind gezielt abzubauen, denn die Sprache bleibt das Tor zur gesellschaftlichen Kommunikation. Die Sprachkompetenz muss in der Muttersprache und bei den Fremdsprachen intensiver gepflegt werden." (BiD Zürich 1999, 3)

1996 wurde ein erstes Reformkonzept verabschiedet. Demnach soll das Projekt „Teilautonome Volksschulen" (TaV) innerhalb von fünf Jahren (1997-2002) durch Pilotschulen Erkenntnisse für die kantonale Regelung und Steuerung eines Schulsystems mit teilautonomen Schulen generieren[138] und schrittweise die Umsetzung der Entwicklungsziele auf allen Systemebenen (Einzelschule, Schulgemeinde, Kanton) ermöglichen. Längerfristig soll auf der Grundlage der lokalen Projekterfahrungen ein mögli-

---

138 Die kantonale Ebene war bei der Einführung der Teilautonomie in der Anfangsphase nur rudimentär konzipiert worden (vgl. Brägger/Hildbrand 1999, 5).

cher kantonaler Rechtsrahmen für teilautonome Schulen erarbeitet werden. Die Teilautonomie der lokalen Schulbehörde bzw. der Projektschulen umfasst die Bereiche Lehrplanautonomie (25%-Freiraum für besondere pädagogische Ziele und inhaltliche Schwerpunkte), Organisationsautonomie (u.a. Stundenplanregelung, besondere Unterrichts- und Organisationsformen, Schullaufbahnentscheide, Anstellung und Einsatz des Personals, Elternmitwirkung) und Finanzautonomie (Schulhausbudget für Weiterbildung und Schulentwicklung, Projektwochen, Material etc.). Als verbindliche Basis für die beteiligten Schulen galt der 1997 verabschiedete „Entwicklungsrahmen" (ED Zürich 1997). Abbildung 7 fasst die zentralen Ziele und Mittel der lokalen Schulentwicklung im Kanton Zürich zusammen.[139]

Als das Pilotprojekt 1997 zum ersten Mal zur Teilnahme ausgeschrieben wurde, übertraf das Interesse in Schulen und Gemeinden die Erwartungen der Behörden bei weitem. Oft leisteten bereits existierende Schulentwicklungsprojekte, mit denen engagierte Lehrpersonen auf besondere lokale Problemlagen zu reagieren versuchten, dem Einstieg in das kantonale Projekt Vorschub. Die Teilautonomie war für solche Schulen attraktiv, da sie für die geleistete Eigeninitiative eine gewisse offizielle Anerkennung und Abstützung bot und zusätzliche materielle und fachliche Mittel in die Schule brachte.

---

[139] Das Reformpaket umfasst außer der Einführung der „Teilautonomen Volksschule" (TaV) 13 weitere Projekte: Verstärkte Zielorientierung des Lehrplans; Englisch ab der Unterstufe; neue, auch computergestützte Lernformen, Leistungsförderung in Schulen mit hohem Anteil Fremdsprachiger („Qualität in multikulturellen Schulen", QUIMS); Einführung eines schul- und klassenintegrierten sonderpädagogischen Angebots für schwache, aber auch hochbegabte Schülerinnen und Schüler; Integration des zweijährigen Kindergartens in die Volksschule (Grundstufe); neue Zeitmodelle (Blockzeiten); Reduktion der Lektionenzahl in der Mittel- und Oberstufe; nach Sozialstruktur differenzierte Schülerpauschale; professionelle Schulaufsicht und Evaluation; Veränderung des Berufsauftrags der Lehrpersonen (spezifischer auf die Unterstützung individueller Lernprozesse bezogen; stärkere Definition über Teamarbeit, Kooperation mit Eltern und Institutionen, Anwesenheitszeiten im Schulhaus und Vorbereitungs-, Planungs- und Weiterbildungszeiten); gesetzliche Regelung der Elternmitsprache; Neuregelung der Mitsprache der Lehrpersonen (BiD Zürich 1999).

> **Stärkung der Schule als Handlungs- und Verantwortungseinheit**
> Hinsichtlich der Einrichtung der Schule als Handlungs- und Verantwortungseinheit wird die Förderung einer gemeinsamen Schulidentität betont. Leitideen und Kernziele der Schule sollen als Erwartung an die Beteiligten ausgehandelt und umgesetzt werden. Die Schulen sollen mit „Freiräumen in Form von klaren Aufgaben und Kompetenzen" ausgestattet werden und die Verantwortung erhalten, diese Freiräume mit neuen Lösungen auszufüllen. Dazu zählt auch ein Globalbudget, das die Schulen nach eigenem Ermessen bedürfnisgerecht einsetzen können.
>
> **Pädagogische Schwerpunkte setzen**
> Die Schule soll ihre Freiheiten hauptsächlich dazu nutzen, pädagogische Schwerpunkte zu setzen, die von allen Mitwirkenden getragen werden. Dies bezieht sich unter anderem auf besondere Unterrichtsschwerpunkte, auf eine örtlich angepasste Entwicklung der Unterrichtsorganisation, erweiterte Unterrichts- und Lernformen und auf die Fortbildung der Mitwirkenden entsprechend lokaler Bedürfnisse. Die Schulen sollen ihre Ziele in einem Leitbild beschreiben und ein Programm für die Umsetzung des Leitbildes erstellen, das durch die Schulbehörde gebilligt werden muss. Die Heterogenität der Lernbedürfnisse wird explizit angesprochen: „Es steht der Schule frei, für fremdsprachige, bildungsferne, verhaltensauffällige, einseitig- oder höherbegabte Schülerinnen und Schüler besondere Unterrichtsangebote aufzubauen." (5)
>
> **Zusammenarbeit im Schulhaus verbessern**
> Zur Verbesserung der Zusammenarbeit im Schulhaus und nach außen soll Teamarbeit gefördert und institutionalisiert werden. Der Schulleitung obliegt die „pädagogische und betriebliche Führung der Schule, wobei die Pflege eines tragfähigen Miteinanders im Vordergrund steht." (6) (Förderung der unterrichtsbezogenen Zusammenarbeit, Moderation der Teamarbeit). Sie übernimmt eine Reihe von Aufgaben, die ihr der Kanton und die Schulgemeinde mit den nötigen Kompetenzen überträgt.
>
> **Verankerung der Schule im Quartier und in der Gemeinde**
> Die Ausrichtung des Schulangebots auf das soziale Umfeld der Schule soll der besseren Verankerung der Schule in Quartier und Gemeinde dienen, etwa durch die Einrichtung von Tages- und Betreuungsstrukturen und durch den Aufbau geeigneter Formen der Zusammenarbeit zwischen Schulen und Gemeinde. Zur Umsetzung des schulischen Auftrags soll auch die Mitverantwortung und Mitwirkung der Eltern in den Schulen gezielt angeregt und genutzt werden.
>
> **Wirkungsvolle Qualitätssicherung**
> Betont wird die entwicklungsorientierte Selbstbewertung als Mittel der Qualitätsverbesserung in den Schulen. „Wichtige Hinweise liefern Lehrpersonen, Mitarbeitende, Eltern, Schülerinnen und Schüler, indem sie das Mass ihrer Zufriedenheit ausdrücken." (7) Systeme der Fremdbewertung sollen schrittweise durch den Kanton aufgebaut werden.

Abbildung 7: Ziele und Mittel der lokalen Schulentwicklung nach dem Entwicklungsrahmen „Teilautonome Volksschulen" (TaV) im Kanton Zürich (zusammengefasst nach ED Zürich 1997, 5ff.)

In einer Zwischenbilanz im Jahr 1999 (vgl. Brägger/Hildbrand) wird jedoch eingeräumt, dass die Motive in den Schulen höchst unterschiedlich seien und bei der in der „rollenden" Konzipierung der Reformen angelegten Intransparenz mit Desillusionierungen, Enttäuschungen, Einbußen an Akzeptanz und Widerspruch bei den Beteiligten zu rechnen sei. Beispielsweise seien organisationelle Aspekte und pädagogische Schulentwicklung in den einzelnen Schulen und Gemeinden höchst unterschiedlich gewichtet, das Verhältnis sei vielerorts unklar. Den partizipierenden Schulen und Gemeinden sei womöglich nicht klar, dass die Autonomisierung eine „substantiellere Evaluation und Kontrolle durch die Schule selber (Verpflichtung zur Selbstbeurteilung), durch den Schulträger und den Kanton (Fremdbeurteilung der Schulen durch neue Schulaufsicht, Evaluationen)" (ebd.) nach sich ziehen werde. Auch die massiven Anforderungen, die die partielle Deregulierung an die kantonale Steuerung des Bildungswesens stellt, würden sich erst allmählich abzeichnen. Hier wird vor allem die Frage problematisiert, wie das Verhältnis von Angebotsvielfalt und dem Grundsatz der Bildungsgerechtigkeit gestaltet werden kann:

> „Wie können die z.T. widersprüchlichen Projektziele ‚Chancengerechtigkeit für alle Kinder' (Gleichwertigkeit des Bildungsangebots, Zugänge zu nachfolgenden Bildungsgängen usw.) Integration unterschiedlicher Schüler und Schülerinnen in die Volksschule, Ausgleich innerhalb und zwischen den Schulen und erweiterte Freiräume der Schulgemeinden und Schulen zugunsten einer besseren lokalen Passung der Schulangebote und zur pädagogischen Profilbildung der einzelnen Schulen in ein Verhältnis gebracht werden, das keine dieser Ziele nachhaltig ‚beschädigt'? Ist das überhaupt möglich? Welche Steuerungsbereiche müssen deshalb vom Kanton aus geregelt werden, und mit welchen Mitteln sollen diese geregelt werden?" (Brägger/Hildbrand 1999, 11)

Einen Beitrag zur Klärung dieser Fragen leistet das im Folgenden beschriebene Schulentwicklungsprojekt „Qualität in multikulturellen Schulen" (QUIMS). Mit diesem Projekt wird der Versuch unternommen, „multikulturelle Schulrealitäten und die Gestaltung der schulischen Teilautonomie [...] miteinander zu verbinden" (QUIMS 1997, 1).

5.4 Das Schulentwicklungsprojekt „Qualität in multikulturellen Schulen"

Konzeption der Schulentwicklung

Das kantonalen Schulentwicklungsprojekt „Qualität in multikulturellen Schulen" (QUIMS) bietet Schulen mit höheren Anteilen an Kindern ausländischer Herkunft fachliche und finanzielle Unterstützung an, damit sie ihren Unterricht möglichst gut an die spezifischen Bildungsvoraussetzungen und -bedürfnisse ihrer Schülerschaft anpassen können. Angesprochen sind vor allem Schulen

> „in städtischen Quartieren oder (post)industriellen Landgemeinden. Ihre Schülerschaft besteht zur Mehrheit aus Kindern und Jugendlichen, deren Familien fremder Herkunft sind. Gleichzeitig ist bei dieser Schülerschaft – sowohl bei der zugezogenen wie der einheimischen – die Unterschicht stark übervertreten." (Mächler 2000, 7)

Zum einen sollen Benachteiligungen durch die jeweilige Schule, an die ein Kind aufgrund seines Wohnorts gelangt, vermieden werden. Schulen mit einem hohen Anteil zugewanderter Schülerinnen und Schüler sollen auch für sozioökonomisch besser gestellte Schweizer Eltern attraktiv bleiben. Eine gemeinsame Volksschule für alle Kinder soll erhalten bleiben. Zum anderen sollen die bestehenden gravierenden Bildungsungleichheiten abgebaut bzw. die Lernerfolge der Kinder und Jugendlichen mit Migrationshintergrund in Richtung einer durchschnittlichen Beteiligung gesteigert werden. Die Politik der Qualitätsentwicklung in sprachlich und sozio-kulturell heterogenen Kontexten wird mit integrationspolitischen, ökonomischen, schulpolitischen und pädagogischen Argumenten begründet (vgl. QUIMS 2001, 2001a; Bildungsrat des Kantons Zürich 2001):

- Aus integrationspolitischer Sicht werden die vorfindbaren Bildungsungleichheiten zwischen verschiedenen Bevölkerungsgruppen und Schulen als Risiko für den Zusammenhalt in der demokratischen Gesellschaft betrachtet. Mit Verweis auf die Integrationsleitbilder der größeren Städte Zürich und Winterthur wird dem Bereich der schulischen Bildung eine herausragende Bedeutung für ein gutes Zusammenleben verschiedener Bevölkerungsgruppen beigemessen.
- In ökonomischer Hinsicht wird die Notwendigkeit betont, das Potential der Kinder und Jugendlichen mit Migrationshintergrund auszuschöpfen. Dass größere Bevölkerungsgruppen die Schule mit unterdurchschnittlichen Kenntnissen verlassen, wird als gravierender Nachteil im globalen Wettbewerb herausgestellt.
- QUIMS wird auch als Reaktion auf die Befürchtungen bildungsbewusster Eltern initiiert, die zunehmend aus multikulturellen Stadtvierteln und Gemeinden abwandern, wodurch die soziale Segregation verstärkt wurde.
- Das Projekt wird ferner mit wissenschaftlichen Studien argumentativ untermauert, die deutlich machen, dass Kinder, deren Erstsprache Deutsch ist, bei getrennten Klassen leistungsmäßig wenig gewinnen, ihnen aber die Lernchancen einer „international" zusammengesetzten Schülerschaft vorenthalten bleiben. Die Sprach- und Integrationsprobleme der Kinder, für die Deutsch die zweite Sprache ist, werden hingegen vergrößert (vgl. Rüesch 1999).

Das Projekt stützt sich auf ein von dem Zürcher Schulforscher Peter Rüesch erarbeiteten Modell zur Qualitätssicherung im multikulturellen Umfeld (vgl. Rüesch 1999, 2000). Die Prozesse im *Klassenzimmer* und die *Beziehung der Schule zum Elternhaus* gelten als hauptsächlicher Ansatzpunkt für Interventionen, gestützt durch ein positives pädagogisches Klima im *gesamten Schulhaus* und Maßnahmen im weiteren *institutionellen Umfeld* der Schule. Betont wird die Wichtigkeit einer Gesamtstrategie, die die verschiedenen schulischen Handlungsebenen verknüpft und gleichgerichtetes Arbeiten ermöglicht:

„Die hauptsächlichen Einflussfaktoren auf den Schulerfolg (von der Persönlichkeit der einzelnen Schüler/innen abgesehen) sind die direkten (proximalen) Einflüsse auf das Lernen im Klassenunterricht und im Elternhaus. Erfolgversprechende Interventionen müssen daher vor allem auf diese Faktoren einwirken. Eine weitere Wirkung lässt sich von vorschulischen und schulergänzenden Lernangeboten erwarten. Die Schule als Handlungseinheit kann indirekt auf den Schulerfolg der Schüler/innen Einfluss nehmen, wenn ein Lehrerkollegium gemeinsam daran arbeitet, den Unterricht weiter zu entwickeln und die Eltern einzubeziehen." (QUIMS 2001, 6)

Interventionen sind in sechs Feldern („QUIMS-Modulen") vorgesehen (vgl. Abb. 8). Eine Schule wählt daraus im Sinne einer Schwerpunktsetzung in ihrem lokalen Schulprogramm jeweils ein bis zwei Module zur Bearbeitung in einer vorstrukturierten zwei- bis dreijährige Projektphase aus. Alle Module sind didaktisch aufbereitet. Zu jedem Modul ist eine Sammlung spezifischer Beiträge aus der Schulforschung in einem Reader zusammengestellt, die allen Interessierten zur Verfügung stehen. Inhaltliches Hintergrundmaterial, Vorgaben für die Projektplanung unter Einbezug erprobter Praxisbeispiele, nützliche Informationen und Adressen sowie ausformulierte Qualitätsmerkmale zu jedem Modul, mit deren Hilfe Schulen die eigene Praxis überprüfen und reflektieren können, sind auch in dem von der Projektgruppe herausgegebenen Handbuch zur Schulentwicklung zusammengefasst (vgl. Mächler et al. 2000).

In methodischer Hinsicht führt QUIMS die Grundsätze und Strategien der Organisationsentwicklung aus dem TaV-Projekt in den beteiligten Schulen ein (Einrichtung von Projektleitung, Steuer- und Arbeitsgruppen; Zyklus von Projektorganisation, Durchführung und Evaluation). Betont wird, dass für einen tatsächlichen Wandel der pädagogischen Qualität einer Schule die Festlegung spezifischer inhaltlicher Ziele entscheidend sei (v.a. die Grundsätze der Integration, des Einbezuges der Betroffenen auf allen Ebenen des Schulgeschehens sowie eine antidiskriminatorische Grundhaltung; vgl. Sträuli 2000, 20f.).

Den beteiligten Schulen werden in der Entwicklungs- und Einführungsphase von drei Jahren folgende Hilfen angeboten: Projektbegleitung durch die QUIMS-Projektgruppe (Information und Begleitung in der Vorbereitungsphase, Standortbestimmung und Evaluation), Vermittlung von Prozess- und Fachberatung durch externe Expertinnen und Experten, finanzielle Beiträge für Projekte im Umfang von insgesamt maximal 70.000 Schweizer Franken[140] pro Jahr zur Freistellung für Leitungsaufgaben und Arbeits- und Projektgruppen (Stundenpool in der Größenordnung von 10 Wochenstunden pro 9 Klassen einer Schule), für externe Fachleute für Beratung, Fortbildung und Evaluationen sowie für die Durchführung einzelner Projekte (vgl. QUIMS 1999a, 12). Nach einer Einstiegs- und Planungsphase, in der die Schulen unter anderem eine lokale QUIMS-Steuergruppe einrichten, schließen Schule, Schulgemeinde und kantonale Projektleitung eine Vereinbarung ab, in der sie Ziele, Aktivitäten, Organisation und die fachliche und finanzielle Unterstützung festlegen. Die Schulen entwickeln eigene maßgeschneiderte Projekte, führen diese durch und werten sie aus.

Auf der Ebene des kantonalen Bildungssystems zielt QUIMS auf eine Rückkopplung der gewonnenen Erfahrungen mit anderen laufenden Reformvorhaben, in denen neue Rahmenbedingungen für Integrations- und Leistungsförderung festgelegt werden. Langfristig soll auf Basis aller verfügbaren Erfahrungen ein Modell der Qualitätssicherung in multikulturellen Schulen ausgearbeitet werden, das auf alle Schulen mit hohen Anteilen von Migrantenkindern und Jugendlichen übertragen werden kann.

---

140 Umgerechnet etwa 50.000 €.

5. „Qualität in multikulturellen Schulen" - ein Reformprojekt im Kanton Zürich

Optimierung des Unterrichts, Anpassung des Unterrichts an die kulturell und sozial heterogene Schülerschaft:

Modul 1: Verstärkung der Leistungsförderung
Die Leistungen der Schulkinder lassen sich verbessern durch hohe Erwartungen der Lehrpersonen, die Einführung wirksamer Unterrichtsmethoden für heterogene Klassen (z.B. das „kooperative Lernen"), ein individuelles Fördern sowohl der leistungsschwachen und wie auch der leistungsstarken Kinder, eine gute Zeitnutzung im Unterricht, eine integrierte Zuatzförderung im Teamteaching (statt segregierter Stütz- und Fördermaßnahmen), den Einsatz von Lernmedien (insbesondere auch computerunterstütztes Lernen).

Modul 2: Verstärkung der Sprachförderung
Die Kompetenzen der Schulkinder in der Sprache lassen sich verbessern, wenn der Deutschunterricht sowohl für Lernende mit Deutsch als Erstsprache wie auch für solche mit Deutsch als Zweitsprache produktiv ist, wenn der Deutsch-Input über Kontakte zu Deutschsprachigen (z.B. Freiwillige oder Partnerklassen) und über Mediennutzung (Bücher, Hörkassetten, Computer-Lernprogramme) verstärkt wird, wenn die vorhandene Mehrsprachigkeit im Unterricht für die Sensibilisierung und für Vergleiche zwischen verschiedenen Sprachen genutzt wird, wenn der Zusatzunterricht in „Deutsch für Fremdsprachige" und in „Heimatlicher Sprache und Kultur" (für die in einer Schule am meisten gesprochenen Sprachen) mit dem Schulprogramm koordiniert ist.

Modul 3: Angepasste Lernbeurteilung und Förderplanung
Das individuelle Fördern und das Entwickeln der Potenziale von Kindern in stark heterogenen Klassen verlangt nach Verfahren und Instrumenten, die den momentanen Lernstand (insbesondere auch den Sprachstand) erfassen und die individuelle Planung nächster Lernschritte ermöglichen. Dazu gehören der Einsatz von Beobachtungsbögen und Lernberichten sowie Verfahren des Einbezugs der Schulkinder, Eltern und Fachlehrkräfte in die Lernbeurteilung und Förderplanung. Durch fundierte Gesamtbeurteilungen können in Zeugnissen, bei Zuteilungen in Sonderklassen und in die Oberstufe bisher häufig zu pessimistische Einschätzungen von Kindern aus unteren sozio-ökonomischen Schichten und aus Migrantenfamilien vermieden werden.

Verbessertes Zusammenspiel der Systeme Schule und Familie

Modul 4: Einbezug und Mitwirkung der Eltern
Niederschwellige und nötigenfalls mehrsprachige Angebote zur Information und zur „Weiterbildung" insbesondere von schulferneren Eltern (z.B. Deutschkurse für Mütter, Kurse oder Praxisberatung zum Thema „Wie unterstütze ich mein Kind beim Lernen?") sowie der Einsatz von Elternräten und/oder Mediator/innen aus den grössten Sprachgruppen tragen dazu bei, dass die Eltern das Lernen ihrer Kinder besser unterstützen können und damit den Schulerfolg ihrer Kinder positiv beeinflussen.

Verbesserung der Lernanregungen außerhalb der Schule

Modul 5: Schul- und familienergänzende Lernanregungen
Der Erwerb von kognitiven und sprachlichen Kompetenzen lässt sich erfolgreich fördern, wenn Schulen dafür sorgen, dass Eltern und Kinder vor- und nebenschulische Lernangebote nutzen oder dass solche geschaffen werden, wenn sie fehlen. Solche Lernangebote sind beispielsweise Spielgruppen, ein zweijähriger Besuch des Kindergartens, lernfördernde Freizeitangebote der Schule (Mittagstische, Freizeitkurse, Tagesschulen) und von Privaten (Vereine, Familienpartnerschaften,...), Einsatz von Schulsozialarbeitenden.

Gestaltung einer Schulkultur der Anerkennung

Modul 6: Schulkultur der Anerkennung
In der Schule kommen Menschen mit unterschiedlichem sozialen, sprachlichen, kulturellen und religiösen Hintergrund zusammen. Das Zusammenleben, ein positiver respektvoller Umgang mit Unterschieden und ein gewaltfreies Lösen von Konflikten wollen gelernt sein. Eine Schule kann dies fördern; unter anderem durch die Einführung von Regeln des Zusammenlebens, durch gezieltes Arbeiten mit gemischten Lerngruppen, durch interkulturelle Unterrichts- und Schulprojekte, durch das Einüben gewaltfreier Konfliktlösungen, durch Mitsprache und Mitverantwortung der Schüler/innen und Eltern, auch der sozial benachteiligten Minderheiten.

Abbildung 8: Module der Schulentwicklung in vier Interventionsfeldern (QUIMS 2001a, 20f.)

Projektorganisation und bisheriger Verlauf

Das QUIMS-Projekt wird von der Fachstelle für Interkulturelle Pädagogik (Volksschulamt) der kantonalen Bildungsdirektion geleitet. Unter anderem als wissenschaftliche Begleitung ist ferner das Institut für Sonderpädagogik der Universität Zürich beteiligt. Außerdem besteht eine enge Zusammenarbeit mit den Zürcher Institutionen der Lehrerbildung und -fortbildung sowie weiteren Einrichtungen der Universität für die Entwicklung, Beratung, Weiterbildung und Evaluation bezüglich der didaktischen Module. Die Entwicklung und Umsetzung des Projektes zeichnet sich durch bedachte und sorgfältige Planungen und Vorgehensweisen aus, die sich inzwischen fast über ein Jahrzehnt erstreckten.

In einer *ersten Projektphase* (Herbst 1996 bis 1998; vgl. QUIMS 1998) wurden statistische Untersuchungen durchgeführt, um die Verteilung der Kinder und Jugendlichen in der Sekundarstufe I und in Sonderklassen nach ihrer Herkunft zu ermitteln (z.B. Moser/Rhyn 1997). Des Weiteren wurden wissenschaftliche Erkenntnisse zur Qualitätssicherung in multikulturellen Kontexten zusammengetragen (vgl. Rüesch 1999). In Fallstudien wurden Erfahrungen aus fünf Schulen in der Deutschschweiz ausgewertet, die mit innovativen Ansätzen auf eine soziokulturell sehr stark gemischte Schülerschaft reagiert haben (vgl. Häusler 1999). Ergänzend wurden mittels Fragebogen Daten über ähnlich gerichtete Schulprojekte in der gesamten Deutschschweiz erhoben. Die vielfältig vorhandenen Erfahrungen mit innovativen Schulentwicklungsprojekten flossen in ein Qualitätsmodell ein, das in zwei Pilotschulen erstmals mit Methoden der lokalen Schulentwicklung verknüpft und erprobt wurde.

In der *zweiten Projekt-Phase* (1999-2001; vgl. QUIMS 1999a) wurden die Zürcher Schulen, insbesondere die ca. 60 Schulen mit den höchsten Anteilen an Migrantenkindern und -jugendlichen sowie die betreffenden Gemeinden, über qualitätsverbessernde Werkzeuge und die Angebote des Kantons informiert und zur Teilnahme eingeladen. Zwischen 1999 und 2001 stiegen gestaffelt fünfzehn Einrichtungen, darunter auch Sekundarschulen und Kindergärten, in das Projekt ein. Erste Erfahrungen flossen in ein Handbuch zur Schulentwicklung ein (vgl. Mächler et al. 2000). Informationen, Praxisbeispiele, inhaltliche Grundlagen und relevante Links werden seit dem Frühjahr 2000 auch in einem kleinen Magazin („QUIMS-Nachrichten") und im Internet angeboten.[141] Im jährlichen Rhythmus findet ein Netzwerktag für Lehrerinnen und Lehrer und sonstige Interessierte statt, der der Vermittlung von Anregungen für die Projektsteuerung und für praktische pädagogische Projekte sowie dem Erfahrungsaustausch dient. In Zusammenarbeit mit der in Zürich für die Fortbildung der Lehrerinnen und Lehrer zuständigen Einrichtung, dem Pestalozzianum, wurde eine Weiterbildung für Mitglieder der Steuergruppen zu den Themen Projektarbeit und Projektmanagement organisiert.

In der *dritten Projektphase* (2002 bis 2005) sollen weitere Schulen in das Projekt einbezogen werden. Da die Erfahrung zeigt, dass Schulen durch die aufwendigen Pro-

---

141 Im Internet abrufbar unter http://www.quims.ch.

zesse der gemeinsamen Zielfindung, Projektplanung und Organisationsentwicklung zum Teil überfordert sind, sollen künftig „QUIMS-Bausteine" ausgearbeitet werden, die mit geringerem Aufwand zur Anwendung kommen können.

Zum Aufbau förderlicher Rahmenbedingungen auf kantonaler Ebene war eine Projektmitarbeiterin zeitweise auch im TaV-Projekt tätig. Der Projektleiter arbeitet in den entsprechenden Gremien der Bildungsdirektion an der Gestaltung der Volksschulreform und am Entwurf eines neuen Volksschulgesetzes mit. Vorschläge für eine Institutionalisierung von zusätzlichen Angeboten und Maßnahmen in Schulen mit hohen Anteilen von Kindern aus anderssprachigen und bildungsfernen Familien sind im Entwurf zu einem neuen Volksschulgesetz aufgenommen worden (vgl. QUIMS 2001, 15f.).

Ergebnisse externer Evaluationen und Beurteilungen

Eine externe begleitende formative Evaluation erfolgt seit dem Frühjahr 2000 (Binder et al. 2000, 2002). Ein erster Zwischenberichts, der sich auf die Organisation und den Vollzug des Projekts sowie die Zweckmäßigkeit des Konzepts und seiner Umsetzung konzentrierte, zieht eine insgesamt positive Bilanz (Binder et al. 2000). Die Evaluation bestätigt, dass das QUIMS-Programm in seiner Konzeption und inhaltlichen Ausrichtung die Problemsituation der Schulen trifft und bei der Erarbeitung schulhausspezifischer Lösungen und Projekte als hilfreich erlebt wird. Dabei zeigt sich die Tendenz, dass die lokalen Projekte zumeist die Module „Leistungsförderung", „Sprachförderung" und „Einbezug und Mitwirkung der Eltern" betreffen[142] – Module, die von den Lehrerinnen und Lehrern eher als Entlastung, Unterstützung und Bereicherung erlebt werden. Die Schwelle, sich freiwillig mit eher konflikträchtigen, jedoch zentralen Bereichen des schulischen Handelns wie Beurteilung und Zuweisung auseinander zu setzen, liegt offensichtlich höher. Auch Ressourcengewinn erweist sich als primäre Motivation zur Teilnahme am QUIMS-Projekt. Einige Schulen verwenden die zusätzlichen Mittel lediglich zur Verstärkung bisheriger Aktivitäten oder sogar zur Finanzierung von längst gewünschter Infrastruktur. Bei dem häufig gewählten Modul „Zusammenarbeit mit den Eltern" tritt die Schwierigkeit zutage, konkrete Projekte mit Wirksamkeits- und Nachhaltigkeitsrelevanz in den Schulen auf den Weg zu bringen. Diese Schwierigkeit ergibt sich aus dem hohen Maß an notwendiger Übereinstimmung im Kollegium sowie des größeren erforderlichen Zeithorizonts als etwa im Bereich Sprachförderung. Die initiierten Projekte unterscheiden sich auch in solche, die eher einen „*event*artigen" Charakter haben und in mittel- wie adressatenspezifischere Vorhaben, die stärker auf nachhaltige Veränderungen zielen.

Deutlich werden auch Überforderungseffekte. Die parallel zum Schulalltag zu bewerkstelligende QUIMS-Arbeit erfordert einen Kompetenzaufbau sowohl in pädagogischen Inhaltsbereichen (z.B. Umgang mit der Heterogenität, interkulturelle Pädagogik, Lern- und Leistungsförderung) als auch im Bereich Projektmanagement. Der Be-

---

142 Ein in der Anfangsphase noch angebotenes Modul zur Oberstufenreform wurde auch in der einzigen beteiligten Sekundarschule nicht gewählt (vgl. Binder et al. 2000, 93).

darf an kontinuierlichen parallelen Fortbildungs- und Unterstützungsangeboten wird ersichtlich, wobei das System der Schulbegleitung generell als sehr hilfreich erlebt wird. Als ein ungelöstes Problem erwies sich allerdings die Rollenvielfalt der Schulbegleitung (z.B. inhaltliche vs. prozedurale Unterstützung). Zum Teil kam auch zum Ausdruck, dass Strategien, die unter Zielaspekten von QUIMS sinnvoll und wirksam sind, von anderen Abteilungen und Verantwortungsbereichen der kantonalen Bildungsdirektion nicht berücksichtigt oder mitgetragen werden. Skepsis und ablehnende Reserviertheit bei einem Teil der Schulhaus-Teams betreffen in erster Linie die befürchtete Mehrbelastung und die Ungewissheit in Bezug auf Inhalte und Arbeitsbelastung. Ein stets neu zu verhandelndes Kernthema in den Schulen war die „Verbindlichkeit" innerhalb des Kollegiums.

Ob und inwiefern das QUIMS-Modell geeignet ist, nachhaltige Veränderungsprozesse in den Schulen anzustoßen und auf diese Weise ein gutes Leistungsniveau zu sichern und zu einer Angleichung der Bildungserfolge von Migrantinnen und Migranten an die ihrer Schweizer Mitschülerinnen und Mitschüler beizutragen, wird sich in den nächsten Jahren erweisen. In den vergangenen Jahren wurde das Projekt jedoch auch als politisches Signal bedeutsam.

Exkurs: Integrierte Volksschule oder separater Unterricht für Migrantenkinder?[143]

Als das QUIMS-Projekt 1996 an den Start ging, geriet die Schule immer mehr in den Mittelpunkt einer hitzig geführten ausländerpolitischen Debatte. Ein zentraler Auslöser war das schlechte Abschneiden der Schweiz in einer Mitte der 1990er Jahre vorgelegten OECD-Studie, die die Schreib- und Lesefähigkeit der Bevölkerung im erwerbstätigen Alter untersuchte.[144] Für die negative Bilanz der Schweiz wurde vielfach der hohe Ausländeranteil verantwortlich gemacht (z.B. Weltwoche vom 14.12.1995). In den Schulen regte sich vermehrt Widerstand gegen Klassen, in denen nicht mehr Kinder mit Schweizer Pass die überwiegende Mehrheit bildeten. In den größeren Städten zogen Schweizer Familien vermehrt aus den Innenstadt-Quartieren in die Nachbargemeinden, meistens noch bevor die Kinder ins schulpflichtige Alter kamen, was für die Kommunen erhebliche Einbußen an Steuergeldern bedeutete. Schweizer Eltern protestierten gegen die Diskriminierung der einheimischen Kinder in gemischten Schulen:

> „**Zu viele Ausländer in den Schulen? Die Zahlen.** Schweizer Eltern haben Angst vor einem sinkenden Ausbildungsniveau. Tatsache ist: Die Zahl der ausländischen Kinder an unseren Schulen steigt stetig. Tatsache ist auch: Trotz speziellen Förderklassen haben sie Mühe mit unserem Ausbildungssystem. So schaffen fremdsprachige Schüler den Sprung in die Sek' selten." (Blick 18.03.1998)

Als im Januar 1999 ein Schweizer Lehrer von einem aus Ex-Jugoslawien stammenden Vater einer Schülerin ermordet wurde, wurde in den Medien das Scheitern des

---

143 Zur Segregations-Diskussion in der Schweiz vgl. EKR (1999, 1999a), Ochsner et al. (2000).
144 First International Adult Literacy Survey (IALS).

Projektes der „multikulturellen Gesellschaft" und insbesondere der „interkulturellen Schule" beschworen.[145] Rechtspopulistische Gruppierungen, vor allem die Schweizer Volkspartei (SVP), unternahmen in mehreren Städten der Deutschschweiz Vorstöße zur Einrichtung getrennter Klassen für gut Deutsch sprechende Kinder (vgl. EKR 1999, 15).[146] In Luzern und im Kanton St. Gallen (Gemeinde Rorschach) wurden erste separate Klassen zugelassen. Im Vorfeld der Nationalratswahlen[147] forderte die SVP auch in Zürich unter dem Motto „Schluss mit der Diskriminierung von Schweizer Kindern" (vgl. SVP 1999) im Kantonsrat eine Änderung des Volksschulgesetzes, damit die Möglichkeit gegeben sei, in Schulen

„in denen der Anteil von Schülern, die fliessend Mundart oder Hochdeutsch sprechen, unter 50% liegt, separate Schulklassen für Schüler zu schaffen, die fliessend Mundart oder Hochdeutsch sprechen." (Motion der Kantonsräte A. Heer und J. Leuthold vom 2.9.1998)

Anfang März 1999 beschloss die SVP des Kantons Zürich die Ausarbeitung einer Volksinitiative für die Schaffung von Schulklassen für deutschsprachige Kinder (vgl. SVP 1999a), es blieb allerdings bei der Ankündigung. Ähnliche Vorstöße waren auch in der kleineren Nachbarstadt Dietikon zu beobachten (vgl. Ochsner et al. 2000). Andere Parteien schlossen sich dieser Strömung an. Im November 1998 überreichten etwa ein Abgeordneter der Freisinnig-Demokratischen Partei der Schweiz (FDP) ein Postulat mit unverhüllt rassistischen Tönen an den Zürcher Stadtrat. Gefordert wird

„die Schaffung von Spezialklassen für SchülerInnen mit geringen oder ungenügenden Deutschkenntnissen zu prüfen, vor allem für Heranwachsende, deren Aufenthalt in Zürich nicht auf Dauer angelegt ist. Ein Ziel der Maßnahmen soll es sein, den Fremdsprachigenanteil in den Regelklassen der Volksschule möglichst ausgewogen zu gestalten. Begründung: Weite Bevölkerungskreise empfinden oder erfahren Einschränkungen für die Bildungs- und Berufschancen für Schulabgängerinnen und Schulabgänger aus Klassen mit überdurchschnittlichem Fremdsprachigenanteil und/oder dominierenden kulturellen, von schweizerischer Wesensart stark abweichenden Voraussetzungen." (Gemeinderat der Stadt Zürich 1998)

Mit der Politik der „Qualitätssicherung in multikulturellen Schulen" setzten die Zürcher Behörden Ende der 1990er Jahre ein wichtiges politisches Signal für das Integrationsmodell, mit dem es gelang, den Segregationsbestrebungen den Boden zu entziehen. Zum einen veröffentlichten sie differenziertere Forschungsergebnisse. Sie belegen die relativ geringen Auswirkungen heterogener Schulklassen auf die Leistungen von Kindern mit Deutsch als Erstsprache, wie auch die stärkere Abhängigkeit der Leistungen von der Qualität des Unterrichts als von der Zusammensetzung der Lerngruppen. Als eigenen Lösungsansatz propagierten die Behörden Unterstützung und qualitätsver-

---

145 z.B. NZZ 23./24.1.99, 25.1.99, 28.1.99.
146 Aus der französischen Schweiz und dem Tessin waren 1999 keine vergleichbaren Vorstöße bekannt (EKR 1999, 19).
147 Die SVP war bei den Nationalratswahlen im Oktober 1999 mit mehr als 20% der Wählerstimmen (etwa der gleiche Stimmenanteil wie die Sozialdemokraten) der eindeutige Gewinner.

bessernde Maßnahmen für multikulturelle Schulen, von denen auch Kinder profitieren sollten, die gut Deutsch sprechen. Dabei stützten sie ihre Argumentation immer mehr auf das QUIMS-Projekt. Es wurde bald im gesamtschweizerischen Kontext als wegweisendes Modell wahrgenommen. Der Beitrag dieser Strategie an der Popularisierung eines neuen Integrationsdiskurses manifestiert sich in Slogans wie „QUIMS statt getrennter Klassen". Die hohe Akzeptanz des Projekts wird etwa in einer Veröffentlichung der Ergebnisse einer Umfrage zur Volksschulreform im Herbst 1999 deutlich („absoluter Schlager bei Blitzumfrage"; vgl. Stofer 1999; TA vom 13.10.1999). QUIMS wird aber auch insgesamt ausführlich und sehr positiv in der Presse dargestellt. Die Bewertungen reichen von lösungs- und praxisorientiert, wissenschaftlich fundiert und professionell, bis hin zu „ideologisch neutral" (vgl. Gomolla 1999).

Dass QUIMS nicht nur als Konzept überzeugt, sondern auch geeignet ist, die Schulpraxis im Umgang mit Heterogenität zu verbessern, zeigt das folgende Beispiel.

5.5 Fallstudie 2: Die Mittelstufen-Schule Grünberg

5.5.1 Die Schule in ihrem lokalen Umfeld

Die Grundschule Grünberg befindet sich in einer von der Maschinenindustrie geprägten Stadt im Kanton Zürich. Ihr Einzugsgebiet ist ein traditionelles, zwischen zwei Industriegebieten liegendes Arbeiterwohnviertel. Aufgrund von Betriebsschließungen ist die Arbeitslosigkeit im Stadtbezirk in den letzten Jahren stark angestiegen. Nach Auskunft der Lehrerinnen und Lehrer in der Grünberg-Schule machen sich die ökonomischen und sozialen Folgeprobleme in den Schulen deutlich bemerkbar. Das unmittelbare Umfeld der Schule wirkt mit einer Kirche und zumeist älteren, von großen Gärten umgebenen Mehrfamilienhäusern recht idyllisch. Wenige hundert Meter von der Schule entfernt durchschneidet eine verkehrsreiche Hauptstraße den Ortsteil. Auf der anderen Straßenseite befinden sich große, etwas trist wirkende Wohnblöcke im Baustil der 1990er Jahre. Am Straßenleben und an den Geschäften zu beiden Seiten der Hauptstraße, die gleichzeitig das Einkaufszentrum des Ortes bildet, ist die Präsenz von Menschen mit ganz unterschiedlichen Herkunftshintergründen leicht auszumachen. In den Schulen der Gemeinde lag der Anteil fremdsprachiger Kinder im Schuljahr 1999/2000 bei durchschnittlich bei ca. 60 %.

Die Grünberg-Schule ist mit ca. 150 Kindern eine relativ kleine Primarschule. Als Mittelstufenschule umfasst sie die Klassen vier bis sechs.[148] Zur Zeit der Datenerhebung im Herbst 1999 wurden die vierte und fünfte Klasse jeweils zweizügig, die sechste dreizügig geführt. Das stattliche, mehrstöckige Schulgebäude stammt aus der Wende zum 20. Jahrhundert. In unmittelbarer Nähe befindet sich ein Unterstufen-

---

148 Aufgrund von Raumnot findet sich in der Schulgemeinde der Grünberg-Schule – anders als etwa im Stadtzentrum – die Besonderheit, dass der Grundschulbereich in die Unter- (Jahrgänge eins bis drei) und die Mittelstufe (Jahrgänge drei bis sechs) aufgeteilt ist.

schulhaus, mit dem eine Zusammenlegung geplant ist. Auf dem Schulgelände befinden sich neben dem Hauptgebäude eine Turnhalle, die auch als Aula dient, sowie ein aufgrund von Raumnot errichteter Pavillon. Der Schulhof ist überwiegend asphaltiert und mit einigen Spiel- und Sportgeräten ausgestattet.

Von innen ist das Schulgebäude eher schlicht und sachlich-nüchtern eingerichtet. Die Klassenzimmer sind relativ groß und hell, zumeist einladend gestaltet. Farbige Bilder und Wandtafeln weisen vereinzelt auf die Mehrsprachigkeit und auf die unterschiedlichen Lebenshintergründe der Kinder hin (z.B. mit Merksätzen und Bildern zum Spracherwerb, Fotos von Kindern aus unterschiedlichen Erdteilen) oder betonen die Klassengemeinschaft (z.B. Namensschilder, Geburtstagskalender). Bezüge zu unterschiedlichen Herkunftsländern, Sprachen und Kulturen der Kinder finden sich mit Ausnahme der in der Schule verwendeten Musikinstrumente und Lieder jedoch eher selten. Die Atmosphäre in der kleinen Schule wirkt insgesamt diszipliniert und zugleich entspannt, warm und freundlich.

Von den in den letzten Jahren kontinuierlich ansteigenden Schülerinnen und Schülern werden etwa 70% als fremdsprachig gezählt. Zu den in der Grünberg-Schule gesprochenen Erstsprachen gehören außer Deutsch vor allem Albanisch, Türkisch, Italienisch, Serbokroatisch, Spanisch und Thailändisch. Die Kinder mit einem Migrationshintergrund gehören überwiegend der zweiten, zum Teil auch der dritten oder der ersten Einwanderergeneration an. Eine kleine Gruppe ist neu eingereist, überwiegend mit einem Flucht- und Asylhintergrund. Der Anteil der Kinder, die Legasthenie- und Diskalkulietherapie, Psychomotoriktherapie und andere besondere Unterstützungen erhalten ist relativ hoch (vgl. Grundschule Grünberg 1998).

Das Schulteam hat sich in den vergangenen Jahren nahezu verdoppelt. Das zum Untersuchungszeitpunkt 13-köpfige Kollegium besteht aus einer Schulleiterin, die erst im Sommer 1999 gewählt worden ist, acht Klassenlehrerinnen und -lehrern (davon vier 50%-Stellen), einer Lehrkraft für integrierte sonderpädagogische Förderung (50%-Stelle), vier Handarbeitslehrerinnen (Teilzeitkräfte), zwei Lehrerinnen für den Deutschförderunterricht (Deutsch für Fremdsprachige) und einem Hausmeister. Die zur Zeit dienstältesten Lehrerinnen und Lehrer sind seit etwa zehn Jahre an der Schule.

Der Unterricht gliedert sich in einen Vormittags- und einen Nachmittagsblock. An den Nachmittagen werden überwiegend Fächer wie Handarbeiten, Zeichnen und Turnen unterrichtet. In der Mittagspause gehen die Kinder nach Hause. An mehreren Tagen in der Woche wird der Unterricht in der ersten und in den letzten Vormittagsstunden in geteilten Klassen erteilt, wobei nach Auskunft der Lehrkräfte auf ein ausgewogenes Verhältnis nach Leistungs- und Sprachstand geachtet werde. Seit dem Schuljahr 1998/99 bietet die Grünberg-Schule eine integrierte sonderpädagogische Förderung an. Der Unterricht in heimatlicher Sprache und Kultur (HSK) wird außerhalb des Schulhauses erteilt. Für einige Kinder, die noch ein Anrecht auf die zweijährige Zusatzförderung in Deutsch für Fremdsprachige (DfF) haben, kommen externe Förderlehrkräfte, die in separaten Einzelsitzungen oder Lerngruppen stundenweise unterrichten.

Engagement der Schulpflegen für die Akzeptanz der Heterogenität

Die Gemeindeschulpflege, der die Grünberg-Schule untersteht, engagiert sich seit vielen Jahren für ein Schulangebot, dass allen Kindern zugute kommen soll. „Unsere Schule ist eine multikulturelle Schule. Unsere Lehrerinnen und Lehrer nehmen diese Herausforderung an, suchen immer neue Wege damit umzugehen" heißt es zum Beispiel in einer amtlichen Mitteilung der Gemeindeschulpflege im September 1999, in der vom Einstieg der Schulen aus dieser Gemeinde in die Projekte TaV und QUIMS berichtet wird. Von der Schulpflege gingen entscheidende Impulse zur Beteiligung der Schulen an den kantonalen Schulentwicklungsprojekten aus:

> „Als wir vom Kanton gehört haben, dass die Möglichkeiten da sind, haben wir gesagt, wir hätten Interesse, da mit zu tun. Das war einmal eine Grundsatzfrage – QUIMS oder auch sonst schon verschiedene Versuche, die gemacht wurden. Es ist natürlich immer so, dass die Lehrerinnen und Lehrer die sind, die mitziehen müssen. Wir können nur grundsätzlich sagen, dass wir das unterstützen. Aber die Hauptarbeit liegt ja nachher auch bei den Lehrerinnen und Lehrern, oder? Also, von einem einzelnen Schulhaus-Team muss das Interesse aufgenommen werden. Jetzt zum Beispiel auf QUIMS bezogen haben wir dann im letzten Februar, März die Initiative ergriffen und haben gesagt: ‚Wir machen eine Information für alle Primarlehrkräfte', und haben dann nach dieser Information von allen Schulhäusern einen Entscheid verlangt in Bezug auf Mitarbeit bei QUIMS. So hat das dann konkret mit QUIMS begonnen. Aber von unserer Seite her war eigentlich immer ganz klar der Wunsch da, etwas zu tun. Auch als vom Kanton Zürich dann der TaV-Versuch kam, haben wir gesagt, es wäre gut, ein Schulhaus von uns könnte mitmachen. Aber es hat dann doch etwas gedauert, bis dann eben dieses Schulhaus hier die Initiative ergriffen hat, da mitzumachen." (A., Vorsitzende der Gemeinde-Schulpflege; I/056-077)

Frau A., die Vorsitzende der Gemeinde-Schulpflege betont im Zitat zwar, dass die Entscheidung zur Teilnahme an den Projekten bei den Lehrerinnen und Lehrern in den einzelnen Schulen liege. Doch dadurch, dass die Schulpflege von den Schulen eine Antwort bzgl. der Teilnahme am QUIMS-Projekt forderte und sowohl ihre Erwartungen als auch ihre Unterstützung klar signalisierte, waren die Schulen zur Auseinandersetzung mit dem Angebot des Kantons gezwungen. Der im Zitat zum Ausdruck kommende „sanfte Druck" führte dazu, dass zur Zeit der Datenerhebung drei von vier Grundschulen der Gemeinde und mehrere Kindergärten an QUIMS teilnahmen.

5.5.2 Vorgeschichte, positive Erwartungen und Befürchtungen

In vielen Gesprächen und Interviews, die ich an der Grünberg-Schule geführt habe, konstatieren die befragten Lehrerinnen und Lehrer eine Öffnung für Innovationen im Schulhaus seit Mitte der 1990er Jahre. Der Auslöser sei ein starker Wechsel im Kollegium aufgrund der Pensionierung einiger Lehrkräfte, die seit Jahrzehnten an der Schule tätig waren wie auch eine personelle Verbreiterung des Teams gewesen. Die jüngeren Lehrkräfte hätten neue Impulse ins Schulhaus gebracht. Die Integration des Handarbeitsunterrichts ins Schulhaus vor einigen Jahren habe einen intensiveren Austausch

5. „Qualität in multikulturellen Schulen" - ein Reformprojekt im Kanton Zürich

zwischen Klassen- und Fachlehrkräften angestoßen. Daraufhin begannen einzelne Lehrerinnen und Lehrer bewusst mit neuen Formen der Zusammenarbeit zu experimentieren. Des Weiteren trug das langjährige Engagement mehrerer Schulen in der Gemeinde für eine integrierte sonderpädagogische Förderung endlich Früchte, so dass im Schuljahr 1998/99 ein Heilpädagoge seine Arbeit in der Grünberg-Schule aufnehmen konnte.

In der allgemeinen Aufbruchstimmung wurde die Aufforderung der Gemeindeschulpflege, über eine Beteiligung am kantonalen Projekt „Teilautonome Volksschulen" nachzudenken, interessiert aufgegriffen. Eine kleinere Gruppe von Lehrkräften machte die Umwandlung in eine teilautonome Schule zu ihrem Anliegen. Sie entwickelten Ideen, beschafften Informationen, stellten nötige Kontakte her, diskutierten Themen in informellen Gesprächen, verfassten Papiere und brachten sie in die innerschulische Diskussion ein. Die Identifikation mit dem Vorhaben wurde dadurch verstärkt, dass zwei Lehrpersonen für die mit TaV einhergehende schulinterne Wahl einer Schulleiterin bzw. eines Schulleiters kandidieren wollten.

Obgleich die Entscheidung zur Beteiligung an den Entwicklungsprojekten TaV und etwas später auch QUIMS relativ zügig und einvernehmlich getroffen wurden, blieben die Projekte in der Sache jedoch umstritten, wobei sich die Vorbehalte vor allem gegen die Teilautonomie richteten.

Für die Beteiligung am Projekt „Teilautonome Volksschulen" (TaV) werden hauptsächlich folgende Gründe genannt: Die bei der versuchsweisen Einführung der Teilautonomie vom Kanton gebotenen Unterstützungen (z.B. spezielle Tage für Schulentwicklung, fachliche Beratung) werden als attraktiver Anreiz empfunden. Von einem Globalbudget und den mit der Autonomisierung einhergehenden erweiterten Gestaltungsspielräumen erhofften sich die Lehrerinnen, nicht mehr in allen Belangen den mühsamen Weg über die kommunale Bürokratie nehmen zu müssen und pädagogische Neuerungen unkomplizierter umsetzen zu können, die den lokalen Bedürfnissen entsprechen (z.B. die Einführung von Blockzeiten). Mit Blick auf die anstehende Einführung der Teilautonomie für alle Schulen wurden ferner Gelegenheiten zur politischen Mitsprache in Bezug auf die Gesamtreform gesehen. Als zentrales Motiv erwies sich jedoch der Wunsch, den Unterricht qualitativ zu verbessern. Im Schulhaus herrschte die pragmatische Orientierung vor, dass die Schulentwicklung nur Sinn mache, wenn sie tatsächlich den Kindern zugute käme:

> „In unserem Team besteht grosses Interesse, eine unserer Schule angepasste Schulidentität zu definieren, d.h. ein Leitbild in diesem Sinne zu erarbeiten. Wir sind uns im Team einig, dass gezielte Schritte zur Verbesserung der Schule unternommen werden müssen und auch können. Ebenfalls Einigkeit besteht darüber, dass die Qualität des Unterrichts durch eine Teilnahme am TaV nicht beeinträchtigt werden darf. Einzelne befürchten aber eine Mehrbelastung, die genau dazu führen könnte. Wir haben weder Zeit noch Kraft, sinnlose Umwege zu begehen oder könnten es auch nicht verantworten, uns mit riskanten Schulexperimenten zu profilieren. Wir wollen uns auf die wichtigsten und nötigsten Bereiche konzent-

rieren. Die Arbeit mit den Kindern in den Klassenzimmern soll unser ‚Kerngeschäft' bleiben." (Grundschule Grünberg 1998, 4)

In der Phase, in der noch über das Für und Wider einer Beteiligung an TaV diskutiert wurde, stieß das Angebot der Bildungsdirektion, dass Schulen mit einem hohen Anteil fremdsprachiger Kinder, den im TaV-Projekt obligatorischen pädagogischen Schwerpunkt mit zwei Modulen des QUIMS-Projektes abdecken können, ebenfalls auf großes Interesse in der Grünberg-Schule. QUIMS passte zum Selbstverständnis der Schule als einer sprachlich und sozio-kulturell heterogenen Schule. Die Rahmenvorgaben des Projekts und die zusätzliche finanzielle und fachliche Unterstützung wurden als große Entlastung bei der pädagogischen Profilierung der Schule empfunden. Im folgenden Zitat von Herrn B., einem jungen Klassenlehrer, wird begeistert der Aspekt der professionellen Weiterbildung durch QUIMS hervorgehoben sowie der überzeugende Zuschnitt der Konzeption auf die Bedürfnisse der Schule:

„Das sind für mich persönlich auch Möglichkeiten, ein neues Repertoire aufzubauen, Weiterbildung zu erhalten, um effizienter unterrichten zu können. Ich hoffe auch vertieft in die Problematik mit der Erst- und Zweitsprachigkeit eintauchen zu können. Das ist ja primär ein egoistisches Ziel. Aber QUIMS ist mir sofort ins Auge gestoßen, es setzt im Schulzimmer an, nicht irgendwo bei der Struktur. Natürlich muss die auch geändert werden, damit es dann ins Schulzimmer kommt. Aber ich habe wirklich das Gefühl, da kann sich mein Unterricht wirklich verändern. Und es ist auch ein Projekt, bei dem man quasi ein eigenes Modell ausarbeiten kann. Uns wird Geld angeboten, Zeit, Fachleute, Literatur und so weiter und ‚Jetzt schaut mal, wo ist die Problematik und wie wollt ihr eure Schule verändern?' Das ist natürlich das Schönste, was ich mir vorstellen kann." (B., Klassenlehrer, QUIMS-Steuergruppe; I/295-308)

Herr B., der dem TaV-Projekt anfangs ablehnend gegenüber stand, ließ sich durch die Kombination mit einem Projekt, das dezidiert der inhaltlich-pädagogischen Entwicklungsarbeit dienen sollte, überzeugen. Gemeinsam mit einer Kollegin übernahm er die Rolle der Koordinierung der QUIMS-Arbeit im Schulhaus. Frau C., die Schulleiterin, betont auch die Außenwirkung der Entwicklungsarbeit:

„Wir verspüren es weniger, aber zum Beispiel die Vorsitzende der Gemeindeschulpflege führt Telefonate mit Eltern, die sagen: ‚Ja wir möchten unser Kind-, nach Gemeinde X., wieviel Prozent Ausländer haben Sie?' Und sie sagt dann: ‚70% oder 72%.' Dann kommt die Antwort: ‚Nein danke! Dann kommen wir nicht.' Oder die Leute ziehen weg, weil der Ruf der Schule schlecht ist: ‚Viele Ausländer, viel Gewalt, also tiefes Niveau'. Da sind wir schon drin. Das ist dann auch ganz danach, wie der politische Wind weht. Der weht auch in Europa und dieser Wind weht auch bei uns. Das hast du mitbekommen, mit den Wahlen? Und wir sind keine schlechte Schule, oder? [lacht] Wir sehen das wirklich nicht. Und wir sind auch für deutschsprachige Kinder keine schlechte Schule. Aber das ist nicht ganz so einfach darzulegen wie das Gegenteil." (C., Schulleiterin; I/218-235)

Die Beteiligung an den kantonalen Projekten wurde auch als Antwort auf das angespannte politische Klima in Bezug auf die Integrationsfrage und die Separationstendenzen bildungsbewusster Eltern als Chance betrachtet. Die Schulleiterin erhofft sich auf diesem Weg die besonderen Chancen einer von Vielfalt geprägten Schule, etwa im Bereich des Sprach- oder des sozialen Lernens, besser entfalten und sich als Schule, die allen Kindern einen qualitativ guten Unterricht bietet, profilieren zu können.

Bedenken und Ängste im Zusammenhang mit der Schulentwicklung beziehen sich vor allem auf den erwarteten erhöhten Arbeitsaufwand:

> „Ich hatte am Anfang ein bisschen Angst, dass mir die ganze Sache über den Kopf wächst. Weil wir kurz zuvor gesagt hatten, wir machen beim TaV mit, und das bedeutet auch eine Menge mehr Aufwand: diverse Fortbildungstage oder Tage, an denen wir zusammen arbeiten müssen, also in unserer Freizeit. Und als es dann noch hieß, beim QUIMS könnten wir auch noch mitmachen, da habe ich am Anfang schon etwas Angst gehabt, dass das Ganze einfach zu viel wird, ob wir uns da nicht zu viel zumuten." (D., Klassenlehrerin; I/56-60)

Besonders betroffen von der Mehrbelastung, etwa durch vermehrte Teamsitzungen oder gemeinsame Unterrichtsvorbereitungen, sehen sich vor allem die Teilzeitkräfte. Auch speziell die Berufsanfängerinnen und -anfänger fühlen sich phasenweise überfordert, „die Schule, die man noch kaum kennt, zugleich neu [zu] erfinden" (E., Klassenlehrer). So schildert zum Beispiel Frau E., die nach dem Studium als Handarbeitslehrerin an die Grünberg-Schule kam und inzwischen in der TaV-Steuergruppe mitwirkt, wie die Diskussionen über die Projekte in den ersten Monaten an der Schule weitgehend an ihr „vorbeigegangen" seien:

> „ich habe es wirklich ganz am Rande mitbekommen [...] ich hatte natürlich ganz andere Dinge als Wichtigstes im Kopf. Wie mache ich meinen Unterricht? Das war für mich das Zentrale. Und ich hatte überhaupt keine Lust am Anfang mit dem TaV und ich wusste auch überhaupt nicht recht, was das soll und was das ist und was das bedeutet für uns, wenn wir dabei sind. Und ob wir eine Schulleiterin haben sollen oder zwei. Also, das interessierte mich eigentlich nicht viel. Also, interessieren schon, aber ich hatte irgendwie gar keine Zeit. Und das ging dann vorüber bei mir. Meine Priorität war wirklich das Schule geben. Ich musste da mich mal zurecht finden. Ja das war mein Schwerpunkt eigentlich. Es war eine sehr intensive Zeit darum." (E., Handarbeitslehrerin, TaV-Steuergruppe; I/313-330)

Ein wesentlicher Kritikpunkt an TaV bezieht sich auf das Missverhältnis von organisatorischem Aufwand und pädagogischem Ertrag, einhergehend mit der Frage, ob sich die Unterrichtsverbesserungen nicht auch im bisherigen Rahmen realisieren lassen:

> „Ich bin eigentlich dem TaV sehr kritisch gegenüber gestellt. [...] Das heißt nicht, dass ich das nicht gut finde, was jetzt passiert. Es passiert sehr viel Gutes, was wahrscheinlich ohne TaV nicht geschehen würde. Dadurch ist vieles ins Rollen gekommen, auch was die allgemeine Kultur der Schule betrifft. Das wäre wahrscheinlich ohne den äußeren Kick: ‚Jetzt machen wir TaV, jetzt müssen wir!' nicht passiert. Also, die Auswirkungen empfinde ich positiv. Trotzdem, den Aufwand, den finde ich enorm! Und eben, es ist so viel Strukturelles! Was ändert sich konkret in meinem Alltag mit den Kindern? Das sind Kleinigkeiten. Eigentlich im Moment alles Sachen, die man auch ohne TaV ändern könnte. Ohne dieses ganze strukturelle Brimborium." (B., Klassenlehrer, QUIMS-Steuergruppe; I/350-367)

Auch generelle politische Bedenken wurden gegen die Teilautonomie vorgebracht. Kritisiert wurden etwa konzeptionelle Unklarheiten des gesamten Reformpakets und die Intransparenz bei der Entwicklung und Umsetzung der Strukturreformen:

> „Diese Projekte sind grobe Formen, die man da über die Schule wirft. Und man sagt ja: ‚Knüpft sie selbst, die Maschen', aber es muss dann trotzdem ‚zackzack' gehen. Die Regierung will Resultate haben, vor den Wahlen [...] Ja, man spielt auch mit uns, man spielt mit unseren Kräften." (F., Klassenlehrer, TaV-Steuergruppe; I/581-594)

Ein Einwand speziell gegen QUIMS, war die Befürchtung eines Übermaßes an Projekten im Schulhaus, wodurch die Qualität der einzelnen Initiativen leiden könne. Solche Bedenken wurden am deutlichsten von Herrn G., dem im Schulhaus tätigen Heilpädagogen formuliert:

> „Und mit dem QUIMS, da hatte ich den Verdacht, das wird dann wie beim TaV, dass wir da viel tun, aber direkt konkret verändert sich da nicht viel. [...] Und das zweite war auch vielleicht, ja, dass ich dann manchmal an mein Projekt denke, das ISF [integrierte sonderpädagogische Förderung; M.G.], das ist ja auch neu. Das ist erst ein Jahr. Das geht dann irgendwie unter. [...] Da habe ich einfach ein bisschen Angst. Das ist neu und das sollte man auch pflegen und das geht dann plötzlich nicht mehr gut. Im Moment geht es gut, aber wenn dann zu viele neue Projekte kommen, die viel zu tun geben, wo dann vielleicht nicht viel raus kommt dabei. Jetzt denke ich: ‚Ja!' Die Weiterbildung ist gut. Man redet über Projekte. Aber konkret hat sich auch noch nichts geändert, bei uns." (G., ISF-Lehrer; I/328-350)

In den folgenden Abschnitten werden die konkreten Praxisfelder in der Grünberg-Schule umrissen, in denen sich – die im Zitat zum Ausdruck kommende Skepsis etwas relativierend – die Anfänge der Schulentwicklung manifestieren.

5.5.3 Felder der Schulentwicklung

Konstituierung als Team

Mit dem Einstieg in die Teilautonomie und das QUIMS-Projekt setzte in der Grünberg-Schule ein intensiver Prozess der Teamentwicklung ein. Als Schlüsselelemente erleben die befragten Lehrpersonen die Einführung einer *Team-Supervision*, eine *effektivere Gestaltung der Teamsitzungen* sowie die Umwandlung in eine *geleitete Schule*. Die Entscheidung zur Supervision (zunächst zehn Sitzungen) wurde im Vorfeld der Teilnahme am TaV-Projekt getroffen. Auffallend war die einhellig positive Resonanz. Der Supervision werden vielfältige Auswirkungen auf die Gestaltung der Arbeitsprozesse und auf die kollegialen Beziehungen beigemessen. Die Supervision führte zum Beispiel zur effektiveren Gestaltung der Teamsitzungen:

> „Das war total chaotisch, als ich gekommen war. Es gab keine Gesprächsleitung. Wer am lautesten schrie, der konnte sich durchsetzen. Man hat Entscheide in der gleichen Sitzung dreimal umgestoßen. Man wusste vorher nicht, was zu besprechen war. Es war also schlimm. [...] Da sagte man, mit dem TaV, da braucht man eine Supervision. Und dann

fragte der Supervisor beim ersten Mal: ‚Was für ein Thema möchtet ihr bearbeiten?' Und ich sagte: ‚Die Sitzungsordnung.' Ja, das hat dann letztendlich geklappt." (G., ISF-Lehrer; I/238-311)

Die Supervision wird ferner als hilfreich erlebt, im Team inhaltliche Positionen und Vorstellungen abzuklären und kollektive Entscheidungen zu treffen (z.B. die Frage der Beteiligung an TaV und QUIMS; Erarbeitung eines Leitbildes für das TaV-Aufnahmegesuch), die potentiell als konfliktträchtig wahrgenommen werden:

„Das hat eigentlich viel von Anfang an entschärft. Weil, man musste sich über viele Sachen klar werden." (H., Klassenlehrer; 329-342)

„[...] dass wir auch lernen, dass wir einander mal kritisieren dürfen, dass das nicht alles so harmonisch ablaufen muss, wie wir miteinander auch umgehen können, wie wir Kritik anbringen können, Konflikte-. Davon haben wir viel profitiert, das war ein guter Einstieg." (E., Klassenlehrerin; II/91-97)

Speziell die neu an die Schule gekommenen Lehrerinnen und Lehrer erlebten die Team-Supervision als Erleichterung ihres Einstiegs in der Schule:

„Und ich habe die ganze Diskussion als sehr, sehr fruchtbar empfunden hier im Schulhaus. Wir haben uns auch gut kennen gelernt. Wir haben auch diese Supervision gemacht. Für mich war es jetzt im Nachhinein denke ich sehr viel, als wir neu eingestiegen sind, Anne und ich, in den Beruf. Und manchmal hatte ich auch das Gefühl, ja man ist so, plötzlich ist man so wie gebunden. Ich fänd's jetzt auch schade, wenn ich jetzt hier gehen müsste, weil man schon so viel investiert hat, also auch an persönlicher Energie." (H., Klassenlehrer; I/311-320)

Im zweiten Teil des Zitats wird die Verbesserung der Beziehungen zu den Kolleginnen und Kollegen angesprochen. Auf der Basis dieser Erfahrungen hat der Interviewpartner Supervision als selbstverständlichen Teil der schulischen Arbeit schätzen gelernt:

„[...] dass es nicht mehr so ist, dass wir das einfach für uns machen, sondern dass solche Sachen etwas sind, das dazugehört, das man eigentlich auch machen muss in der Schule, weil es von Bedeutung ist." (H., Klassenlehrer; I/272-278)

Herr G. fasst seinen Eindruck von den Veränderungen in der Teamstruktur mit einem Bild aus einer der Supervisions-Sitzungen zusammen:

„Das war auch in der Supervision mehr ein Aussprechen von Bildern, die jeder so mit sich herum trug. Zwei haben zufällig das gleiche Bild gehabt, nämlich ein Wagen mit sieben Steuerrädern und alle drehen da irgendwo herum. [lacht] Und wenn ich heute schaue, dann haben wir die Schulleitung und wir sind eben viel mehr ein Team. Das sieht man gut jetzt an diesen Sitzungen." (G., ISF-Lehrer; I/238-311)

Die mit dem TaV-Projekt verbundene Wahl einer Schulleitung wurde ebenfalls als wichtige Maßnahme zur Konstituierung eines arbeitsfähigen Teams betrachtet. Zum Zeitpunkt der Datenerhebung lag die Wahl der Schulleiterin knapp ein halbes Jahr zurück. Frau C., die auch von der Schulpflege für dieses Amt vorgeschlagen wurde, galt als unumstrittene erste Kandidatin für diese Position. Entscheidungen, die gemeinsame

Aufgaben betreffen, sollen jedoch weiterhin im Team gefällt werden. Die Schulleitung soll diese Aufgaben koordinieren, Entscheidungsprozesse moderieren, für den Informationsfluss sorgen und die Schule nach außen vertreten.

Adaptation an heterogene Lernbedürfnisse als pädagogische Leitidee der Schule

Das Aufnahmegesuch für die Teilnahme am TaV-Projekt (Grundschule Grünberg 1998) enthält ein pädagogisches Leitbild, das später zu einem Schulprogramm ausgeweitet werden soll. Im folgenden Auszug aus diesem Dokument werden vielfältige Probleme angesprochen, die mit der sozio-ökonomisch deprivierten Lage im Stadtteil in Verbindung gebracht werden:

„Die Eltern sind oft nicht in der Lage, ihre Kinder zu unterstützen. Die häufigsten Gründe dafür sind die grosse berufliche Belastung, der sie ausgesetzt sind, ungenügende Kenntnisse der hiesigen Schulkultur und Sprache sowie erdrückende eigene Probleme als Alleinerziehende, Flüchtlinge oder Arbeitslose. Manche Kinder stammen aus bescheidenen finanziellen Verhältnissen. Der Anteil der Fremdsprachigen liegt bei ca. 2/3. Viele leben zwar schon längere Zeit hier, verfügen aber nur über geringe Sprachstrukturen; d.h. sie beherrschen weder ihre Muttersprache noch Deutsch. Daneben sind NeuzuzüglerInnen oft hochmotiviert und können bei gezielter Unterstützung grosse Fortschritte machen. Besonders Kinder aus Immigrantenfamilien haben grosse Mühe, sich in der neuen Umgebung zurechtzufinden. Ihre Integration stellt für sie eine Herausforderung dar, für welche sie den grössten Teil ihrer Energie einsetzen müssen. Diese Anstrengungen werden aber nur selten wahrgenommen und anerkannt. Manche können deshalb kaum Leistungsfreude und Selbstvertrauen entwickeln. Oft leiden sie auch unter starkem Erfolgsdruck von der Elternseite." (Grünberg Grundschule 1998, 1)

In dieser überwiegend als Belastungsszenario gestalteten Passage, die von beruflicher Überlastung der Eltern bis zur „doppelten Halbsprachigkeit" einen weiten Problemkreis beschreibt, scheint die defizitorientierte Perspektive kompensatorischer Erziehungsansätze auf. Diese wird jedoch in mehrfacher Hinsicht aufgebrochen. Deutlich wird etwa die Heterogenität der „Problemkinder". Zugleich werden Potentiale der zugewanderten Kinder angesprochen sowie Anteile der Schule in den Problemzusammenhängen bzw. Ansatzpunkte für Veränderungen auf Seiten der Schule.

„Was können wir LehrerInnen beitragen? Welche Inhalte und Werte vermitteln wir mit welchen Mitteln und Methoden? Welche Bedingungen müssten und könnten geändert werden?" (ebd., 2)

Insgesamt wird im TaV-Aufnahmegesuch deutlich, dass die Schule die Probleme als Herausforderung sieht, um jedes Kind möglichst optimal zu fördern. Dabei wird als zentrales Ziel die Integration in die Klassen-, Schul- und Quartiergemeinschaft betont:

„In unserer Erziehungsarbeit versuchen wir, Selbstbewusstsein und Selbständigkeit der Kinder zu stärken, ihre Urteilsfähigkeit zu entwickeln und sie zu Teamfähigkeit und Weltoffenheit zu erziehen. Einen hohen Stellenwert hat für uns der Umgang mit sich und mit den anderen. [...] **Wichtigster gemeinsamer Schwerpunkt ist die Integration der Kin-**

der in die Klassen-, Schulhaus- und Quartiergemeinschaft. Unter Integration verstehen wir Geborgenheit in einem verbindlichen Rahmen. Wir orientieren uns dabei an dem im Lehrplan festgelegten Grundsatz ‚Erziehung durch Unterricht', in welchem sowohl Individualisierung wie auch Gemeinschaftsförderung angestrebt werden." (ebd., 2f.; Hervorhebung im Original)

Im Zitat wird eine umfassende Erziehungsarbeit als schulischer Auftrag bestimmt. Zu diesem Zweck wird ein Unterricht als geeignet betrachtet, der individualisierte Lernförderung ermöglicht wie auch die Gemeinschaft betont. Als Schwerpunkte der Schulentwicklung werden im Aufnahmegesuch weiterhin genannt: die Ausweitung des klassen- und fächerübergreifenden Unterrichts, die Förderung vielfältiger Unterrichtsstile und der Einsatz der individuellen Stärken der Lehrpersonen (u.a. durch *Teamteaching* und Klassentausch). Zusätzlich will die Schule den Kontakt zu den Eltern verbessern. Betont wird die Wichtigkeit gemeinsamer Weiterbildungen und einer „echten Feedback-Kultur" im Schulhaus. Eher langfristige Ziele, die mit der Autonomie verbunden werden, sind die Verbesserung der räumlichen Bedingungen, mehr fachliche Unterstützung, die Verbesserung der Zusammenarbeit mit spezialisierten Diensten und eine engere Zusammenarbeit mit dem benachbarten Unterstufenschulhaus, verbunden mit der Hoffnung, dass sich daraus eine Quartierschule entwickelt (ebd., 5f.).

Kooperative Arbeitsformen in Unterricht, Schulorganisation und Schulumfeld

In der vermehrten Zusammenarbeit werden die Auswirkungen der Entwicklungsarbeit im Arbeitsalltag der befragten Lehrerinnen und Lehrer bisher am deutlichsten spürbar:

„In den ersten Jahren verlief eigentlich immer alles im gleichen Trott, mehr oder weniger. Und die großen Veränderungen, die sind eigentlich in den letzten zwei, drei Jahren auf uns zu gekommen. Was sicher einfach so plötzlich anders wurde, das war dann die auch ‚verordnete Teamarbeit'. Wobei ich das natürlich positiv finde! In den ersten Jahren war das wirklich so [...] dass jeder für sich vorbereitet hat. Man hat auch keine Probleme ausgetauscht, die man mal mit einzelnen Kindern hatte. Jeder schaute einfach für sich und jeder machte seine Sache für sich und wie es bei anderen lief, das hat man dann gar nicht so recht erfahren." (I., Klassenlehrerin; I/5-10)

Wesentliche Impulse zur Ausweitung klassenübergreifender und kollaborativer Handlungsansätze gingen auch von dem schulischen Heilpädagogen aus. Um die Stigmatisierung von Schülerinnen und Schülern, die zusätzliche heilpädagogische Förderung in Anspruch nehmen, zu vermeiden, versucht Herr G. in allen Klassen regelmäßig als Lehrkraft in Erscheinung zu treten:

„Ich bin noch nicht so lange hier und ich arbeite in einem eigenen Zimmer, mit Kindern, die zu mir kommen müssen, die irgendwelche Schwierigkeiten haben. Da ist die Gefahr schnell da, dass andere Kinder nicht wissen, was die da machen, wer ich bin, was sich da abspielt. Dass dann irgendwie so Sachen im Raum sind, ja: ‚Diese armen Kinder. Was passiert wohl mit denen da drin?' Dass ich mir die Stellung ein bisschen erarbeiten musste. Dass die wissen: Ja, ich bin eine Lehrkraft, wie andere auch und ich kann auch mit allen.

Und das war mal der Start, oder. Und dann habe ich gedacht, das müsste man jetzt immer wieder etwas weiter ausbauen." (G., ISF-Lehrer; II/82-98)

Durch die verstärkte Zusammenarbeit von Klassen-, Fachlehrkräften und dem Heilpädagogen werden neue Handlungsmöglichkeiten im Umgang mit der sprachlichen und kulturellen Heterogenität wahrgenommen. Im folgenden Zitat schildert beispielsweise eine der Handarbeitslehrerinnen, wie sie dadurch den Handarbeitsunterricht als bisher viel zu wenig genutzte Chance entdeckt hat, neben den fachlichen Inhalten und Fertigkeiten auch Deutschkenntnisse zu vermitteln:

> „Ich finde, wir können im Handarbeitsunterricht eigentlich extrem viel für den Sprachunterricht der Kinder beitragen, um das Verstehen zu erleichtern und gerade auch Begriffe zu lernen. Indem sie gerade machen, lernen sie es automatisch. Also, ich beobachte das immer wieder. Es bringt ihnen so viel. Und auch über ihr Arbeiten erzählen. Wir haben nicht immer Zeit, weil im Vordergrund steht natürlich schon das Arbeiten mit Händen und manchmal blicken wir zurück und – was habe ich jetzt genau gemacht? Und dann einfach erzählen und immer kurz aufschreiben, eine Sequenz der Arbeit. Das bringt enorm viel." (E., Handarbeitslehrerin, TaV-Steuergruppe; I/6-18)

Speziell auch die an der Grünberg-Schule zu beobachtende Experimentierfreudigkeit, einschließlich der Bereitschaft, über Irritationen zu sprechen und aus Fehlern zu lernen, erweist sich als eine wichtige Ressource im Umgang mit der sprachlichen und sozio-kulturellen Heterogenität. Herr F., ein erfahrener Lehrer, beurteilt die bisherigen Effekte der Schulentwicklung wie folgt:

> „Ob das für die Kinder schon spürbar ist, das weiß ich nicht. Vielleicht, dass die Grundstimmung besser ist. Also, dass man sich unterstützt fühlt und dadurch, dass man den Austausch hat, auch mehr bereit ist, Fehler zu machen. Also, da hatte ich am Anfang da Gefühl, also ich mach jetzt einfach alles falsch. Dass man das Gefühl hat, man hat nicht gereicht. Die Kinder sind nach drei Jahren noch schlechter im Deutschen als vorher. [...] Und dann fragt man sich schon, was hat man falsch gemacht? Also, es hat gerade angefangen, dass wir uns auseinandersetzen. Und das spüren die Kinder." (F., Klassenlehrer, TaV-Steuergruppe; I/395-412)

Im Zitat werden die Zweifel angesprochen, inwiefern die Schülerinnen und Schüler, denen die Neuerungen zugute kommen sollen, von der Schulentwicklung profitieren. Festgestellt wird eine Veränderung der Schulkultur: Hinter der besseren Grundstimmung steht für den Interviewpartner vor allem das Aufbrechen der isolierten Position als Klassenlehrer (sich unterstützt fühlen, Austausch). Dies ermöglicht ihm, mit eigenen Schwierigkeiten offener umzugehen.

Der folgende Auszug aus dem Beobachtungsprotokoll schildert diese Lernhaltung am Beispiel der Nachbesprechung einer Informationsverstaltung für die Eltern zum Einstieg der Schule in das TaV- und QUIMS-Projekt. Die Schule hatte im Anschluss an einen regulären Besuchs-Vormittag für die Eltern eine Versammlung in der Aula mit einem anschließenden Imbiss veranstaltet. Es war die erste Veranstaltung dieser Art im Schulhaus, in der bewusst versucht wurde, die ausländischen bzw. fremdsprachigen Eltern gezielt einzubeziehen. Zu diesem Zweck waren Übersetzerinnen für die vier wichtigsten Sprachgruppen organisiert worden (Albanisch, Serbo-Kroatisch, Türkisch, Italienisch).

[...] In der Nachbesprechung stellte sich im Zusammentragen der Eindrücke heraus, dass offensichtlich einiges schief gegangen war oder zumindest die Erwartungen nicht erfüllt hatte (z.B. die Reden seien zu wenig informativ für die Eltern gewesen, die Redezeiten für die Sprecher zu kurz, die Dolmetscherinnen z.T. schlecht informiert, die Stimmung auf der Veranstaltung sei ein bisschen so gewesen, als sei sie nur für die fremdsprachigen Kinder und Eltern gewesen etc.). Positiv eingeräumt wurde jedoch, dass insgesamt das Interesse und die Beteiligung der Eltern sehr hoch gewesen sei. Die fremdsprachigen Eltern hätten sich durch die Dolmetscher ernst genommen gefühlt. Die Bilanz lautete, dass es ein Anfang gewesen sei. Man müsse in der Schule erst Erfahrungen mit dieser Art von Veranstaltungen sammeln. Die Eltern hätten sich ernst genommen gefühlt. Im Vorfeld sei die Zusammenarbeit mit den Kulturdolmetschern sehr positiv gewesen. Abschließend wurden Verbesserungsvorschläge gesammelt. [...] (M. Gomolla: Beobachtungsprotokoll/Grünberg-Schule; Sitzung des Schulkonvents; 2.11.1999)

Durch die Projekte TaV und QUIMS nimmt nicht nur die Kooperation im Schulhaus sondern auch mit anderen Schulen und Institutionen im Umfeld zu. Der Kontakt und Austausch mit anderen Grundschulen der Gemeinde, zum Beispiel auf gemeinsamen QUIMS-Veranstaltungen für die gesamten Schulteams, wird als bereichernd erlebt.

Da in der Gemeinde der Grünberg-Schule mehrere Primarschulhäuser am QUIMS-Projekt beteiligt sind, findet ein intensiver Austausch vor allem auf den regelmäßigen Steuergruppen-Sitzungen im Stadtteil statt. An diesen Treffen nehmen die QUIMS-Abgeordneten aus den einzelnen Schulhäusern und Kindergärten teil, die Mitarbeiterin der Bildungsdirektion, die die QUIMS-Schulen begleitet und Vertreterinnen und Vertreter der Gemeinde-Schulpflege. Diese Treffen erfüllen wichtige Funktionen. Der Schulbegleitung dienen sie zur Vermittlung aktueller Informationen und von Fachwissen für die Projektarbeit. Die Schulen erfahren, mit welchen Fragen und Sorgen die Nachbarschulen zu tun haben und wie die Entwicklungsarbeit dort abläuft. Kooperation findet sowohl in inhaltlicher Hinsicht statt (z.B. kristallisierte sich die Verbesserung der Zusammenarbeit zwischen Schule und Eltern als gemeinsamer pädagogischer Schwerpunkt im Stadtteil heraus) als auch bzgl. vielfältiger organisatorischer Belange (z.B. Budgetfragen; zeitliches Zusammenlegen der Entlastungstage der QUIMS-Delegierten an den einzelnen Schulen, um die Zusammenarbeit zwischen den Bildungseinrichtungen zu erleichtern; gemeinsame Einstellung von Kultur-Mediatoren und Übersetzerinnen und Übersetzern; Organisation gemeinsamer Weiterbildungen; Anlegen einer Adressenkartei von Fachleuten für pädagogische Weiterbildungen). Die Anwesenheit der Vertreterinnen und Vertreter der lokalen Schulpflege erleichtert so manches organisatorische Problem. In Anbetracht der mitunter mit Konflikten einhergehenden Position im eigenen Schulteam ist auch die Legitimationsfunktion von Bedeutung, die die Steuergruppensitzungen für die QUIMS-Abgeordneten in den einzelnen Schulen erfüllen (z.B. bei Spannungen zwischen QUIMS-Delegierten und Schulleitung).

Durch die Kooperation mit anderen Schulen gerieten Übergänge zwischen den Schulformen und -stufen und die mit ihnen verbundenen Probleme stärker in den Blick. Dies hatte zur Folge, dass die Kindergärten in das Projekt einbezogen wurden und zwei Kindergarten-Erzieherinnen in der QUIMS-Steuergruppe mitzuarbeiten begannen. In der Grünberg-Schule versuchte man, die Aufnahme der Viertklässlerinnen und Viertklässler besser zu gestalten (z.B. durch Besuche der zukünftigen Klassenlehrerinnen und -lehrer in der abgebenden Schule, Aufnahmerituale, Patenschaften der neu kommenden Kindern mit älteren Schülerinnen und Schülern). Auch die Schnittstelle zur Sekundarstufe und die darin angelegten besonderen Hürden für Kinder mit Migrationshintergrund wurden stärker beachtet:

„Also, von meiner letzten Klasse, da waren zwei, die es auch am Gymnasium probiert haben. Der Schweizer hat's bestanden, der Ausländer nicht. Und ich habe mich dann wirklich dafür eingesetzt, dass sie eine Ausnahme machen. Haben sie aber nicht gemacht. Da hat einfach das Gymnasium den Mut nicht gehabt oder den Willen, diesen Knaben aufzunehmen, obwohl er sicher am richtigen Ort gewesen wäre. Dann müsste der Sekundarlehrer ja multikulturell unterrichten!" (C., Schulleiterin; II/44-49)

Dass das aufnehmende Gymnasium offenbar nicht bereit ist, sich auf fremdsprachige Kinder einzustellen, wird als äußere Begrenzung der eigenen Praxis wahrgenommen, sich auf eine multikulturelle Schülerschaft einzustellen.

Mehrsprachigkeit und Zusammenarbeit mit den Eltern als Entwicklungsschwerpunkte

In der Grünberg-Schule wurde zum Einstieg in QUIMS im September 1999 eine „Diagnose-Phase" durchgeführt. Auf einer eintägigen Auswertungs- und Planungstagung Ende September, an der die drei QUIMS-Schulen im Stadtteil gemeinsam teilnahmen, wurden auf der Basis der Ergebnisse Projektideen entwickelt.

In der Diagnose-Phase wurden zwei Verfahren angewandt: ein *Tagebuch* zur Reflexion des eigenen Verhaltens als Lehrperson und der Auftrag zur *Schülerbeobachtung*. Die Lehrerinnen und Lehrer sollten während fünf (möglichst aufeinander folgenden) Tagen ein abendliches Tagebuch führen und dabei die in Abbildung 9 formulierten Fragen beantworten. Nach Abschluss der fünf Tage sollten die Notizen noch einmal durchgelesen und die Erkenntnisse auf einem gesonderten Blatt zusammengefasst werden. Bei der Schülerbeobachtung hatten die Lehrkräfte den Auftrag, in der Klasse einer Kollegin oder eines Kollegen dieselben zwei Schülerinnen oder Schüler während zwei Unterrichtsstunden zu beobachten. Die Kinder wurden von der unterrichtenden Lehrkraft ausgewählt. Die Unterrichtsstunden konnten auch bei verschiedenen Lehrkräften stattfinden (z.B. Deutsch und Handarbeit). Die Schüler-Beobachtungen wurden auf einem vorstrukturierten Blatt notiert. Die Beobachtenden vereinbarten dann eine Zeit mit den unterrichtenden Lehrkräften, in der sie die Beobachtungen mitteilten und besprachen. Inhaltlich erfolgte die Beobachtung nicht aufgrund vorgegebener Fragen.

Die Lehrkräfte erhielten jedoch ein Blatt mit einer Reihe möglicher Ideen, die anhand der QUIMS-Module Unterricht/Sprache/Beurteilung formuliert worden waren („Gedankenlandschaft").

In anonymisierter Version wurden die Beobachtungsbögen wie auch die Tagebücher und Zusammenfassungen von einer von der Bildungsdirektion engagierten Expertin auf gemeinsame Schlüsselthemen hin ausgewertet und auf einer „Auswertungstagung" Ende September 1999 in einem schulhausinternen Workshop an die Lehrerschaft zurück gespiegelt. Für die Grünberg-Schule ergab die Auswertung der Tagebücher folgende Schlüsselthemen: „Sprache", „Hören – Verstehen – Konzentration" und „Unterrichtsgestaltung und -entwicklung". Bei den Beobachtungsergebnissen kristallisierte sich mangelnde Konzentrationsfähigkeit der Kinder als ein zentrales Thema heraus. In Bezug auf das Lehrerhandeln wurden die häufigen Wechsel von der Schriftsprache zur Mundart deutlich, sowie die Notwendigkeit, im Unterricht eigene Muster zu erkennen. In Bezug auf die Unterrichtsstruktur wurden andere Unterrichtsformen für wichtig befunden (*Team-Teaching*, Niveaugruppen im Deutschunterricht zur Entlastung von Lehrpersonen und Schülerinnen und Schülern). Hinsichtlich der Lehrer-Schüler-Interaktionen führten die Beobachtungen unter anderem zum Hinterfragen der eigenen Anforderungen an die Schüler, zur stärkeren Beachtung dessen, was gut geht und zur Absicht, die zurückhaltenderen und unauffälligeren Kinder aktiver in den Unterricht einzubeziehen.

Betrachtet man die Zusammenfassungen der von der Expertin ermittelten Schlüsselthemen aus der Diagnose-Phase, so fällt auf, dass in dieser aus einer klaren Perspektive der Unterrichtsbelange und des Lehrerhandelns entwickelten Themensammlung keinerlei defizitorientierte und kulturalisierende Zuschreibungen vorgenommen werden.[149] Sprachliche und kulturelle Differenzen werden zwar erwähnt. Beim Thema „Sprache" etwa erscheinen sie unter der Frage „Wie mache ich guten und effizienten Sprachunterricht?" jedoch eher als individuelle Voraussetzungen und Potentiale von Kindern, an denen die Lehrerinnen und Lehrer im Unterricht aktiv ansetzen wollen (z.B. „Welche Sprach- und Lernstrukturen bringen Kinder mit? Wie erkenne ich ihr Potenzial?"; „Aus Angst, etwas Falsches zu sagen oder zu schreiben, äußern sich viele Kinder zu wenig. Wie kann ich ihre Hemmungen abbauen?").

In Bezug auf die Unterrichtsgestaltung und -entwicklung wurde zum Beispiel angemerkt: „Oft überwiegen soziale und disziplinarische Probleme, dass das Lernen zu kurz kommt." oder gefragt: „Mit welchen Methoden kann ich Selbstwertgefühl und Selbstständigkeit und Leistungsfreude der SchülerInnen fördern?" Explizitere und möglicherweise etwas provokantere Hinweise, die für Fragen der ethnischen Gleichheit relevant sind, finden sich in den Unterlagen jedoch nicht (z.B. die Frage, was genau das Selbstwertgefühl eines Kindes in der konkreten Lernsituation, in der Klasse oder in der Schule beeinträchtigen könnte).

---

149 Bei der Themensammlung ist allerdings ein „Filtern" seitens der Expertin zu berücksichtigen, die im Auftrag des QUIMS-Projekts die Auswertung vorgenommen hat.

Allgemein bewerteten die Lehrerinnen und Lehrer der Grünberg-Schule die Tagebücher und die gegenseitigen Unterrichtsbesuche als hilfreiche Methode zur Sensibilisierung in Bezug auf die eigene Praxis. Die Anstöße zur wechselseitigen Beobachtung, zum Einüben von Feedbacks und zur Reflexion der Unterrichtspraxis wurden in den Gesprächen als große Bereicherung dargestellt. Ein Lehrer nutzte den Impuls beispielsweise für die Teilnahme an einer vertiefenden Fortbildung.

Im folgenden Zitat streicht die Schulleiterin als Gewinn aus der Diagnose-Phase vor allem die Sensibilisierung für den eigenen Sprachgebrauch wie auch für die Heterogenität als Grundtatsache der pädagogischen Arbeit heraus:

„[...] mit dem Sprachgebrauch, Dialekt und Hochsprache im Unterricht und es ist so etwas, wenn jemand da drin sitzt, dann kann ich mich viel besser konzentrieren darauf, das zu machen. [...] Und für mich persönlich, die Unsicherheit der Kinder, dass die Kinder persönlich angesprochen werden müssen, ist mir auch beim Tagebuch aufgefallen, dass die Gruppengröße ganz entscheidend ist, wie sich die Kinder melden. Und dann all das normale ‚Alltagsgekrempel': genaue Arbeitsanweisungen, kleine Schritte, ohne zu banalisieren, einfach das alles, verschärft sich einfach. Es ist nichts anderes als in der normalen Klasse, wenn es die überhaupt irgendwo gibt, ich weiß nicht wo [lacht]. Also, es ist einfach verschärft." (C., Schulleiterin; II/00-20)

Im Zitat wird das Thema Sprachgebrauch im Unterricht („Dialekt und Hochsprache") mit dem Ziel individualisierten Unterrichts verknüpft („dass die Kinder persönlich angesprochen werden müssen"; „genaue Arbeitsanweisungen, kleine Schritte, ohne zu banalisieren"). Sprachliche und kulturelle Differenzen werden als Merkmal der normalen Vielfalt von Lernbedürfnissen in einer Klasse herausgestellt („nicht anders als in der normalen Klasse [...] einfach verschärft").

Für die Entwicklung zukünftiger Projekte kristallisierten sich auf der Auswertungstagung die Themen „Sprache" und „Konzentration" als Schlüsselthemen für die Grünberg-Schule heraus. Das Schulteam entschied sich, zwei Projekte anzugehen. Zum einen sollte Anfang des Jahres 2000 eine schulinterne Fortbildung zum Thema „Konzentration" durchgeführt werden. Zum anderen entstand die Idee, eine Art schulinterne Schreibwerkstatt in klassenübergreifenden Niveaugruppen durchzuführen. Neben in haltlichen Zielen war eine Intention, erste Strukturen für vermehrten Unterricht in klassenübergreifenden Niveaugruppen aufzubauen. Ein zweites Modul „Elternarbeit" wurde von allen QUIMS-Schulen der Gemeinde gemeinsam gewählt. Hier wurden auf den Steuergruppensitzungen erste Schritte geplant (z.B. die Durchführung einer Elternbefragung und einer gemeinsamen Fortbildung im Jahr 2000).

5. „Qualität in multikulturellen Schulen" - ein Reformprojekt im Kanton Zürich

Fragen zur Selbstbeobachtung (Lerntagebuch):
Was war der bemerkenswerteste Lehr-/Lernerfolg heute? Wie kann ich die angewandte Strategie oder Methode beibehalten/weiterentwickeln oder generalisieren?
Was war heute meine größte Schwierigkeit beim Unterricht? Welche Wege sehe ich, diese Schwierigkeit aufzulösen?
Welche persönlichen Reflexionen habe ich sonst noch zum Tagesgeschehen in der Klasse?

Mögliche Fragen zur Unterrichtsbeobachtung:

Unterricht
Welche sprachlichen Fehlleistungen (mündlich/schriftlich) produziert der/die Schüler/in?
Wird darauf in irgend einer Form von MitschülerInnen oder der Lehrperson reagiert? Wie?
Wie reagiert der/die entsprechende SchülerIn darauf?
Sucht er/sie mit der Lehrerperson Kontakt? Wie geschieht die Kontaktaufnahme? Wie reagieren die kontaktierten Personen?
Kann er/sie die Arbeitsanweisungen befolgen und korrekt ausführen? Fragt er/sie nach?
In welchen Unterrichtsmomenten/-sequenzen haben einzelne Kinder Mitsprachemöglichkeiten und individuelle Spielräume? Wie nutzen sie sie?
Wie fließt das in individuellen Freiräumen Getätigte in den gemeinsamen Unterricht ein?
Nutzt er/sie die Lernzeit oder ist er/sie durch andere Vorkommnisse abgelenkt?
Worauf richtet sich sein/ihr Interesse immer wieder?
Bringen die SchülerInnen Eigenerfahrungen in den Unterricht mit ein?
In welchen Momenten wirken die SchülerInnen auf Sie abwesend? Mit welchen Unterrichtsgeschehnissen bringen Sie das in Zusammenhang?
Hat ein/e Schüler/in Schwierigkeiten im Umgang mit den Lehrmitteln (Finden der Seiten, andere Orientierungsschwierigkeiten)?
Sprechen die SchülerInnen von sich aus über ihre eigenen Lernschwierigkeiten?
Welche Feedbacks erhalten die Kinder? Positive/negative? In welchen Situationen?
Bei wem steht die Lehrkraft oft? Mit welchen Kindern ist sie in Blickkontakt, nickt ihnen zu?
Gibt es Kinder, die still vor sich hin arbeiten, ohne je beachtet zu werden?
Gibt es Kinder, die nur beachtet werden, wenn sie sich selbst um Beachtung bemühen?
Drückt der/die Schüler/in Freude oder Stolz über Erreichtes oder Gelungenes bzw. zeigt er Enttäuschung/Versagensgefühle/Wut über Misserfolg, Überforderung, Ablehnung etc.?

Sprachverhalten
Welche Sprachhandlungen zeigen die beobachteten SchülerInnen? Wann zeigen sie sie? Mit wem?
Gibt es ähnliche Muster? Häufigkeiten zu bestimmten Zeitpunkten?
Wie laufen die sprachlichen Interaktionen mit der Lehrperson/den MitschülerInnen ab? In welcher Sprache? Muttersprache/Dialekt/Deutsch?
Wie drücken sich die Schüler aus (differenziert/relativ differenziert/wenig differenziert)?
Spricht er/sie leise/laut, deutlich/undeutlich?
Ist sprachliche Scheu oder unbefangenes Sprechen des Deutschen feststellbar?
Wie reagiert das Kind, wenn die Lehrerin von Deutsch zu Schweizerdeutsch wechselt?
Machen sich Lücken im Alltagswissen bemerkbar?
Welche Reaktionen zeigen die SchülerInnen bei offensichtlichem Verstehen/Nichtverstehen?

Bewerten
Wie gehen die SchülerInnen mit Bewertungen um? Wie auf solche der Lehrperson? Wie auf solche von MitschülerInnen?
Haben die SchülerInnen Gelegenheit, ihre eigenen Leistungen zu bewerten? In welchen Situationen? Wie tun sie das?
Wie werten die beobachteten SchülerInnen das Verhalten ihrer MitschülerInnen? Nehmen sie zu Lob/Tadel, den andere Kinder kriegen, Stellung? Wie? (QUIMS 1999a)

Abbildung 9: Anleitung zur Selbst- und zur Unterrichtsbeobachtung im Umgang mit Heterogenität

5.5.4 Mikropolitische Dynamik bei der Umsetzung

Im Kollegium der Grünberg-Schule gelang es relativ gut, mit den unterschiedlichen Positionen zur Frage der Arbeitsüberlastung durch die Schulentwicklungsprojekte umzugehen. Eine wesentliche Strategie war die Akzeptanz eines Gefälles in der Identifikation mit den Projekten, hinsichtlich der Informiertheit und des zeitlichen Einsatzes.

In den Interviews deutet sich jedoch auch das Risiko an, dass einzelne Lehrkräfte nicht (genügend) in die Schulentwicklung einbezogen werden, die weniger Zeit im Schulhaus verbringen. Eine der betroffenen Gruppen sind die Lehrerinnen und Lehrer mit 50%-Stellen. Auch die gerade unter Gesichtspunkten der sprachlichen und kulturellen Heterogenität besonders wichtigen Lehrkräfte für Heimatliche Sprache und Kultur (HSK) und Deutsch für Fremdsprachige (DfF) waren in die Schulentwicklungsprojekte noch nicht integriert.

In den Interviews werden auch Risiken für die demokratische Diskussionskultur in der Schule durch die Instrumente der Organisationsentwicklung thematisiert. Frau E. beobachtet an einer Feedback-Runde während einer schulinternen Fortbildung eine gewisse Formalisierung von Mitsprache, bei der tatsächliche inhaltliche Diskussionen und gemeinsame Entscheidungen aus ihrer Sicht letztendlich abgeschnitten werden:

„Ich konnte eigentlich gar nicht viel sagen. Und dann so: ‚O.k., fertig.' Dann kam der nächste dran: ‚Wie fandest du den ganzen Tag?' Und dann wurden einfach viele so abgeklinkt. Es konnten viele gar nicht mehr das sagen, was sie wollten. Das sind einfach solche Punkte, da war die Stimmung nachher nicht mehr gut. [...] wir hatten zu wenig Zeit. C. [Schulleiterin; M.G.] hätte vielleicht sagen sollen: ‚O.k. wir brechen jetzt ab, aber wir sprechen dann und dann weiter.' So ganz kleine Punkte, das ist ein Beispiel. Es ist nicht so schlimm, oder? Überhaupt nicht. Aber es beginnt eigentlich da. Dass alle eigentlich gleichwertig angeschaut werden." (E., Fachlehrerin für Handarbeit, TaV-Steuergruppe; I/520-548)

Die mit der Teilautonomie und der Schulentwicklung einhergehenden Verschiebungen der Machtbalancen im Schulhaus und das dadurch mitunter etwas aufreibende Klima wird auch in der folgenden Sequenz aus dem Interview mit Frau E. dargestellt:

„Am Anfang war es mit den Projekten sehr gut und jetzt langsam ist die Stimmung, es ist schon gut, aber es gibt schon Reiz-Tagungspunkte. Auch: Wer hat die Macht? Wer hat welche Kompetenzen? Wer kann was sagen? [...] Ja, auch für die Schulleitung ist es nicht einfach: Was soll sie alles machen, die Schulleitung, und was kann sie abgeben? Inwiefern kann sie uns auch mal sagen, so und so und so? Ja, ich finde das ist schon ein Abtasten. [...] Also, ‚Macht', das nette Wort. Also, die einen sprechen dann sehr lange und merken es überhaupt nicht, und andere nehmen sich sehr zurück, und die anderen bringen immer wieder ihr Ich hinein: ‚Ich muss auch noch etwas dazu sagen.' Das ist wie in einer Firma halt. Ja, das kommt jetzt schon auch dort hinein." (E., Fachlehrerin für Handarbeit, TaV-Steuergruppe; 548-600)

5.5.5 Risiken hinsichtlich institutioneller Diskriminierung

In diesem frühen Stadium des Einstiegs in TaV und QUIMS lassen sich an der Grünberg-Schule noch keine damit einhergehenden konkreten neuen Risiken für institutionelle Diskriminierung beobachten. Es lassen sich jedoch einige Risikobereiche benennen. In einigen Interviews deutet sich an, dass auch in der Perspektive der Schulentwicklung und derjenigen Hilfestellungen, die den Schulen im Rahmen von QUIMS an die Hand gegeben werden, kulturalisierende, defizitorientierte Zuschreibungen verfestigt werden können. Beispielsweise im folgenden Zitat streicht die Interviewpartnerin die Notwendigkeit heraus, die Kinder gut genug kennen zu lernen, um sie gezielt „fördern und fordern" zu können:

> „Aber es ist schon schwierig, die verschiedenen Niveaus der Kinder erst einmal kennen zu lernen, jetzt in einer 4. Klasse. Wirklich, was kann wirklich jedes unter optimalen Bedingungen. Dann diese Bedingungen schaffen, dann dort fördern und dort fordern. Je nachdem, wo was nötig ist. Und dann gibt es viele Dinge, die wir nicht wissen. Also, das war für mich, so ein Detail: Als uns die Schulbegleitung erklärt hat, dass Kinder oder Menschen, fremdsprachige Leute, wirklich einfach ganz schlimme Selbstwertgefühle haben, dass das einfach dazu gehört, dass man sich weniger wert fühlt. Das wusste ich nicht. Es war mir dann völlig klar nachher. Aber solche Sachen, die ganz selbstverständlich sind, da sind wir gar nicht drauf vorbereitet". (Frau C., Schulleiterin; I/236-260)

Im Zitat wird in der Logik der individualisierten Leistungsförderung ein spezifisches Wissen *über* die fremdsprachigen Kinder als wichtige Unterstützung des Unterrichtshandelns herausgestellt. Dabei versperrt die verallgemeinernde und defizitorientierte Sichtweise sowohl die Frage nach den aktiven und kreativen Bewältigungsmechanismen und Potentialen der Kinder, wie auch nach den breiteren Machtkonstellationen, in die sowohl das Kind als auch die Lehrerin verstrickt sind. In der Problemwahrnehmung der Interviewpartnerin bleibt ausgeblendet, dass Kinder ihr Verständnis und Wissen von sich selbst und der Welt auf dialogische Weise mit anderen konstruieren. Hier sind als Gegenstand pädagogischer Arbeit gerade auch die Prozesse und Beziehungen im schulischen Kontext selbst in einer anti-diskriminatorischen Perspektive als Problemursache zu berücksichtigen.

Das Zitat lässt sich aber auch so verstehen, dass die QUIMS-Arbeit die an der Umsetzung Beteiligten zunächst einmal für ein wichtiges Problem sensibilisiert hat – das der Selbst- und Fremdwahrnehmung in interkulturellen Kontakten – und dieses mit der Thematik der Leistungsförderung in Beziehung gesetzt wurde. Hier käme es auf weitere entsprechende Impulse seitens der Schulbegleitung an, damit die individualisierte Leistungsförderung im Rahmen von Schulentwicklung nicht als defizitorientierter, kompensatorischer Handlungsansatz verstanden wird, sondern damit die neuen Schulentwicklungskonzepte genutzt werden, um das Ziel der Leistungsförderung mit emanzipatorischen Erziehungszielen zu verbinden, die den institutionellen Kontext des Lernens gezielt einbeziehen.

5.5.6 Zweites Zwischenfazit

Der zusammenfassende Vergleich der drei Strategien in ihren jeweiligen institutionellen Kontexten erfolgt im siebten Kapitel. Als kurzes Zwischenfazit ist an dieser Stelle festzuhalten, dass die Lehrerinnen und Lehrer in der Grünberg-Schule, die Einführung der Schulautonomie als Handlungsrahmen (z.B. Wahl einer Schulleitung, Schulprogrammarbeit) genutzt haben, um dann speziell mit Hilfe von QUIMS Veränderungen der eigenen Praxis in Unterricht und Schulorganisation zu initiieren.

Die Initiative zur Schulentwicklung erwuchs aus mehreren Faktoren, zu denen ein personeller Wechsel im Team, die als attraktiver Anreiz empfundenen Unterstützungsangebote des Kantons und die entschiedene Befürwortung der Projekte durch die lokalen Schulpflegen zählten. Interessant zu beobachten war, dass im Zuge des Einstiegs in das TaV-Projekt zunächst eine intensive Phase der Teamentwicklung und der Etablierung neuer Arbeitsstrukturen im Kollegium einsetzte (z.B. Wandel zur geleiteten Schule, Einbezug einer externen Teamsupervision, effektivere Sitzungsgestaltung). Dies förderte einen demokratischen Diskussionsprozess über inhaltliche Zielsetzungen und Arbeitsweisen der Schule, in dessen Rahmen ein Konsens über programmatische Schwerpunkte der Schule erreicht wurde (u.a. allen Kindern, unabhängig von ihren Voraussetzungen, eine möglichst gute Ausbildung zu bieten) und die Teilnahme am QUIMS-Projekt beschlossen wurde.

Die eher im Rahmen von TaV eingeführten neuen Instrumente zur Schulentwicklung wurden in Kombination mit den vielfältigen Formen der materiellen und fachlichen Unterstützung durch das QUIMS-Projekt als nützliche Unterstützung erlebt, um die Strukturen und Arbeitsweisen im Unterricht, in der Gestaltung der organisatorischen Abläufe wie auch der Beziehungen zum Schulumfeld systematisch an die heterogenen Lernvoraussetzungen und -bedürfnisse der Schülerschaft anzupassen. In der Schule entstand eine Kultur des gemeinsamen Lernens. Auf diesem tragfähigen Boden begannen die Lehrerinnen und Lehrer, ihren Umgang mit der sprachlich und soziokulturell heterogenen Schülerschaft zu erforschen, Irritationen auf diesem Gebiet produktiv zu verarbeiten und gemeinsam neue pädagogische Konzepte zu entwickeln. Konkreter Entwicklungsbedarf wurde vor allem für die Bereiche Umgang mit der Mehrsprachigkeit, Unterrichtsentwicklung und Zusammenarbeit mit den Eltern festgestellt. Hier wurden erste Projekte geplant und mit ihrer Umsetzung begonnen.

In diesem Prozess tauchten auch neue Konflikte auf, zum Beispiel die Konkurrenz unterschiedlicher Projekte, die Arbeitsüberlastung und -überforderung mit den Projekten – parallel zur regulären Unterrichtsarbeit. Deutlich wurde die Schwierigkeit, Lehrkräfte mit Teilzeitstellen und Berufsanfängerinnen und -anfänger in die Schulentwicklung zu integrieren. Thematisiert wurde auch die Konstitution neuer Machtstrukturen bzw. Machtverschiebungen im Team sowie die spürbare Bedrohung der demokratischen Diskussionskultur durch den mit der Autonomisierung erfolgenden Übergang zu Formen des korporativen Managements. In der Grünberg-Schule gelang jedoch im

Rahmen der selbst geschaffenen Strukturen ein lösungsorientierter, pragmatischer Umgang mit solchen Problemen.

Die QUIMS-Arbeit, die an den konkreten Arbeitsbedürfnissen und Unterrichtsproblemen der Lehrerinnen und Lehrer ansetzt, sensibilisierte die Lehrerinnen und Lehrer auch für Erscheinungsformen ethnischer und sozialer Ungleichheit. Defizitorientierte und kulturalisierende Zuschreibungen wurden kaum vorgenommen. Sprachliche und kulturelle Differenzen werden zwar thematisiert, aber primär aus der Perspektive der Unterrichtsbelange als individuelle Voraussetzungen und Potentiale von Kindern, an denen die Lehrerinnen und Lehrer im Unterricht aktiv ansetzen wollen. Sichtbar wurde jedoch auch das Risiko, dass im Bemühen um individuelle Lernförderung kulturalisierende Deutungsmuster reproduziert werden oder dass die kulturalisierende Perspektive sich über das Etikett „sozio-ökonomische Deprivation" einschleicht. Es schien für die Lehrerinnen und Lehrer ferner naheliegender und einfacher, mögliche Ursachen von Bildungsungleichheiten zu thematisieren, die dem individuellen Unterrichtshandeln zuzuschreiben waren als dem organisatorischen Gesamtsetting der Schule.

6. Steigerung der Schulleistungen ethnischer Minderheiten als Teil der Antidiskriminierungspolitik in England[150]

Unter den verglichenen Ländern stellt England ein besonderes Fallbeispiel dar. Hier wurde mit der Deregulierung im Bildungsbereich etwa 10 Jahre früher als in den deutschsprachigen Ländern begonnen. Mit dem Bildungsreformgesetz (Education Reform Act, ERA) von 1988 wurde ein Quasi-Markt-Modell etabliert, verbunden mit einer starken Ausweitung der Kontrolle von Schulen und Lehrkräften – einerseits als *Management der Schülerleistungen* durch ein nationales Curriculum, nationale Tests, Schüler-*targets* und individualisierte Leistungsförderung; andererseits als *Management der Lehrerleistungen* durch vorgegebene nationale und lokale Leistungsziele *(Benchmarking)*, Schulinspektionen, die Stärkung und Neudefinition der Rolle von Schulleitung als „Unternehmensführung", Geschäftsplanung in den Schulen, Lehrerbeurteilung und leistungsbezogene Bezahlung unter Einbezug der Schülerleistungen als Indikator. Im Zuge der einschneidenden Restrukturierungen wurden jegliche Gleichheitspolitiken für fast eine Dekade beinahe vollständig aus der Schulwirklichkeit verbannt. Die im Mai 1997 angetretene *Labour*-Regierung führte die von den Konservativen begonnenen Reformen weiter. Es gelang ihr aber, Aspekte der ethnischen Diversität und Gleichheitsziele wieder auf der politischen Agenda und in den Systemen zur Entwicklung und Evaluation der Qualität der Schulen zu verankern.

Die britische Länderstudie ist analog zu den Kapiteln 4 und 5 aufgebaut. Als institutioneller Bezugsrahmen der im Mittelpunkt stehenden Innovationen zum Abbau von Bildungsungleichheit werden zunächst die sozialen und politischen Veränderungen im Kontext der Einwanderung, die Strukturen des Erziehungssystems und die schulpolitischen Antworten auf die ethnische Diversität skizziert. Danach werden die Innovationen zur Verbesserung der Chancen ethnischer Minoritätenschülerinnen und -schüler, die in der ersten Amtsperiode der Blair-Regierung zwischen 1997 und 2000 entwickelt wurden, untersucht. Hinweise auf die Stärken und strukturellen Grenzen dieser Initiativen, deren Implementierung zum Untersuchungszeitpunkt noch in den Anfängen steckte, vermittelt die exemplarische Fallstudie einer Innenstadt-Grundschule in Süd-London.

6.1 Soziale und politische Veränderungen im Kontext der Migration

Der Umgang mit Einwanderung und ethnischer Vielfalt in Großbritannien, besonders im Erziehungswesen, gilt in vielen anderen Ländern als vorbildlich. Ein Blick auf die Geschichte zeigt jedoch, dass die Reaktionen auf Immigrationsbewegungen im 20.

---

150 Das Vereinigte Königreich von Großbritannien und Nordirland umfasst die Landesteile England, Wales, Schottland und Nordirland. 1999 lebten von insgesamt 59.501 Mio. Briten 52.690 in England (ca. 60% des gesamten Territoriums Großbritanniens), 2.937 in Wales, 5.119 in Schottland und 1.692 in Nordirland (vgl. ONS 2001, 26).

Jahrhundert tatsächlich durchweg zwiespältig waren, was sich in den zunehmend restriktiveren Systemen zur Begrenzung und Kontrolle der Zuwanderung manifestiert.[151] Die liberale Tradition im Umgang mit Zuwanderung wurzelt im frühen 18. und im überwiegenden Teil des 19. Jahrhunderts, als Großbritannien praktisch ein Land mit offenen Grenzen war. Die größte Einwanderergruppe im 19. Jahrhundert bildeten Arbeitsuchende aus Irland, gefolgt von Juden und Deutschen. Die offene staatsbürgerliche Aufnahme war jedoch keineswegs mit gleicher sozialer Anerkennung verbunden. Heftige Kontroversen um die jüdische Armutsmigration mündeten 1905 im Aliens Act, mit dem der Einwanderung erstmals von staatlicher Seite ein Riegel vorgeschoben wurde. Während des 1. Weltkrieges wurden neue Kontrollen der Aus- und Einreise, erstmalig auch des Aufenthalts, sowie zur Ausweisung unerwünschter Ausländerinnen und Ausländer eingeführt und zum Teil im Aliens Act von 1919 fixiert. In den 1930er Jahren und während des 2. Weltkriegs konnten sich wiederum Tausende vom Nationalsozialismus Verfolgte nach Großbritannien retten (vgl. Holmes 2001; Panayi 2001).

Auf dem Hintergrund des zerfallenden *Empire* wurde mit dem British Nationality Act von 1948 die koloniale Rechtstradition fortgeschrieben, die allen *Commonwealth-Citizens*[152] das Anrecht auf die britische Staatsbürgerschaft garantierte. In der Phase des wirtschaftlichen Aufschwungs erfolgte eine ungehinderte und ungeplante Kettenmigration vor allem aus Irland, der Karibik und dem indischen Subkontinent, konzentriert auf Regionen und Branchen mit großem Arbeitskräftemangel (Verkehrsbetriebe, Bahn, Stahlindustrie, Gesundheitswesen).

In den 1950er Jahren wurde die ansteigende „farbige Einwanderung" immer mehr als Ursache sozialer Probleme bewertet (z.B. bei Engpässen auf dem Wohnungsmarkt, in Spitälern und bei den Sozialdiensten). Rassistische Übergriffe von Rechtsextremisten auf Immigrantinnen und Immigranten im Londoner Stadtteil Notting Hill und in Nottingham im September 1958 wurden besonders in konservativen Kreisen als Ausdruck der von der Einwanderung ausgehenden Gefahren für die britische Gesellschaft interpretiert. Mit den Einwanderungskontrollgesetzen von 1962, 1968, 1971 und 1988 wurde sukzessive die Immigration vor allem aus der Karibik und vom indischen Subkontinent, sowie von Menschen mit asiatischem Herkunftshintergrund aus den unabhängig gewordenen Kolonien Ostafrikas eingeschränkt. Dies geschah über die Einführung einer allgemeinen Arbeitsgenehmigungspflicht, die zahlenmäßige Begrenzung von Arbeitserlaubnissen bis hin zur Einreisegenehmigungspflicht für britische Staatsbürger und Staatsbürgerinnen asiatischer Herkunft und die Erleichterung von Deporta-

---

151 Zur Geschichte der Einwanderung nach Großbritannien vgl. Holmes (1991), Panayi (1994), Schönwälder/Sturm-Martin (2001), Baringhorst (1991), Schönwälder (2001).
152 Bürgerinnen und Bürger Großbritanniens und der britischen Kolonien, sowie der unabhängig gewordenen Kolonialstaaten wie Indien und Pakistan, die jedoch noch immer zum *Commonwealth* gehörten. Personen beider Gruppen hatten das Recht auf freie Einreise und Aufenthalt in Großbritannien und verfügten über alle Bürgerrechte (vgl. Mahnig 1998, 10).

tionen illegaler Einwanderinnen und Einwanderer.[153] Mit dem Einwanderungsgesetz von 1981 wurde das Territorialprinzip *(ius soli)* durch das Abstammungsprinzip ersetzt. Der Rechtsanspruch der meisten Eingewanderten in Großbritannien, von denen mehr als 70% die volle staatsbürgerliche Gleichstellung besitzen, wurde zwar nicht angetastet. Das Gesetz glich jedoch die Regelungen der Arbeitsmigration an die der europäischen Nachbarländer an (vgl. Baringhorst 1998, 154).[154]

Beide großen Parteien befürworteten bis Ende der 1970er Jahre in Verbindung mit der Abschottung nach außen eine Politik der aktiven Integration der bereits im Land lebenden Zugewanderten. Diese stellten ein bedeutsames Wählerpotential dar und waren zugleich wichtige Akteure in der Integrationsdebatte. Integration galt nach der vielzitierten Formulierung des ehemaligen Labour-Innenministers Roy Jenkins aus dem Jahr 1966, *„not as a flattening process of assimilation but equal opportunity, accompanied by cultural diversity, in an atmosphere of mutual tolerance."* (zit. n. Baringhorst 1991, 52). Die Integrationsbestrebungen konzentrierten sich vor allem auf die Verabschiedung der staatlichen Antidiskriminierungsgesetze (Race Relations Acts) in den Jahren 1965, 1968 und 1976, die Einrichtung einer halbstaatlichen Gleichstellungsstelle, der Commission for Racial Equality (CRE), Initiativen im Bildungsbereich und minderheitenpolitische Reformprojekte auf kommunaler Ebene. Mit dem Gesetz von 1976 wurden der Begriff der Diskriminierung auf den aus dem amerikanischen Recht übernommenen Begriff der „indirekten Diskriminierung" ausgeweitet[155] und die Kompetenzen der CRE verbreitert.[156]

Die pluralistischen und integrationspolitischen Ansätze wurden in den 1980er Jahren unter der Regierung Margaret Thatcher's allmählich von konservativen, assimilationsorientierten Positionen und einer Politik des *Law-and-order* überlagert (vgl. Layton-Henry 1992). 1980/81 erschütterten schwere Krawalle verschiedene Städte, die, obgleich auch weiße Jugendliche beteiligt waren, als *„race riots"* wahrgenommen wurden. Die Frustration in den *Inner-Cities* über die zunehmend an den Interessen der

---

153 Der Asylum Bill von 1992 schrieb zwar die Prinzipien der Genfer Konvention ins nationale Recht ein, beschleunigte jedoch auch das Asylverfahren (vgl. Mahnig 1998, 12).
154 Das Gesetz führte eine Unterscheidung zwischen *British Citizens*, *British Dependent Territories Citizens* (v.a. die Einwohnerschaft Hongkongs) und *British Overserseas Citizens* ein, wobei letztere von der Niederlassung in Großbritannien ausgeschlossen sind. Im UK geborene Kinder haben nur noch einen automatischen Anspruch auf die britische Staatsbürgerschaft, wenn ihre Eltern gebürtige Briten oder niederlassungsberechtigte Immigrantinnen und Immigranten sind.
155 Vgl. Kapitel 2. In Großbritannien wurde positive Diskriminierung im Sinne der *„affirmative action"*-Programme in den USA durch das Gesetz untersagt, gefordert wurden jedoch Förder- und Unterstützungsprogramme für ethnische Minoritäten (*„positive action"*).
156 Die CRE kann u.a. eigenständig (ohne vorliegende Klage) Untersuchungen anstrengen, ob Diskriminierung vorliegt oder nicht; sie kann Personen, die einen Prozess führen wollen, finanziell und juristisch unterstützen; sie kann Klage auf Diskriminierung erheben, ohne dass ein konkretes Opfer vorhanden sein muss; wenn eine Untersuchung den Tatbestand der Diskriminierung bestätigt, kann sie eine *Non-Discriminatory Notice* gegen den Beklagten aussprechen, die das Gewicht eines Rechtsentscheides hat; sie kann jegliche Gruppen finanziell unterstützen, welche sich gegen Diskriminierung einsetzen (vgl. Mahnig 1998, 18).

Privatwirtschaft orientierten Stadtpolitik, welche die sozialen Bedürfnisse wie Schule, Wohnbereich, soziale Dienste und öffentlichen Transport ausklammerte, artikulierte sich zwischen 1985 und 1987 in noch heftigeren Ausschreitungen. Diese Ausschreitungen wurden von der Regierung nicht mehr als Integrationsproblem, sondern als Folge ansteigender Kriminalität interpretiert. Auf britischen Straßen wurden erstmals paramilitärische Polizeimethoden eingesetzt. Die gespannte Situation wurde 1989 durch die Rushdie-Affäre und die einsetzenden Kontroversen um den islamischen Fundamentalismus sowie durch die vermehrt ins Land kommenden Asylsuchenden und Kriegsflüchtlinge weiter verschärft (vgl. Hall 2001). Bei fehlenden Integrationsdispositiven im Erziehungsbereich auf nationaler Ebene war die Schule zu einem Hauptschauplatz der Konflikte um die Integration geworden. Etliche *Labour*-regierte Kommunen stellten sich gegen die assimilationistische Politik der Regierung, indem sie ihre Aktionsprogramme zur Integration der ethnischen Minderheiten aktiv fortsetzten. Das Bildungsreformgesetz von 1988 gilt nicht zuletzt auch als Hebel zur Entmachtung der widerständigen Local Education Authorities (LEAs).[157]

In den 1990er Jahren blieben die nach den Ausschreitungen der 1980er Jahre befürchteten Konfliktszenarien zwischen Eingewanderten und britischer Mehrheitsgesellschaft jedoch aus. Als zentraler Grund gilt das Aufbrechen innerer Klassendifferenzen zwischen einer in die Mittelschichten aufsteigenden Minderheit und einer armen Mehrheit. Genährt durch den Euroskeptizismus und Ängste, die die politische Autonomisierung Schottlands, Wales und Nordirlands hervorriefen, hielten nationalistische Stimmungen in den 1990er Jahren jedoch an. Während Themen der Gleichheit und Gerechtigkeit zunehmend tabuisiert wurden, steigerten sich die Zahlen rassistisch motivierter Angriffe auf Wohnungen und Geschäfte asiatischer Familien, ethnische Ungleichheit und institutionelle Diskriminierung wie Tendenzen zur Kriminalisierung von Gebieten mit hohen Einwandereranteilen. Ereignisse wie die Untersuchung des Angriffs auf die schwarzen Collegeschüler Stephen Lawrence und Duwayne Brooks, die im übernächsten Abschnitt thematisiert wird, haben noch immer paradigmatische Bedeutung für die vielen ungelösten Widersprüche der ethnischen Beziehungen in Großbritannien (vgl. Macpherson of Cluny 1999; Hall 2001).

Eckdaten zur Migration und zum Schulerfolg ethnischer Minoritäten

Im Jahr 1999 lag der Anteil der ethnischen Minderheiten an der Gesamtbevölkerung Großbritanniens mit 6,7 % (3,832 Mio.) unter den deutschen und schweizerischen Vergleichszahlen.[158] Die größte ethnische Gruppe stellten die Inder mit 24,6% dar,

---

157 Vgl. Kapitel 6.2.2 und 6.2.3.
158 Der Zahlenvergleich ist allerdings problematisch, da in den britischen Statistiken Kriterien der Hautfarbe und der ethnischen bzw. nationalen Herkunft verknüpft werden, während in den Vergleichsländern die Staatsangehörigkeit ausschlaggebend ist. In der Volkszählung von 1991 wurden unter der Kategorie „*White*" gefasst: „*White, Irish, Greek/Greek Cypriot, Turkish/Turkish Cypriot, Mixed White*" (zit. n. Baringhorst 1998, 149).

gefolgt von den Pakistani mit 17,5%, den Afro-Kariben[159] mit 13,2%, den schwarzen Einwanderern afrikanischer Herkunft mit 9,8% und den Bangladeshi mit 6,7% (vgl. ONS 2001, 34). Mehr als die Hälfte aller Personen, die einer ethnischen Minderheit angehören, sind in Großbritannien geboren. Die Zahl der Asylgesuche, die sich in Relation zur Gesamtbevölkerung im europäischen Vergleich auf einem niedrigen Niveau bewegt, stieg Ende der 1990er Jahre an. Für 1999 wurden 71.160 Anträge[160] gezählt. Die größten Gruppen kamen aus dem ehemaligen Jugoslawien, Somalia, Sri Lanka, Afghanistan, der Ukraine und Russland (vgl. ONS 2002, 39).

Die ethnischen Minderheiten im Vereinigten Königreich leben überwiegend in England, vor allem in den innerstädtischen Zentren industrieller Ballungsgebiete. Mehr als die Hälfte von ihnen wohnt im Großraum London; die übrigen in spezifischen Innenstadtbezirken in den West Midlands, West Yorkshire und Manchester (vgl. Baringhorst 1998, 150). Ausgeprägt sind auch die Konzentrationen einzelner ethnischer Gruppen. So leben mehr als die Hälfte der schwarzen Afrikaner und mehr als 40% der Bangladeshi in *Inner London* (vgl. Pathak 2000, 3). Mit Dauer ihres Aufenthalts hat in den letzten Jahren eine zunehmende soziale Ausdifferenzierung der Immigranten-*Communities* stattgefunden, sowohl zwischen als auch innerhalb einzelner Gruppen. In den 1980er Jahren setzte erstmals eine partielle Angleichung der beruflichen Stellung der Arbeitnehmerinnen und Arbeitnehmer aus den Reihen der ethnischen Gemeinschaften an die Berufsstruktur der Mehrheitsbevölkerung ein; vor allem bei Männern aus der Gruppe der aus Afrika eingewanderten Asiaten, der indischen und chinesischen Gemeinschaften. In der Spitzenkategorie der Akademiker, Manager und Arbeitgeber waren diese zum Teil erfolgreicher als die „Weißen" (vgl. Baringhorst 1998, 152). Der ökonomische Erfolg einzelner Gruppen geht jedoch mit der unvermindert bestehenden signifikanten Ungleichheit anderer Gruppen einher. 1998/99 betrug die Arbeitslosenquote bei der weißen Mehrheitsbevölkerung 5,8%, bei den Bangladeshi 22%, den Pakistani 18% und der Gesamtgruppe der Schwarzen 16% (vgl. Pathak 2000, 10).

In den staatlichen Schulen lag der Anteil der ethnischen Minoritäten im Pflichtschulbereich 1999 bei 11,8% in der Primar- und 11,5% in der Sekundarstufe. Die größten Gruppen sind Kinder pakistanischer und indischer Herkunft, gefolgt von den Afro-Kariben, schwarzen Afrikanern, Bangladeshi und Chinesen (vgl. DfEE 1999b). Chinesische, indische und weiße Schülerinnen und Schüler besuchen Privatschulen weit häufiger als Schwarze, Pakistani oder Bangladeshi. Im staatlichen Sektor besuchen 85% aller weißen Schülerinnen und Schüler eine Gesamtschule im Vergleich zu fast 98% bei den Bangladeshi (vgl. Demack et al. 2000, 124f.).[161]

In der Primarstufe liegen die Leistungsergebnisse schwarzer Schülerinnen und Schüler, besonders von afro-karibischen Jungen, unter denen ihrer weißen Mitschüle-

---

159 Schwarze Einwanderinnen und Einwanderer westindischer Herkunft.
160 Bei dieser Angabe sind Familienangehörige nicht mitgezählt.
161 Alle folgenden Angaben beziehen sich ausschließlich auf den staatlichen Sektor.

rinnen und Mitschüler. Unterdurchschnittliche Leistungen erzielen auch die Bangladeshi und pakistanischen Grundschülerinnen und -schüler, die sich mit der Festigung der Englischkenntnisse jedoch verbessern. Die größte Risikogruppe sind Kinder aus fahrenden Familien, die vermehrt als sonderschulbedürftig registriert werden und selten einen Abschluss erreichen (vgl. OFSTED 1999, 10f.). Ein verbreiteter Indikator zur Messung der Bildungsbeteiligung einzelner Gruppen ist der Prozentanteil, der die Examina am Ende der Pflichtschule mit fünf oder mehr höher qualifizierenden Prüfungen abschließt.[162] Diese Quote stieg allgemein von 32,8% im Jahr 1989 auf 47,9% im Jahr 1999 an. Die Wahrscheinlichkeit für einen erfolgreichen Schulabschluss ist jedoch bei afro-karibischen, pakistanischen oder Bangladeshi-Schülerinnen und Schülern markant niedriger als bei weißen und indischen Gleichaltrigen. Während ethnische Ungleichheiten bis 1995 zunahmen, waren zwischen 1995 und 1997 erstmals die Lernzuwächse aller ethnischen Minoritätengruppen (Schwarze, Inder, Pakistani, Bangladeshi) größer als die der Weißen und eine Verringerung der relativen Ungleichheiten zu konstatieren. Diese positive Entwicklung relativiert sich, wenn man die Tendenzen für einzelne Gruppen in einer Langzeitperspektive betrachtet. Gemessen am Kriterium der fünf A*-C-Prüfungen konnten nur die weißen und indischen Schülerinnen und Schüler kontinuierliche Verbesserungen verzeichnen. Bei den Afro-Kariben, Pakistani und Bangladeshi war die Leistungsentwicklung zum Teil durch Vergrößerungen der Ungleichheit unterbrochen (vgl. Gillborn/Mirza 2000, 13).

Ähnlich wie in Deutschland und in der Schweiz werden Tendenzen zur Überrepräsentation ethnischer Minoritätengruppen – vor allem schwarzer Schüler aus der Karibik – an Sonderschulen festgestellt (vgl. Figueroa 1998, 127). In den 1990er Jahren erreichte ferner die Zahl der Schulausschlüsse von Angehörigen ethnischer Minoritäten, besonders männlicher schwarzer Jugendlicher, ein alarmierendes Ausmaß (vgl. Gillborn/Gipps 1996).[163] In den niedrigen Niveaugruppen auf den Gesamtschulen sind ethnische Minderheiten ebenfalls überrepräsentiert (vgl. Gillborn/Youdell 2000).

6.2 Das Schulsystem in England

Jede der vier Regionen, aus denen sich das Vereinigte Königreich konstituiert, hat im Bildungsbereich eine eigene Gesetzgebung. Schottland und Nordirland weisen teils historisch bedingte Besonderheiten auf, teils haben sich diese – trotz grundsätzlicher Zuständigkeit des Londoner Parlaments – bei weitgehender Autonomie in den letzten Jahrzehnten beständig fortentwickelt. England und Wales wurden in der Vergangenheit bildungspolitisch weitgehend als Einheit behandelt (vgl. Glowka 1996; Hopes/

---

162 Die Noten A* bis C im General Certificate of Secondary Education, GCSE.
163 In England können die Schulen begrenzte oder dauerhafte Schulverweise erteilen. Vier von fünf permanent ausgeschlossenen Jugendlichen kehren nie in eine reguläre Schule zurück (vgl. Gillborn/Gipps 1996, 50). Im Schuljahr 1997/98 lag die Wahrscheinlichkeit, dauerhaft vom Schulbesuch ausgeschlossen zu werden, für Weiße bei 0,17% im Vergleich zu 0,76% bei den Afro-Kariben und 0,57% bei den als „sonstige Schwarze" klassifizierten Jugendlichen, wobei das Risiko für Jungen noch größer war (vgl. Appiah/Chunilal 1999).

Hellawell 1997, 148). Die Anerkennung regionaler politischer Forderungen im Zuge der Devolutionspolitik der Regierung Blair verstärkte in den letzten Jahren die autonome Entwicklung aller vier Systeme.[164] Die Vorkehrungen zur Unterrichtung von Schülerinnen und Schülern, die einer ethnischen Minorität angehören, unterlagen in England bis 1988 bei fehlenden zentralen Regelungen weitgehend den LEAs sowie den einzelnen Schulen. Seit Ende der 1990er Jahre wird die ethnische Diversität zunehmend in den nationalen bildungspolitischen Vorgaben berücksichtigt.

6.2.1 Grundzüge der Pflichtschule

Die *Pflichtschulzeit* dauert in England elf Jahre (5. bis 16. Lebensjahr) und umfasst die Primarstufe und die Sekundarstufe I. Die sechsjährige *Primarstufe* wird üblicherweise in die *Infant*-Abteilung für die Fünf- bis Siebenjährigen (1. und 2. Schuljahr) und die *Junior*-Abteilung für die Sieben- bis Elfjährigen (3. bis 6. Schuljahr) untergliedert. Beide Einheiten bilden oft einen gemeinsamen Schulkomplex. Die Schulpflicht beginnt nach Vollendung des fünften Lebensjahres, zu Beginn des nächsten Trimesters.[165] 90% aller Kinder besuchen vor dem Eintritt in die Primarstufe eine der fakultativ und kostenlos angebotenen vorschulischen Einrichtungen.[166] Viele Kinder werden bereits vor dem fünften Lebensjahr in eine Vorklasse eingeschult *(reception class)*. Seit September 2000 ist die vorschulische Betreuung vom dritten Lebensjahr bis zum Ende der *reception class* als *Basisstufe* zusammengefasst, für die Lernziele in den Bereichen Sprache, Mathematik und persönliche und soziale Fähigkeiten vorgegeben sind (vgl. Eurydice 2001, 3.1.). Fast alle Schulen und Vorschulen sind Ganztagseinrichtungen, in denen von 9.00 bis 15.30 Uhr Unterricht angeboten wird und die Kinder auch zu Mittag essen.

Die Kritik an der schichtenspezifischen Diskriminierung beim Übergang in die Sekundarstufe war eng mit der Konzeption der Gesamtschule *(Comprehensive School)* verknüpft. 1965 wies der damalige *Labour*-Erziehungsminister Anthony Crosland die LEAs an, Pläne für einen allgemeinen Übergang zum Gesamtschulsystem vorzulegen. Obgleich in den 1970er Jahren der wohlfahrtsstaatliche Konsens auseinander zu brechen begann und die Kritik an „Verschwendung" und „Leistungsabfall" im Schulwesen infolge der „progressiven" Erziehung an Einfluss gewann, hatte die Gesamtschule 1981 mehr als 80% der relevanten Schülerpopulation erreicht; in den 1990er Jahren ca. 90% (vgl. Glowka 1996, 59f.). Die *Comprehensive Schools* bieten eine Vielzahl differenzierter Bildungsgänge an. Aufgenommen werden Schülerinnen und Schüler im Alter von 11 bis 16 bzw. 18 Jahren. In manchen Gegenden erfolgen bei der Aufnahme

---

164 Die weitreichende Abtretung von Vollmachten der Londoner Zentralregierung an die regionalen Parlamente wurde 1998 im Scotland Act und dem Government of Wales Act fixiert; 1998 wurde auch die erste Northern Ireland Assembly gewählt (vgl. Sturm 1998, 287f.). Für einen Überblick über die Erziehungssysteme in den einzelnen Landesteilen vgl. EURYDICE (2001).
165 Das offiziell im September beginnende Schuljahr gliedert sich in Trimester; Einschulungen erfolgen in manchen Schulen aber auch nach Weihnachten und nach Ostern.
166 Nursery Schools oder nursery classes an Primarschulen.

Auswahltests. Einige Schulen bilden feste Schülergruppen nach fächerübergreifendem Leistungs- oder Begabungsniveau, andere differenzieren nach Leistung in bestimmten Fächern oder verzichten gänzlich auf äußere Differenzierung und unterrichten in leistungsheterogenen Lerngruppen. Die Variante der durchgehenden Gesamtschule schließt die Sekundarstufe II mit dem 12. und 13. Schuljahr ein *(Sixth Form)*. In anderen Gesamtschulen existiert die Sekundarstufe II als selbstständiges *Sixth Form College* (Oberstufenzentrum).[167]

In den 1990er Jahren hat auch die Bedeutung der traditionellen *Grammar Schools*[168], die Schülerinnen und Schüler nach einer leistungsbezogenen Aufnahmeprüfung aufnehmen und auf ein Hochschulstudium vorbereiten, wieder zugenommen. Daneben existieren die allgemein bildenden *Secondary Modern Schools*[169] für Elf- bis Sechzehnjährige. Die neu entwickelten Sekundarschulformen der privaten *City Technology Colleges* und des *City College for Technology of the Arts* für Elf- bis Achtzehnjährige, sind marginal geblieben[170] (vgl. Schaub/Zenke 2000, 4).

Am Ende der Schulzeit sind zwei Abschlussqualifikationen möglich. Das *General Certificate of Secondary Education* (GCSE), das regulär am Ende der Sekundarstufe I (11. Klasse) abgelegt wird, entscheidet über das Vorrücken in die Sekundarstufe II, in der mit einer Kombination von GCE *Advanced Levels (A-Levels)* und *Advanced Supplementary Level (AS-Level)* die Hochschulreife erworben wird. Beides sind Einzelfachprüfungen, die in beliebigem Umfang und variabler Zusammenstellung absolviert werden und deren benotete Einzelergebnisse im Zeugnis erscheinen.[171]

Seit 1996 sind die LEAs verpflichtet, Kinder und Jugendliche mit sonderpädagogischem Förderbedarf (*Special Educational Needs*, SEN[172]) in Regelschulen gemeinsam mit Kindern der gleichen Altersstufe zu unterrichten, die solcher besonderen Förderung nicht bedürfen.[173] Für einen kleinen Prozentsatz (ca. 3%), der mehr Hilfe braucht, als die Regelschule bieten kann, existieren verschiedene Fördermöglichkeiten, von zusätzlicher Unterstützung in der Regelklasse über den Aufenthalt in speziellen Ein-

---

167 Das Ende der Reformbereitschaft kündigte sich bereits Mitte der 1970er Jahre an, als Medienberichte über schockierende Zustände an der Londoner William Tyndale-Primarschule (v.a. mangelnde Grundfertigkeiten und Disziplin), die Öffentlichkeit alarmierten. 1976 forderte der damalige Labour-Premierminister James Callaghan mehr Effektivität im Schulwesen und die Einführung eines Basiscurriculums mit allgemein gültigen Standards. Seine als *„Ruskin College Speech"* bekannt gewordenen Rede löste eine breite öffentliche Debatte aus, die mit dem ERA 1988 ihr vorläufiges Ende fand und Akzente für die radikale bildungspolitische Wende der Konservativen setzte (vgl. Demaine 1999; Callaghan 1996).
168 Die englische *Grammar School* entspricht dem Gymnasium in Deutschland.
169 Die *Secondary Modern School* entspricht weitgehend der Realschule in Deutschland.
170 Mit den deutschen Fachoberschulen und Berufsschulen vergleichbar.
171 Der Mittleren Reife entsprechen etwa fünf GCSE-Prüfungen. Mindestens zwei, faktisch aber drei GCE *A-Level* entsprechen dem Bildungsniveau des Abiturs. Anders als das deutsche Abitur wird mit dem *A-Level* immer nur eine fachgebundene Hochschulzugangsberechtigung erreicht.
172 Besondere Lernbedürfnisse aufgrund von Beeinträchtigungen auf physischer, sensorischer, mentaler, emotionaler oder der Verhaltensebene.
173 Der Special Educational Needs and Disability Act von 2001 stärkt die Rechte der Kinder mit besonderen Lernbedürfnissen, in Regelschulen unterrichtet zu werden (vgl. DfES 2001).

heiten oder Klassen in Regelschulen bis hin zur Unterrichtung in Sonderschulen[174], Krankenhäusern oder zu Hause. Der individuelle Förderbedarf wird auf der Grundlage eines 5-Stufen-Modells ermittelt (DfEE 1997a).

Das *National Curriculum* (NC) – Kernstück des ERA von 1988 –, das den Großteil der Lerninhalte im gesamten Pflichtschulbereich detailliert vorschreibt, hat die jahrzehntelang von kindzentrierten und offenen Unterrichtsformen (vgl. CACE 1975) geprägte Arbeit in den Grundschulen tiefgreifend verändert. Es umfasst in der Primarstufe[175] die Kernfächer Englisch, Mathematik und Naturwissenschaften, die Grundlagenfächer Informations- und Kommunikationstechnologie, Design und Technik, Geschichte, Geografie, Kunst und Design, Musik und Sport[176], sowie den Religionsunterricht. Ergänzend sollen altersgemäß zusätzliche Fächer *(non-statutory subject areas)* im Bereich der Persönlichkeits- und sozialen Erziehung (z.B. *Health-, Sex-, Career- oder Drugs Education*), modernen Fremdsprachen, Wirtschaft, Umwelterziehung und der politischen Bildung unterrichtet werden. Die Lernziele werden durch Lernprogramme konkretisiert, die in zehn Wissens-, Verständnis- und Fertigkeitsstufen eingeteilt sind. Fester Bestandteil des NC sind landesweite Leistungstests *(Standard Assessment Tasks*, SATs) – in der Primarstufe im Alter von 7 und 11 Jahren, im Sekundarbereich für die 14- und 16-Jährigen.

Seit Ende der 1990er Jahre sind auch die Unterrichtsmethoden einer zunehmenden curricularen Kontrolle unterworfen – *„the debate has shifted from what is taught in schools to what and **how** it should be taught as well"* (Siraj-Blatchford/Siraj-Blatchford 1999, 129; Hervorh. i. Original). Zur Verbesserung der Basiskompetenzen im Lesen und Schreiben sind die Primarschulen seit September 1998 angehalten, in allen Jahrgangsstufen zusätzlich zum Englischunterricht eine tägliche *Literacy-Hour* anzubieten. Die Konzeption der *Literacy*-Stunde betont die direkte Vermittlung von Kompetenzen, individuelles *Targetsetting* und die Zusammenarbeit der Schule mit den Eltern, eng verknüpft mit der professionellen Entwicklung der Lehrkräfte (vgl. Barber 1999, 8). Zur Gestaltung der *Literacy*-Stunde soll ein detailliertes Planungssystem mit konkreten Lernzielen, Arbeitsschemata und Trainingsmaterialien verwendet werden. Ähnliche Arrangements existieren auch für den Mathematikunterricht *(National Numeracy Project)*.

6.2.2 Steuerung, Finanzierung und Organisation

Da es in Großbritannien keine schriftlich niedergelegte Verfassung gibt, bilden parlamentarische Gesetze *(Acts)* und andere Gesetzesinstrumente die Grundlage für die Ein-

---

[174] Unterschiedliche Sonderschultypen für die Bereiche Seh- und Sprachbehinderungen, Lernschwierigkeiten, Hörbeeinträchtigungen, emotionale- und Verhaltensschwierigkeiten (vgl. EURYDICE 2001).
[175] Das NC ist in vier Schlüsselstufen gegliedert *(key stages)*: die Schuljahre 1-3, 4-6, 7-9 und 10-11.
[176] In Wales sind in der Schlüsselstufe 1 Walisisch sprechende Schulen oder Klassen vom Curriculum für Englisch ausgenommen, in englischsprachigen Schulen oder Klassen kann Walisisch Grundlagenfach sein.

richtung und Arbeit von Schulen (vgl. Glowka 1996, 60).[177] Die schulpolitischen Kompetenzen verteilen sich auf die Ebenen der Zentralregierung, der lokalen Bildungsbehörden und der Schulen. Auf der Grundlage des Bildungsgesetzes von 1944 (bekannt als Butler Act) war das englische Schulsystem bis 1988 stark dezentralisiert. Eine Besonderheit war die gleichberechtigte Partnerschaft der Zentralegierung und der mittlerweile mehr als 116 LEAs, denen wesentliche Aufgaben der Verwaltung und Gestaltung des Schulwesens oblagen. Große Autonomie besaßen aber auch die einzelnen Schulen, die ohne nationalen Lehrplan arbeiteten. Beides bedingte die für das englische Bildungssystem jahrzehntelang charakteristische Diversität. Diese barg das Risiko der Fragmentierung, ermöglichte aber eine hohe Anpassung der Bildungsstrukturen an lokale Gegebenheiten. Durch den ERA von 1988 und nachfolgende Reformgesetze hat sich die Machtbalance im Erziehungsbereich tiefgreifend verändert.

Die oberste Verantwortung für die gesamte Planung, Finanzierung und Kontrolle der nationalen Bildungspolitik trägt der vom Premierminister ernannte Secretary of State for Education, unterstützt von zwei Staats- und drei parlamentarischen Unterstaatssekretärinnen oder -sekretären. Das Department for Education and Skills (DfES) gibt programmatische Schriften *(White Papers)* und Strategie-Papiere heraus, in denen die Leitlinien der Politik festgelegt sind. Zu dringlich erscheinenden Fragen setzt die Regierung *unabhängige Ausschüsse* ein, deren Berichte beratenden Status haben, bis sie gegebenenfalls in die Gesetzgebung aufgenommen werden. Der Kompetenzbereich des DfES[178] wurde unter anderem durch die Etablierung von QUANGOS[179], zentralen, nicht-ministeriellen Verwaltungskörpern, entscheidend ausgeweitet. Zu den wichtigsten QUANGOS gehören das Office for Standards in Education (OFSTED), die Qualifications and Curriculum Authority (QCA) und die Teacher Training Agency (TTA). OFSTED legt die Verfahrensregeln für die im Turnus von sechs Jahren von unabhängigen Inspektorenteams durchgeführten Kontrollen in den staatlichen Schulen sowie für die Inspektion von LEAs fest, qualifiziert und registriert die Inspektorinnen und Inspektoren und berät das Ministerium fortlaufend in allen Fragen der Qualität des Erziehungswesens (vgl. OFSTED 2000). Im Mittelpunkt der Arbeit der QCA steht die Weiterentwicklung und die Sicherung der Qualität und Kohärenz des Curriculums und der dazugehörigen Evaluationen, von der Vorschule bis zur beruflichen Weiterbildung. Die TTA ist für die Entwicklung und Sicherung der Qualität der Lehrer- und Schulleiterausbildung zuständig und soll das öffentliche Ansehen des Lehrerberufs stärken.

Die *lokalen Schulbehörden* werden von einer oder einem *Chief Education Officer* geleitet, der oder dem ein Stab von pädagogisch qualifiziertem Fachpersonal und Ver-

---

177 *Statutory Instruments* bieten detaillierte Vorschriften zur Implementierung der Parlamentsgesetze und haben Gesetzesstatus. Das Ministerium veröffentlicht ferner Richtlinien, um den LEAs und den Schulen zu helfen, die Gesetze und andere Erlasse umzusetzen. *Circulars* oder *Guidances* (ohne Gesetzesstatus) erklären Gesetze und Erlasse und bieten Anleitung zur Implementierung.
178 Bis 1992 Department for Education and Science (DES), ab 1992 Department for Education (DFE), 1994 bis 2001 Department for Education and Employment (DfEE).
179 **Qua**si-autonomous **n**on-**g**overnmental **o**rganization.

waltungskräften zur Seite stehen. Unter anderem durch die Verlagerung eines Großteils des Schulbudgets auf die Schulen wurde der Einfluss der LEAs ab 1988 massiv gestutzt. In ihren Zuständigkeitsbereich fallen vor allem die Sicherstellung eines angemessenen Schulplatzangebotes, der Bereich der Zulassungen, die Festlegung und Finanzierung der Schuletats innerhalb der Grenzen der regionalen Maßnahmen des *Local Management of Schools*, Anstellungen und Personalentwicklung, die Sicherstellung des regelmäßigen Schulbesuchs, die Gewährleistung eines inklusiven Bildungsangebots und der Vorkehrungen für Kinder mit besonderen Lernbedürfnissen, der Umgang mit Beschwerden, die Finanzierung der Schulmahlzeiten und das Transportwesen.

Unter der Blair-Regierung wurden gewisse Kompetenzen der LEAs, vor allem im Bereich des *Monitoring* und der schulischen Qualitätssicherung (einschließlich Interventionen in „versagenden" Schulen) wieder ausgeweitet. In Abstimmung mit dem DfES erstellen die LEAs einen Schulentwicklungsplan *(educational development plan)*, der *targets* zur Leistungsverbesserung und konkrete Handlungspläne zur Unterstützung der Schulen bei ihrer Leistungsverbesserung enthält. Die LEAs bieten den Schulen eine Reihe von Dienstleistungen (z.B. die Ausstattung mit statistischen Vergleichsdaten, die Schulung der Lehrkräfte im Umgang mit statistischem Material, Unterstützung bei der Vorbereitung von OFSTED-Inspektionen und bei der Planung von Veränderungsmaßnahmen nach den Inspektionen sowie die Vermittlung externer Expertendienste; vgl. Eurydice 2001).

Lokales Schulmanagement bedeutet, dass die staatlichen Schulen finanziell autonom sind und ihre Angelegenheiten weitgehend selbst regeln. Die Höhe ihres Etats für laufende Kosten und Investitionsausgaben richtet sich nach einer von den LEAs unter Zustimmung des DfES festgelegten Formel – entscheidend ist die Anzahl der in einer Schule eingeschriebenen Schülerinnen und Schüler (Pro-Kopf-Finanzierung). Die wichtigsten Entscheidungsträger in den selbstverwalteten englischen Schulen sind der *Schulbeirat* und die *Schulleiterin* bzw. der *Schulleiter*. Der Schulbeirat, dessen Größe und Zusammensetzung von der Art und Größe der Schule abhängt, ist für die gesamte Planung und die Umsetzung der Anforderungen des Nationalen Curriculums, einschließlich des Unterrichtsfachs religiöse Erziehung, verantwortlich. Er entscheidet über die Verwendung des Budgets und sämtliche Personalangelegenheiten und nimmt Repräsentations- und Verbindungsfunktionen in der Gemeinde wahr. Die Schulleitung trägt die Hauptverantwortung für das Gesamtmanagement und die pädagogischen Belange einer Schule, die Wahrung der Standards von Unterricht und Leistungsresultaten, das Personalmanagement und die pädagogische Führung. In gemeinsamer Verantwortung mit dem Beirat obliegt ihr die angemessene Umsetzung des Curriculums und der damit zusammenhängenden Tests, die Förderung guter Beziehungen zwischen Schule und Eltern, die Kontrolle der Ausgaben, die Sicherheit und Wartung der Schulgebäude und die regelmäßigen Evaluationen der Schule. *„Teaching heads"* mit vollem Stundendeputat sind heute fast nur in kleineren Grundschulen anzutreffen (vgl. Hopes/

Hellawell 1997, 166).[180] Aufgrund des hohen Arbeitsaufwands und der diversen neuartigen Aufgabenbereiche werden Management-Aufgaben zunehmend an private Bildungsfirmen delegiert.

Die Rolle der *Eltern als Kundinnen und Kunden* von Bildung wird in den von der konservativen Regierung eingeführten *„Parents' Charters"* (Elternchartas) betont. In den Printmedien veröffentlichte *performance tables* sollen den Leistungsvergleich mit den landesweiten und lokalen Durchschnittswerten ermöglichen und den Eltern bei der Wahl der richtigen Schule für ihr Kind eine Orientierung bieten. Diese Schul*rankings* basieren vor allem auf den Ergebnissen der nationalen Tests im Alter von 11 Jahren am Ende der Grundschulzeit sowie den Resultaten der GCSE-Examen für die 16-Jährigen, die das zentrale Selektionsinstrument beim Zugang zum Arbeitsmarkt und zu den Einrichtungen der weiterführenden und universitären Bildung darstellen.

Ein wesentlicher Kritikpunkt besteht darin, dass die Schul*rankings* auf grobe Weise irreführende Rohdaten präsentieren, die keine Differenzierung nach sozialer Zusammensetzung oder den Ressourcen einer Schule erlauben. Verzerrungen durch den wissenschaftlich anerkannten Zusammenhang von sozio-ökonomischem Status und Leistungsergebnissen werden nicht kontrolliert. Es ist demnach nicht verwunderlich, dass die Spitzenplätze zumeist von Privatschulen mit hoch selektiven Zugangsregelungen besetzt sind, während staatliche Gesamtschulen, die keine Aufnahmeselektion betreiben, die Schlusslichter bilden. Die *Labour*-Regierung behielt die vorrangige Definition von Schulqualität anhand des statistischen Outputs von Schulen und LEAs sowie die *performance tables* bei. Sie fügte neue Elemente hinzu, wie etwa den *school improvement index*, der zusätzlich zu den absoluten Ergebnissen den Steigerungsgrad einer Schule wiedergeben soll. Dadurch werde aber lediglich der Druck auf die Schulen, so David Gillborn und Deborah Youdell, noch größer:

> „[...] no matter how well a school ‚performs', the ‚league tables' (in tandem with other reforms) require continual gains year after year. In this context schools are in competition not only with each other but also with themselves." (Gillborn/Youdell 2000, 27)

Nach dem Marktmodell sollen die Kundinnen und Kunden nicht nur zwischen verschiedenen staatlich-finanzierten Gesamtschulen, sondern auch zwischen staatlichen und privaten Schulen sowie einer Reihe neuer Schultypen wählen können. Die Labour-Regierung bekräftigte das Ziel, ein vielfältiges Bildungsangebot mit einem breiten Spektrum spezialisierter Schulen zu schaffen und ließ die von der Vorgänger-Regierung errichteten neuen Schultypen bestehen (vgl. DfEE 1997). Selbst die gelockerten Möglichkeiten zur Aufnahmeselektion wurden trotz genereller Ablehnung dieses Verfahrens nicht unterbunden. Trotz des Bekenntnisses zur Gesamtschule wurde auch das Schicksal der unter den Konservativen wieder vermehrt eröffneten *Grammar Schools* der Entscheidung der Eltern vor Ort anheim gestellt. Die Weigerung von *New*

---

180 Diese belastungsreiche Position führt dazu, dass sich Primarschulleiterinnen und -leiter in England zunehmend vorzeitig in den Ruhestand begeben und Nachwuchskräfte rar sind.

Labour, sich grundsätzlich mit dem Thema der Selektion auseinanderzusetzen, zeigt sich am deutlichsten in der Favorisierung von Unterricht in Leistungsgruppen *(banding, streaming)* und „Schnellzug-Klassen" *(fast tracking)* als Herzstück einer „modernisierten Gesamtschule".[181]

Neben den staatlichen Schulen existiert ein großer privater Sektor auf allen Ebenen des Bildungswesens, der traditionell vor allem im Sekundarbereich bedeutsam ist.[182] Ende der 1990er Jahren besuchten ca. 7% aller Schülerinnen und Schüler, die eher einer wohlhabenden Elite angehören, eine Privatschule (vgl. Hatcher 2002, 122). Die Grenzen zwischen öffentlicher und privater Versorgung sind jedoch zunehmend schwieriger auszumachen. Richard Hatcher (2002) stellt folgende Tendenzen heraus: Eine wichtige Quelle der Schulfinanzierung ist das *Sponsoring* durch private Unternehmen, oft im Rahmen von lokalen Bildungsnetzwerken. Netzwerke mit Schulen, kommunalpolitischen Gremien und sonstigen auf Gemeindeebene agierenden Organisationen eröffnen den Unternehmen zahlreiche Vorteile, von Absatzmärkten für ihre Produkte über die Ausweitung ihres politischen Einflusses bis hin zur Mitsprache bei den Ausbildungsinhalten. Einzelne Unternehmen arbeiten bereits direkt mit Schulen zusammen, um ihre eigene zukünftige Arbeitskraft zu schaffen. Mit der Ausweitung so genannter *„Public-Private-Partnership"*-Projekte griff die *Labour*-Regierung die Idee der Konservativen auf, Neubauten, Instandhaltung, Ausstattung und Funktionskosten

---

[181] Mit dem School Standards and Framework Act von 1998 (DfEE 1998) wurde das differenzierte System staatlicher Schulformen, die einen unterschiedlichen rechtlichen Status aufweisen, beibehalten: (1) *Community schools* (früher *county schools*) entsprechen den traditionellen staatlichen Schulen und werden (in den Grenzen des lokalen Schulmanagements) voll von den LEAs finanziert und verwaltet. (2) *Foundation schools* (oft ehemalige *Grant Maintained Schools*) gehören formal den Schulbeiräten oder Treuhändern der Schule; sie werden in ähnlicher Weise wie die *community schools* von den LEAs finanziert, die Beiräte sind jedoch für Zulassungen und Anstellungen zuständig. (3) *Voluntary controlled* und (4) *voluntary aided schools* gehören formal den Treuhändern oder Stiftungen; beide Typen erhalten die volle Finanzierung der laufenden Kosten vom Staat, aber die *voluntary aided schools* müssen 15% der Investitionskosten selbst aufbringen. Bei den *voluntary controlled schools* ist die LEA für die Anstellungen und Zulassungen zuständig, im Fall der *voluntary aided schools* der Schulbeirat. Allgemein sind die Verantwortlichkeiten der Beiräte in den letztgenannten beiden Schultypen größer. Auch die Zusammensetzung der Beiräte variiert je nach Schultyp: in *voluntary aided, voluntary controlled* und *foundation schools* müssen Mitglieder der Körperschaft, die die Schule gegründet hat, im Beirat vertreten sein. Diese *foundation governors* sollen sicherstellen, dass der spezifische Charakter der Schule erhalten und weiterentwickelt wird. In *voluntary aided schools* sollen sie sogar die zahlenmäßig größte Gruppe im Beirat stellen (vgl. Eurydice 2001, 2.2.1.1.).

[182] Für Privatschulen ist ebenso der Begriff *„independent schools"* gebräuchlich; die traditionsreichen Privatschulen im Sekundarbereich werden auch als *„public schools"* bezeichnet. Im Education Act von 1996 werden *independent schools* als Vollzeitschulen definiert, die nicht den LEAs unterstehen. Sie sind nicht verpflichtet, das Nationale Curriculum vollständig zu implementieren. Evaluationen werden im Abstand von fünf Jahren durch ein Privatschulinspektorat durchgeführt, wobei die Kriterien mit OFSTED und der Regierung abgestimmt sind. Mit Ausnahme der *City Technology Colleges* und der *City Academies* erhalten *independent schools* keine direkte finanzielle Unterstützung durch den Staat, profitieren jedoch durch ihren Status der Gemeinnützigkeit von Steuererleichterungen und können sich um bestimmte öffentliche Gelder bewerben (vgl. Eurydice 2001, 2.6.2.).

von Bildungseinrichtungen durch private Unternehmen finanzieren zu lassen. Der Staat zahlt diese Gelder über einen Zeitraum von 25 oder 35 Jahren zurück. Ähnlich wie in den USA hat die *Privatisierung von Bildungsdiensten* der Zentralregierung (u.a. Beauftragung großer Management- und Unternehmensberatungen mit der Entwicklung und Umsetzung eines neuen Systems der leistungsbezogenen Lehrerbezahlung) seit Mitte der 1990er Jahre eine gewinnträchtige Bildungsindustrie entstehen lassen. LEAs delegieren einzelne Dienstleistungen ebenfalls zunehmend an private Bildungsfirmen. Bei laut OFSTED-Inspektionen „versagenden LEAs" wurden einige oder alle Dienste von der Zentralregierung komplett an kommerzielle Anbieter vergeben.[183] 1998 wurden erste „versagende Schulen" von der Privatwirtschaft übernommen. Im Unterschied zu den USA scheint das Betreiben von Schulen in England (u.a. aufgrund des niedrigen Niveaus der staatlichen Ausgaben sowie der engen Leistungsvorgaben) jedoch zur Zeit noch wenig lukrativ. Hatcher geht davon aus, dass die Entwicklung in England weniger zur Übernahme von Schulen durch profitorientierte Bildungsfirmen tendiert, sondern zu einer starken Ausweitung des Privatschulbereichs durch die Erweiterung des Zugangs und die Senkung der Schulgebühren.

Der nächste Abschnitt verdeutlicht den Bruch, den die Politik der Dezentralisierung in den 1990er Jahren im schulischen Umgang mit Fragen der ethnischen Diversität und Gleichheit bewirkt hat (vgl. DES 1985).

6.2.3 Antworten des Bildungssystems auf Migration

Aufnahme und Förderung ethnischer Minoritäten-Schülerinnen und -Schüler

Ab Anfang der 1950er Jahre tauchten in den größeren Städten vermehrt Kinder farbiger Einwanderer aus Asien und der Karibik in den Schulklassen auf. Eine offizielle Stellungnahme der Regierung erfolgte jedoch erstmals 1963, nachdem weiße Eltern Proteste gegen die unzumutbare Unterrichtung ihrer Kinder in multiethnischen Grundschulen organisiert hatten (Ministry of Education 1963).[184] In dem Papier wird zwar darauf verwiesen, dass die weißen Kinder durch die Anwesenheit der ethnischen Minoritäten „bereichert" würden. In der Praxis galten letztere jedoch überwiegend als Problem. Unter dem vorherrschenden Ziel der Assimilation der „Fremden" an die britische Mehrheitskultur sollte der *Unterricht in Englisch als Zweitsprache* (*English as a Second Language*, ESL) vor allem für Kinder asiatischer Herkunft ausgeweitet wer-

---

183 Zu den staatlich anerkannten Anbietern zählen nicht nur Bildungsfirmen, sondern auch große Organisationen, die ansonsten etwa Sicherheitsdienste anbieten (einschließlich privater Gefängnisse) oder auch im militärischen Bereich involviert sind (vgl. Hatcher 2002).

184 Chris Gaine (2000, 18ff.) macht darauf aufmerksam, dass die Nicht-Thematisierung von *„race"*, die den institutionellen Umgang mit den Minderheiten-Schülerinnen und -Schülern in England lange Zeit bestimmte (im Vergleich zum Umgang mit der Vielfalt in den USA oft als *„doing good by doing little"* gerühmt; vgl. Kirp 1979), freilich das Ergebnis einer Vielzahl impliziter Annahmen in Bezug auf das Thema *„race"* war, die geprägt von der kolonialen Tradition v.a. einen herablassend-tolerierenden Umgang mit den Eingewanderten nahe legten.

den. Daneben wurde ab Mitte der 1960er Jahre Unterricht in den Herkunftssprachen der Immigrantinnen und Immigranten als weitere Förderstrategie etabliert (vgl. Hinnenkamp/Radtke 1984). Schulen mit mehr als einem Drittel farbiger Schülerinnen und Schüler wurden angehalten, farbige Kinder in Bussen an andere Schulen zu fahren (vgl. DES 1965; *Prime Minister*, 1964-1965). Aufgrund des vehementen Vorwurfs des Rassismus, sowie empirischer Studien, die belegten, dass die ethnische Zusammensetzung von Schulen die dort erreichten Lesekompetenzen nur minimal beeinflusst, stellten viele LEAs das *Bussing* bis Ende der 1970er Jahre jedoch wieder ein (vgl. Troyna 1993, 1996).[185]

Kindern mit einem Flucht- und Asylhintergrund im schulpflichtigen Alter ist entsprechend ihres Alters, ihrer Fähigkeiten und Neigungen der Zugang zur vollen Bandbreite des Unterrichts zu gewähren, unabhängig davon, ob sie permanent oder nur vorübergehend in dem jeweiligen Schulbezirk leben. Zusätzliche Förderung erfolgt durch den *Section-11*-Fond (bzw. seit 1999 dem Ethnic Minority Achievement Grant[186]), sowie einen Extra-Fond für fahrende Familien (vgl. Blair/Bourne 1998, 131).

Englisch als Zweitsprache, Muttersprachen- und Fremdsprachenunterricht

Im Bereich Englisch als Zweitsprache standen zunächst Fragen der geeigneten didaktischen Methoden, Unterrichtsmaterialien und der in der Aus- und Fortbildung der Lehrkräfte zu vermittelnden Qualifikationen im Vordergrund (vgl. Hinnenkamp/ Radtke 1984, 61). Die Lehrkräfte für den Zusatzunterricht wurden nach Artikel 11 des Gesetzes zur Kommunalverwaltung aus dem Jahr 1966 finanziert, der spezielle Mittel für *„immigrants from the Commonwealth, whose language or customs differ from those of the rest of the community"* (zit. n. Bourne 1988) vorsah. Der *Section-11*-Fond wurde zunächst hauptsächlich für das Personal in Sprachzentren und Sonderklassen verwendet. Unterrichtskonzepte, bei denen die Kinder langfristig aus den Regelklassen genommen wurden, konnten sich jedoch nie durchsetzen. In vielen LEAs wurde jede Form von Spezialförderung (auch stundenweise) aufgrund mangelnder Englischkenntnisse auf Kosten des Besuchs der Regelklasse als institutioneller Rassismus abgelehnt (vgl. Steiner-Khamsi 1992, 109). Dieses Verständnis bewirkte, dass die Gelder bald als zusätzliche personelle Ressourcen für „Schulen mit Immigrantenkindern" einge-

---

185 In den USA wurden nach dem Entscheid des Obersten Gerichts über die Verfassungswidrigkeit der schulischen Segregation 1954 schwarze Schülerinnen und Schüler vermehrt mit speziellen Bussen in Vorortschulen gefahren, um die Segregation zu beenden und die Chancen der oft in ärmlichen Innenstadt-Schulen untergebrachten Schwarzen zu verbessern. In England hingegen waren die Ängste weißer Mittelschicht-Eltern um die Standards in den Schulen der Auslöser für die Politik der Gleichverteilung. Vordergründig wurde angeführt, rassistische Vorurteile und Diskriminierung würden durch das tägliche Miteinander von Weißen und Schwarzen abgebaut. Barry Troyna kommentiert: *„Bussing exemplified the relationship which monocultural education underscored. After all, if the development of better ethnic relations was the main concern of the DES, then why did the DES only recommend the dispersal of black children?"* (Troyna 1993, 24).
186 Der EMAG wird als eine der Ende der 1990er Jahre in Kraft tretenden zentralen Neuerungen in Abschnitt 6.3 ausführlich erläutert.

setzt wurden. Sie ermöglichten Formen der Teamarbeit zwischen den Klassenlehrkräften und den Lehrpersonen für Englisch als Zweitsprache. Statt des Frontalunterrichts durch die Klassenlehrerinnen und -lehrer wurden individualisierende Lernformen und die Arbeit in Gruppen zum Regelfall. Ferner implizierte das Verbot der Diskriminierung von Kindern mit anderen Erstsprachen als Englisch, dass alle – auch die Englischsprachigen – ein Anrecht auf Unterstützung durch eine zusätzliche Lehrperson hatten.

In Abkehr vom vorherrschenden Ziel der Assimilation setzte sich Mitte der 1960er Jahre allmählich die Idee durch, dass die multiethnische Zusammensetzung der britischen Gesellschaft von Dauer sein würde und die Eingewanderten das Recht hätten, ein Leben nach ihrer Tradition und ihren eigenen Entwürfen zu führen. Das Ziel der Chancengleichheit und die kompensatorischen Erziehungsvorstellungen, die bisher für sozial benachteiligte Kinder aus der Arbeiterklasse galten (vgl. CACE 1975), wurden nun unter dem Schlagwort der *„cultural und linguistic diversity"* auf die „Immigranten-Kinder" übertragen.

„Implizit wurden Kultur und Sprache gleichgesetzt. Der muttersprachliche Unterricht sollte dazu verhelfen, die kulturelle Kontinuität und die Bindung der Kinder an ihre Familien zu erhalten. Dies war auch die Überzeugung der aktiven Minderheitengruppen selbst. [...] Auch in dieser Strategie blieben die Migranten die ausschließlichen Adressaten von Maßnahmen, die ihnen helfen sollen [...] eine Anpassungs- bzw. Integrationsleistung zu erbringen" (Hinnenkamp/Radtke 1984, 62)

Wirksam durchsetzen konnte sich der Anspruch auf muttersprachlichen Unterricht in der Schule auch in Großbritannien erst nach der EG-Direktive von 1977, in der das Recht auf die eigene Sprache für alle Migrantinnen und Migranten in Europa festgeschrieben wurde. In den 1980er Jahren ermöglichten einzelne LEAs, wie zum Beispiel die Stadt Bradford, im Rahmen ihrer antirassistischen Programme, dass Minderheitensprachen in der Sekundarstufe als Wahlfach belegt werden konnten (vgl. Steiner-Khamsi 1992, 108).

Mit der im Gefolge des 1988er ERA beschlossenen Neuregelung des *Section-11*-Fonds im Jahr 1990 wurden die Mittel gekürzt (vgl. Runnymede Trust 1994). Ihre Zuweisung wurde zu einer Ermessensfrage und ihre Verwendung in Übereinstimmung mit der assimilationistischen Ausrichtung der Schulpolitik streng reglementiert:

„[...] bids should be related to teaching English, strengthening ties between schools and minority homes and helping ethnic minorities to increase their basic skills and competencies. The money is not to be used for the maintenance of minority cultures or languages." (Tomlinson 1991, 437f.)

Während ein großer Teil der *Section-11*-Lehrkräfte (zumeist Angehörige ethnischer Minderheitengruppen) seine Anstellung verlor, beklagten viele Schulen, dass sie nicht mehr allen Kindern auf einem breiten Leistungsspektrum die zusätzliche sprachliche Unterstützung bieten konnten, die sie benötigten, um ihre Leistungsresultate zu verbessern. Zusätzliche Sprachförderung erhielten vielerorts nur noch diejenigen mit den gravierendsten Defiziten (vgl. Gillborn 1995, 186f.).

Im Bereich der modernen Fremdsprachen müssen die Sekundarschulen mindestens eine Fremdsprache aus einem Mitgliedsland der Europäischen Union unterrichten, vorzugsweise Deutsch, Französisch oder Spanisch (vgl. Eurydice 2001, 5.3.1.6.1). Russisch, Arabisch, Chinesisch, Japanisch oder eine der Sprachen der im Land lebenden ethnischen Minderheiten können lediglich zusätzlich angeboten werden. Die Forderung, die Erstsprachen der ethnischen Minoritäten gleichberechtigt mit europäischen Fremdsprachen ins Nationale Curriculum aufzunehmen, fand bei der Verabschiedung des ERA jedoch kein Gehör. Lediglich Walisisch wurde als Unterrichtssprache und zu unterrichtende Zweitsprache festgeschrieben (vgl. Hornberg 1999, 177).

Multikulturalismus und Antirassismus der lokalen Schulbehörden[187]

Dass die rein auf die sprachliche Förderung der Immigrantenkinder abgestellten Maßnahmen nicht ausreichen um ihnen eine gleichberechtigte Partizipation im Erziehungssystem zu gewährleisten, wurde Anfang der 1970er Jahre an den vermehrten Schulproblemen und den schlechten Bildungserfolgen der schwarzen Kinder offensichtlich. Die monokulturellen Curricula und Unterrichtsformen gerieten in die Kritik. David Milner (1975) setzte in seiner einflussreichen Studie „Children and Race" die unterdurchschnittlichen Schulerfolge schwarzer Kinder mit ihrem negativen Selbstwertgefühl in Beziehung. Besorgte schwarze Eltern protestierten gegen die rassistischen Impulse des Erziehungswesens und begannen eigene Schulen zu gründen. Kein Kind, so heißt es im Bericht der von Lord Bullock geleiteten Untersuchungskommission „A Language for Life" (Bullock 1975), solle genötigt werden, seine Sprache und heimatliche Kultur aufzugeben, wenn es die Schule betritt. Das 1977 von der Labour-Regierung vorgelegte *Green Paper* „Education in Schools: A Consultative Document" (DES 1977) vorweg nehmend empfahl der Bullock-Report: *„the curriculum should reflect a sympathetic understanding of the different cultures and races that now make up our society"* (DES 1977, 41). Auch in den von der Thatcher-Regierung in den 1980er Jahren vorgelegten Papieren zur Curriculumreform (DES 1981, 1985a) wurde die Förderung von gegenseitigem Verständnis und Toleranz und die Ausstattung aller Schülerinnen und Schüler mit dem nötigen Wissen, das das Leben in einer multiethnischen Gesellschaft erfordert, als zentrales Bildungsziel bestimmt. Nach dem 1985er *White Paper* „Better Schools" (DES 1985) sollte eine multikulturelle Perspektive nicht nur alle Unterrichtsfächer, sondern das gesamte Ethos einer Schule durchdringen. Multi-

---

187 Während sich der Begriff *„multiracial education"* in England ausschließlich auf besondere Unterstützungsmaßnahmen zur Förderung des Selbstbewusstseins afrokaribischer Kinder bezieht, steht das Paradigma der *„multicultural education"* für den Perspektivenwechsel von den Problemen der Immigrantenkinder zu den Institutionen der Mehrheitsgesellschaft (vgl. Gaine 1987, 2000). Der Begriff *„intercultural education"* ist in England weniger gebräuchlich als in den deutschsprachigen Ländern, wird jedoch gelegentlich mit dem Begriff *„multicultural education"* synonym verwandt (z.B. Figueroa 1998).

kulturelle Curriculum-Ziele sollten ferner in die nationalen Kriterien für die Abschlussexamen der 16-Jährigen und in die Kriterien der Lehrerausbildung aufgenommen werden (vgl. Tomlinson 1990, 11).

Der als *Swann-Report* unter dem Titel „Education for All" bekannt gewordene Abschluss-Bericht des 1979 noch von der Labour-Regierung eingesetzten „Committee of Enquiry into the education of ethnic minority children" (DES 1985; vgl. auch DES 1981a) stellte Rassismus als Haupthindernis des Schulerfolgs vor allem von Schülerinnen und Schülern afrokaribischer Herkunft heraus. Der Bericht kritisiert den multikulturellen Ansatz als zu diffus. In seiner nahezu ausschließlichen Begrenzung auf multiethnische Schulen verfehle er das Ziel der Vorbereitung aller Kinder auf ein Leben in einer pluralen Gesellschaft. Erforderlich sei ein pluralistischer Ansatz, der Minderheiten und Mehrheit in die Lage versetze, „*to participate fully in shaping the society [...] within a framework of commonly accepted values, practices and procedures*" (DES 1985, 5), während sie ihre Verschiedenartigkeit aufrecht erhalten können. Die Bekämpfung von Rassismus und die Beseitigung von Praktiken, die entweder direkt oder indirekt diskriminieren, gehören zu den Hauptanliegen des Berichts (vgl. ebd., 325). Aus dieser Problemanalyse wurden drei zentrale Konsequenzen abgeleitet: Das Curriculum und die gesamte Arbeit der Schule sollten von einer multikulturellen Perspektive durchdrungen sein (vgl. ebd., 323), ebenfalls die Lehreraus- und -fortbildung. In der Lehrerschaft seien der Anteil ethnischer Minderheiten zu erhöhen und die niedrigeren Positionen schwarzer Lehrkräfte zu korrigieren.

Die Regierung, die den Bericht schon vor seiner Veröffentlichung vorliegen hatte, startete 1984 eine Reihe von Initiativen, um multikulturelle Erziehung auch in Schulen ohne oder mit geringen Anteilen ethnischer Minoritäten zu fördern. In Ermangelung theoretischer Modelle begannen engagierte Lehrpersonen und andere Fachleute an der Basis, sich in Netzwerken auszutauschen und eigene Arbeitsmaterialien zu entwickeln (vgl. Tomlinson 1990a).

Die theoretische Kontroverse über den Antirassismus

Ab 1984 begann die scharfe Unterscheidung von multikultureller und antirassistischer Erziehung in Publikationen, Zeitschriften, Konferenzen und politischen Programmen die Terminologie zu beherrschen. Zahlreiche Organisationen sowie die politischen Entscheidungsträger der Stadtbezirke (v.a. in London) definierten die ethnischen Ungleichheiten im Bildungswesen als Resultat von individuellem und strukturellem Rassismus, wobei implizit auch eine Verbindung zur sozialen Klasse hergestellt wurde. Multikulturelle Erziehung hatte in Anbetracht der mangelnden Partizipation schwarzer Bevölkerungsgruppen im Erziehungsbereich und auf dem Arbeitsmarkt wenig anzubieten. „Lebensperspektiven, nicht Lebensstile!" lautete ein Slogan dieser Zeit (vgl. Gaine 2000, 25f.). Die antirassistische Kritik richtete sich erstens gegen das statische Verständnis von kultureller Identität. Der Vorwurf des Essentialismus drückt sich in der karikierenden Bezeichnung des Multikulturalismus im Erziehungswesen als „3-S-

Ansatz" („*saris, samosas and steel bands*"; Troyna 1993, 26) aus. Zweitens wurde ein Verständnis von Rassismus ausschließlich als Ergebnis individueller Vorurteile für irreführend befunden. In dieser Perspektive gelinge es nicht, „Rassismus mit den größeren sozialen Strukturen in Verbindung zu bringen, die bestehende Ungleichheiten stützten und vergrößern." (ebd., 82f.; vgl. auch Mullard 1982; Brandt 1986). Barry Troyna (1993, 1995), einer der engagiertesten Vertreter des Antirassismus, betrachtet Rassismus in erster Linie als Ergebnis politischen Handelns, der institutionellen Strukturen und der Glaubenssysteme, die das gesellschaftliche Leben bestimmen. Aus dieser Perspektive leitete er die Forderung an die Bildungseinrichtungen ab, geeignete organisatorische, pädagogische und curriculare Rahmenbedingungen zu schaffen, um in den Erziehungsprozessen die Machtbeziehungen entlang der Trennlinien Rasse, Geschlecht und Klasse sichtbar zu machen und zu hinterfragen,

> „which enables children to scrutinize the manner in which racism rationalizes and helps to maintain injustices and the differential power accorded to particular class, ethnic and gender groups in society" (Troyna 1993, 26).

Obwohl der Antirassismus nie von der Zentralregierung unterstützt wurde, haben sich in den 1980er Jahren zahlreiche LEAs und Schulen in dieser Richtung engagiert.[188] Die Initiative ging vor allem von sozialdemokratisch regierten Kommunen aus, insbesondere von der Stadtverwaltung von Groß-London (Greater London Council) und der Schulbehörde von Inner London (Inner London Education Authority), die in ihrer Entwicklungsarbeit sowie in ihren Empfehlungen und Materialien für andere LEAs wegweisend waren.[189]

Für eine kurze Zeitspanne fand in englischen Bildungsinstitutionen ein großflächiges Experimentieren im Hinblick auf die Entwicklung und Umsetzung multikultureller und antirassistischer Programme statt. Wissenschaftliche Studien, die diese Handlungsansätze untersuchten, thematisierten vielfach Fragen des institutionellen Wandels in antidiskriminatorischer Absicht.[190] Dabei gerieten auch die antirassistischen Handlungsansätze und die sich in LEAs und Schulen etablierende Praxis unter Kritik. Bemängelt wurde etwa die vorherrschende Beschäftigung mit theoretischen Fragen, während die Praxis vernachlässigt wurde. Der zentrale Bereich der Unterrichtsarbeit wurde wenig beachtet. Der Fokus lag eher auf der Schulkultur (vgl. Troyna 1995). Postmo-

---

[188] Nach einer Erhebung der Commission for Racial Equality hatten 1987 77 von 115 LEAs multikulturelle Programme vorliegen oder in Bearbeitung (CRE 1987).

[189] Die ILEA hatte bereits 1983 ihre bis dahin gültige multiethnische Erziehungsrichtlinie durch eine neue Regelung ersetzt, in der sie jegliche Diskriminierung aufgrund von Geschlecht, Rasse oder sozialer Herkunft verurteilte. Sie hielt die 14 Londoner LEAs, die Schulleiterinnen und Schulleiter und die Lehrkräfte an, sich mit antirassistischen und antisexistischen Programmen auseinanderzusetzen und wirkungsvolle Maßnahmen zu entwickeln, u.a. durch 1. die Ausarbeitung schulspezifischer antirassistischer Richtlinien; 2. jährliche Berichterstattung über die Schritte, um Lehrpläne, Anstellungsbedingungen und die Schulorganisation an die Anforderungen der multikulturellen Gesellschaft anzupassen, sowie 3. Überprüfung der eigenen Praxis auf diskriminierende Wirkungen (vgl. Steiner-Khamsi 1992, 100f.).

[190] Vgl. Epstein (1993), Gillborn (1995).

derne Denkansätze lenkten den Blick auf den inhärenten Essentialismus eines Großteils der antirassistischen Konzepte. Kritisiert wurden simplifizierende, oberflächliche Vorstellungen von „race", Kultur und Rassismus, die zwar eingängige Slogans boten, aber angesichts der zunehmend komplexen Dynamiken von Identitäts- und „race"-Politiken der Realität in den Institutionen nicht gerecht wurden und ein effektives Handeln gegen Rassismus erschwerten (vgl. Donald/Rattansi 1992; Modood 1992; Gilroy 1987, 1992). Fundierte Kritik gegen eine Form des „symbolischen, moralischen und doktrinären Antirassismus" wurde von einer unabhängigen Untersuchungskommission, die einen rassistischen Mord in einer *Highschool* in Manchester untersuchte (Macdonald et al. 1989), formuliert:

> „[Symbolischer, moralischer und doktrinärer Antirassismus] hat die Schuldgefühle vieler wohlmeinender Weißer verstärkt und sie paralysiert, wenn das Thema „*race*" angesprochen wurde [...] Er hat andere gelehrt, ihren Rassismus zu verbergen, ohne ihre Einstellung in irgendeiner Weise zu verändern. Er hat Groll und Zorn hervorgerufen und eine offene Diskussion blockiert. Er ermutigt die aufstrebende schwarze Mittelschicht, das „Spiel der Hautfarbe" zu spielen, und ermöglicht es einigen liberalen, weißen Antirassisten, heimlich darin einzustimmen [...] Der grundlegende Irrtum dieser auf Moral basierenden antirassistischen Politik ist ihre Annahme, komplizierte Konstellationen sozialer Beziehungen, die sich aus vielen Strängen wie Klasse, Geschlecht, Alter, Größe und „*race*" zusammensetzen, könnten in ein einfaches Weiß vs. Schwarz-Schubfach gepresst werden. Es ist das Problem von Weiß gegen Schwarz, das man angeht und mit dem man sich beschäftigt. Die anderen Dinge werden vorausgesetzt und nicht berücksichtigt. Dieses einfache Modell geht davon aus, dass es für alle Weißen einen allgemeinen Zugang zur Macht und für alle Schwarzen die einheitliche Verweigerung eines solchen Zugangs gibt." (Macdonald et al. 1989, 347f.; zit.n. Gillborn 2000)

Doch die Impulse zur Weiterentwicklung einer antidiskriminatorischen Schulentwicklungspraxis konnten nicht mehr umgesetzt werden. Vielerorts erarbeitete Konzepte und Praxiswissen wurden ab 1988 unter den Vorgaben der „farbenblinden" Schuleffektivitätspolitik der Zentralregierung weitgehend eliminiert. Die Hoffnung, das Nationale Curriculum trage zur Institutionalisierung multikultureller und antirassistischer Erziehung bei, erwies sich bald als Trugschluss (vgl. Tomlinson 1990, 1993).[191]

Multikulturelle und Antirassistische Erziehung in der Lehrerbildung

Während in den 1980er Jahren das Ministerium und die für die Lehrerbildung zuständigen Institutionen den Bedarf multikultureller Lehrerausbildung allmählich anerkannten, wurden diese Themen im Zuge der massiven rechten Reformen der Lehrerbildung

---

191 Diese Tendenz wurde auch durch die verstärkte Beachtung europäischer Bildungsaspekte nicht relativiert. In den Empfehlungen zur Inkorporation der Europäischen Dimension als Querschnittsthema in das Nationale Curriculum (DES 1991) wird beispielsweise die Notwendigkeit betont, junge Menschen auf die ökonomischen und sozialen Entwicklungen und Chancen des europäischen Marktes vorzubereiten. Bezüge zur migrationsbedingten Pluralisierung im eigenen Land werden dabei nicht hergestellt (ausführlich vgl. Hornberg 1999).

in den 1990er Jahren zunehmend marginalisiert. Zur Ausgrenzung multikultureller Themen trug zum einen das fächerbasierte Nationale Curriculum bei. Nach dem ERA wurden multikulturelle und antirassistische Themen etwa zunehmend auf die technische Frage reduziert, wie „Querschnittsthemen" im allgemeinen in den Unterricht zu integrieren seien (vgl. Siraj-Blatchford 1993). Eine wichtige Rolle spielte jedoch auch die zunehmende Betonung des individuellen Wissens der Studierenden sowie technischer Fähigkeiten und Management-Kompetenzen. Bezüge zu breiteren sozialen, kulturellen und anderen kontextuellen Aspekten, die kritische Selbst-Reflexivität oder persönliche Entwicklung der Lehramtsstudentinnen und -studenten, aber auch Aspekte wie Lehrer-Schüler-Interaktionen oder Fragen der Schülermotivation spielten kaum noch eine Rolle in der Ausbildung (vgl. Figueroa 1998, 133ff.).[192]

6.3 Zielvorgaben und Instrumente zur Verringerung ethnischer Ungleichheit bei der Entwicklung und Evaluation der Schulen[193]

Während in den 1990er Jahren jegliche Gleichheitsfragen zunehmend aus der Schulpolitik verbannt und mit Uniformität und Mittelmäßigkeit gleichsetzt wurden,[194] erkannte *New Labour* soziale Ungleichheit wieder als zentrales Problem der britischen Gesellschaft und als legitimen Gegenstand der Politik an.[195] Bildungspolitik sollte nicht nur Eliten produzieren, sondern die Startbedingungen aller jungen Menschen verbessern. Obwohl es zunächst wenig danach aussah, gelang es der Blair-Regierung bis Ende der 1990er Jahre, mit dem aggressiven „farbenblinden" Diskurs der Konservativen zu brechen und Strategien zur Förderung ethnischer Gleichheit und zum Abbau institutioneller Diskriminierung wieder auf der Agenda zu verankern.

Dabei führte die *Labour*-Regierung den Reformkurs der Konservativen weiter. Unter dem Slogan *„schools not structure"* wurde der Schwerpunkt weiterhin auf die Verbesserung der Leistungsstandards[196] und der Arbeit in den Schulen gelegt – nicht auf die strukturellen Bedingungen und das Problem der sozialen Hierarchie von Schulen,

---

192 Berühmt wurde der Ausspruch des damaligen Premierministers John Major in einer Parteitagsrede 1992: *„Primary teachers should learn how to teach children to read, not waste their time on the politics of gender, race and class"* (zit. n. Siraj-Blatchford/Siraj-Blatchford 1999, 128).
193 Gegen Ende der konservativen Ära waren einige Initiativen aufgenommen worden, die sich mit den Schulleistungen von ethnischen Minderheiten-Schülerinnen und -Schülern beschäftigten. 1996 wurde seit 1985 erstmals wieder ein umfassender Bericht über die Bildungssituation der ethnischen Minoritäten veröffentlicht (Gillborn/Gipps 1996), wie auch ein OFSTED-Bericht über rassistische Gewalttaten (Home Office 1996). Im September 1996 kündigte das DfEE einen 10-Punkte Aktions-Plan zur Erhöhung der Standards von ethnischen Minderheiten an.
194 Kate Myers spricht von einer regelrechten „Äquiphobie": *„an irrational hatred and fear of anything to do with equal opportunities"* (Myers 1990; zit. n. Troyna 1993, 45).
195 Zu den ersten Initiativen der *Labour*-Regierung, die unter Gesichtspunkten ethnischer Gleichheit relevant sind, zählen gesetzliche Maßnahmen wie die Aufnahme von Strategien zur Bekämpfung von rassistischer Gewalt in die „Crime and Disorder Bill" und die Aufnahme der Europäischen Menschenrechtskonvention in die britische Gesetzgebung (vgl. Figueroa 1998).
196 Zur Bildungspolitik von *New Labour* vgl. z.B. Demaine (1999), Hatcher (1998, 2002), Rassool/Morley (1999, 2000), Gillborn et. al. (1999), Gillborn/Youdell (2000).

deren Ausbildung in den vorangegangenen Jahren gefördert worden war. Die *Labour*-Partei betrachtete den Markt zwar nicht als Patentlösung für jedes Problem. Sie ließ jedoch das Prinzip der freien Schulwahl und die eingeführten Marktmechanismen unangetastet (vgl. Gillborn/Youdell 2000).

Als eine ihrer ersten Amtshandlungen mit hoher symbolischer Bedeutung schaffte die neue Regierung die Stipendien ab, die begabten Kindern aus ärmlichen Verhältnissen, besonders in den Innenstädten, den Besuch einer Privatschule ermöglichen sollten. Die Wichtigkeit des öffentlichen Sektors sollte betont werden (vgl. Edwards et al. 1999, 31). Bereits im Sommer 1997 verabschiedete sie ein erstes White Paper zur Bildungspolitik (DfEE 1997) mit dem Hauptziel, die Quote der 11-Jährigen, die die nationalen Standards in Mathematik und Englisch erreichen, von 60% auf 80% im Jahr 2002 zu steigern, nicht zuletzt zur Bekämpfung ethnischer Ungleichheit. Der Inauguralbericht der von der Regierung neu gegründeten Social Exclusion Unit (SEU 1998) widmete sich dem Problem des „Schuleschwänzens" und der Schulexklusionen, insbesondere der schwarzen afro-karibischen Jugendlichen. Beide Papiere führen Statistiken an, die das Ausmaß ethnischer Ungleichheit belegen und zitieren Studien, die auf eine aktive (wenn auch oft unbeabsichtigte) Rolle von Lehrkräften und Schulen bei der Aufrechterhaltung dieser Effekte hindeuten.

Zur Umsetzung der in den beiden Papieren formulierten Ziele entwickelte die Regierung ein umfassendes Handlungsprogramm, das in einem Überblicksartikel von Michael Barber (1999), dem damaligen Leiter der von der *Labour*-Regierung eingerichteten Abteilung für Standards und Effektivität des DfEE, in zwei Reformwellen unterteilt wird. Eine erste Reformwelle, die sich im Sommer 1999 in der Implementierungsphase befand, umfasste drei Hauptelemente:

- Maßnahmen zur Verbesserung der Schuleingangsphase *(„Sure Start programme")*, einschließlich der Ausweitung der vorschulischen Erziehung für alle 4-jährigen und zunehmend auch für die 3-jährigen Kinder, kleinere Klassen für die 5- bis 7-jährigen Kinder, *„early-excellence"*-Zentren zur Verbreitung guter Unterrichts- und Lernpraktiken und einer täglichen Unterrichtsstunde in den Grundlagenfächern *„Literacy"* und *„Numeracy"*;
- den Ausbau eines kohärenten Systems der Qualitätskontrolle (nach dem Vorbild der US-amerikanischen Bundesstaaten Texas und North Carolina), das Primar-, Sekundar- und Sonderschulen einschließt; es basiert auf der Festlegung klarer Ergebniswerte, der Verantwortlichkeit der Schulen für die Steigerung der Leistungsergebnisse sowie der Ausstattung der Schulen mit *Benchmarking*-Daten, auf deren Grundlage sie ihre *targets* festlegen. Den Schulen wird ein Fundus an Wissen und Beispielen über gute Praxis zur Verfügung gestellt. Durch Inspektionen, die Veröffentlichung ihrer Ergebnisse und rasche Interventionen der LEAs in versagenden Schulen werden die Schulen in der Verantwortung für ihre Ergebnisse gehalten – auch im Hinblick auf die Vorkehrungen für ethnische Minderheiten-Gruppen;

- Maßnahmen zur Sicherstellung eines inklusiven Erziehungswesens, einschließlich der *Literacy-* und *Numeracy*-Strategie zur Verbesserung der Basiskompetenzen, der rechtlichen Verankerung der integrierten sonderpädagogischen Förderung durch das *Green Paper* von 1997, der Ausweitung außerschulischer Lerngelegenheiten und der Gewährung voller Stundenpläne für alle exkludierten Schülerinnen und Schüler.

In einer zweiten Reformwelle sollen zusätzliche Schwerpunkte auf dem informations- und kommunikationstechnologischen Sektor liegen, auf der stärkeren Verknüpfung von Maßnahmen auf lokaler und nationaler Ebene, sowie der stärkeren Involvierung des privaten Sektors, der Ausweitung des Programms für spezialisierte Schulen, der Ermutigung von Innovationen durch *Education Action Zones* (EAZ) sowie der Neuregelung des Lehrerberufs.

„The result should be a system which meets the needs of every individual from the most gifted to those with special educational needs. [...] It is important to understand that the inclusion agenda and the standards agenda are one and the same thing. Our goal must be for pupils, whatever their background, to be given the same opportunities to succeed and to fulfil their potential. However, ethnic minority pupils form a significant proportion of the children in our schools [...] and, of these, a substantial number have English as an Additional Language [...]. It is clear that the differential performance of ethnic minority groups must be acknowledged and addressed in every policy area" (Barber 1999, 6f.).

Die neuen Unterrichtskonzepte der *National Literacy-* und *Numeracy*-Strategie sollen der Leistungsverbesserung von Kindern mit einem breiten Spektrum heterogener Lernbedürfnisse dienen. Da die Vermittlung von Basiskompetenzen und das Prinzip der flexiblen inneren Differenzierung im Rahmen eines integrierten Klassenverbandes betont werden, gelten sie als besonders geeignet für Schülerinnen und Schülern mit Englisch als zusätzlicher Sprache. So wurde die *Literacy-Hour* 1998 mit einem Nationalen Jahr des Lesens und aufwendigen Werbekampagnen eingeführt, die mit Hilfe positiver Rollenmodelle gerade junge Leute aus ethnischen Minderheiten ansprechen wollten. Zur Umsetzung der *Literacy-Hour* bei Kindern mit Englisch als Zusatzsprache wurden spezielle Handreichungen entwickelt, die den Blick auf die in der gesamten Schule getroffenen Vorkehrungen zur Unterstützung dieser Gruppe lenken sollen (vgl. Barber 1999, 8).

In *Education Action Zones*, die beispielsweise aus einer Primar- und zwei Sekundarschulen bestehen können, sollen zusätzliche Mittel und gezielte fachliche Unterstützung (Beispiele guter Praxis, gründliches *Monitoring* und Evaluation) dazu dienen, Barrieren wie vermehrtes „Schuleschwänzen" und Schulexklusionen abzubauen und damit die Standards zu verbessern.[197]

---

197 EAZs werden durch einen Betrag von 750.000 britischen Pfund von staatlicher Seite finanziell unterstützt, wobei erwartet wird, dass sie zusätzliche 250.000 Pfund von Partnern aus der Wirtschaft akquirieren, sowie Unterstützung in Form von Ausstattung mit Computern, Management-Training und Mentoring von Schülerinnen und Schülern. Steuerndes Organ der EAZs sind Akti-

Weitere Maßnahmen, von denen man sich positive Effekte auf die Bildungserfolge ethnischer Minoritäten versprach, waren die Verpflichtung der LEAs ab September 1998, in ihren Entwicklungsplänen festzulegen, mit welchen Informationen sie die Schulen ausstatten wollen, um Leistungsziele festzulegen. Dazu sollten auch Daten über die relativen Bildungserfolge der ethnischen Minoritäten gehören. Ferner wurden die LEAs und die Schulen angehalten, konkrete Zielwerte zur Reduktion der Schulausschlüsse und des Schwänzens festzulegen. Hohe Absentismus- und Exklusionsraten wurden als Kriterium für die Festlegung von EAZs wie auch für besondere OFSTED-Inspektionen. Desweiteren wurden klarere Bestimmungen für Exklusionen verabschiedet. Wenn auf Beiratssitzungen über einen solchen Schritt verhandelt wurde, mussten fortan LEA-Vertreterinnen oder –Vertreter anwesend sein. Man begann auch Risikogruppen präventiv zu unterstützen und Zielwerte zur Erhöhung der Abschlussquoten festzulegen. und die Chancen für exkludierte Schülerinnen und Schüler zu verbessern.

Angekündigt wurde eine Revision des Nationalen Curriculums unter dem Gesichtspunkt der ethnischen Diversität. Dabei wurde die Ausgestaltung des Curriculum-Fachs Staatsbürgerkunde *(citizenship education)* als wesentlicher Ansatz für ein inklusives Curriculum angesehen (vgl. Peacey 2000; QCA 1998; Osler 1999). Auch die im Jahr 2000 vorgelegten neuen *Richtlinien für Schulinspektionen* (OFSTED 2000) sollten die ethnisch-kulturelle Diversität und Fragen ethnischer Ungleichheit explizit berücksichtigen.

Die initiierten oder angekündigten Maßnahmen wurden in der Lehrerschaft, in der wissenschaftlichen Fachwelt und von politischen Aktivistinnen und Aktivisten grundsätzlich begrüßt. Dadurch, dass Fragen ethnischer Ungleichheit überwiegend in einem „de-rassialisierten", universellen Diskurs über die Verbesserung der Leistungen aller enthalten blieben, so der Tenor der Kritik, behielten sie jedoch den Status eines „Zusatzthemas", während ethnische Minoritäten weiterhin durch die allgemeinen schulpolitischen Ziele, Strukturen und Praktiken benachteiligt würden.

Die neuere Debatte über institutionellen Rassismus

1999 traten jedoch eine Reihe von Innovationen in Kraft, mit denen Probleme der ethnischen Ungleichheit, des Rassismus und der Diskriminierung weitaus expliziter und entschiedener angegangen wurden. Der Hintergrund war die intensive öffentliche Debatte über institutionellen Rassismus, die der im Februar 1999 veröffentlichte Abschlussbericht der Macpherson-Kommission auslöste (Macpherson of Cluny 1999).[198]

---

onsforen, in denen eine Vielzahl lokaler Akteure, auch aus der Wirtschaft, zusammengebracht werden (vgl. Hatcher 2002, 126f.).
198 Die beiden schwarzen Collegeschüler Stephen Lawrence und Duwayne Brooks wurden im April 1993 im Südlondoner Stadtteil Greenwich an einer Bushaltestelle von fünf weißen Jugendlichen, die *„What, what, nigger?"* riefen, angegriffen (Macpherson of Cluny 1999, 1.3). Stephen Lawrence, dem unter den Augen mehrerer Zeugen mehrfach in die Brust gestochen wurde, erlag wenig später seinen Verletzungen. Die Polizei lehnte es ab, den Vorfall als rassistische Attacke ein-

Die Macpherson-Kommission hatte die Hintergründe des Scheiterns der polizeilichen Aufklärung des rassistischen Mordes an dem schwarzen College-Schüler Stephen Lawrence, untersucht und stellte „eine Kombination von beruflicher Inkompetenz, institutionellem Rassismus und mangelnder Führung durch leitende Beamte" (ebd., 46.1) bei der Metropolitan Police, aber auch in anderen Institutionen, einschließlich des Erziehungssystems, als Problemursachen heraus. Die im Macpherson-Bericht ausgesprochenen Empfehlungen, die sich direkt auf das Erziehungswesen bezogen, wurden vom Innenministerium in einem Handlungsplan umgesetzt (Home Office 1999).[199] Im Frühjahr 1999 legte auch OFSTED einen Untersuchungsbericht vor, der die mangelnde Effektivität einer Vielzahl von Schulen und Behörden bei der Bekämpfung des Problems der unterdurchschnittlichen Bildungserfolge großer Gruppen von Schülerinnen und Schülern, die einer ethnischen Minorität angehören, deutlich machte (vgl. OFSTED 1999; Gillborn/Mirza 2000).

Als Schlüssel zum Abbau ethnischer Ungleichheiten im Schulbereich gilt systematisches *ethnisches Monitoring*, das zum Schuljahr 1999/2000 verpflichtend eingeführt wurde.[200] Ethnisches *Monitoring* meint das statistische Erfassen und kontinuierliche Beobachten von Unterschieden der Resultate in Schule, Berufsausbildung und auf dem Arbeitsmarkt, differenziert nach den Kriterien ethnischer Herkunft, sozialer Schichtzugehörigkeit und Geschlecht (vgl. OFSTED 1999; Barber 1999, 7). Systematische statistische Vergleiche in allen Schulen und Schulbezirken sollen dazu beitragen, dass die institutionellen Arrangements und Prozesse kontinuierlich beobachtet und danach beurteilt werden, ob sie zur Schaffung oder Verfestigung niedriger Leistungsresultate beitragen. Problembereiche sollen spezifischer identifiziert und koordinierte Interventionen sollen angestoßen werden.

---

zuordnen und verschleppte die Aufklärung bis zur Einstellung des Verfahrens. Aufgrund der Beharrlichkeit der Eltern des ermordeten Jugendlichen kam es zu zwei internen Untersuchungen der polizeilichen Aufklärungsarbeit.

199 Folgende Empfehlungen beziehen sich direkt auf das Erziehungssystem: 1.) Ergänzungen des Nationalen Curriculums im Hinblick auf die Wertschätzung der Diversität, zur Prävention von Rassismus und um allgemein der gesellschaftlichen Verschiedenheit und Vielfalt besser zu entsprechen; 2.) die Pflicht von LEAs und Schulbeiräten, Strategien zu entwickeln, um Rassismus in Schulen zu verhindern und zu bekämpfen; 3.) OFSTED-Inspektionen zur Kontrolle der Implementierung dieser Strategien und 4.) der Appell an *Communities* und Gemeinden, Initiativen zur Förderung der kulturellen Vielfalt und zur Bekämpfung von Rassismus zu ergreifen (vgl. Macpherson of Cluny 1999).

200 *Ethnisches Monitoring* ist im englischen Bildungswesen keine neue Forderung. Bereits zwischen 1967 und 1972 waren vom Ministerium Statistiken über Migrantenkinder geführt worden. In den 1980erer Jahren dachte man im Gefolge des *Swann-Reports* wieder verstärkt darüber nach, ethnische Schüler- und Lehrer-Daten zu erheben (vgl. Tomlinson 1988, 105). 1987 wurde ein freiwilliges System der Sammlung ethnisch basierter Daten der Schülerinnen und Schülern und des Lehrpersonals beschlossen, konnte sich jedoch letztlich nicht durchsetzen, so dass der Gebrauch von ethnischem *Monitoring* in der Schulpraxis Ende der 1990er Jahre äußerst unterschiedlich war (vgl. OFSTED 1999; zur grundlegenden Kontroverse um ethnisches *Monitoring* vgl. Nanton 1989; Mason 1992).

Eng verbunden mit ethnischem *Monitoring* ist die Umstellung der Fördermittel für Immigrantenkinder aus den Ländern des ehemaligen Commonwealth vom *Section-11*-Fond auf den Ethnic Minority Achievement Grant (EMAG). Ausgehend von statistischen Daten soll der EMAG alle Primar- und Sekundarschulen in ihrem Bemühen unterstützen, die Leistungen ethnischer Minoritäten-Schülerinnen und -Schüler in den Curriculum-Fächern zu verbessern. Die Maßnahmen sollen auch aus Kostengründen eng mit den *Mainstream*-Aktivitäten zur Leistungsverbesserung verknüpft sein (z.B. einen möglichst raschen Einstieg in die allgemeine *Literacy*-Stunde fördern). In administrativer Hinsicht sollen die LEAs den Großteil der Mittel (85%) den Schulen übertragen, damit diese flexiblere und gezieltere Maßnahmen ergreifen können. Bei der Beantragung der Mittel müssen LEAs und Schulen eine detaillierte Bestandsaufnahme und Handlungsplanung vorlegen, einschließlich konkreter Zielwerte zur Verbesserung der Lernerfolge der betreffenden Gruppen. Über den EMAG eingestellte Speziallehrkräfte sollen nicht nur im Klassenzimmer tätig sein, sondern nach Bedarf auch spezifische Koordinierungstätigkeiten auf gesamtschulischer Ebene erfüllen, die auf die Verbesserung der Leistungen der ethnischen Minoritätengruppen bezogen sind (z.B. Kontakte zu Eltern oder lokalen Immigrantenorganisationen intensivieren, Projekte oder Fortbildungen organisieren, *Monitoring* und Datenanalysen). Ein zentrales Team von EMAG-Fachberaterinnen und -beratern an den LEAs ist unter anderem für die Fortbildung der Spezial- und der *Mainstream*-Lehrkräfte zuständig. Die LEAs sind seit dem Schuljahr 1999/2000 ferner angehalten, *Audits* in den Schulen durchzuführen, in denen auch die Leistungsförderung der ethnischen Minoritäten untersucht wird und auf dieser Basis in ihren Entwicklungsplänen konkrete Schritte festzulegen, wie sie die Schulen bei der Leistungsverbesserung unterstützen werden.

Positive Effekte auf die Bildungsbeteiligung ethnischer Minoritätengruppen werden auch von den seit dem Schuljahr 1999/2000 in den Schulen obligatorischen Leistungsziele für alle 11- und 16-jährigen Schülerinnen und Schüler erwartet.

Richtlinien für einen EMAG-Aktionsplan der LEAs

1. Selbstreport der gegenwärtigen Situation mit Angabe der Leistungsunterschiede zwischen ethnischen Gruppen in einzelnen Phasen, der Leistungsresultate von Schülerinnen und Schülern mit Englisch als zusätzlicher Sprache und der laufenden Verwendung der personellen und materiellen Ressourcen sowie der Effektivität dieser Vorkehrungen in Relation zu den identifizierten Bedürfnissen, einschließlich des Bedarfs an internen Fortbildungen;
2. Formulierung zentraler Ziele: a) um den im Bericht identifizierten Anforderungen zu begegnen; b) bzgl. der Weiterqualifizierung aller Lehrkräfte, sowohl der Zusatzlehrkräfte als auch der Fach- und Hilfslehrerinnen und -lehrer, sowie der Kindergarten-Erzieherinnen;
3. Formulierung von *Targets*, die auf die breiteren Ziele in den Entwicklungsplänen der LEAs bezogen sind;
4. Maßnahmen zum Training der Speziallehrkräfte in *Literacy*, um zu gewähren, dass die EMAG-Förderung die Nationale *Literacy*-Strategie unterstützt;
5. weitere Ziele, die der Leistungsverbesserung dienen sollen, wie z.B. im Bereich der Beziehungen zwischen Schule und Elternhaus oder zwischen Schule und den *Communities*, oder spezielle Strategien in Bezug auf besonders unterstützungsbedürftige Gruppen wie z.B. Flüchtlinge;
6. Darstellung der hauptsächlichen von LEAs und Schulen geplanten Strategien;
7. Angaben über die beabsichtigte Verwendung der Mittel, die von den LEAs zurückgehalten werden, um ihre strategischen Funktionen wahrnehmen zu können, sowie über die Konsultationen mit Schulleiterinnen und Schulleitern und deren Ergebnisse;
8. Kriterien/Formel nach denen die Mittel an die Schulen vergeben werden (z.B. 40% für Schülerinnen und Schüler mit Englisch als zusätzlicher Sprache, 10% für Flüchtlingskinder und ihre Familien und 60% zur Leistungsverbesserung von afro-karibischen und türkischen Schülerinnen und Schülern, insbesondere Jungen);
9. Maßnahmen, mit denen die LEA die Schulen unterstützen will, damit diese Strategien entwickeln und effektive Vorkehrungen für ethnische Minderheiten-Schülerinnen zu treffen (inklusive Schülerinnen und Schüler mit Englisch als zusätzlicher Sprache); (z.B. Sammeln und Analysieren von Daten über die Leistungen von Schüler aus ethnischen Minderheiten, Gebrauch der Daten um Targets zu überprüfen und festzulegen, Unterstützung zu einem angemessen Umgang mit der sprachlichen Vielfalt und zur Entwicklung von Strategien zur Leistungsverbesserung);
10. Monitoring seitens der LEAs bzgl. einer den Richtlinien entsprechenden angemessenen Verwendung der Zusatzmittel unter der Zielsetzung guter Praxis sowie des Vorhandenseins und der Umsetzung vernünftiger *Targets* in den Schulen;
11. Darstellung weiterer Initiativen der LEA für ethnische Minderheiten und Koordinationsmöglichkeiten (einschließlich anderer Fonds);
12. Angaben zur Verwendung der Mittel in der Erwachsenenbildung (verschwindend geringer Anteil);
13. Beschreibung der Beratungen des Entwicklungsplans der LEAs mit Schulen und lokalen Communities und deren Ergebnisse;
14. Aufstellung über die Anteile des Fonds, die den Schulen zugewiesen werden und über das Ausmaß, in dem Schulen LEA-Dienstleistungen zurück kaufen wollen. (DfEE 1998)

Abbildung 10: Richtlinien für einen EMAG-Aktionsplan der LEAs

Der Macpherson-Report hatte im Jahr 2000 ferner eine Verbesserung des Antidiskriminierungsgesetzes zur Konsequenz. Das Race Relations (Amendment) Act (vgl. HMSO 2000; in Kraft seit dem 2. April 2001) verpflichtet öffentliche Körperschaften, einschließlich lokale Schulbehörden und Verwaltungsbeiräte von Schulen,

„to work for the elimination of racial discrimination and to promote equality of opportunity and good race relations between people of different racial groups. As a part of this duty, public bodies should:

- consider the implications for racial equality of all their policies or actions;
- include equality terms in their external contracts and funding agreements;
- monitor both employment and service delivery, by ethnic group;
- report annually on how they have fulfilled their racial equality duties.

If a public body fails to comply with its racial equality duties, this could be challenged by judicial review. The CRE should be given the power to bring proceedings to secure compliance." (Race Relations (Amendment) Act 2000[201])

Schulen und LEAs sind nun in Pflicht genommen, im Hinblick auf ethnische Ungleichheiten bzw. das Ziel der Chancengleichheit *proaktiv* zu handeln (vgl. Hall 2001, 19). Von der CRE wurden Standards, Handreichungen und Materialien entwickelt („Code of Practice"; vgl. CRE 2000)[202], die den Akteuren in den Einrichtungen helfen sollen, die notwendigen Schritte zu identifizieren, um den neuen Verpflichtungen nachzukommen. Auch die Teacher Training Agency (TTA) begann mit der Erarbeitung von Handreichungen und Lehrmaterialien, um Studentinnen und Studenten aller Institutionen der Lehrerausbildung zu „einem Verständnis davon zu verhelfen, in welcher Weise Ungleichheit strukturell, institutionell und kulturell sowie auf der persönlichen Ebene funktioniert" (TTA 2000; zit. n. Gaine 2000, 48).

Gemeinsam ist diesen neuen Strategien gegen institutionelle Diskriminierung im englischen Erziehungssystem die Verknüpfung von Strategien zur Leistungsverbesserung mit Bewusstsein für die kulturelle, eher informelle Welt zwischenmenschlicher Beziehungen, Werte, Einstellungen und wechselseitiger Wahrnehmungen. Klare Vorkehrungen zur Bekämpfung von Rassismus und zur Förderung guter interethnischer Beziehungen werden als unerlässlich betrachtet, um die Bildungsbarrieren ethnischer Minoritäten abzubauen (vgl. Blair/Bourne 1998; Richardson/Wood 1999).

Die neuen Instrumente werden zweifellos in einzelnen LEAs und Schulen wie von individuellen Akteuren unterschiedlich interpretiert. Zum Schluss dieses Abschnitts sollen die Ergebnisse der Dokumentenanalysen durch die Sichtweisen einer LEA-Mitarbeiterin ergänzt werden. Frau A. ist die EMAG-Projekt-Managerin in der Süd-Londoner LEA, zu der die im nächsten Abschnitt vorgestellte Primarschule gehört. Im Interview begrüßt sie die Umstellung auf den EMAG als Chance, um Ziele ethnischer Gleichheit in der schulischen Praxis nicht mehr als Zusatzaufgabe von zweitrangiger Bedeutung zu behandeln, sondern zum Anliegen der ganzen Schule zu machen:

„Und eine Sache, die ganz interessant ist, da wir uns von der Section-11-Förderung, die vom Innenministerium finanziert wurde, zur Finanzierung durch das DfEE bewegt haben, ist, dass die Strategie viel stärker auf die gesamte Schule bezogen ist. [...] Wir sehen einer kreativeren Nutzung der Mittel entgegen, jetzt, wo die Schulleiter selbst darüber bestimmen können. Deswegen wird jetzt die Arbeit mit dem Management in den Schulen stärker betont, um diesem Bedarf zu begegnen. [...] Ich habe kürzlich gelesen, und das ist sehr

---

201 Im Internet abrufbar unter http://www.cre.gov.uk/legaladv/rra_amend.html.
202 Diverse Informationen und Dokumente sind auf der Homepage der CRE abrufbar unter der URL: http://www.cre.gov.uk.

sachdienlich, dass effektive Praxis auf diesem Gebiet ist, wo sie nicht als „Zusatzaufgabe" gesehen wird, sondern institutionalisiert wird, dass jeder in dem „Geist" lebt, die Leistungen ethnischer Minoritäten zu verbessern. Es ist nicht mehr die Aufgabe einiger extern finanzierter Lehrer, auf diese Bedürfnisse einzugehen, während der Rest der Schule für die Bedürfnisse aller anderen Kinder zuständig ist. Es ist jetzt sehr stark eine einheitliche Gesamtstrategie." (A., LEA-EMAG-Programme-Managerin; I/014-039)

Im Zitat wird die stärkere Ausrichtung auf die ganze Schule als neue Qualität der zusätzlichen Vorkehrungen für Schülerinnen und Schüler aus ethnischen Minoritätengruppen durch den EMAG herausgestellt. Da die Schulleiter selbst über die Mittel bestimmen könnten, eröffne der EMAG die Chance zu gleichgerichtetem Arbeiten in der ganzen Schule und zur Institutionalisierung von Strategien, um die Leistungen der ethnischen Minderheiten-Schülerinnen und -Schüler zu verbessern – statt sie als Zusatzaufgabe zu behandeln. In den Ausführungen von Frau A. scheint das für den englischen *School Improvement*-Ansatz charakteristische Management-Konzept der Schulentwicklung auf. Sie spricht hauptsächlich die Verteilung der finanziellen Mittel und das Management der schulischen Prozesse an. Konkretere pädagogische Interventionen werden in der folgenden Textpassage benannt. Hier wird der Stellenwert von multikulturellen und antirassistischen Komponenten in den neuen Strategien thematisiert:

„Einige der alten Section-11-Lehrer, die in dieses Projekt gehen, denken, dass wir die multikulturelle Erziehung verloren haben, wenn wir an der Leistungsverbesserung arbeiten. Mein Argument wäre, dass du nicht das eine ohne das andere haben kannst. Multikulturelle Erziehung macht absolut keinen Sinn, wenn sie nicht die Lebenschancen der Kinder verbessert. Unser Ziel ist, die Leistungen zu verbessern, und multiethnische Erziehung ist *eine* [betont] Strategie. [...] Andererseits muss die Arbeit zur Verbesserung der Leistungen berücksichtigen, woher die Kinder kommen, sie da abholen, wo sie stehen [...] Es macht auch keinen Sinn, wenn Kinder in einer Form des Unterrichts versagen, immer wieder mit der gleichen Sache zu kommen. Stattdessen müssen wir andere Wege finden, um ihre Fähigkeiten zu entwickeln, wie einen Schriftsteller aufzunehmen, der in der Schule arbeitet, weißt du, für ein paar Wochen, und an positiven Rollenmodellen zu arbeiten, zum Beispiel afro-karibische Jungen, die zu niedrige Leistungen aufweisen, arbeiten mit positiven männlichen Rollenmodellen – schwarze Schriftsteller, Historiker und so weiter. [...] Und wenn ich beim Monitoring in den Schulen sehe: da ist nichts, was in die Richtung geht, um das Selbstbewusstsein von Kindern anzuheben, da ist nichts über ihre Sprache, ihre Kultur in der Schule, dann würde ich das mit der Schule genauso hinterfragen. Aber mein Fokus liegt auf der Leistungssteigerung." (A., LEA-EMAG-Programme-Managerin; I/318-407).

Im argumentativen Rückgriff auf die Kritik am Multikulturalismus der achtziger Jahre wird die Prämisse expliziert, dass die Schule zu einer Verbesserung der Lebenschancen eines jeden Kindes beitragen müsse. Erhöhung der Chancen wird mit höheren Leistungsergebnissen gleichgesetzt. Um die Leistungen ethnischer Minoritäten zu steigern wird ein Bündel unterschiedlicher Strategien für notwendig erklärt, einschließlich multiethnischer Erziehung. Diese wird in der Perspektive der individualisierten Leistungsförderung als kompensatorischer Handlungsansatz begründet („berücksichtigen, woher die Kinder kommen, sie da abholen, wo sie stehen"). In einem umfassenderen Blick auf die Lernentwicklung der Schülerinnen und Schüler sollen ethnisch- und geschlechtsspezifische Sozialisationserfahrungen als Ursache von Schulproblemen berücksichtigt werden. Außer Maßnahmen im Bereich der sprachlichen Förderung und der Leistungsförderung im engeren Sinne werden neue Strategien betont wie etwa die Zusammenarbeit mit positiven schwarzen Rollenmodellen.

Als Stoßrichtung des EMAG werden zwar ein klares Kriterium der Ergebnisgerechtigkeit betont wie auch der Handlungsansatz der Schulentwicklung. Dabei bleiben die angeführten neuen Handlungsansätze im Umgang mit der ethnischen Diversität jedoch tendenziell in der Logik kompensatorischer Handlungsansätze in der Tradition einer Defizitperspektive. Problematisiert und als Gegenstand für Interventionen bestimmt wird das Versäumnis von Schulen, bei den ergriffenen Maßnahmen zur Leistungsverbesserung die ethnisch-kulturelle Heterogenität zu berücksichtigen. Das Szenario eines eher ergebnisoffenen, systematischen *Monitoring* sämtlicher schulischer Prozesse unter dem Gesichtspunkt der ethnischen Gleichheit wird nicht angedacht.

Die Strategien zur Steigerung der Lernleistungen der ethnischen Minderheiten-Schülerinnen und -Schüler in England werden im folgenden exemplarisch am Fallbeispiel einer als erfolgreich geltenden so genannten „schwarzen Innenstadt-Schule" untersucht. Während meiner Hospitationsphase kurz vor den Sommerferien 1999 machten sich die zuletzt beschriebenen Neuerungen im Schulalltag allerdings noch kaum bemerkbar.

6.4 Fallstudie 3: Brook Primary School

6.4.1 Die Schule in ihrem lokalen Umfeld

Die Brook-Grundschule liegt in einem traditionellen Arbeiterbezirk der Süd-Londoner Innenstadt. In ihrem unmittelbaren Einzugsgebiet befinden sich überwiegend gemeindeeigene Wohnungen mit niedrigen Mieten sowie Notunterkünfte für Menschen ohne festen Wohnsitz oder in Wohnungsnot (vgl. OFSTED 1997). Aufgrund hoher Arbeitslosigkeit (ca. 12% der Wohnbevölkerung im Vergleich zum städtischen Durchschnitt von 7%), Ernährungsmangel, schlechtem Gesundheitszustand und hoher Kriminalität wurde der gesamte Bezirk in jüngerer Zeit Ansatzpunkt für eine Reihe von Verbesserungsmaßnahmen. Der Stadtbezirk ist seit den 1960er Jahren von Zuwanderung und ethnischer Vielfalt geprägt. Den Einwandernden aus der Karibik folgen seit Ende der 1970er Jahre vor allem Flüchtlinge und Asylsuchende aus der ganzen Welt[203] (vgl. LEA*/Education and Community Services 1998).

Die zwischen steril wirkenden Wohnblöcken an einer verkehrsreichen Hauptstraße gelegene Schule ist mit ca. 500 Schülerinnen und Schülern eine der größten Grund-

---

[203] In Großbritannien wird der Begriff *„refugees"* nicht als Terminus technicus nur auf Personen bezogen, die einen offiziellen Flüchtlingsstatus aufweisen, sondern schließt Asylsuchende ein.

schulen in der LEA. Sie wird dreizügig geführt und verfügt über eine Kindergarten- und eine Vorschulklasse. Auf dem weitläufigen Schulgelände befinden sich separate Gebäude für den Kindergartenbereich und den *Infant-* und *Junior-*Zweig mit je eigenen Schulhof bzw. Spielplatz, ein Kunstpavillon und ein Hort in Trägerschaft der Gemeinde. In dem stattlichen, um die Jahrhundertwende erbauten, mehrstöckigen Hauptgebäude sind die zentralen Räume der Verwaltung, der Schulleitung, der Koordinatorinnen für die Sprach- und sonderpädagogische Förderung, das Lehrerzimmer, eine Schulbibliothek und die Mensa untergebracht. Am Gebäudezustand und etwa daran, dass kaum ein Kind eine Schuluniform trägt, ist die große materielle Armut nicht zu übersehen.

Das Selbstverständnis der Brook-Schule als multiethnische Schule wird in ihrem Emblem ausgedrückt, das auf die aus aller Welt kommende Schülerschaft verweist. Neuankömmlinge werden im Eingangsbereich durch große Wandbilder mit Fotos von Kindern und Hinweisen auf die Vielzahl der in der Schule vertretenen Herkunftsländer, Sprachen und Kulturen begrüßt. Der Raum der *Section-11*-Koordinatorin ist äußerst liebevoll mit Spielzeug, Bildern, Wörter-, Bilder- und Lesebüchern und Ton-Kassetten in vielen Sprachen ausgestattet. Die zumeist offen stehende Tür lädt zum Hereinkommen ein. Die Kinder können sich Materialien ausleihen und den Raum zum Spielen, Malen, Lesen, Schreiben und Ausruhen nutzen. Die großen Klassenräume sind zumeist mit bunten Wandbildern, Spiel- und Arbeitsecken sowie vielfältigen Auslagen mit Spiel- und Lernmaterialien ausgestattet. In einigen Klassen, in denen gerade das Judentum im Fach „Religiöse Erziehung" durchgenommen wird, bieten Auslagen mit Materialien, Bildern und Bücherständern reichhaltig Informationen zu dem Thema. In anderen Klassen verweisen großflächige Bilder mit den Köpfen berühmter „weißer, britischer" historischer Persönlichkeiten aus der viktorianischen Ära (Unterrichtsgegenstand im Fach Geschichte), die so wenig zu den Gesichtern der Kinder passen wollen, unter denen man die wenigen weißen angestrengt suchen muss, auf die assimilationistischen Tendenzen des Curriculums. Die Atmosphäre in der Schule wirkt insgesamt einladend, warm und lebendig, geprägt von klaren Regeln und Disziplin. Auffallend ist der herzliche Umgangston, mit dem die Lehrkräfte und sonstigen Angestellten auf Kinder und Eltern eingehen.

Die Schülerzahlen sind in den 1990er Jahren kontinuierlich angestiegen. 1999 gehörten mehr als 80% einer ethnischen Minderheit an, fast zur Hälfte mit einem Flucht- oder Asylhintergrund, von denen wiederum die meisten aus dem Kosovo kamen (vgl. New Arrivals Education Officer/Refugee Network* 1999). Da Asylsuchende nach den britischen Gesetzen häufig ihre Unterkünfte wechseln müssen, ist die Fluktuation in der Schule extrem hoch.[204] Der Anteil der Schülerinnen und Schüler, die mit geringen oder gar keinen Englischkenntnissen an die Schule kamen, lag 1999 mit ca. 70% weit über dem LEA-Durchschnitt von knapp 40%; in der Schule wurden 45 Sprachgruppen

---

[204] Im Sommer 1998 wurden z.B. nur zwei von ca. 60 Abgängerinnen und Abgängern gezählt, die von der Vorschulklasse an die Schule besucht hatten.

gezählt (außer Englisch v.a. Yoruba, Vietnamesisch, Chinesisch und Französisch). 70% der Kinder hatten ein Anrecht auf freie Schulmahlzeiten. Ca. 40% der Kinder waren für sonderpädagogischen Förderbedarf registriert, zehn formell als sonderschulbedürftig eingestuft.

Das ca. 25-köpfige Kollegium, unterstützt durch 10 Hilfslehrkräfte, bestand überwiegend aus jüngeren Lehrerinnen und Lehrern, fünf gehörten einer ethnischen Minderheit an. Während der Schulleiter stärker für das Management und die Repräsentation der Schule nach außen verantwortlich war, oblagen der stellvertretenden Schulleiterin eher die alltäglichen Angelegenheiten des Schulbetriebs. Die integrierte sonderpädagogische Förderung (SEN) wurde von einer Fachlehrerin koordiniert, unterstützt durch mehrere Hilfslehrkräfte. Das *Section-11*-Team[205] bestand einschließlich der Koordinatorin aus fünf Teilzeitkräften (insgesamt ca. drei Vollzeit-Stellen). Für die Implementierung der *Literacy*-Stunde war ein durch eine Lehrerin angeleitetes fünfköpfiges Team mit Angehörigen aller relevanten Arbeitsbereiche eingerichtet. Jeder Arbeitstag begann mit einer zehnminütigen Besprechung der gesamten Belegschaft im Lehrerzimmer unter Leitung des Schulleiters. Der Unterricht wurde von 9.00 bis 15.30 Uhr erteilt. In der einstündigen Mittagspause nahmen die Kinder auch ihr Mittagessen in der Schule ein.

School Improvement-Schwerpunkte der LEA

Die LEA hat den Ruf einer traditionellen *Labour*-Hochburg. Sie gilt im Bereich des *School Improvement* wie in Bezug auf die ethnische Vielfalt als äußerst engagiert. Ihre Schulleistungen liegen unter dem nationalen Durchschnitt, jedoch höher als in anderen LEAs mit vergleichbarer Sozialstruktur. Im Jahresbericht der *School Improvement*-Dienste der LEA für 1997/98 mit dem programmatischen Titel „*Raising Achievement for All*" werden die Steigerung der Lernerfolge aller Kinder und Jugendlichen als vorrangiges Ziel deklariert – auch zur Bekämpfung der Folgen von Armut:

„However it is our strongly held belief that poverty does not cause underachievement. Good schools make a difference to all pupils [...] The Authority's Commitment to raising achievement for all pupils continues, particularly to those who in the past have been the recipients of discriminination because of ethnicity, religion, sexual orientation or disability or who are disadvantaged as a result of social and economic circumstances. Government policy with a firm emphasis on countering the insidious effects of social exclusion is strongly assisting local work." (LEA*/Education and Community Services 1998a, 2).

In dem Bericht wird eine Bandbreite von Aktivitäten der LEA in Bezug auf die ethnisch-kulturelle Vielfalt angeführt. Das Spektrum reicht von multikulturellen Ausstellungen, Festen und Konzerten, der Einrichtung eines multikulturellen und -religiösen

---

205 Zum Zeitpunkt der Datenerhebung war die Umstellung auf den EMAG in den Schulen noch nicht erfolgt; die Bezeichnung *Section-11* kennzeichnete noch das gesamte Arbeitsgebiet und wurde daher auch als Bezeichnung für die Zusatzlehrkräfte zur Förderung der Kinder mit einem ethnischen Minderheiten-Hintergrund beibehalten.

Ressourcenzentrums über Lehrerfortbildungen im Bereich der interkulturellen Erziehung, die Entwicklung von Richtlinien und Handreichungen im Umgang mit rassistischer Gewalt und antirassistischen Trainingsprogrammen für das Unterrichtsfach *citizenship education* bis hin zur Karriereförderung von ethnischen Minderheiten-Lehrerinnen und -Lehrern. Schon vor der offiziellen Einführung des EMAG hatte die LEA die *Section-11*-Mittel an die einzelnen Schulen delegiert. Zudem war sie Vorreiterin in der Einführung von Schuleingangstests, von Tests zur Feststellung des Niveaus der Englischkenntnisse, ethnischem *Monitoring* und differenzierteren Schulqualitätsmaßen, die die Lernzuwächse erfassen sollen *(value added)*. Im Entwicklungsplan für das Schuljahr 1999/2000 wurden die Erhöhung der Leistungen afro-karibischer und türkischer Schülerinnen und Schüler und die Integration neu kommender Kinder mit ihren Familien als prioritäre Ziele definiert. Zur Integration von Flüchtlingen wurden in Schulen mit hohem Bedarf zusätzliche Teilzeitkräfte eingesetzt. Sie unterstützten die Kinder im Unterricht und übten vielfältige Betreuungs- und Fortbildungsfunktionen aus (z.B. Schulung der Lehrpersonen im Umgang mit Traumatisierungen sowie die Durchführung von Beratungen und Hausbesuchen).

Das EMAG-Beratungsteam der LEA bestand aus einer Projekt-Managerin und jeweils einer Beraterin bzw. einem Berater für Grund- und Sekundarschulen, die Leistungsverbesserung afro-karibischer Schülerinnen und Schüler und die Koordinierung der Arbeit mit Flüchtlingen. Da die schulischen Bedürfnisse von Flüchtlingen sich fast immer mit den Bereichen Einwanderungskontrolle, Wohnen, Gesundheitsversorgung, Sozialhilfe und anderen staatlichen Leistungen überschneiden, hatten LEA und Kommune eine Beratungsstelle für Erziehungsfragen eingerichtet, die einer lokalen Flüchtlingsorganisation angegliedert ist. Durch die Koordinierung und Vernetzung der lokalen Dienste sollten unter anderem diskriminierende Wirkungen abgemildert werden, die sich zum Beispiel in der Schule durch die Verordnungen zur Unterbringung von Flüchtlingen ergaben (vgl. LEA*/New Arrivals Education Officer/Refugee Network 1999).

Zur Implementierung der *Literacy*-Strategie konzipierte die LEA ein „rollendes" Verfahren, in dem in jedem Jahr zwanzig Schulen in sozial benachteiligten Gebieten mit unterdurchschnittlichen Leistungen (ca. 40% aller Schulen der LEA) zusätzliche Unterstützung durch ein stärker strukturiertes Programm erhalten. Die Brook-Schule gehörte 1998/99 zu den ersten Schulen, mit denen die LEA intensiver arbeitete.

6.4.2 Felder der Schulentwicklung

Die Brook-Schule ist seit Jahrzehnten von kindzentrierten, multiethnischen und antirassistischen Erziehungsideen geprägt. In der Einleitung des Schulprospekts werden die Leitziele der schulischen Arbeit folgendermaßen beschrieben:

> „[...] To enable each child to reach her or his full potential in all aspects of learning and development; to provide a stimulating learning environment in which children and staff and parents feel valued and safe; to celebrate the individual similarities and differences of

all in the school and to draw upon the rich diversity of experiences for social, moral and spiritual development." (Brook Primary School 1996, 2)

In dem Auszug kommt ein umfassender Blick auf die Schülerinnen und Schüler zum Ausdruck, die in ihrer gesamten Persönlichkeitsentwicklung gesehen werden sollen. Unter Betonung der Schulgemeinschaft wird ein Zusammenleben von Kindern, Schulteam und Eltern, das von Respekt und Wertschätzung und der Abwesenheit von Gewalt und Ausgrenzung geprägt ist, als wichtiges Ziel herausgestellt. In der für die multikulturelle Erziehung charakteristischen Perspektive der „kulturellen Bereicherung" wird die Fülle der individuellen Unterschiede und Erfahrungen, die Kinder und Eltern in die Schule bringen, als Chance zum sozialen Lernen herausgestellt.

Der Schulleiter, Herr B., der die Brook-Schule seit 20 Jahren führt, ist ein engagierter Vertreter kindzentrierter Erziehungskonzepte:

„Wir wollen an erster Stelle, dass die Kinder gern hierher kommen. Zweitens wollen wir den Schwerpunkt auf das Problem der niedrigen Leistungen legen, mit allen Mitteln. Das eine hat damit zu tun, akademische Fortschritte zu machen. Aber das andere ist, ein Verständnis von sich selbst als Individuen zu haben und von da aus Fortschritte zu machen, wo sie stehen. [...] Multiethnische Erziehung war sicherlich lange an den Rand gedrängt. Es war manchmal schwierig, sie in einer Schule wie dieser öffentlich aufrecht zu erhalten. Aber noch einmal: Mit der Zusammensetzung der Schule muss man multiethnische Erziehung einbeziehen, was auch immer die Regierung sagt." (B., Schulleiter; I/124-156)

Im Zitat wird das emotionale Wohlbefinden und die Motivation der Kinder als Basis für die Verbesserung der Lernresultate bestimmt. Am Schluss thematisiert der Schulleiter den Rechtfertigungsdruck, unter dem kindzentrierte und multiethnische Konzepte in den vergangenen Jahren standen. Die Begründung der Notwendigkeit multiethnischer Erziehung mit der Zusammensetzung der Schülerschaft am Schluss des Zitats unterstreicht den kompensatorischen Ansatz der skizzierten Maßnahmen.

Das starke Interesse an der umfassenden Förderung der Kinder zeigt sich in der Brook-Schule unter anderem in zusätzlichem Kunstunterricht am Nachmittag für Kinder mit sonderpädagogischem Förderbedarf, den ein pensionierter Kunstlehrer erteilt. Auch die regelmäßigen Schulversammlungen am Freitag nachmittag (jeweils getrennt für die jüngeren und die älteren Kinder) in der Aula, an denen Kinder aus allen Klassen Gedichte, Lieder, kleine Theaterstücke oder Gelerntes präsentieren, sind ein wichtiger Punkt im Wochenrhythmus.

Aufgrund der hohen Frequentierung von Kindern mit einem Flucht- oder Asylhintergrund ist die Anpassung der schulischen Abläufe speziell an die besonderen Bedürfnisse dieser Gruppe zu einem zentralen Anliegen der Brook-Schule geworden. Die Praxis, die die Brook Schule auf diesem Gebiet unter der Leitung der engagierten *Section-11*-Koordinatorin entwickelt hat, gilt als vorbildlich in der LEA. Entscheidende Elemente für die Integration der Kinder in die Schulgemeinschaft und für das erfolgreiche Heranführen an das schulische Lernen sind das Aufnahmegespräch, die *Family-*

Literacy-Klasse, Individualisierung und Flexibilisierung der Abläufe im Unterricht, gezielte Sprachförderung und sorgfältige Tests, Förderplanung und *Monitoring*.

Aufnahme von Neuankömmlingen

Insbesondere bei Kindern mit Flucht- und Asylhintergrund, die oft während des laufenden Schuljahres kommen, wird einem sorgfältig geplantem und durchgeführtem Aufnahmegespräch ein hoher Stellenwert beigemessen. Das Aufnahmegespräch führen in der Regel zwei Lehrkräfte: eine Lehrerin für Englisch als zusätzliche Sprache und ein Mitglied der Schulleitung, gegebenenfalls werden externe Dolmetscherinnen oder Dolmetscher oder ältere Kinder mit entsprechenden Sprachkenntnissen hinzugezogen. Bereits im Aufnahmegespräch beobachtet eine der beiden Lehrkräfte die Fähigkeiten des Kindes (z.B. Lese- und Schreibfähigkeiten in der Erstsprache, Interesse an der Umgebung, Fähigkeit und Motivation zu kommunizieren; vgl. Brook Primary School 1998). Die andere Lehrperson erhebt im Gespräch mit den Eltern für die Anmeldung relevante Informationen, einschließlich Angaben zur Religionszugehörigkeit und zu speziellen Ernährungsgewohnheiten. Die Eltern werden über den Start des Unterrichts (i.d.R. zwei Tage nach dem Aufnahmegespräch), die Schuluniform, Schulmahlzeiten, die Möglichkeit zur Beantragung freier Schulmahlzeiten und Schulausflüge informiert und gebeten, eine Teilnahme-Erlaubnis für Schulausflüge zu unterschreiben. Sie erhalten Hinweise auf Unterstützungsmöglichkeiten (z.B. *Family-Literacy*-Stunde, die vietnamesische Elterngruppe in der Schule, das kommunale Flüchtlingsnetzwerk). Eltern mit geringen oder ohne Englischkenntnisse erhalten neben Informationsblättern, Formularen und Arbeitsmaterialien in ihrer Herkunftssprache einfache Arbeitsblätter mit ersten englischen Wörtern zur Verbesserung ihrer Verständigungsmöglichkeiten (vgl. Brook Primary School 1998a). Dabei versuchen die Lehrerinnen und Lehrer, den Neuankömmlingen die Wertschätzung ihrer Erstsprache zu signalisieren.

Family-Literacy

Da bei Flüchtlingen davon ausgegangen wird, dass traumatisierende Erfahrungen vorliegen können und der aktuelle Alltag von der Angewiesenheit auf fremde Institutionen mit einer Vielzahl unerwarteter bürokratischer Hürden und Erfahrungen von Feindseligkeit und rassistischer Gewalt geprägt ist, wird ein positiver Kontakt und die Entstehung einer vertrauensvollen Beziehung zwischen den Lehrkräften und den Kindern und ihren Eltern als wesentliche Voraussetzung für die schulische Integration betrachtet. Dabei stellte sich die Einrichtung einer wöchentlichen *Literacy*-Stunde für Kinder und Mütter[206] als sehr erfolgreich heraus. An einem Vormittag in der Woche arbeitet eine extra zu diesem Zweck eingestellte Lehrerin für Englisch als Zusatzsprache mit einer Gruppe von Müttern, während die Koordinatorin der *Section-11*-Lehrkräfte parallel die Kinder betreut. Die Stunden mit den Müttern erfüllen vielfältige Funktionen: Neben Informationen über die Schule und das Schulsystem sowie Anre-

---

206 Die *Family-Literacy*-Stunde steht auch den Vätern offen, es kamen jedoch nur die Mütter.

gungen, wie sie die Kinder in der Schule unterstützen können, können die Mütter selbst die englische Sprache erlernen. Sie erhalten auch Unterstützung bei der Organisation ihres Alltagslebens, von der Orientierung in der Stadt und der Nutzung öffentlicher Verkehrsmittel, über die Vermittlung von Sprachkursen, den Zugang zur Bücherei und dem Kontakt zum lokalen Flüchtlingsnetzwerk bis hin zur Organisation touristischer Aktionen, da manche Familien noch nie aus ihrem Wohnviertel herausgekommen seien. In der Arbeit mit den Kindern stehen ebenfalls die Vermittlung von Englischkenntnissen und die soziale Integration im Vordergrund. Betont wird der spielerische, interaktive und kooperative Charakter der Lernformen, oft unter Einbezug der Körpersprache, motorischer Übungen sowie von Spielen, Liedern und visuellen Objekten. Am Ende der von beiden Lehrerinnen gemeinsam geplanten Stunden kommen beide Gruppen noch einmal zusammen. Zumeist wird den Müttern gezeigt, was die Kinder gelernt haben.

Frau C. betont die positiven Auswirkungen auf die Sprachentwicklung, das Selbstvertrauen und den Lernprozess der Kinder. Sie beschreibt den Nutzen der Stunde wie folgt:

„Unsere Kinder haben jetzt sehr viel Vertrauen, dadurch dass ihre Mütter in der Schule sind, das macht so einen Unterschied – das war das Erfolgsgeheimnis! [...] diese Stunde bringt sie herein, lässt sie am Erziehungssystem teilhaben, um einen Überblick zu gewinnen, um mitzubekommen, was in der Schule passiert. Jetzt haben sie einige zweisprachige Bücher bekommen, so dass die Eltern zu Hause mit ihrem Kind in der Heimatsprache und in Englisch lesen können. [...] Wir hatten früher nicht diese Beziehung zu den Eltern. [...] die Eltern waren so schüchtern, besonders viele unserer muslimischen Eltern. Sie hatten einfach nicht das Gefühl, dass in der Schule ein Ort für sie ist, es war sehr schwierig für sie. Ich denke, viele Klassenlehrer haben unterschiedliche Gefühle zur Involvierung der Eltern in ihren Klassenzimmern. Wenn ich Klassenlehrerin wäre, würde ich mit ihnen arbeiten, aber nicht jeder sieht das so. So ist die *Family-Literacy*-Stunde eine Art von Zwischen-Unterstützung geworden." (C.; *Section-11*-Koordinatorin; II/39-98)

Im Zitat wird die für Kinder und Mütter gemeinsam angebotene *Literacy*-Stunde als Schlüssel dargestellt, um die emotionalen Barrieren zu Kindern und Müttern abzubauen. Auf dieser Basis können den Müttern Anhaltspunkte gegeben werden, wie sie das schulische Lernen ihrer Kinder zuhause fördern können. Dieser gute Kontakt zu den Eltern wird als neuere Errungenschaft dargestellt. Wichtig ist der Hinweis, dass die Zusammenarbeit mit den Eltern von den einzelnen Lehrkräften unterschiedlich gehandhabt wird. Die Funktion der in der Schule etablierten *Section-11*-Lehrerinnen wird in diesem Zusammenhang als die eines „Scharniers" zwischen Schule und Eltern dargestellt.

Individualisierung und Flexibilisierung in Unterricht und Schulorganisation

Besonders in den unteren Klassen verwenden die Lehrerinnen und Lehrer viel Energie darauf, allen Kindern die individuell benötigte Zeit zu geben, die sie brauchen, um einen Lernanfang an der Schule machen zu können. Als Schlüssel gilt der Aufbau einer guten emotionalen Beziehung zu den Kindern wie auch zwischen den Kindern, die sich an der Schule zunächst einmal respektiert und sicher fühlen sollen. Dieses Leitprinzip illustriert das folgende Zitat:

> „Die Kinder haben so viele verschiedene Dinge anzubieten. [...] Aber manchmal haben einige das Gefühl, sie können das nicht mitteilen, wenn sie sich nicht sicher genug fühlen oder weil ihre Lebensweise so anders ist. [...] Ich gebe ihnen viele Chancen. Lass sie sehen, beobachten; sehe was sie können [...] Klar haben sie unterschiedliche Fähigkeiten, ein unterschiedliches Niveau. Du hast ein Kind, das lesen kann und Dinge konstruieren, und du hast das Kind, das vielleicht keinen einzigen oder zwei Buchstaben des Alphabets schreiben kann. Die Unterschiede sind gewaltig! [...] Aber ich denke einfach, viele Dinge zählen, ein glückliches Gesicht. [...] Sie lernen – trotzdem oder sogar! Aber es ist harte Arbeit, es ist sehr harte Arbeit." (D., Vorschulklassenlehrerin; I/123-249)

Im Zitat wird eine grundsätzlich akzeptierende, positive Haltung gegenüber den Kindern betont. Das Schaffen von vielfältigen Sprech- und Lerngelegenheiten wird als Strategie herausgestellt, damit die Kinder sich öffnen können.

Dieser kindzentrierte Handlungsansatz manifestierte sich in der Schule in einer auffallenden Bereitschaft, Störungen regulärer Abläufe in Unterricht und Schulorganisation in Kauf zu nehmen. „Wenn die Schule wie ein Uhrwerk funktionieren würde, würden die Probleme anfangen!" (E., Klassenlehrerin; I/241-242), kommentiert eine Lehrerin das Bemühen um Flexibilität. Beispielsweise Kinder, bei denen es Hinweise auf Traumatisierungen vorliegen, werden unter Umständen altersunabhängig eingestuft, damit sie sich besser an die neue Umgebung gewöhnen können. Ein anderes Beispiel ist die schon angesprochene Bereitschaft, von den Unterrichtsplänen auch schon einmal abzulassen, um einem Kind den emotionalen Anschluss an das Geschehen im Klassenzimmer zu ermöglichen. Die besondere Berücksichtigung der Neuankömmlinge wird jedoch in Bezug auf die soziale Integration und den Lernprozess als lohnende Investition herausgestellt. Im folgenden Zitat bringt die SEN-Koordinatorin die Bereitschaft der Lehrerinnen und Lehrer, Störungen im Unterricht zu akzeptieren, mit der Zurückhaltung der Schule in Verbindung, Kinder vom Schulbesuch auszuschließen:

> „Wir schließen hier kaum ein Kind von der Schule aus. [...] Wir haben sehr gestörte Kinder, sie haben oft schreckliche Erfahrungen hinter sich, wir wissen nicht, wie ihr Familienleben ist. Der Schulleiter bleibt zu Recht bei der Linie: ,Du weißt nie, wohin du ein Kind heimschickst ...'. Da können schreckliche Probleme in der Familie sein. Das letzte Mal, dass ein Kind für immer ausgeschlossen wurde, war 1989, glaube ich. Wir tun das einfach nicht [...], wir behalten sie hier. Aber es erweist sich als sehr hart für alle anderen, besonders die Lehrer. Wenn du mit so einem Kind umgehen musst, und du versuchst noch, zu all den anderen Kindern in der Klasse fair zu sein, und du versuchst immer noch sicherzustellen, dass ihr Lernen voranschreitet und sie durch dieses Kind nicht zu sehr gestört werden. Es ist sehr schwer. [...] Du hast so viele Tage, an denen du zu Hause sitzt und planst und du kommst her und der Plan bleibt einfach beiseite und du musst etwas vollständig anderes machen, obwohl das, was du da geplant hattest viel interessanter wäre – aber anders wür-

dest du nicht durchkommen. Wir sind keine Schule, in der du sagst: ‚Gut, öffnet eure Bücher, schlagt Seite 36 auf und macht diese Übung' – es gäbe wirklich einen Aufstand. Wir können das nicht tun. Aber es gibt viele andere Schulen, die in dieser Art arbeiten." (F., SEN-Koordinatorin; II/352-406)

Anspielend auf die in englischen Schulen verbreitete Praxis, störende Kinder zugunsten eines reibungslosen Ablaufs des Unterrichts von der Schule auszuschließen,[207] lassen die Ausführungen den immensen Druck erahnen, unter dem die Lehrkräfte und Schulen im englischen Schuleffektivitätsmodell stehen und in dem eben leistungsmäßig, emotional oder im Verhalten auffällige Kinder zum schwächsten Glied in der Kette werden. Obwohl es an der Brook-Schule extrem auffällige Kinder gebe laute die Handlungsmaxime, keine Kinder auszuschließen („wir tun das einfach nicht"). Dabei stellt Frau F. heraus, wie mühsam und frustrierend es oft sei, auf die schwierigen Kinder mit der nötigen Flexibilität zu reagieren und zugleich die Lernentwicklung der anderen noch genügend zu fördern. Im Gegensatz zu vielen anderen Schulen sei Unterricht nach Plan an der Brook-Schule kaum möglich.

An dieser Passage wird die Paradoxie der englischen Politik zur Steigerung und Kontrolle der Schulqualität besonders deutlich: Einerseits forciert sie, dass auch in Schulen mit extrem schwierigen Bedingungen äußerst engagiert gearbeitet wird. Die gleichen Mechanismen, die dafür sorgen, dass Lehrerinnen und Lehrer in erfolgreichen unterprivilegierten Schulen ein außerordentlich hohes Arbeitsethos aufrechterhalten, tragen aber auch dazu bei, dass die Kinder an sozial besser gestellte Schulen kaum kommen würden und dort kaum eine Chance hätten. Die Brook-Schule kann sich ihr Bekenntnis zur Individualisierung und Flexibilisierung vermutlich eher leisten als andere Schulen, die um höhere Positionen in den *Rankings* kämpfen.

Förderung von Englisch als zusätzlicher Sprache

Der Bereich der zusätzlichen Sprachförderung ist an der Brook-Schule aufgrund der hohen Zahl von Kindern mit anderen Erstsprachen als Englisch personell und materiell vergleichsweise gut ausgestattet (z.B. fünfköpfiges Team von Sprachlehrkräften, zwei eigene Räume). In den Kernfächern Englisch und Mathematik erfolgt die Förderung vormittags in der Klasse, da die Kinder ansonsten zu viel vom Stoff des Curriculums verpassen würden. Ausnahmen werden gemacht, wenn mehrere Kinder aus einer Klasse Grundlegendes noch nicht gelernt haben. Die Sprachförderung erfolgt in enger Absprache zwischen *Section-11-* und Klassenlehrkräften und wird auf gesamtschulischer Ebene sorgfältig koordiniert. Zum Zeitpunkt der Datenerhebung wurde besonderes Gewicht auf die Unterstützung von Schülerinnen und Schülern mit Sprachdefiziten im Mathematikunterricht gelegt. In den Stunden assistierten die *Section-11*-Lehrerinnen den Klassenlehrkräften, indem sie einzelnen Kindern Übersetzungshilfen oder zusätzliche Erklärungen gaben und fehlende mathematische Grundbegriffe vermittelten. An den Nachmittagen findet die Sprachförderung in separaten Lerngruppen statt. Allge-

---

[207] Vgl. 6.1 und Kapitel 2.

mein legen die Lehrerinnen und Lehrer für das Fach Englisch als zusätzliche Sprache in der Brook-Schule viel Wert auf die Förderung realer Kommunikation. Sie versuchen durch gemeinsames Tun, wie zum Beispiel kleine Ausflüge in die Umgebung, Kochaktionen, Spiele und durch vielfältigen Einbezug non-verbaler Mittel Sprechanlässe zu kreieren und die Kinder zum Reden zu ermutigen. Häufig werden eigens für spezielle Schülergruppen passende Unterrichtsmaterialien entwickelt (z.B. gemeinsames Besprechen von Tonkassetten). Bei all diesen Strategien werden die Wertschätzung und der Einbezug der Muttersprache betont:

> „Und wenn ich höre, wie jemand sagt, dass ein Kind nur in seiner Heimatsprache schreibt, dann sage ich: Geh und überprüfe, ob er die Geschichte in seiner Erstsprache verstanden hat, weil dieses Kind zum Beispiel schreckliche Probleme mit dem Schreiben hat. Statt nichts zu tun könnte er die Geschichte in seiner Heimatsprache lesen und erzählen." (C., *Section-11*-Koordinatorin; I/82-92)

Der OFSTED-Inspektionsbericht bestätigt, dass auch bei den *Mainstream*-Lehrkräften und im Regelunterricht eine hohe Aufmerksamkeit für die Förderung der Kinder mit Defiziten in der englischen Sprache besteht (vgl. OFSTED 1997, 77-86).

Beurteilen, Testen und Monitoring

Die befragten *Section-11*-Lehrerinnen nehmen die sorgfältige Testpraxis verbunden mit präzisem *Targetsetting*, individueller Lernplanung und kontinuierlichem *Monitoring* der Resultate gerade für die Leistungsförderung von Kindern mit einer anderen Muttersprache als Englisch sehr ernst. Der bereits erwähnte OFSTED-Bericht bestätigt die gelungenen Bezüge des Förderunterrichts auf den Regelunterricht in den Kernfächern (vgl. OFSTED 1997).

Um spezifischen Förderbedarf genauer zu ermitteln, führt die Brook-Schule bei den Schülerinnen und Schülern mit Englisch als zusätzlicher Sprache dreimal im Jahr spezielle Tests zur Ermittlung der Entwicklung ihrer Englischkenntnisse in den Bereichen „gesprochene Sprache", „Schreiben", „Lesen" und „Verstehen" mit Hilfe einer spezifischen Stufenskala durch. Auf Basis der Testergebnisse legen die für die Sprachförderung zuständigen Lehrerinnen und Lehrer gemeinsam mit den Klassenlehrkräften Leistungsziele fest und erstellen individuelle Förderpläne. In sorgfältigen Lernberichten werden für jedes Kind neben dem genauen Leistungsstand und den Lernzielen die Anzahl der Sitzungen im Förderunterricht, die Ergebnisse laufender Schülerbeobachtungen, die Teilnahme an einer Intensivförderung und sonstige wichtige Informationen festgehalten. Die Kinder, die Sprachförderung erhalten, bekommen neben dem Zeugnis der Klassenlehrerin auch eines vom *Section-11*-Team, das wie ein reguläres Zeugnis behandelt wird. Permanentes *Monitoring* wird unter anderem für eine exakte Platzierung in Lern- und Leistungsgruppen als essentiell betrachtet. Auf wöchentlichen Teamsitzungen werden die Fortschritte einzelner Kinder sorgfältig besprochen.

Bei den im laufenden Schuljahr an die Schule kommenden Kindern wird, wie schon erwähnt, bereits im Aufnahmegespräch eine erste Beobachtung der Fähigkeiten des

Kindes vorgenommen. Auf Basis dieser Beobachtungen werden in den ersten Unterrichtswochen, in denen die Stärken und Bedürfnisse des Kindes deutlicher hervortreten, ein vorläufiges Leistungsprofil entwickelt und die Fortschritte beobachtet. Nach etwa sechs Wochen wird ein klareres Profil mit realisierbaren Leistungszielen erstellt. Das Leistungsprofil wird spätestens am Ende jedes Trimesters überprüft. Über die Fortschritte wird auf diese Weise kontinuierlich Bericht geführt.

Besondere Aufmerksamkeit wird auf die Ermittlung von sonderpädagogischem Förderbedarf (SEN) bei Kindern mit geringen Englischkenntnissen verwandt. Genaue Tests in der Muttersprache sind aufgrund fehlender Übersetzerinnen oder Übersetzer allerdings oft nicht möglich – weil es sie für die jeweilige Sprache nicht gibt oder weil die Schule sie nicht bezahlen kann. Dann versucht die Sonderpädagogin ihr Bild durch genaue Beobachtungen des Kindes im Kontakt, besonders in der verbalen Kommunikation mit der Mutter, zu validieren. Allgemein werden das Gespräch und die Zusammenarbeit mit den Eltern als wichtige Ansatzpunkte hervorgehoben, um verhaltensbedingte Lernprobleme frühzeitig zu erkennen und aufzufangen und damit ein Abgleiten in die sonderpädagogische Förderung zu vermeiden.

Regeln im Umgang mit Gewalt und Rassismus

In der Brook-Schule wurden klare Regeln und Handlungsanweisungen im Umgang mit rassistischen Vorfällen – von Kindern, Besucherinnen und Besuchern sowie Mitgliedern des Kollegiums – entwickelt und durch eine Chancengleichheits-*policy* (Brook Primary School 1994) offizialisiert. Zum Zeitpunkt der Datenerhebung spielte Rassismus in der Wahrnehmung der meisten Lehrerinnen und Lehrer im Schulalltag allerdings kaum eine Rolle. Im folgenden Zitat wird dies zum einen damit in Verbindung gebracht, dass die Schule vor einigen Jahren besonders intensiv an einem angemessenen Umgang mit aggressiven und rassistischen Verhaltensweisen gearbeitet habe, zum anderen mit der veränderten Zusammensetzung der Schülerschaft:

„[...]Rassismus wird überhaupt nicht toleriert. Und wenn jemand hört, dass Kinder rassistische Kommentare abgeben, wird sehr schnell reagiert, das ist etwas, woran wir sehr hart gearbeitet haben in den vergangenen Jahren. [...] Damals wurden die Probleme immer größer, dass die Kinder sehr häufig schikaniert wurden, es gab eine Menge Beschimpfungen. [...] für manche Kinder ist das eine automatische Reaktion, die Art, wie sie erwarten, dass sich alle so verhalten. Wir haben furchtbar viel Zeit damit verbracht, an den Verhaltensproblemen solcher Kinder zu arbeiten, die diese Dinge an den Tag legen. [...] Aber es gibt vielleicht jetzt einige Dinge, die etwas anders sind, weil wir wirklich Kinder aus der ganzen Welt haben." (G., *Literacy*-Koordinatorin; II/423-452)

Die folgende Interviewpartnerin, eine der Hilfslehrkräfte im *Junior*-Zweig, berichtet von den wertvollen Erfahrungen, die sie auf einem antirassistischen Fortbildungskurs gemacht hat:

"Ich habe mit anderen Kollegen aus dem *Infants*-Bereich an einem *Bullying*-Kurs[208] teilgenommen. Und es war so –; ich wünschte, dass jeder so etwas machen könnte, weil es mir wirklich die Augen öffnete. Wie man bestimmte Situationen verfolgt, was man dann sagt und so weiter. Es war merkwürdig: Als ich den Kurs beendet hatte, kam ich zur Schule zurück, und eines der Dinge, die ich sah, war ein Kind, dass allein auf einer Mauer saß. Ich ging zu dem Kind hin, redete mit ihm, was das bedeuten könnte, was nicht in Ordnung mit dem Kind war. Ich mache das jetzt jedes Mal, wenn ich irgendwo ein Kind allein sehe, das habe ich jetzt richtig im Kopf, ein Kind dann anzusprechen." (H., Hilfslehrkraft; I/246-270)

Die geschilderten Erfahrungen deuten darauf hin, dass das Thema Rassismus vielleicht doch noch eine größere Relevanz besitzt, als die Lehrerinnen und Lehrer einzuräumen bereit sind. So weist auch die *Section-11*-Koordinatorin darauf hin, dass diese Themen mit der Einführung des EMAG wieder stärker gewichtet werden sollen. In diesem Zusammenhang sei eine Überarbeitung der *Equal-Opportunities-Policy* geplant.

6.4.3 Mikropolitische Dynamik bei der Umsetzung

In den bisherigen Ausführungen wurde bereits deutlich, dass – zumindest die im Hinblick auf die spezifischen Voraussetzungen der Schüler- und Elternschaft engagierteren Lehrkräfte an der Brook-Schule – quasi an zwei Fronten operieren, um den schulischen Auftrag umsetzen zu können: auf der einen Seite die Kinder und Eltern, mit einer Vielzahl unterschiedlicher sozialer und individueller Lebenshintergründe und Bedürfnisse, auf der anderen Seite die rigiden Anforderungen des Curriculums und der staatlichen Kontrollmechanismen, einschließlich der in der Quantität, dem Tempo und dem wachsenden bürokratischen Aufwand im Zuge der Reformen angelegten Arbeitsintensivierung. In den Worten von Frau G., der kurz vor der Pensionierung stehenden, für die Implementierung der Literacy-Stunde verantwortlichen Koordinatorin:

"All diese Direktiven von der Regierung! Die Leute fragen sich: Wissen diese Papiere wirklich, was in Schulen überhaupt vorgeht? Einer ihrer Hauptkritikpunkte an der Erziehung der letzten sieben oder acht Jahre ist die Menge an Schreibarbeit, die jetzt damit einhergeht. Sie fühlen sich überlastet von der ganzen Schreibarbeit, die sie jetzt machen müssen. Wer hat Zeit, das alles zu lesen? Das ist ein anderes Problem. Da sind einfach kontinuierliche, kontinuierliche [betont] Veränderungen und die Leute haben keine Zeit, Dinge auszuprobieren und zu sehen, wie sie arbeiten, weil etwas anderes kommt und es sich wieder ändert. Und wir haben das jetzt die letzten sieben oder acht Jahre. Und das macht es sehr schwierig. Aber so ist es!" [lacht laut] (G., *Literacy*-Koordinatorin; III/43-56)

Vor dem Hintergrund der hierarchischen Schulstrukturen, des Drucks durch die Systeme des Qualitätswettbewerbs wie auch der hohen Arbeitsanforderungen verwundert es nicht, dass sich in der Brook-Schule kaum Hinweise auf basisdemokratische Prozesse der Konsensfindung finden. Wie in den vorangegangenen Abschnitten deutlich

---

208 Der Begriff *„bullying"* bezieht sich auf rassistische Schikanen.

wurde, ist das pädagogische Klima stark von den Vorstellungen des Schulleiters bestimmt. In Anlehnung an eine Typologie von Stephen Ball (1987) lässt sich der Führungsstil von Herrn B. als nicht-dirigistischer Führungsstil bezeichnen, in dem Team-Zusammenhalt und gleichgerichtetes pädagogisches Arbeiten bzw. die Etablierung eines Schulethos durch geteilte Praxis zentral sind. Für Herrn B. sind gute pädagogische Standards sind nicht das Resultat formaler Beschlüsse und Leitbilder *(policies)*. Diskussionen über *policies* werden eher als Störung im Schulalltag empfunden:

„Die meisten *policies*, die wir bekommen haben, folgten aus der Praxis, die wir schon hatten. Das ist sicherlich der Fall mit der antirassistischen Verhaltens-*policy*, der multiethnischen Erziehungs-*policy* – sie haben sich alle aus dem entwickelt, was wir bereits machten. [...] Weil ich denke, dass wir ganz gut arbeiten können, ohne es alles niedergeschrieben zu haben. [...] Beziehungen in einer Grundschule, sogar in einer großen wie dieser, sind sehr stark persönliche Beziehungen der Lehrenden, die zusammenarbeiten, von Angesicht zu Angesicht, sie sehen sich gegenseitig über lange Zeit. Du brauchst nicht auf *policies* zurückzugreifen, um dir zu sagen, wie du dich auf jemanden beziehen sollst – du tust es und es ist Teil der Atmosphäre der Schule." (B., Schulleiter; II/487-526)

Während der Schulleiter den pädagogischen Konsens durch gemeinsame Praxis betont und darauf abhebt, dass multikulturelle und antirassistische Perspektiven an der Brook-Schule etabliert seien, ist die *Section-11*-Koordinatorin mit dem Stellenwert und dem Ausmaß dieser Aktivitäten keineswegs zufrieden. Sie wünscht sich beispielsweise mehr Gelegenheiten, im gesamten Kollegium interne Fortbildungen durchzuführen und gemeinsame Strategien und Programme zu erarbeiten (z.B. die veraltete Chancengleichheits-*policy* aus dem Jahr 1994 zu überarbeiten). Ohne entschiedenen Rückhalt des Schulleiters findet sie im Kollegium aber wenig Unterstützung. Im folgenden Zitat schildert sie, wie ein Entwurf für eine *policy* zur Aufnahme und Integration von Flüchtlingskindern, den sie mit dem Kollegium erarbeitet und dann im Lehrerzimmer zur Einsichtnahme und für weitere Diskussionen ausgelegt hatte, spurlos verschwand. So sei die Arbeit an dem Strategiepapier zum Stillstand gekommen:

„Ich würde gern mehr Workshops für das Kollegium durchführen auf Teamsitzungen. [...] Aber ich kann nicht drängen. [unverständlicher Satz] Aber gleichzeitig ist die Schule auch dankbar dafür, die Schule schätzt es auch. Seltsame Dynamiken laufen ab in Institutionen. [...] Zum Beispiel der Entwurf für die Aufnahme der neu kommenden Kinder[209] ist dann nicht im Kollegium besprochen worden, er ist den Beiräten nicht vorgelegt worden. Er muss formal als *policy* der Schule anerkannt werden, von jedem zur Kenntnis genommen, von jedem akzeptiert werden. Wir hatten die Ideen dieses Papiers im Kollegium vorgestellt, wir haben sie mit dem Kollegium vervollständigt, von jedem wurden Ideen in irgendeiner Form aufgenommen. Und es ist verloren gegangen, über Nacht verschwand es, über die Ferien. Ich habe dann versucht, es noch einmal zu machen. Und seitdem warte ich

---

209 *„Induction Policy for Refugee Children and New Arrivals from other countries"* (Entwurf; Brook Primary School 1998b).

darauf, es weiter mit dem Kollegium zu besprechen, so dass es ein Dokument wird, das anerkannt ist." (C., *Section-11*-Koordinatorin; II/166-179)

Frau C. hebt jedoch auch hervor, dass die Schulleitung diese Dinge stärker zu unterstützen beginne. Sie setzt auf beharrliche Überzeugungsarbeit und einen langen Atem, um ihre Vorstellungen durchzusetzen. In ihren Ausführungen werden die Schwierigkeiten, an der Brook-Schule auf dem formalen Weg der Entwicklung und offiziellen Verabschiedung von *policies* die inhaltliche Ausrichtung der Praxis zu beeinflussen, deutliche. Sie vermitteln jedoch auch, dass die feste Verankerung von mit gewissen Vollmachten ausgestatteten Funktionsträgerinnen oder Funktionsträgern im Schulteam, die für Fragen der Pluralität und Gleichheit in besonderer Weise zuständig sind, eine wichtige Schneise für die Institutionalisierung dieser Anliegen in der Organisation öffnet. Sie behalten diese Themen im Blick und verfolgen eigene Strategien, um ihre Vorstellungen in den allgemeinen Kurs der schulischen Arbeit einzubringen.

Bei fehlendem oder halbherzigem Bekenntnis zur Berücksichtigung von Aspekten der Pluralität und Gleichheit seitens Politik und Behörden, wie auch einem fehlenden Konsens in der ganzen Schule, besteht jedoch auch die Gefahr, die Verantwortung für diese Fragen an die *equality*-Expertinnen und -Experten zu delegieren. An der Brook-Schule zeigte sich, dass trotz des Bekenntnisses zu multiethnischen und antirassistischen Erziehungsaspekten vor allem die jüngeren Lehrkräfte diesen Ideen eher indifferent oder – nach den Aussagen von Frau C. – sogar aversiv gegenüber standen. Die auf diesem Gebiet engagierteren Mainstream-Lehrerinnen und -lehrer betrachteten dies auch eher als ihre individuelle Schwerpunktsetzung, denn als Teil einer gemeinsamen Orientierung in der Schule. Beispielsweise Frau D., eine junge Lehrerin im Schulkindergarten-Bereich, die einer ethnischen Minderheit angehört, bezieht sich in der Begründung ihres Engagements auf ihre eigene Identität und Erfahrung:

„Weil ich einer ethnischen Minderheit angehöre; es ist ein Bereich, mit dem ich vertraut bin. So kann ich mich mit vielen Kindern identifizieren, von meiner eigenen Erfahrung her ist es ganz gut. Ich kann mich auf sie beziehen, und sie können sich auch auf mich beziehen, allein wegen der Hautfarbe [...] Im Curriculum als Ganzem, ich weiß nicht, ob da irgendetwas von Multikulturalismus drin ist. Das Curriculum ist sehr viel Mathe, Englisch und Naturwissenschaft. Da ist sehr wenig Freiraum, außer wenn die Lehrer sich wirklich entschließen, ihre Englisch-Aktivitäten aus einer multikulturellen Perspektive zu entwickeln oder die Mathe-Aktivitäten oder Naturwissenschaften. Es hängt manchmal von den Lehrern ab, loszugehen und nach Ressourcen zu suchen, die ihm oder ihr helfen, diese Stunde aus einer multikulturellen Perspektive zu entwickeln. [...] Es hängt von der einzelnen Person ab, kreativ zu sein und sich andere Wege auszudenken." (D., Vorschulklassenlehrerin; I/319-351)

In der Einleitung wird mit der Identifikation als schwarzer Lehrerin einerseits der persönliche Bezug zu multikulturellen Handlungsansätzen deutlich gemacht („Bereich mit dem ich vertraut bin"). Andererseits wird die besondere Qualität der Beziehung zwischen ihr als schwarzer Lehrerin und ethnischen Minderheiten-Schülern als Chance zur wechselseitigen Identifizierung gekennzeichnet („Allein wegen der Hautfarbe").

6.4.4 Risiken hinsichtlich institutioneller Diskriminierung

Am Fallbeispiel der Brook-Schule lassen sich eine Reihe von Restriktionen im schulischen Umgang mit Vielfalt und von Effekten der Diskriminierung und Benachteiligung beobachten, die das Nationale Curriculum und der *School Improvement*-Ansatz unter dem Gesichtspunkt der institutionellen Diskriminierung mit sich bringen.

Zunehmende Restriktionen im Umgang mit Vielfalt

In vielen Gesprächen wird die voranschreitende Curricularisierung als Ursache neuer gravierender Einschränkungen im schulischen Umgang mit den heterogenen Lernbedürfnissen und -voraussetzungen kritisiert. Zum Zeitpunkt der Datenerhebung ging es dabei vor allem um die Einführung eines Curriculums im Elementarbereich sowie um die *Literacy*-Strategie, die einen weiteren gravierenden Einschnitt darstellt, der das gesamte Schulgeschehen betrifft – von der gesamten Stundenplangestaltung, über die Lerninhalte, Didaktiken und die Kooperation der Lehrkräfte bis hin zum Management. Bei der Einführung dieser Maßnahme im Schuljahr 1998/99 beschloss die Schule beispielsweise zum ersten Mal, auf klassenübergreifende Projektarbeit zu multikulturellen Themen zu verzichten, für die in der Vergangenheit einzelne Kinder zeitweilig aus dem Regelunterricht herausgenommen wurden. Bedauert wurde auch, dass alle Kapazitäten für *Literacy* aufgewandt werden mussten, während etwa Fortbildungen in anderen schulischen Bereichen vernachlässigt wurden. Aus der Sicht des Schulleiters:

> „Ich denke, die Zentralisierung des Curriculums hat einen sehr schlimmen Effekt auf eine große Zahl von Schülern in Schulen wie dieser, wo du viel mehr Flexibilität brauchst [...] Weil wir so viel Zeit für das formale Curriculum verwenden müssen, haben wir weniger Zeit an der sozialen Seite der Entwicklung der Kinder zu arbeiten. Und dieser Zeit brauchen wir in einer Schule, wo du eine große Zahl von Kindern hast, die eine sehr gestörte Erziehung hatten, wo sie in Kriege involviert waren, wo sie von ihren Familien fortgerissen wurden, wo ihre Eltern von ihrer weiteren Familie getrennt leben und von ihren Unterstützungsnetzwerken dort." (B., Schulleiter; III/123-159)

Obwohl die *Literacy*-Stunde aufgrund des expliziten Bezugs zur Sprachvermittlung und der Betonung der Arbeit mit den Eltern als Chance für ethnische Minderheiten an der Brook-Schule begrüßt wird, werden auch Ängste formuliert, ob und wie besonders bilinguale Kinder die Anforderungen bewältigen sollen. Bereits bei der Einführung zeichnet sich ab, dass das Leistungsniveau allgemein erheblich hinter den standardisierten Anforderungen für die einzelnen Jahrgänge zurück liegt:

> „Das findet man quer durch die Schule, dass wir aufgrund unserer Kinder zurückgehen mussten, mindestens ein Jahr. Im Wesentlichen arbeiteten die Lehrer in Jahrgang 1 nach dem Schulkindergarten-Lehrplan. Dann allmählich im Laufe des Jahres mischten sie ihn mit dem von Jahrgang 1, aber wir haben ihn nicht komplett abgedeckt. [...] Und so werden

wir in der Lage sein, es schneller durchzuarbeiten und in die richtige Altersgruppe zu kommen. Aber da werden immer Kinder sein, die wirklich nicht beschleunigen können. Nicht notwendigerweise aus ethnischen Minderheiten. Aber wenn ich an die Kinder denke, die hier in den Schulkindergarten kommen oder in der ersten Klasse sind, die sind in *Literacy* wirklich auf einem Stand, den andere Kinder mit zweieinhalb oder drei Jahren haben. Sie lernen keine Kindergarten-Reime, ihnen wurde zu Hause nicht vorgelesen und solche Dinge. Und so gehen wir wirklich einen langen Weg zurück, um zu üben und die Lücken zu füllen, vorher werden sie keine wirklichen Fortschritte machen." (G., *Literacy*-Koordinatorin; II/538-571)

Im Zitat klingt der immense Druck an, den eine solche standardisierte Unterrichtskonzeption in Unterricht und Schule bringt. Obgleich die *Literacy*-Konzeption auf die individuelle Förderung im Klassenverband zielt, deutet sich in den Ausführungen dass Risiko an, dass diese weitere Curricularisierung und Standardisierung defizitorientierte Wahrnehmungen von Kindern aus deprivierten sozio-ökonomischen Verhältnissen, mit Behinderungen oder die einer ethnischen Minderheit angehören, eher verschärft.

Zur Illustration der didaktischen Konzeption der *Literacy*-Stunde dient der folgende längere Auszug aus dem Beobachtungsprotokoll einer Englisch-Stunde in der leistungsstärksten Lerngruppe der Kinder aus der 5. und 6. Klasse.

„Zu Beginn der Stunde sitzen die Kinder (ca. 30) in der Teppich-Zone. Mit wenigen Ausnahmen wirken sie wach, konzentriert und motiviert. [...] Die Klassenlehrerin, Frau D., legt eine Folie mit einem Gedicht über eine Katze auf, das in der vergangenen Stunde bereits bearbeitet wurde. Darunter befindet sich ein Prosa-Text über die Katze. Sie erläutert zunächst an der äußeren Textform den Unterschied zwischen den Begriffen „poetry" und „prose". Dann liest sie den Prosa-Text laut vor. Zwei Mädchen bewegen leise die Lippen mit. Dann liest sie noch einmal Satz für Satz laut vor, fragt die Kinder nach Wörtern, die sie nicht verstehen und hält sie an, Fragen zu stellen. Ein Mädchen kommt zu spät. Um sie einzubeziehen, erläutert Frau D. noch einmal, worum es in der Stunde geht und wo sie sich gerade befinden. Die Kinder beteiligen sich aufmerksam. Frau D. erklärt mit Rückfragen an die Kinder eine Reihe von Wörtern, auch in ihrer besonderen Stellung in komplexeren Sätzen. Sie schreibt ihre sehr deutlichen Erklärungen noch einmal auf die Folie. Einige Kinder melden sich, um Geschichten zu erzählen, die sie mit Katzen erlebt haben. Diese Kommentare werden von Frau D. zügig unterbrochen und die Kinder auf später vertröstet. Dann liest sie Fragen zu den unterschiedlichen Textarten von einem Flipchart ab, die in Zweierteams bearbeiten werden sollen. Auch beim Vorlesen der Fragen erläutert sie noch einmal die unklaren Wörter. Anschließend verteilt sie vorbereitete Arbeitspapiere zu den Fragen.

Die Kinder finden sich – mit sichtlich nachlassender Konzentration und Motivation – zu Teams zusammen und gehen an ihre Plätze. Die Teamarbeit funktioniert unterschiedlich gut. Einige Paare fangen sofort an. Andere Kinder schauen in die Luft oder nur auf ihr Blatt, richten Fragen an Frau D. und warten auf sie oder beginnen kleine Raufereien, schießen Papierkugeln durch die Luft und ähnliches. Sie wirken mit der Aufgabe überfordert. Frau D. reagiert auf die unkonzentrierte Atmosphäre, indem sie nach einer Weile noch einmal die Fragen mit der Klasse durchgeht [...] und gibt den Kindern noch einmal 10 Minuten Zeit zur Lösung der Aufgabe.

Am Ende dieser Phase legen die Kinder ihre mit Namen versehenen Papiere zusammen und kehren damit in die Teppich-Zone zurück. Gemeinsam werden die Fragen noch einmal durchgegangen. Die Kinder lesen verschiedene Antwortmöglichkeiten vor und bekommen dafür eine Rückmeldung. Nach ein paar Minuten spricht Frau D. die schwindende Konzentration in der Klasse an, ermahnt die Kinder noch einmal zur Aufmerksamkeit. Als der Wortbeitrag eines Kindes in der Unruhe untergeht, spricht sie diese noch einmal an, rekapituliert, was wer bis jetzt gesagt hat und ermahnt die Kinder, ruhig zu sein und aus Fairness zuzuhören, damit das sehr leise sprechende Mädchen gehört werden kann.

Die Aufgabe für die letzten 15 Minuten besteht darin, zu zweit aus dem Gedicht über die Katze Prosa-Sätze zu formulieren. Diese Anforderung scheint für die meisten Kinder sehr schwierig. Wieder gibt Frau D. einige Beispiele vor. Als die Kinder an den Tischen sitzen, zeigen einige auf und stellen Fragen. Nach einigen Minuten fangen die meisten an zu arbeiten, jedoch auch jetzt bleibt die Atmosphäre unruhig; einige werfen mit Gegenständen. Die Kinder kommen mit dem Umschreiben des Gedichts über ein bis zwei Sätze nicht hinaus." (M. Gomolla: Beobachtungsprotokoll/Brook-Schule; 7.7.1999)

Der beobachtete Unterrichtsausschnitt zeigt einerseits in vorbildlicher Weise auf, wie im Englischunterricht auch Kenntnisse der Unterrichtssprache gezielt vermittelt und vertieft werden können. Gleichwohl wird auch die straffe und tendenziell überfordernde Organisationsform der *Literacy*-Stunde deutlich. So ist beispielsweise für das Beisteuern eigener kleiner Geschichten und Erlebnisse der Kinder zu den behandelten Themen, das zur Förderung des Selbstbewusstseins oder zur Integration neuer Schülerinnen und Schüler ebenfalls wichtig sein könnte, in dem Programm kaum noch Platz. Die faktische Überforderung wird an der schwindenden Konzentration und den Mühen der Kinder bei der Bearbeitung der schriftlichen Aufgaben ersichtlich. Besonders auffällig ist der Kontrast zu den kindzentrierten Arbeitsweisen, um die Schule sich bei der Integration der Kinder bemüht.

Benachteiligung durch die nationalen Leistungstests

In vielen Interviews wird eine Benachteiligung der Kinder und der gesamten Schule durch die Test- und Evaluationsverfahren beklagt. Im folgenden Zitat werden die mit dem Nationalen Curriculum einhergehenden Testverfahren vor allem als Benachteiligung von Kindern mit Englisch als zusätzlicher Sprache dargestellt. Von der formalen Möglichkeit, einzelne Kinder von den Tests zu befreien, werde aufgrund der großen Hürden und des bürokratischen Aufwands kaum Gebrauch gemacht.

Strukturelle Benachteiligungen durch freie Schulwahl und Wettbewerb

Die Brook-Schule hat über die LEA hinaus den Ruf einer guten und erfolgreichen multikulturellen Schule. Der Kindergarten trägt ebenfalls dazu bei, dass sich auch Eltern aus anderen Bezirken bemühen, ihre Kinder in Brook anzumelden. Dennoch lässt sich am Beispiel dieser Schule wie in vielen anderen Untersuchungen zum englischen Schulsystem illustrieren, wie die Regulierungsmechanismen des Marktes zu einem charakteristischen „Teufelskreis" führen, der für die Kinder, die an diese Schule gelangen, erhebliche strukturelle Benachteiligungen mit sich bringt. Trotz der hohen pädagogischen Qualität der Arbeit, die in der Schule geleistet wird, wird sich kaum ein Mittelschicht-Kind an eine solche Schule verirren. Die Hauptklientel bleiben die unmittelbar im Einzugsgebiet lebenden Familien, die selten wählen (können):

„Diese Schulrankings setzen viele Schulen in ein sehr schlechtes Licht. Weil die Eltern sich diese Ergebnisse anschauen, diese Zahlen, und denken, das ist keine sehr gute Schule. Sie verstehen die Arbeit gar nicht, die gelaufen ist, um an diesen Punkt zu kommen. Es ist schwierig für die allgemeine Öffentlichkeit, das zu verstehen, besonders wenn die Leute nicht in Gegenden wie dieser leben. Und sie haben all das Geld und die Ressourcen und die Unterstützung. Es ist sehr schwierig, Leuten das verständlich zu machen. Obwohl unsere Examensergebnisse niedriger als die vieler anderer Schulen sind, haben wir einen langen Weg zurückgelegt." (G., *Literacy*-Koordinatorin; II/503-517)

Am Beispiel der Brook-Schule wird rasch plausibel, dass eine multiethnische Innenstadtschule aufgrund ihrer räumlichen Lage und ihrer Elternschaft keine Chancen hat, die Ausstattung und Kapazitäten zu erreichen, die mit denen von Mittelschicht-Schulen vergleichbar wären. Bei der schwierigen sozialen und ökonomischen Lage der meisten Eltern ist es kaum möglich, zusätzliche Mittel einzuwerben. Es fehlen auch die Eltern, die sich in der Schule und auf kommunaler Ebene für die Belange der Schule engagieren können. So werden viele Funktionen des Schulbeirats, die in anderen Schulen von Eltern ausgeübt werden, vom Schulleiter selbst ausgefüllt.

„Eines unserer Probleme ist, Eltern dazu zu bekommen, sich zu interessieren und uns zu unterstützen bei dem, was wir mit den Kindern zu tun versuchen. Wir haben alle möglichen Dinge probiert, um sie dazu zu bringen, uns zu unterstützen. Es ist sehr schwierig. Wohingegen die Schule eine halbe Meile die Straße hinunter eine Menge Elternunterstützung hat, eine Menge Geld einwerben kann, um Extra-Ressourcen zu kaufen, die die Schule braucht, aber wir bekommen diese Unterstützung nicht." (G., *Literacy*-Koordinatorin; I/482-491)

Die geringeren Mittel beschränken die Arbeit der Schule in grundlegenden Bereichen. So ist zum Beispiel an der Brook-Schule die Finanzierung einer Fahrt zum Meer an einem Tag im Jahr für alle Kinder nicht möglich. Die Schule kann sich auch nicht in allen Fällen, in denen es nötig wäre (z.B. zur Entscheidung der Frage, ob ein Kind Sprachprobleme hat oder eventuell sonderpädagogische Fördermaßnahmen braucht) Dolmetscherinnen oder Dolmetscher leisten.

Dass sich in einer „armen" Schule wie der Brook-Schule mehr Kinder mit besonderen Lernbedürfnissen weniger Ressourcen teilen müssen als in besseren Wohngegenden, macht sich an der Brook-Schule sowohl im Bereich der Sprachförderung als auch in der sonderpädagogischen Förderung besonders bemerkbar. Die Schule ist zwar relativ gut mit Sprachlehrkräften ausgestattet, es sind aber immer noch weitaus zu wenig, um allen Kindern die zusätzliche Förderung zukommen zu lassen, die sie bräuchten. Aus diesem Grund ist es an der Brook-Schule üblich, Gruppen der bedürftigsten Kinder ein oder zwei Trimester möglichst intensiv zu fördern und dann den Schwerpunkt auf neue Gruppen zu legen:

> „Wir müssen wählen. [...] – egal, wie viele Kinder da sind, die es dringend nötig haben. Du nimmst diejenigen, die wirklich, wirklich ernsthaft Hilfe brauchen. Gib ihnen Unterstützung, dass sie nicht unglücklich sind. Und gib ihnen einen Term, zwei Terms, was auch immer. [...] Die sind dann fit. Dann kannst du sie vergessen und mit anderen anfangen. Und so haben wir gearbeitet. Und es gibt Zeiten, da sind so viele Geschichten, so viel dringender Bedarf, dass du stark sein musst. Andernfalls würde es nicht funktionieren. Du brauchst die Zeit mit ihnen." (I., *Section-11*-Lehrerin; II/5-23)

Ähnlich beklagt auch die SEN-Koordinatorin, dass sie nur die schwersten Fälle fördern könne. Die Schule habe festgelegt, dass nicht mehr als ein Viertel bis ein Drittel aller Kinder sonderpädagogische Förderung erhalten könnten. Die Ressourcen der LEA, mit der die Schule bei den schweren Fällen zusammenarbeite, seien ähnlich rationiert. Kinder mit gleichen Problemen erhielten an Mittelschicht-Schulen erheblich mehr und bessere Unterstützung als an der Brook-Schule:

> „Du beschäftigst dich immer mit den dringendsten Bedürfnissen. [...] nun ja, wir wissen, sie brauchen Unterstützung [...] sie bekommen eine Menge Unterstützung mehr an anderen Schulen, und das ist unfair. Ich kann die Behörde nicht dazu bringen, das zu verstehen-, nun ja, sie verstehen es, aber sie erkennen es nicht wirklich an, weil es Geld kostet. Ich sage immer, den ich hineinnehme [in die sonderpädagogisch Förderung, d. Verf.] – der ist die Spitze meiner Prioritätenliste!" (G., SEN-Koordinatorin; II/312-337)

Frau G. erklärt, dass diese Tendenz durch die Unschärfe des englischen Stufenmodells zur Feststellung von sonderpädagogischem Förderbedarf verstärkt werde. Was die Einstufung eines Kindes als förderbedürftig konkret bedeute, hänge von der Schule ab. In Schulen wie Brook, in der nur die bedürftigsten Fälle gefördert werden könnten, sei das Stufensystem weit höher angelegt als in manchen anderen Schulen (in denen Kinder womöglich sonderpädagogische Förderung bekämen, wenn sie die nationalen Durchschnittswerte in den Tests verfehlen). Beim Übergang in die Sekundarstufe gäbe es aus diesem Grund auch häufig Probleme mit den aufnehmenden Schulen, die Kinder ungern nehmen würden, bei denen sie vermuten, dass sie an anderen Schulen für sonderpädagogische Förderung registriert worden wären.

Selektive Förderung einzelner Kinder zur Steigerung der Gesamtresultate

Der Überlebenskampf zwingt die Schulen in England derzeit dazu, ihr Handeln mehr oder weniger an ihrer Position in den Leistungstabellen ausrichten. Auch an der Brook-Schule fanden sich einige Hinweise, dass insbesondere die „Grenzfälle", die vielleicht knapp die Durchschnittswerte in den nationalen Leistungstests erreichen konnten, in besonderer Weise gefördert wurden – nicht nur zum Wohl der Schülerinnen und Schüler sondern auch im Eigeninteresse der Schule, um deren Position in den lokalen und nationalen Tabellen zu verbessern. Bei den knappen Ressourcen besteht hierbei die Gefahr, dass die schwächsten Gruppen das Nachsehen haben.

Niveauunterricht in den Grundlagenfächern

Eine Strategie, die die Schule anwendet, um einzelne Kinder besser zu fördern und die gesamtschulischen Resultate zu steigern, ist die Bildung von Leistungsgruppen. Damit hatte die Schule noch vor Einführung der *Literacy*-Stunde im Schuljahr 1997/98 begonnen. Da sich diese Maßnahme in den unteren Klassen als wenig effektiv erwiesen hatte, wurde sie dort wieder fallen gelassen. In den älteren Jahrgängen wurde sie aufgrund der positiven Auswirkungen beibehalten. Die für die Implementierung der *Literacy*-Stunde zuständige LEA-Beraterin kommentiert diesen Ansatz in der Brook-Schule jedoch eher skeptisch:

> „Brook ist meine einzige Schule, die das macht. Ich bin sehr aufmerksam hinsichtlich der Auswirkungen der Leistungsgruppen, besonders auf die bilingualen Kinder. Weil sie oft sehr schnell Fortschritte machen, und sie müssen in einer Gruppe sein, die zu ihren Fähigkeiten im Lesen passt, aber das passt oft nicht zu ihren Fähigkeiten im Verstehen. Das heißt, sie müssen sehr sorgfältig sein, dass sie nicht in der falschen Gruppe sind und dort bleiben, wenn ein Kind startet. [...] Meine Sorge ist, dass es in den unteren Gruppen kein gutes Rollenmodell gibt. Wir hatten diese Diskussion verschiedene Male, aber ich kann sie nicht überzeugen." (J., LEA-*Literacy*-Beraterin; I/512-560)

6.4.5 Drittes Zwischenfazit

Der zusammenfassende Vergleich der drei Strategien in ihren jeweiligen institutionellen Kontexten erfolgt im siebten Kapitel. Als kurzes Zwischenfazit ist an dieser Stelle festzuhalten, dass es den Lehrerinnen und Lehrern in der *Brook*-Schule – ausgehend von Leitideen kindzentrierter und multiethnischer Erziehung und dem obligatorischem Ziel, gute Leistungsergebnisse für alle Kinder zu erreichen – gelingt, unter den extrem schwierigen Bedingungen ein hohes Niveau der pädagogischen Arbeit aufrecht zu erhalten. Dies gilt sowohl für den akademischen Lernbereich und die Ergebnisse als auch im Hinblick auf den psychosozialen Umgang mit Kindern und ihren Eltern und die allgemeine Gestaltung der sozialen Beziehungen im Schulhaus.

Zum Zeitpunkt der Feldforschung stand die Aufnahme und Integration von Flüchtlingskindern im Zentrum der Aufmerksamkeit. Mit Hilfe einer sorgfältigen Aufnahme von Neuankömmlingen, der wöchentlichen *Family-Literacy*-Stunde, altersunabhängigen Einstufungen neu kommender Kinder, dem Zulassen von Eltern und Geschwistern im Unterricht, dem flexiblen Einsatz der Lehrkräfte für Englisch als zusätzlicher Sprache und einer hohen Akzeptanz von Störungen gelang es, Kinder relativ rasch in die schulischen Prozesse zu integrieren. Dabei galt die Devise, den Kindern die individuell benötigte Zeit zu geben, um emotional in der neuen Umgebung „anzukommen", als Erfolgsrezept. Die Speziallehrkräfte für die Sprachförderung waren versiert, bei hoher Fluktuation neu kommende Kinder schon in kurzer Zeit in die regulären schulischen

Systeme der Leistungsförderung einzubeziehen, vor allem durch eine sorgfältige Testpraxis, *Targetsetting*, *Monitoring* und die gezielte und effektive Verwendung von Ressourcen zur Förderung von Kindern mit Englisch als zusätzlicher Sprache.

Die pädagogische Entwicklungsarbeit in der Schule ist dabei weitgehend von den formal vorgegebenen Systemen und Instrumenten zum Management der Schulqualität bestimmt und auf die Leistungsergebnisse gerichtet. Höhere Leistungsresultate werden als Beitrag zur Verbesserung der Chancen von Kindern mit einem ethnischen Minoritäten-Hintergrund betrachtet. Dabei wird sehr deutlich, dass die Instrumente des *School Improvement* in der Brook-Schule nur begrenzt als nützlich, sondern in vielen Bereichen eher als Hemmnis gesehen werden, dieses Ziel zu erreichen. Die Interviews vermitteln eher das Bild des Operierens an zwei Fronten: den Vorgaben der Behörden auf der einen Seite und den Notwendigkeiten des Schulalltags auf der anderen. Die kindzentrierten und multiethnischen pädagogischen Arbeitsweisen scheinen vom Schulleiter eher gegenläufig zu den Vorgaben und Präferenzen der Behörden aufrecht erhalten zu werden. Sie werden als notwendige Ergänzung betrachtet, um Angehörigen ethnischer Minderheiten und der kulturellen Diversität in der Schule gerecht zu werden und um Kindern und Eltern, die durch materielle Armut, Krieg oder Flucht erheblichen Belastungen ausgesetzt waren bzw. sind, eine umfassendere Unterstützung bieten zu können.

Während sich in den Problemwahrnehmungen einiger Lehrkräfte, einschließlich des Schulleiters, tendenziell ein kompensatorischer Handlungsansatz in der Tradition einer Defizitperspektive herausarbeiten lässt, tritt in anderen Interviews eher die Wahrnehmung und der Umgang mit Aspekten der Diversität und Pluralität als permanente Anforderung an alle Beteiligte hervor. Solche Sichtweise werden etwa von der *Section-11-Koordinatorin* vertreten, die in der Schule ebenfalls eine einflussreiche Position inne hat. Ihren Wunsch, im Kollegium in Form der Erarbeitung eines programmatischen Papiers *(policy)* und schulinterner Fortbildungen einen Austausch und die Erarbeitung einer gemeinsamen Position im Hinblick auf den Umgang mit den Flüchtlingskindern anzustoßen, konnte sie jedoch bisher nicht durchsetzen. Der Schulleiter stand einem solchen „Politisieren" eher skeptisch gegenüber. Er bevorzugte die konkrete kooperative Arbeit als Weg, um zu inhaltlich gleichgerichteten Arbeitsweisen zu gelangen. Ein inhaltlicher Austausch über Problemwahrnehmungen und Arbeitsweisen fand eher in einzelnen Arbeitseinheiten statt, zum Beispiel unter den Sprachförderlehrkräften oder im Rahmen von *Audits* der Beraterinnen und Beratern der LEA mit der Schulleitung und einzelnen Lehrpersonen mit besonderen Managementfunktionen. Auf diesem Hintergrund kann von einem offenen Erkunden der schulischen Strukturen und Arbeitsweisen unter Gesichtspunkten der Diversität und Gleichheit sicher nicht die Rede sein. Insgesamt vermittelt die Fallstudie einen Eindruck von den Stärken des englischen Schuleffektivitätsmodells, aber auch von den strukturellen Widersprüche und Grenzen. Diese manifestieren sich zum einen in benachteiligenden Wirkungen durch die Mechanismen des Marktes (z.B. durch die ökonomische Deprivation der

Schule) und der Systeme des Qualitätsmanagements (z.B. durch die zunehmende Curricularisierung und Standardisierung, die nationalen Leistungstests oder die öffentlichen Schul*rankings*). Zum anderen deuten sich auch in der Brook-Schule, in der ein hohes antidiskriminatorisches Ethos vorherrscht, neue Selektionsrisiken an, die mit dem Interesse der Schule zu erklären sind, einen akzeptablen Platz in den Schulrankings zu sichern (z.B. schulinterne Zuweisung von Förderressourcen an Kinder, von deren Leistungssteigerungen ein signifikanter Effekt auf die schulischen Gesamtresultate zu erwarten ist oder Unterricht in Niveaugruppen).

TEIL III: ERGEBNISSE DES VERGLEICHS

7. Autonomie und pädagogische Schulentwicklung – neue Spielräume zum Abbau institutioneller Diskriminierung?

Die vorliegende internationale Vergleichsstudie beschäftigt sich mit schulpolitischen Strategien in modernen Einwanderungsgesellschaften, die – vor dem Hintergrund breiterer Tendenzen zur Autonomisierung im Schulbereich – den Versuch unternehmen, Kriterien der Pluralität und Chancengleichheit mit Maßnahmen zur Entwicklung und Sicherung der Qualität von Unterricht und Schulen zu verknüpfen. Als Fälle dienen der Schwerpunkt „Interkulturelle Verständigung" im nordrhein-westfälischen Landesprogramm „Gestaltung des Schullebens und Öffnung von Schule" (GÖS), das Zürcher Projekt „Qualität in multikulturellen Schulen" (QUIMS) und neue Instrumente zur Verbesserung der Schulleistungen ethnischer Minoritäten in England. Die Studie fragt nach den neuartigen Chancen solcher Herangehensweisen, um die schulischen Strukturen, Programme und Arbeitsabläufe so zu gestalten, dass sie dem Lernen *aller* Kinder und Jugendlichen förderlich sind und existierende Benachteiligungen, vor allem entlang der Trennlinien ethnischer und sozialer Herkunft und der Geschlechtszugehörigkeit, abgebaut werden können.

Nachdem die unterschiedlichen Strategien zunächst in ihrem jeweiligen politischen Kräftefeld analysiert wurden, werden die Ergebnisse der Länderstudien im siebten Kapitel noch einmal unter den Leitfragen der Studie zusammenfassend ausgewertet:

1. Im Hinblick auf die Konzeptionierung der untersuchten Programme stellt sich die Frage: Wie sind schulpolitische Strategien, die versuchen, Kriterien der Vielfalt und der demokratischen Gleichheit in die gegenwärtig eingeführten neuen Steuerungsmodalitäten im Schulbereich zu integrieren, in pädagogischer, methodischer und administrativer Hinsicht gestaltet?
2. Hinsichtlich der Umsetzung in den Schulen stellt sich die Frage nach der Reichweite der Strategien als Instrument für gezielte Veränderungen der Organisationen in egalitärer Absicht.
3. Mit Blick auf das breitere schul- und gesellschaftspolitische Dispositiv, in dem die untersuchten Strategien entwickelt und umgesetzt werden, ist zu fragen, inwiefern die sich unter dem Begriff der Schulautonomie vollziehenden Umbauten der Schulsysteme neue Restriktionen im Umgang mit Pluralität und neue Mechanismen institutioneller Diskriminierung schaffen, die Wirkungen von Maßnahmen, die auf die Verbesserung der Chancengleichheit zielen, unterlaufen.

Den Leitfragen entsprechend gliedert sich das Kapitel in drei Abschnitte. Einleitend erfolgt ein detaillierter Vergleich der Programme auf der *konzeptuellen Ebene*. In einem zweiten Vergleichsschritt werden unterschiedliche *idealtypische Muster institutionellen Wandels* im schulischen Umgang mit Heterogenität rekonstruiert. Ein dritter Vergleichsschritt beleuchtet die *Widersprüche und Grenzen im breiteren Reformkontext der Autonomisierung und Marktsteuerung*.

7.1 Konzeptionierung der Schulentwicklung als Antwort auf Migration

Alle untersuchten Modelle setzen an der Verbesserung des *institutionellen Settings* in Unterricht und Schule an, um Barrieren des Bildungserfolgs von Schülerinnen und Schülern mit Migrationshintergrund und aus Bevölkerungsgruppen mit geringem sozio-ökonomischen Status abzubauen. Dabei werden zentrale Begrifflichkeiten wie „Qualität", „Schulentwicklung", „Unterrichtsentwicklung", „Evaluation" oder „Chancengleichheit" jedoch teilweise sehr unterschiedlich gefüllt. Hinter gemeinsamen Leitbegriffen der politischen Diskussion offenbart sich eine vielfältige und uneinheitliche Praxis. Die unterschiedliche Stoßrichtung der drei untersuchten Strategien lässt sich vor allem an folgenden Punkten festmachen:

- an der *Definition von Qualität* und den konkreten *Interventionsfeldern*,
- an der *pädagogischen Umsetzung der Qualitätsziele* und den *Instrumenten zur Organisationsentwicklung*,
- am Einbezug der *Sprachförderung*,
- an den *institutionellen Systemen der Unterstützung und Kontrolle*,
- am Stellenwert *kritisch-emanzipatorischer Perspektiven* und
- am inhärenten *Kriterium von Chancengleichheit bzw. Chancengerechtigkeit*.

7.1.1 Qualitätsdefinition und Interventionsfelder

Die Qualität von Bildungssystem und Schulen im Hinblick auf die Gegebenheiten moderner Einwanderungsgesellschaften wird in den in Nordrhein-Westfalen, Zürich und England untersuchten Strategien zur Schulentwicklung an unterschiedlichen Kriterien festgemacht. Die divergierenden Leitvorstellungen spiegeln den internationalen Wandel im Begriff der schulischen Bildung wider. Mit der Transformation von Bildung als einem öffentlichen Gut zu einer Dienstleistung und Ware geht die zunehmende Betonung der Leistungsverbesserung in den Grundlagenfächern einher. Erziehungs- und Bildungsaufgaben in einem umfassenderen Verständnis verlieren als Teil des schulischen Auftrags an Bedeutung.

Einen gewissen Ausnahmestatus hat hier das noch weitgehend von der Schulentwicklungsdiskussion der 1980er Jahre geprägte Programm „Gestaltung des Schullebens und Öffnung von Schule" in Nordrhein-Westfalen. Es wurde in den 1990er Jahren verstärkt in den Kontext der neueren Qualitätsdebatte gerückt. Vorrangiges Ziel ist die Förderung *überfachlicher Einstellungen und Haltungen* der Schülerinnen und Schüler, wie personale Mündigkeit, soziale und partizipative Kompetenzen und kulturelle Interessen. Als Interventionsbereich wird primär die *aktive Gestaltung der Schulkultur* nach dem Grundsatz der „Öffnung von Schule" gegenüber ihrem lokalen und regionalen Umfeld bestimmt. Von diesen Aktivitäten werden Auswirkungen auf die pädagogischen Inhalte und Prozesse im regulären Unterricht angenommen. Letztere stehen jedoch nicht im Vordergrund.

Dagegen zielen die im Kontext der neueren Bildungsreformen entstandenen Strategien in England und in der Schweiz in erster Linie auf die Verbesserung der *Leistungen* und der *Beteiligungsquoten* der Kinder und Jugendlichen mit Migrationshintergrund in Schule und Berufsausbildung. Dabei werden jedoch unterschiedliche Wege beschritten.

Das Zürcher Schulentwicklungsprojekt QUIMS will Schulen mit einem höheren Anteil von Kindern aus Einwandererfamilien gezielt unterstützen, damit diese ein hohes Leistungsniveau aufrecht erhalten können. Die Erfolge der Kinder und Jugendlichen mit Migrationshintergrund sollen in Richtung einer durchschnittlichen Bildungsbeteiligung gesteigert werden. Solche Schulen sollen auch für bildungsbewusste Einheimische und Zugewanderte attraktiv bleiben. Im QUIMS-Projekt bezieht sich der Qualitätsbegriff primär auf die *Bedingungen und Prozesse des Lernens* in der Schule. Nach einem von Peter Rüesch erarbeiteten Modell zur Qualitätssicherung im multikulturellen Umfeld (vgl. Rüesch 1999; 2000) werden die Prozesse im Klassenzimmer und die Beziehung der Schule zum Elternhaus als hauptsächlicher Ansatzpunkt für Interventionen bestimmt, flankiert von Maßnahmen auf der Ebene des gesamten Schulhauses und im weiteren institutionellen Umfeld der Schulen. Betont wird vor allem die Notwendigkeit einer Gesamtstrategie.

Anders als in Deutschland und in der Schweiz bezieht sich der Qualitätsbegriff in England primär auf den *statistischen Leistungs-Output* von Schulen und Schulbezirken (*Local Education Authorities*, LEAs). Ein kohärentes System der Qualitätskontrolle umspannt alle schulischen Handlungsebenen, von der nationalen Regierung, über die LEAs und die Einzelschulen bis hin zu den Lehrkräften. „Management durch Ziele" und forcierter Wettbewerb soll die Optimierung sämtlicher Prozesse in Unterricht und Schulmanagement erzwingen. Um ethnische Ungleichheiten und institutionelle Diskriminierung abzubauen wurden eine Reihe *spezifischer Ziele und Instrumente* in die allgemeinen Systeme zur Verbesserung der Schulqualität integriert.

7.1.2 Pädagogische Umsetzung und Instrumente

Analog zu den differenten Qualitätszielen und Interventionsfeldern weisen die drei Modelle große Unterschiede in der pädagogischen Umsetzung und im schulentwicklerischen Vorgehen auf. Im nordrhein-westfälischen Landesprogramm GÖS werden den Schulen sehr breit gefasste pädagogische Leitperspektiven (Schule und Gemeinwesen, Handlungs- und Erfahrungsorientierung, Schule als Lebens- und Erfahrungsraum und Schule als lernende Organisation) und Handlungsfelder (z.B. Kooperation mit außerschulischen Partnern, fächerübergreifendes Lernen, Kooperation der Schule mit Eltern und außerschulischen Partnern) für die Entwicklung von Projekten vorgegeben. Ähnlich vage sind die Leitlinien zum interkulturellen Lernen gefasst. Es werden auch eine

Reihe von Instrumenten zur Organisations- und Schulentwicklung vorgeschlagen (z.B. Erarbeitung gemeinsamer Leitideen und Ziele, gemeinsame Reflexion und Weiterentwicklung des Unterrichts). Betont wird jedoch, dass Innovationen nicht verordnet werden, sondern nur Teil einer von den Schulen selbst zu tragenden „inneren Schulentwicklung" sein können.

Im QUIMS-Projekt werden die inhaltliche Ausrichtung und das methodische Vorgehen der Schulentwicklung weitaus expliziter gesteuert. Von den drei untersuchten Strategien weist QUIMS zweifellos die klarste und elaborierteste *pädagogische* Konzeptionierung auf. Die allgemeinen Qualitätsziele sind mit großer Sorgfalt in Form eines Sets von sechs in sich konsistenten pädagogischen Modulen zur Qualitätssicherung in multikulturellen Schulen operationalisiert worden (Leistungsförderung, Sprachförderung, angepasste Lernbeurteilung und Förderplanung, Einbezug und Mitwirkung der Eltern, Einbezug vor- und außerschulischer Lernanregungen und Gestaltung einer Schulkultur der Anerkennung). Alle Module sind didaktisch aufbereitet. Sie sollen künftig noch weiter standardisiert werden, um den Schulen den Einstieg in diese Aktivitäten zu erleichtern. Die Implementierung einzelner Module erfolgt im Rahmen eines strukturierten Schulentwicklungsprogramms. An methodischem *Know-how* werden den Schulen Strategien zur Organisationsentwicklung aus dem parallel im Kanton entwickelten Projekt „Teilautonome Volksschule" (TaV) an die Hand gegeben (v.a. Einrichtung einer Projektleitung und von Steuer- und Arbeitsgruppen; Zyklus von Projektorganisation, Durchführung und Evaluation). Um einen Wandel der Lernkulturen in einer bestimmten normativen Richtung herbeizuführen wird die Festlegung spezifischer Leitziele betont (etwa die Grundsätze der Integration, der Ablehnung jeglicher Diskriminierung und des Einbezug der Betroffenen; vgl. Sträuli 2000).

Während sich im QUIMS-Projekt die Instrumente des *New Public Management* als „Mittel zum Zweck" begreifen lassen, um die pädagogischen Prozesse in Unterricht und Schulleben in geplanter Weise zu verbessern, scheint das Verhältnis im *Output*-gesteuerten Schulentwicklungsmodell in England genau umgekehrt zu sein. Bei den Maßnahmen zur Verbesserung der Schulerfolge ethnischer Minoritäten-Schülerinnen und -Schüler sticht der *instrumentelle* Charakter ins Auge (z.B. ethnisches *Monitoring, Benchmarks, Targetsetting,* Sprach- und Leistungstests, Lernentwicklungsplanung, effizienter Einsatz der zusätzlichen Fördergelder für ethnische Minoritäten). Veränderungsbemühungen richten sich direkter auf die Leistungsresultate selbst. Der Stellenwert und der Raum für pädagogisches Handeln in der Schule scheinen mit der im englischen Erziehungssystem feststellbaren Tendenz zu einer „Fabrikation" (immer) höherer Leistungsergebnisse zu schrumpfen.

Dieser Wandel der Lernkultur betrifft die Entwicklungs- und Lernchancen aller Kinder. Wie in der untersuchten Primarschule in Süd-London deutlich wurde, ist der der Lernerfolg von Schülerinnen und Schülern mit vergleichsweise geringen Ressourcen und belastenden Lebenshintergründen, jedoch besonders schwer von der Verdrängung umfassenderer Erziehungsaufgaben aus dem Schulalltag betroffen. Die in England festgestellte Einschränkung der Möglichkeiten, Fragen der Pluralität und Gleichheit über Fächergrenzen hinweg und als Element gelebter Schulkultur pädagogisch aufgreifen zu können, unterminiert die Schulen jedoch auch in ihrem Auftrag, alle Kinder und Jugendlichen zur Auseinandersetzung mit diesen Aspekten der Wirklichkeit in Schule und Gesellschaft zu befähigen.

7.1.3 Einbezug der Sprachförderung

Höchst unterschiedlich gestaltet sich auch die Verknüpfung von Vorkehrungen zur sprachlichen Förderung mit den gesamtschulischen Entwicklungsansätzen. Im nordrhein-westfälischen Kontext hat die Sprachförderung zwar traditionell einen zentralen Stellenwert im Schulalltag (in der Nordpark-Schule z.B. die Mütter-Kind-Gruppen vor der Einschulung). Die Schulentwicklung wird jedoch noch wenig systematisch genutzt, um die Spracharbeit gezielter mit dem Lernen im Regelunterricht zu verbinden. Erste Ansätze an der untersuchten Schule ließen sich im Rahmen der Schulprogramm-Arbeit feststellen.

Im QUIMS-Projekt wird der Umgang mit der Mehrsprachigkeit stärker auf das Lernen im Regelunterricht bezogen. Die Verstärkung der Sprachförderung ist als spezielles Modul zur Schulentwicklung verankert und durchzieht als Querschnittsdimension auch alle anderen Module. Der Zürcher Ansatz demonstriert, dass sich vorhandene Ressourcen im Rahmen gesamtschulischer Strategien effektiver und effizienter einsetzen lassen. Es kommt beispielsweise zur vermehrten Zusammenarbeit der Speziallehrkräfte für den Unterricht in heimatlicher Sprache und Kultur (HSK) und Deutsch als Zusatzsprache mit den Klassenlehrerinnen und -lehrern im Unterricht oder etwa bei der Förderdiagnostik und -planung und allfälligen Lernbeurteilungen und Zuweisungsentscheidungen.

Die englische Schulpolitik geht mit den Instrumenten des *Ethnic Minorities Achievement Grant* (EMAG) und der *Literacy*-Stunde noch einen Schritt weiter. Mit dem EMAG wird eine gezielte Förderung der Leistungen von Kindern und Jugendlichen, die einer ethnischen Minoritätengruppe angehören, auf allen Schulstufen etabliert. Durch dieses Instrument wurde die Sprachförderung aus der traditionellen Funktion, Kenntnisse in Englisch als zusätzlicher Sprache vor allem in der Schuleingangsphase zu vermitteln, gelöst. Eng gekoppelt an die Leistungsresultate kann zusätzliche Sprachförderung nun weitaus spezifischer erfolgen (z.B. Förderung im Bereich der Fachsprache in Mathematik oder Naturwissenschaften in der Sekundarstufe). Die EMAG-Lehrinnen und -Lehrer sollen neben der Arbeit mit den Kindern und Jugendlichen auch spezielle Aktivitäten im Bereich der Schulentwicklung, die die Mehrsprachigkeit betreffen, initiieren. Durch dieses verbreiterte Aufgabenspektrum der Förderlehrkräfte wird die bessere Rückkopplung mit anderen relevanten Feldern der Schulentwicklung gewährleistet. Ein Teil der EMAG-Gelder ist zudem für die Fortbildung der *Mainstream*-Lehrerinnen und -Lehrer vorgesehen, mit denen die EMAG-Lehrkräfte eng kooperieren. Verknüpft mit dem EMAG ist die tägliche *Literacy-*

Stunde, die auch zur Vermittlung von Englisch als zusätzlicher Sprache konzipiert wurde. Die im Rahmen des EMAG durchgeführten Aktivitäten zielen auf eine möglichst rasche Integration der Kinder in den regulären *Literacy*-Unterricht. Der Anfang der 1990er Jahre abgeschaffte Muttersprachliche Unterricht wurde nicht wieder eingeführt. Ein professioneller und wertschätzender Umgang mit den Erstsprachen der Schülerinnen und Schüler gilt jedoch als unverzichtbares Element in der Arbeit mit Kindern, die einer ethnischen Minderheit angehören.

7.1.4 Institutionelle Systeme der Unterstützung und Kontrolle

Im Rahmen des nordrhein-westfälischen Landesprogramms GÖS bewegen sich die Verbindlichkeit, der Umfang der materiellen und fachlichen Unterstützung durch die zentrale Koordinierungsstelle am Landesinstitut für Schulentwicklung, die Vorgaben für Projekte und die Kontrolle der Aktivitäten und ihrer Wirkungen auf einem sehr niedrigen Niveau. Beispielsweise erfolgt die Teilnahme gänzlich auf freiwilliger Basis. Das Ergebnis ist, dass sich nur relativ wenige Schulen entscheiden, Projekte in Bezug auf die sprachliche und kulturelle Vielfalt zu initiieren.

Mit dem QUIMS-Projekt streben die Behörden im Kanton Zürich ein Modell zur Qualitätssicherung an, das auf alle Schulen mit höheren Anteilen von Migrantenkindern und -jugendlichen übertragen werden kann und mit einem neuen Volksschulgesetz institutionalisiert werden soll. Die Schulen sollen durch attraktive Anreize in Form materieller und fachlicher Unterstützung zur Teilnahme motiviert werden. Zur zeitlichen Entlastung der sich engagierenden Lehrpersonen, zum Einbezug externer Fachleute für Fortbildungen und Beratungen sowie zur Realisierung einzelner Teilprojekte werden Geldmittel in ausreichendem Umfang zur Verfügung gestellt. Vorgegeben ist ferner ein strukturiertes Schulentwicklungsprogramm. Die Schulen erhalten eine Schulbegleitung. Der Kanton sorgt des Weiteren für den Aufbau von Fortbildungsangeboten für die involvierten Lehrkräfte, Informations- und Arbeitsmaterialien, den Transfer von Erfahrungen und Hilfen zur Vernetzung der beteiligten Schulen und anderer interessierter Einrichtungen. Bei der Projektsteuerung wurde bald die Notwendigkeit erkannt, unterschiedliche laufende Reformmaßnahmen, die für die Integration von Kindern und Jugendlichen mit Migrationhintergrund ausschlaggebend sind, zu bündeln und Synergieeffekte zu ermöglichen, statt die Schulen mit zusammenhanglosen Projekten zu überfrachten. Beispielsweise Schulen, die gleichzeitig am Projekt „Teilautonome Volksschule" (TaV) und an QUIMS teilnahmen, wurde ermöglicht, mit letzterem den obligatorischen pädagogischen Schwerpunkt im Rahmen von TaV abzudecken.

In England ist der Institutionalisierungsgrad von Maßnahmen zum Abbau von Bildungsungleichheiten weitaus höher als in den Vergleichsländern. Das Ziel, die Leistungen ethnischer Minoritätenschülerinnen und -schüler zu verbessern und signifikante Gruppenunterschiede zu minimieren, ist seit Ende der 1990er Jahre offizielle Regierungspolitik. Maßnahmen im Bildungsbereich sind als Element der staatlichen Antidiskriminierungspolitik institutionalisiert. Im Rahmen des kohärenten *top-down*-Systems der Qualitätskontrolle werden alle Schulen und lokalen Schulbehörden in die Pflicht genommen, ethnischen Ungleichheiten aktiv zu begegnen. Die Mechanismen der Rechenschaftslegung, Zielformulierung, materieller und fachlicher Unterstützung in vielfältigen Formen und der Kontrolle greifen auf allen Handlungsebenen im Erziehungssystem, in den LEAs und in den Schulen. Wie schon aufgezeigt, werden die Lernbedürfnisse von Schülerinnen und Schülern mit Englisch als zusätzlicher Sprache in allen Schulformen berücksichtigt. Durch die Revision des Nationalen Curriculums unter Gesichtspunkten der ethnischen Diversität und die Einführung des Unterrichtsfachs *Citizenship Education* steht die Auseinandersetzung mit Fragen der ethnischen Gleichheit, des Rassismus und der Diskriminierung in allen Schulen auf den Lehrplänen. Auch in der Erstausbildung der Lehrerinnen und Lehrer werden Themen der Pluralität und Chancengleichheit seit Ende der 1990er Jahre wieder verstärkt beachtet.

Die materielle Unterstützung ist insgesamt weitaus geringer als in der Schweiz. Während die QUIMS-Schulen einen Pauschalbetrag zur Entwicklungsarbeit erhalten, erfolgt die Zuweisung zusätzlicher finanzieller Mittel aus dem EMAG in England nach dem Prinzip der pro-Kopf-Finanzierung. Schulen mit vielen Kindern, die einer ethnischen Minorität angehören, verfügen dadurch über weitaus höhere Mittel als solche mit geringen Anteilen, um zusätzliche Lehrkräfte einstellen und entsprechende Fördermaßnahmen und Entwicklungsvorhaben realisieren zu können. Faktisch läuft dies darauf hinaus, dass ähnlich wie in der Schweiz, anspruchsvollere Projekte zur Leistungsförderung ethnischer Minoritäten hauptsächlich in Schulen ermöglicht werden, an denen diese Gruppen in höheren Anteilen anzutreffen sind.

7.1.5 Kritisch-emanzipatorische Perspektiven

In den Länderstudien zeichnet sich ein Bedeutungswandel der in den 1980er Jahren entwickelten pluralistischen und antirassistischen Bildungskonzepte im Kontext der aktuellen Schulqualitätsdiskussion ab. Der Themenschwerpunkt „Interkulturelle Verständigung" im nordrhein-westfälischen Landesprogramm GÖS basiert noch auf den begegnungs- und konfliktorientierten Ansätzen interkultureller Erziehung, wie sie in Deutschland vor allem in den 1980er Jahren aus der Kritik an der kompensatorischen Programmatik der Ausländerpädagogik hervorgegangen sind. Dabei wird interkulturelles Lernen als Themengebiet für alle Schulen, unabhängig von der Anwesenheit von Migrantenkindern und -jugendlichen, bestimmt.

In der Zürcher- und in der englischen Herangehensweise wird dagegen ein Perspektivenwechsel betont. Im Vordergrund soll nicht mehr die Verbesserung der sozialen Beziehungen stehen, sondern das Lerngeschehen im Unterricht. Interkulturelle und antirassistische Erziehungsaspekte werden nicht als überflüssig erachtet. Sie sollen jedoch stärker auf das Ziel, Bildungsungleichheiten abzubauen, bezogen werden. An diesem Punkt weisen die beiden Modelle jedoch in eine unterschiedliche Richtung:

In England zeichnet sich die Tendenz ab, dass unter dem übergeordneten Ziel höherer Standards eine eklektizistische Ansammlung „multikultureller" und „antirassistischer" Erziehungskonzepte aus den 1970er und 1980er Jahren wiederbelebt werden. Pragmatisch verkürzt und reinterpretiert im neuen hegemonialen Diskurs des *School Improvement* ist ihnen jedoch der Stachel der Kritik gezogen, durch den sie ehemals zum Aufbrechen etablierter Denkweisen in Bezug auf Fragen der Ethnizität, Bildung und Gleichheit beigetragen haben. Das Ergebnis sind flaue, wenig glaubwürdige Konzepte (vgl. z.B. Sewell 1997), wie zum Beispiel die starke Betonung hoher Leistungserwartungen an schwarze Schülerinnen und Schüler oder der Einsatz positiver schwarzer Rollen-Modelle zur Stärkung des Selbstbewusstseins, während die Machtverhältnisse in Schule und Gesellschaft nicht thematisiert werden. Unterlegt ist ein oberflächlicher Multikulturalismus und ein verkürztes Verständnis von Rassismus und Diskriminierung als Resultat individueller Vorurteile.

Am QUIMS-Modell überzeugt, dass Aspekte der Heterogenität und Chancengleichheit das zentrale Anliegen aller Qualitätsmodule darstellen, die wiederum auf Veränderungen in den Kernbereichen des schulischen Handelns zielen. Im Unterschied zur interkulturellen Erziehung der 1980er Jahre besteht das Neue darin, dass ethnische und sprachlich-kulturelle Differenzen potentiell stärker aus den konkreten Belangen der Unterrichts- und Betreuungspraxis heraus wahrgenommen und zum Gegenstand pädagogischer Entwicklungsarbeit werden sollen. Trotz dieser Verlagerung des Interventionspunkts von den Individuen und den sozialen Beziehungen auf die institutionellen Strukturen und Prozesse bleibt die Auseinandersetzung mit unterschiedlichen Identitäten, Zugehörigkeiten und Erfahrungen und den Machtverhältnissen in Schule und Gesellschaft nicht ausgeblendet.[210] In der QUIMS-Konzeption deutet sich – zumindest theoretisch – die Verbindung schulischer Qualitätsentwicklung und -sicherung mit der Perspektive einer systematischen Dekonstruktion und Transformation der schulischen Strukturen, Lehr- und Lerninhalte, Unterrichtsdidaktiken und Alltagskulturen unter Gesichtspunkten der Pluralität und Gleichheit an. Konsequenterweise müsste dieser Ansatz allerdings auf alle Schulen übertragen werden – auch auf Schulen mit wenigen oder gar keinen Schülerinnen und Schülern mit Migrationshintergrund.

7.1.6 Kriterium von Bildungsgerechtigkeit

Auf der Basis der bisherigen Kontrastierung der drei Strategien lassen sich die in den untersuchten Programmen explizierten oder inhärenten, eher aus dem Gesamtkontext erschließbaren Kriterien von Chancengerechtigkeit oder Chancengleichheit folgendermaßen unterscheiden:

Im nordrhein-westfälischen Landesprogramm wird Chancengleichheit zwar als Motiv angeführt, was damit konkret gemeint ist, bleibt jedoch diffus. In Anlehnung an die oben schon dargestellte Kategorisierung unterschiedlicher Konzeptionen von Chan-

---

210 Vgl. die Ausführungen zu den einzelnen Modulen in Mächler et al. (2000).

cengleichheit von David Gillborn und Deborah Youdell (2000, 2f.)[211] wäre das diesem Ansatz inhärente Kriterium von Chancengleichheit am ehesten als „Gleichheit der Zugangsvoraussetzungen" *(equality of circumstance)* einzuordnen. Obgleich der Fokus auf dem bewusst unter Gesichtspunkten der Pluralität und der Chancengleichheit zu gestaltenden schulischem Setting liegt – im Bereich der „Interkulturellen Verständigung" wird beispielsweise eine hinterfragende Haltung hinsichtlich der eigenen Deutungs- und Definitionsweisen als Lehrerin oder Lehrer und der pädagogischen Arrangements in der Schule als Grundvoraussetzung postuliert – hält dieser Ansatz dem nächsthöheren Kriterium „Gerechtigkeit in der Partizipation bzw. Behandlung" *(equity of participation/treatment)* nicht mehr stand. Dazu müsste der Blick systematischer auf die Gesamtheit der Prozesse und Strukturen gerichtet sein, die für die alltägliche Praxis konstitutiv sind.

Das Schweizer QUIMS-Projekt wird zwar mit dem Ziel begründet, dass sich die Bildungserfolge der Migrantenkinder und -jugendlichen einer durchschnittlichen Bildungsbeteiligung annähern sollen. Die Festlegung konkreterer Ziele für die Arbeit in den Schulen, die der Umsetzung dieses Kriteriums entsprechen würden, wie auch die Einführung von Instrumenten zur Kontrolle der Zielerreichung (z.B. systematisches ethnisches Monitoring) fehlen jedoch bisher. So dürfte die Arbeit im Rahmen des QUIMS-Projekts faktisch eher einem schwächeren Chancengleichheitskriterium entsprechen, das sich zwischen der Verbesserung individueller Zugangsvoraussetzungen und der Gerechtigkeit in der Partizipation und Behandlung bewegt.

Während die in der Anfangsphase der Labour-Regierung ergriffenen Maßnahmen zur Bekämpfung der Bildungsbenachteiligungen ethnischer Minoritäten ebenfalls noch auf einem weichen Kriterium von Chancengleichheit als Verbesserung ungleicher Zugangsvoraussetzungen zielten, werden seit 1999 verstärkt die Aspekte der Gleichbehandlung und der Ergebnisgerechtigkeit betont. Die neuen Initiativen basieren auf einem klaren Begriff institutioneller Diskriminierung. Auffälligkeiten in den statistischen Leistungsresultaten einzelner Bevölkerungsgruppen sollen systematisch genutzt werden, um die Problemursachen in Unterricht und Schule aufzudecken und einer Veränderung zuzuführen. Die Strategien zur Verbesserung der Chancengleichheit im Rahmen der *School Improvement*-Systeme sind mit dem im Jahr 2000 verbesserten Antidiskriminierungsgesetz verzahnt. Auffällig ist die Ausblendung der breiteren strukturellen Ursachen der Ungleichheit (z.B. Benachteiligungseffekte durch den Markt und durch die soziale Segregation) in den neuen Instrumentarien.

Im Folgenden wird aufgezeigt, dass sich die teilweise stark divergierenden Konzepte zur Schulentwicklung auch in recht unterschiedlichen Dynamiken bei ihrer Umsetzung in der Praxis manifestieren.

---

211 Vgl. Kapitel 3, Fußnote 39.

7.2 Dynamiken organisationalen Wandels

Die exemplarischen Fallstudien dreier Grundschulen vermitteln einen praxisnahen Eindruck von den teilweise recht unterschiedlichen Veränderungsdynamiken in den Organisationen. Es zeigt sich, dass auch in Schulen, die die besonderen Voraussetzungen und Bedürfnisse einer sprachlich und sozio-kulturell heterogenen Schülerschaft als Herausforderung begreifen und eine engagierte pädagogische Entwicklungsarbeit betreiben, Mechanismen institutioneller Diskriminierung weitgehend unangetastet bleiben können. Diese Beobachtung wirft die Frage auf, inwiefern die untersuchten Ansätze zur Schulentwicklung tatsächlich geeignet sind, zur Veränderung organisatorischer Strukturen, Programme, Kommunikationsmuster und Routinen unter der Zielsetzung ethnischer Gleichheit beizutragen.

Bereits die Frage, *was* eigentlich genau verändert werden soll, wird äußerst unterschiedlich beantwortet. Sollen die Leistungsergebnisse oder die pädagogischen Prozesse verändert werden? Inwiefern werden die Kernaktivitäten der Organisation ins Visier genommen? Zielt die Entwicklungsarbeit auf eine kurzfristige Anpassung der Organisation an bestimmte Problemlagen oder auf den längerfristigen Aufbau neuer Leistungspotentiale? Die untersuchten Fälle unterscheiden sich ebenso im *wie* des geplanten Wandels. Differenzen bestehen etwa in der Frage, wer alles in die Entwicklungsarbeit einbezogen wird, welche Instrumente verwendet werden oder inwiefern die Schulentwicklung einen diskursiven Austausch über Problemwahrnehmungen und Deutungsmuster der beteiligten Akteure einschließt oder eher über konkrete praktische Zusammenarbeit erfolgen soll.

Um ihre potentielle Veränderungswirkung genauer zu erfassen, kann die Untersuchung auf eine von Werner Heller und Kollegen (vgl. Heller u.a. 2000) entwickelte Unterscheidung zwischen zwei verschiedenen Formen von Schulentwicklung zurückgreifen. Heller et al. verstehen unter *Schulentwicklung in einem weit gefassten Verständnis* eine Vielzahl von Aktivitäten, die eher den Charakter einer *situations- und problemspezifischen Anpassung* der Organisationen an sich verändernde Voraussetzungen darstellen. Im gemeinsamen Handeln soll die Schule als Ganzes oder in einzelnen Handlungsfeldern verändert werden, um spezielle Aufgaben effektiver zu erfüllen. Dabei wird ein gradueller Wandel der Arbeitskultur einer Schule angenommen. Die Strukturen und Praktiken der Organisation an sich stehen jedoch nicht im Zentrum der pädagogischen Entwicklungsarbeit.

Ein zweites *restriktiveres Kriterium von Schulentwicklung*, das Bezüge zum *Organisationslernen*[212] aufweist, behalten Heller et al. für Aktivitäten vor,

> „(a) wenn auf irgendeiner Ebene organisierter Bildung ein zielgerichteter Prozess stattfindet, der zur Veränderung des Potentials an leistungsbezogenen Handlungsprogrammen der Organisation, das heißt zur Veränderung der Organisation selbst führt [...] (b) wenn dieser Prozess sich auf die Herausbildung eines Metasystems innerhalb der Organisation abstützt,

---

212 Vgl. auch Rosenmund et al. (1999).

das gegenüber den bestehenden operativen Einheiten und deren Routineleistungen abgehoben und das zur Reflexion bestehender Strukturen und Prozesse sowie zur Durchsetzung veränderter Handlungsprogramme in der Lage ist [...] (c) wenn der Prozessverlauf dadurch charakterisiert ist, dass die beteiligten Akteure ihre Deutungen der bestehenden und der wünschbaren Situation explizit machen und untereinander austauschen, dass sie Vereinbarungen bezüglich dieser Situationsdeutungen und der erforderlichen Maßnahmen treffen und in Aktionen umsetzen und dass sie dabei neu entstehende Situationen wiederum einem gemeinsamen Deutungsprozess unterziehen" (Heller et al. 2000, 13f.).

Dieser doppelte Schulentwicklungsbegriff trägt der Tatsache Rechnung, dass nicht alle sinnvollen und wertvollen Aktivitäten, die in Schulen initiiert werden, um ihr Angebot besser an einer heterogenen Schülerschaft auszurichten, Schulentwicklung im engeren Sinne sind und sein müssen. Schulentwicklung im engeren Sinne könne auch nicht permanent stattfinden. Im Idealfall würden Phasen relativer Stabilität und Phasen der Entwicklung in Organisationen abwechseln. Das geforderte „Metasystem" definiert sich für Heller et al. dadurch, dass es einen hinreichenden Grad an Autonomie gegenüber den Zwängen der alltäglichen Routinen aufweist. Es müsse in der Lage sein, mit eigenen Beobachtungs- und Bewertungskriterien die organisatorischen Strukturen und Arbeitsweisen zu objektivieren:

„Entscheidend ist, dass – im Vergleich zu den bestehenden Alltagsroutinen – ein Diskurs ‚eigener Art' geführt wird, dessen Gegenstand genau das Feld der Alltagsroutinen ist und der dieses Feld nicht in dessen eigenen Kategorien und Kriterien reflektiert" (ebd., 16).

Weiterhin bezieht sich der erwähnte Deutungsprozess nicht auf beliebige Phänomene. Er wird streng an die Wendepunkte einer Prozessstruktur von Standortbestimmung, Zielvereinbarungen, Handlungsplanung, Aktion und Ergebnisbeurteilung (nicht zwingend in linearer Abfolge) gebunden. Die von Heller et al. entwickelten theoretischen Überlegungen trennen zwischen dem *Output* und dem Leistungs*potential* von Schulorganisationen. Schulentwicklung wird nicht in erster Linie und allein an quantitativ messbare Ergebnisse geknüpft, die die Organisation hervorbringt, sondern an die Verhaltensprogramme und Leistungspotentiale der operativen Einheiten.

Diese Überlegungen lassen sich als Folie nutzen, um das Potential der drei untersuchten Strategien, zu organisationalen Veränderungen beizutragen, genauer zu betrachten. Auf der Basis der Ergebnisse der Länderstudien lassen sich drei idealtypische Muster rekonstruieren:
- die Anreicherung von Unterricht und Schulleben um Aspekte der Diversität (v.a. Interkulturelle Verständigung als GÖS-Schwerpunkt),
- die *Output*-gesteuerte Steigerung der Leistungen ethnischer Minderheitengruppen (Strategien zur Verbesserung der Schulerfolge ethnischer Minoritäten im Rahmen des schoolimprovemet-Modells in England) und
- Prozesse organisationalen Lernens im Umgang mit Pluralität und Gleichheitszielen (v.a. QUIMS).

Die genannten Typisierungen lassen sich überwiegend mit einem der drei untersuchten Programme in Verbindung bringen. Aufgrund der Unabgeschlossenheit der Innovationsprozesse in den einzelnen Ländern und der Komplexität organisationaler Veränderungen, die zum Beispiel immer auch von individuellen Präferenzen und mikropolitischen Konstellationen in einer Schule abhängen, weisen sie jedoch jeweils darüber hinausgehende Elemente auf.

7.2.1 Anreicherung von Unterricht und Schulleben um Aspekte der Vielfalt

Der Ansatz der Schulentwicklung im Rahmen des Schwerpunktes „Interkulturelle Verständigung" im nordrhein-westfälischen Landesprogramm GÖS lässt sich primär als *Anreicherung* von Unterricht und Schulleben um Aspekte der Diversität und Pluralität typisieren. Die pädagogische Entwicklungsarbeit hat hauptsächlich den Charakter einer situations- und problemspezifischen Adaptation der Organisationen an migrationsbedingt veränderte Voraussetzungen. Wie schon im vorangegangenen Abschnitt aufgezeigt, sind systematische Veränderungen der Kernaktivitäten der Organisation nicht das Ziel. Beispielsweise wurden die Projektideen vor allem in den Fächern Sachunterricht, Religion und Sport umgesetzt; ein anderes wichtiges Handlungsfeld waren zusätzliche Förderangebote an den Nachmittagen.

Dennoch lässt sich ein gewisser *gradueller Wandel* der schulischen Strukturen und Arbeitsabläufe, wie er von Heller et al. (2000) postuliert wird, an der Nordpark-Schule gut beobachten. Die Schule hatte im Rahmen ihrer langjährigen Teilnahme am Landesprogramm GÖS und an anderen Entwicklungsprojekten (z.B. zur Verbesserung des Einschulungserfolges von Migrantenkindern) ihr Repertoire an Handlungsmöglichkeiten im Umgang mit der sprachlichen, sozio-kulturellen und religiösen Vielfalt in Stadtteil und Schule beträchtlich erweitert. Herausragende Ergebnisse dieser Aktivitäten waren die breite Palette an Freizeitangeboten, die interreligiöse Arbeit und das Programm der Feste und Feiern im Jahreskreis. Hinzu zählen lässt sich aber auch das Geschick der lange an der Schule tätigen Lehrkräfte, in ihrem Umfeld Ressourcen unterschiedlicher Art für einzelne Entwicklungsvorhaben zu erschließen. Auswirkungen auf das pädagogische Ethos der Lehrerinnen und Lehrer zeigten sich zum Beispiel im hohen Stellenwert der Kooperation mit Eltern und anderen Bewohnerinnen und Bewohnern des Stadtteils, sowie in einem um sozialpädagogische Aspekte erweiterten Rollenverständnis.

In Bezug auf das *wie* der Veränderung sticht an der Nordpark-Schule (wie in den anderen Fallstudien) die starke Abhängigkeit der Initiativen von der Schulleiterin und einer kleinen Gruppe aktiver Unterstützerinnen und Unterstützern hervor. Eine inhaltliche Verständigung über die Ziele und Inhalte der Schulentwicklung im gesamten Kollegium fand kaum statt. Einzelne Lehrpersonen schienen GÖS-Ideen eher in Eigeninitiative in ihrer Praxis umzusetzen. Dabei füllten sie die Idee der Schulöffnung – auch im Hinblick auf die sprachliche und sozio-kulturelle Heterogenität – individuell unterschiedlich (z.B. Schulöffnung als Akzeptanz der sprachlichen Heterogenität im

Unterricht oder als Ausweitung sozialarbeiterischer Tätigkeiten). Dieses Muster wurde ansatzweise durch die im Zuge der Autonomisierung neu eingeführte Verpflichtung zur Schulprogrammarbeit, die von einigen Lehrkräften vehement abgelehnt wurde, durchbrochen. Im Rahmen der Arbeit am Schulprogramm war ein ernsthafter Austausch über den Umgang mit Sprachproblemen im Unterricht in Gang gekommen, der zur Entwicklung neuer gesamtschulischer Strategien führte (z.B. die Arbeit mit Lernwörterkarteien in allen Klassen). In der von Konflikten belasteten Situation im Kollegium hatten die Schulleiterin und die Konrektorin aber generell wenig Chancen, von ihnen bevorzugte weitreichendere Auffassungen von „Schulöffnung" und „Schulentwicklung", durchzusetzen.

Aber mit Ausnahme des Themas „Mehrsprachigkeit" ließ sich ein systematischer diskursiver Austausch über bestehende Problemwahrnehmungen und Deutungsmuster im Umgang mit der sprachlichen und sozio-kulturellen Heterogenität in der Nordpark-Schule nicht beobachten. Im Gegenteil – am Beispiel der Elternarbeit wird ersichtlich, wie neu an die Schule kommende Lehrpersonen von den schon länger an der Schule tätigen Kolleginnen und Kollegen in institutionalisierte Sichtweisen im Umgang mit Migrantinnen und Migranten quasi „hinein sozialisiert" werden. Diese Praxis trug zur Konservierung eines bestimmten Repertoires an Deutungsmustern (z.B. über den Erziehungsstil in türkischen Familien), das stark von kulturalistischen Zuschreibungen in der Tradition einer Defizitperspektive geprägt war, bei.

7.2.2 *Output*-gesteuerte Steigerung der Leistungen benachteiligter Gruppen

Im Rahmen der *Output*-gesteuerten Strategien zur Verbesserung der Leistungsresultate ethnischer Minoritäten-Schülerinnen und -Schüler in England bleibt die systematische Reflexion und Verbesserung schulischer Arbeitsweisen eng an den Zweck der Leistungsverbesserung und die dazu verfügbare Technologie gekoppelt. Ein erklärendes Nachweisen von Wirkungszusammenhängen des Systems, das über die Beschreibung von Systemleistungen hinausgeht, ist nicht das primäre Anliegen solcher Verfahren. Hier stellt sich die Frage, inwiefern die Instrumente des *Schoolimprovement* – obwohl sie, wie oben aufgezeigt, auf die Kernbereiche des schulischen Handelns zielen und von einem klaren Kriterium der Ergebnisgerechtigkeit in Leistungsresultaten und Abschlüssen ausgehen – tatsächlich geeignet sind, um institutionelle Diskriminierung in Schulorganisationen sichtbar zu machen und zu verändern.

Die eher skeptische Einschätzung lässt sich am Fallbeispiel der Brook-Schule untermauern. In der Brook-Schule stand zum Zeitpunkt meiner Feldforschung im Sommer 1999 die Aufnahme und Integration von Flüchtlingskindern im Mittelpunkt. Vor allem die an der Schule lokalisierten Speziallehrkräfte für die Unterstützung von Kindern aus ethnischen Minoritätengruppen waren versiert, bei extrem hoher Fluktuation die Neuankömmlinge in kurzer Zeit in die Systeme der Leistungsförderung einzubeziehen (v.a. durch sorgfältige Testpraxis, *Targetsetting*, *Monitoring* und effektive Verwendung von Ressourcen zur Förderung von Kindern mit Englisch als zusätzlicher

Sprache). Unter der Zielsetzung einer raschen Integration in den Regelunterricht funktionierte die Kooperation zwischen Fach- und Klassenlehrkräften, die ebenfalls eine hohe Sensibilität in Bezug auf Fragen der Mehrsprachigkeit aufwiesen, routiniert. Als Erfolgsgeheimnis der Schule galt die Verbindung der Instrumente zur Leistungsverbesserung mit einer kindzentrierten Arbeitsweise. Kindzentriert arbeiten bedeutete an der Brook-Schule auch eine ausgeprägte Bereitschaft, zugunsten der Bedürfnisse der (vielfach traumatisierten) Kinder, Störungen der regulären Abläufe in Kauf zu nehmen. Bei Bedarf wurden einzelne Kinder auch altersunabhängig eingestuft oder Eltern und Geschwister im Unterricht zugelassen. Auf diese Weise gelang es, unter extrem schwierigen Voraussetzungen relativ gute Leistungsergebnisse zu erzielen und ein in akademischer und sozialer Hinsicht außerordentlich positives Schulklima aufrecht zu erhalten.

Unter der Fragestellung der institutionellen Diskriminierung ist interessant, dass Mechanismen der Benachteiligung von Kindern mit einem ethnischen Minoritäten-Hintergrund, die in den Systemen des *School Improvement* und in den Marktbedingungen selbst angelegt sind (z.B. Benachteiligungen von Kindern mit Englisch als zusätzlicher Sprache in den nationalen Leistungstests, negative Effekte der zunehmenden Curricularisierung, Benachteiligungen durch die sozio-ökonomische deprivierte Situation der Schule) von vielen befragten Lehrerinnen und Lehrern thematisiert und kritisiert wurden. Hinweise auf ein Erkunden von Strukturen und Arbeitsabläufen und einen diskursiven Austausch von Problemwahrnehmungen und Deutungsmustern im Kollegium fanden sich allerdings nicht. Ein systematischeres Explorieren schulischer Arbeitsabläufe schien eher in einzelnen Arbeitseinheiten stattzufinden und dabei wesentlich auf die Umsetzung vorgegebener Ziele (z.B. Leistungsverbesserung von Risikogruppen, Implementierung der *Literacy*-Stunde in der Schulorganisation) bezogen zu sein.

Auch in der Brook-Schule lässt sich der Einfluss der Mikropolitik für schulischen Wandel nachzeichnen. Der Schulleiter stand inhaltlichen Diskussionen eher skeptisch gegenüber. Er favorisierte die *praktische Zusammenarbeit* der Lehrerinnen und Lehrer als Weg, um eine gleichgerichtete Praxis zu erreichen und aufrecht zu erhalten. Die Leiterin des Teams der *Section*-11-Lehrkräfte konnte ihre Vorstellungen einer programmatischen Entwicklungsarbeit zu gleichheitsrelevanten Themen (z.B. gemeinsame Fortbildungen und Erarbeitung einer Schul-*policy* zur Verbesserung der Arbeit mit Flüchtlingen) nicht durchsetzen. In der gut funktionierenden arbeitsteiligen Struktur hatte sie jedoch im Kollegium ebenfalls eine einflussreiche Position, so dass sie einen Teil ihrer Vorstellungen dennoch umsetzen konnte. Dieses Beispiel verweist auf die Bedeutung der Institutionalisierung bestimmter für Gleichheitsfragen zuständiger Rollen und Ämter in Organisationen, um entsprechende Veränderungen voran zu bringen.

Auf dem Hintergrund dieser Konstellationen ist es nicht überraschend, dass das Bewusstsein und die Reflektiertheit in Bezug auf Themen der Pluralität und Gleichheit im Kollegium sehr unterschiedlich ausgeprägt war. Je nach individuellen Präferenzen (und vermutlich auch Ausbildung) bezogen die Lehrerinnen und Lehrer multiethnische oder antirassistische Erziehungskonzepte in ihre Arbeit ein. Auffallend war, dass solche Konzepte eher als individuelle Schwerpunktsetzung dargestellt wurden. Während die *Section*-11-Lehrerinnen und Lehrer, einige ältere Lehrpersonen und vor allem auch einige engagierte Lehrkräfte, die einer ethnischen Minderheit angehörten, sehr bewusst mit Themen der ethnischen Gleichheit und des Rassismus umgingen, stand ein größerer Teil der Lehrerschaft diesen Fragen auch eher indifferent gegenüber. Dennoch finden sich im Interviewmaterial wenig ethnisierende Zuschreibungen. Stereotypisierungen und defizitorientierte Annahmen beziehen sich allerdings auf die sozio-ökonomische Armut im Stadtbezirk.

7.2.3 Schule als lernende Organisation im Umgang mit Heterogenität

Die Konzeption des QUIMS-Projekts entspricht eher dem von Heller et al. (2000) skizzierten restriktiven Kriterium von Schulentwicklung, das Bezüge zum „Organisationslernen" aufweist. Diese Einschätzung lässt sich durch die exemplarische Studie der Grünberg-Schule im Kanton Zürich empirisch unterfüttern. Hier nutzten die Lehrerinnen und Lehrer den Einstieg in die Projekte „Teilautonome Volksschule" (TaV) und QUIMS gezielt als Handlungsrahmen, um sich an neue Möglichkeiten im Umgang mit der sprachlich und sozio-kulturell heterogenen Schülerschaft heranzutasten.

Es war interessant zu beobachten, dass im Zuge des Einstiegs in das TaV-Projekt zunächst eine intensive Phase der Teamentwicklung und der Etablierung neuer Arbeitsstrukturen im Kollegium einsetzte (z.B. Einbezug einer externen Teamsupervision). Dies förderte einen demokratischen Diskussionsprozess über inhaltliche Zielsetzungen, pädagogischen Handlungsbedarf und die Arbeitsweisen der Schule, mit dem Resultat, dass die Teilnahme am QUIMS-Projekt als pädagogischer Schwerpunkt des Schulprogramms beschlossen wurde. In diesem Prozess schienen die Lehrerinnen und Lehrer das nötige gegenseitige Vertrauen aufgebaut zu haben, um gemeinsam die eigene Praxis im Umgang mit der sprachlich und sozio-kulturell heterogenen Schülerschaft zu erkunden. Sie begannen vorsichtig, mit alternativen Unterrichtsstilen und Formen der Kooperation zu experimentieren (z.B. klassen- und fächerübergreifender Unterricht, Teamteaching, Fächerabtausch, gegenseitige Unterrichtsbesuche, Entwicklung einer Feedback-Kultur). In der im Rahmen der QUIMS-Arbeit vorgesehenen Diagnose-Phase wurden dann einige Monate später die Module „Verstärkte Sprachförderung" und „Zusammenarbeit der Schule mit den Eltern" als Entwicklungsschwerpunkte ausgewählt und erste Projekte initiiert.

Ähnlich wie in der untersuchten Londoner Primarschule fanden sich relativ geringe Tendenzen zur Ethnisierung. Stereotypsierungen bezogen sich eher auf soziale Benachteiligungen, von denen vielen Familien im Stadtteil betroffen waren. In den Gesprächen, Interviews und Beobachtungen an der Grünberg-Schule konnte ich einen Eindruck davon gewinnen, wie die QUIMS-Arbeit, die zunächst einmal an den konkreten Arbeitsbedürfnissen und Unterrichtsproblemen der Lehrerinnen und Lehrer ansetzte, für Erscheinungsformen ethnischer und sozialer Ungleichheit wie auch für Stereotypisierungen im eigenen Denken sensibilisierte. Dabei schien es für die Lehrerinnen und Lehrer naheliegender und einfacher, mögliche Ursachen von Bildungsungleichheiten zu thematisieren, die dem individuellen Unterrichtshandeln zuzuschreiben waren als dem organisatorischen Gesamtsetting der Schule (z.B. dass die Idee des „Niveauunterrichts" nicht kritisch hinterfragt wurde). Jedoch auch für letzteres fanden sich Beispiele, wie etwa die Thematisierung von Ungerechtigkeiten beim Übergang in die weiterführenden Schulen seitens der Schulleiterin.

Insgesamt erweist sich im Vergleich der drei Schulstudien die QUIMS-Strategie als der produktivere Ansatz, um für die in alltäglichen schulischen Prozessen und Routinen eingebetteten Mechanismen institutioneller Diskriminierung zu sensibilisieren. Die angebotenen fachlichen und materiellen Unterstützungen entsprechen den konkreten Arbeitsbedürfnissen, zum Teil auch den Qualifizierungswünschen einzelner Lehrkräfte. Die Veränderungen zielen auf die Kernbereiche des schulischen Handelns. In der Konzeption von QUIMS ist Schulentwicklung sowohl als situations- und problemspezifische Adaptation der organisatorischen Abläufe an konkrete Herausforderungen und Schwierigkeiten in Bezug auf die Heterogenität vorgesehen. Zugleich werden die Lehrerinnen und Lehrer unterstützt, ihre Handlungskontexte gezielt im Hinblick auf Phänomene der Ungleichheit und Diskriminierung zu erkunden und nachhaltige neue Verhaltenspotentiale aufzubauen. Im Vergleich mit der englischen Strategie stellt sich an diesem Punkt jedoch die Frage, ob die QUIMS-Instrumente im Hinblick auf die institutionellen Ursachen der Ungleichheit vielleicht noch nicht explizit genug sind.

Ob Schulentwicklung zum Abbau institutioneller Diskriminierung beitragen kann, ist jedoch nicht allein eine Frage der geeigneten pädagogischen und methodischen Konzepte und der Handlungsbedingungen vor Ort. Um die Wirkungen schulpolitischer Strategien auf die Chancengleichheit abschätzen zu können, ist das breitere schulpolitische Dispositiv, in dem solche Initiativen entwickelt und umgesetzt werden, in die Analyse einzubeziehen.

7.3 Neue *Governance*-Strukturen und institutionelle Diskriminierung

Die in England, Deutschland/Nordrhein-Westfalen und in der Schweiz/Zürich durchgeführten ethnographischen Schulstudien legen nahe, dass Strategien wie QUIMS, der EMAG oder Schulprogrammarbeit nicht nur Reformvokabular sind, das in den Organisationen auf einer oberflächlichen Ebene aus legitimatorischen Gründen inkorporiert wird, um Ressourcen und ein positives Image zu sichern. Aus der Perspektive der neoinstitutionalistischen Organisationsforschung lassen sich die Ergebnisse der Länderstudien einerseits dahingehend interpretieren, dass die Beachtung von Aspekten der Pluralität und Gleichheit auf unterschiedlichen, für den Schulerfolg von Kindern aus Einwandererfamilien relevanten Handlungsebenen, zum einen zu *Homogenisierungseffekten* im organisationalen Feld führen kann und dass diese zum anderen durchaus auch die *Aktivitätsstruktur* der Organisationen zu beeinflussen vermögen.

Andererseits werden in allen drei Studien wachsende Inkonsistenzen zwischen Kriterien der Effizienz und institutionalisierten Erwartungen hinsichtlich der Qualifizierung und Gleichbehandlung aller Kinder und Jugendlichen sichtbar, die im Reformkontext der Schulautonomie angelegt sind. Wie in den untersuchten Schulsystemen unter Begriffen wie „Dezentralisierung", „Autonomie" und „Qualitätssicherung" auf verschiedenen Ebenen des Schulsystems Veränderungen installiert werden, die – gegenläufig zu den Intentionen der untersuchten Programme – das Feld für neue Formen der institutionellen Diskriminierung öffnen, soll noch einmal unter folgenden Fragen genauer betrachtet werden:

- Wie werden Aspekte der Pluralität und Chancengleichheit bzw. -gerechtigkeit im breiteren Reformkontext *positioniert*?
- Inwiefern werden durch die sich im Zuge der Autonomisierung verändernden *Beziehungen zwischen Institutionen* im Bildungs- und Erziehungssystem neue Ungleichheiten institutionalisiert?
- Inwiefern werden durch die sich im Zuge der Autonomisierung verändernden *Handlungslogiken der Organisationen*, die sich als Übergang von einem bürokratischen zu einem marktförmigen Operationsmodus bezeichnen lassen, neue Gelegenheitsstrukturen für Diskriminierung geschaffen?

7.3.1 Positionierung von Gleichheitszielen in den Bildungsreformen

In *England* hat die Idee des *whole-school-change*, um ethnische Diskriminierung abzubauen, die historisch älteste Tradition. In der zweiten Hälfte der 1980er Jahre existierte eine von zahlreichen LEAs und Schulen getragene breite multikulturelle und antirassistische Schulentwicklungsbewegung. Der gerade begonnene großflächige Innovations- und Lernprozess wurde jedoch mit der Verabschiedung des *Education Reform Act* im Jahr 1988 und nachfolgender Bildungsreformgesetze rasch wieder zum Stillstand gebracht. Fragen der ethnischen Diversität und Gleichheit wurden zugunsten einer „farbenblinden" Politik zur Erhöhung der Standards vollständig von der Agenda abgesetzt. Die Rückkehr zu einer assimilationistischen Bildungspolitik führte dazu, dass in den 1990er Jahren bei steigenden Gesamtleistungen ethnische und soziale Disparitäten markant zunahmen.

Der 1997 angetretenen *New Labour*-Regierung ist es gelungen, Aspekte der ethnischen Diversität und Chancengleichheit sukzessive wieder auf der schulpolitischen Agenda zu verankern. Zur Zeit existieren dezidierte Vorgaben zur Bekämpfung ethnischer Ungleichheiten auf allen Ebenen des Erziehungssystems. Dabei sind die Systeme zur Qualitätssicherung in der Schule mit der staatlichen Antidiskriminierungspolitik verzahnt. Der Grundwiderspruch liegt jedoch darin, dass die Labour-Regierung die von den Vorgängerregierungen geerbten *Strukturen* unangetastet gelassen hat. Dies betrifft *erstens* die Segregation und die soziale Hierarchie der Schulen; *zweitens* die repressiven Systeme zur Kontrolle der Schüler- und Lehrerleistungen und *drittens* das Bekenntnis zu Selektion.

Die Einführung der Teilautonomie in *Nordrhein-Westfalen* weist Parallelen zur britischen Schulpolitik Ende der 1980er und Anfang der 1990er Jahre auf. Die Anfang der 1990er Jahre vorfindbaren Ansätze einer institutionellen Öffnung im Umgang mit einer sprachlich und sozio-kulturell heterogenen Schülerschaft wurden ab Mitte der 1990er Jahre zunehmend von einem universellen Qualitätsdiskurs verdrängt. Programme wie GÖS, in denen Aspekte der Migration mitgedacht und mitberücksichtigt werden, existieren zwar weiterhin. Auf einer oberflächlichen Ebene werden sie auch mit den aktuellen Reformen in Beziehung gesetzt (z.B. die Möglichkeit, GÖS-Projekte in Schulprogramme aufzunehmen). Beim Aufbau der neuen Systeme zur Entwicklung und Evaluation der Schulqualität werden die Folgen der Migration und schulpolitische Ziele der Chancengleichheit jedoch nicht systematisch berücksichtigt.

Die Behörden im Schweizer Kanton Zürich gingen bei der Einführung der Teilautonomie einen anderen Weg. Hier wurden die Folgen der Migration bei den Restrukturierungen der Systeme der Steuerung, Finanzierung und Organisation der Volksschule von Beginn an explizit einbezogen, insbesondere durch das 1996 eingeleitete Schulentwicklungsprojekt „Qualität in multikulturellen Schulen" (QUIMS). Mit dem QUIMS-Projekt werden schon zu Beginn der 1990er Jahre einsetzende Entwicklungen der interkulturellen Bildungsforschung und -praxis weitergeführt und *nicht* von der Agenda abgesetzt. Bei der Entwicklung von QUIMS wurden Ergebnisse der allgemeinenen Schulqualitäts- und Schulentwicklungsforschung unter der Zielsetzung einer antidiskriminatorischen Schulpraxis aufgearbeitet. Der reiche Erfahrungsschatz mit innovativen Projekten in vielen Schulen in Quartieren mit hohen Anteilen zugewanderter Wohnbevölkerung wurde systematisch ausgewertet und einbezogen. Während die Schulpolitik Tony Blairs in den 1990er Jahren unter der Losung „*schools not structure*" stand, versteht sich QUIMS nicht als Ersatz für grundlegende Reformnotwendigkeiten.

7.3.2 Neustrukturierung der Beziehungen zwischen den Institutionen im Bereich der öffentlichen Schule und institutionelle Diskriminierung

Die Institutionalisierung neuer Einfallstore für institutionelle Diskriminierung durch die sich im Zuge der Autonomisierung verändernden Beziehungen zwischen den Institutionen im Bildungssektor, lässt sich am deutlichsten im englischen Kontext festmachen.[213] Aber inwiefern ist eine klassische „schwarze Innenstadt-Grundschule", wie die Brook-Schule, die ein positives Image in ihrem Umfeld genießt, von diesen Tendenzen betroffen? Nach den Inspektionskriterien des Office for Standards in Education und der lokalen Schulbehörde gilt die Schule, trotz der erschwerten Voraussetzungen im überwiegend von Sozialhilfe-Bedürftigen und Flüchtlingen bewohnten Schulbezirk, als relativ erfolgreich.

Benachteiligende Effekte für Kinder, die einer ethnischen Minderheit angehören, die sich insbesondere mit den im Zuge der neo-liberalen und neo-konservativen Bil-

---

213 Vgl. Kapitel 2.

dungsreformen veränderten Machtbalancen zwischen Staat, Schule und Eltern in Beziehung setzen lassen, lassen sich jedoch auch im Mikrokosmos der Brook-Schule ausmachen. An einer solchen Schule, an die sich kaum ein Kind aus besser gestellten Verhältnissen verirren würde, kann die hohe Qualität der pädagogischen Arbeit nichts daran ändern, dass die Schülerinnen und Schüler bereits durch den Besuch dieser Einrichtung benachteiligt sind. In solchen Problemschulen müssen sich grundsätzlich mehr Kinder mit besonderen Lernbedürfnissen weniger Ressourcen teilen als in Nachbarschulen in ökonomisch besser gestellten Wohnvierteln. So mussten in dem konkreten Fallbeispiel dringend benötigte zusätzliche Sprachförderung und integrierte sonderpädagogische Förderung streng nach Prioritätenlisten verteilt werden. Der Schulleiter beklagte die mangelnde materielle, praktische und ideelle Unterstützung durch Eltern. Er übte viele Funktionen im Schulbeirat selbst aus. Dass kaum Geld durch *Fundraising* und *Sponsoring* in die Schule floss, war am Zustand der Gebäude und an der Ausstattung nicht zu übersehen. Solche Schule, die in ihnen tätigen Lehrkräfte und vor allem auch die Kinder werden jedoch auch durch die Instrumente des *School Improvement* systematisch benachteiligt. Die öffentlichen Schul*rankings* vermitteln beispielsweise keinen adäquaten Eindruck von der tatsächlichen Qualität der in der Schule geleisteten Arbeit. Die Kinder, die mit mit viel Engagement in Unterricht und Schulleben integriert, werden bei den nationalen Leistungstests systematisch benachteiligt. Ein anderer Effekt ist die von einigen Lehrkräften angesprochene De-Legitimierung multikultureller und antirassistischer Aktivitäten in der Schule, die noch auf dem Hintergrund der bis Ende der 1990er Jahre vorherrschenden ethnisch-blinden Politik der Leistungsverbesserung zu sehen ist.

Diese zuletzt genannte Tendenz ließ sich auch in der nordrhein-westfälischen Schulstudie feststellen. In der Nordpark-Schule spiegelten sich die Brüche und Leerstellen der neuen Schulentwicklungsdiskussion in Bezug auf Aspekte der Pluralität und Gleichheit ebenfalls im Legitimitätsverlust der im Rahmen von GÖS und anderer Projekte etablierten interkulturellen Handlungsansätze wie in den Problemen der Lehrerinnen und Lehrer, letztere mit den neuen Instrumenten zur Qualitätssicherung zu verbinden. Beide Programme wurden eher als konkurrierend um die knappen Zeitressourcen erlebt.

In Zürich wurde bei der Einführung der Teilautonomie das Ziel betont, eine gemeinsame Volksschule für alle Kinder zu erhalten. Auf die Ausweitung der Möglichkeiten zur freien Schulwahl wurde verzichtet. Die gezielte materielle und fachliche Unterstützung von Schulen mit höheren Anteilen von Kindern aus Einwandererfamilien sollte unter anderem auch Separationstendenzen bildungsbewusster Eltern entgegenwirken. Das Konzept trug Ende der 1990er Jahre auf der politischen Ebene erste Früchte. Es trug dazu bei, dass besonders von rechtspopulistischen Parteien forcierte Bestrebungen zur Einrichtung separater Klassen für „fremdsprachige" Kinder erfolglos blieben. Jedoch auch im Zürcher Kontext ist zu befürchten, dass einzelne Instrumente des *New Public Management* selbst ohne die Einführung der freien Schulwahl eine innere Eigendynamik entfalten werden, durch die die existieren gesetzlichen Grundlagen zum Erhalt einer gemeinsamen Volksschule systematisch ausgehöhlt werden, so dass sich unter der Hand ähnliche Effekte einstellen könnten wie in England (vgl. Ragni 2002, 15).

7.3.3 Marktförmige Handlungslogiken der Organisationen und Gleichheitsziele

Die im zweiten Kapitel ausgewertete Forschungsliteratur enthält zahlreiche Beispiele für die Transformation schulischer Arbeitsweisen von einem bürokratischen zu einem marktförmigen Operationsmodus im Zuge der Autonomisierung. Diese schafft neue Gelegenheitsstrukturen für Diskriminierung, etwa indem die „Selektion ‚mitproduzierender Klienten' zu einer erfolgsbestimmenden Organisationsaufgabe" der Schulen wird (Weiß 1999, 422).

Dieser Punkt ist jedoch für die Brook-Schule wenig relevant. Die Schule nahm die Kinder an, die kamen und hatte sich positiv auf ihre spezielle Klientel eingestellt. In vielen Bereichen des Schullebens manifestierte sich ein ausgeprägtes pädagogisches Ethos, allen Kindern eine positive, wertschätzende Umgebung zu bieten und kein Kind zu benachteiligen und auszuschließen. Dabei ist jedoch zu berücksichtigen, dass die Schule im Feld der Konkurrenz um leistungsfähigere Schülerinnen und Schüler durch ihre lokale Lage und ihr Gesamtniveau weit abgeschlagen ist. In der Brook-Schule fanden sich jedoch Hinweise, dass das Streben nach Gerechtigkeit bei der Verteilung von Förderressourcen gelegentlich durchbrochen wurde. Dann erfolgte die Rationierung von Zeit für Betreuung und Unterricht nicht allein nach den Bedürfnissen der Kinder, sondern auch nach dem Kalkül, bei welchen Kindern gezielte Förderung sich signifikant in den Gesamtresultaten der Schule niederschlagen würde. Als Risiko für Diskriminierung muss auch die Einführung von Unterricht in Leistungsgruppen gewertet werden, mit deren Hilfe der Schulleiter meinte, mit den begrenzten Ressourcen bessere Resultate erzielen zu können.

Im zweiten Kapitel wurde aufgezeigt, dass unter Quasi-Markt-Bedingungen nicht nur der Blick der Schule auf die Kinder unweigerlich verändert. Auch die Eltern, deren Rolle als „Partnerinnen" und „Partner" der Schule zunehmend betont wird, werden verstärkt aus der Perspektive gesehen, welche ökonomischen Vorteile sie der Schule bringen. Anzeichen für diese Tendenz finden sich auch in den deutschsprachigen Ländern, etwa die in der nordrhein-westfälischen Schulstudie festgestellten Tendenzen zu einer Polarisierung zwischen den Eltern in der Wahrnehmung der Lehrerinnen und Lehrer. Eltern mit Migrationshintergrund und geringem ökonomischen, kulturellen und sozialen Kapital schienen überwiegend als von der Schule zu beratende und fortzubildende (wenn nicht gar selbst zu erziehende) Klientinnen und Klienten zu gelten. Ihre Beteiligung war an Schulfesten und gemeinsamen Aktionen erwünscht oder sie wurden als Expertinnen und Experten für ihre vermeintlichen Herkunftskulturen und ihre Religionen zu Rate gezogen. Besser gestellte einheimische Eltern schienen dagegen die regulären schulischen Prozesse aktiver mitzugestalten und in Entscheidungen involviert zu werden. Dieses Problem wurde in den ansonsten teilweise sehr differenzierten und durchdachten Strategien zur Zusammenarbeit mit den Eltern, die in der Schule etabliert waren, nicht reflektiert.

Etwas pauschalisierend lässt sich das Fazit ziehen: Während die untersuchten Strategien darauf zielen, die Benachteiligungen von Kindern aus Einwandererfamilien in der Schule zu senken (z.B. durch eine umfassendere Sprachförderung oder gezielte Leistungsförderung) und die „offiziellen" Selektions- und Allokationsaktivitäten objektiver zu gestalten (z.B. durch objektivere Verfahren der Diagnostik, Beurteilung und Zuweisung oder hohe Leistungserwartungen an alle Kinder), wird im Zuge der Autonomisierung das Feld für vielfältige Formen des Ausschlusses und der Benachteiligung geöffnet. Unter den sich ausbreitenden Markt- und Wettbewerbsbedingungen sind diese weitaus stärker als im herkömmlichen System unmittelbar mit den Funktions- und Überlebensinteressen der Organisationen verwoben, wodurch sie gegenüber Veränderungsbestrebungen umso resistenter werden.

8. Ausblick: Schulqualität und Gleichheit – Grenzen des Autonomiekonzepts und pragmatische Handlungsansätze

> „The achievement of an education system fully committed to both equality and to quality will not be easy, in more than one sense of the word ‚easy'. It is not easy to conceptualise such a system when all education systems perpetuate, although to different extents, inequalities in the wider society in which they exist. It is not easy in that the practical steps needed will be difficult to achieve, requiring vision and labour […] the difficulties inherent in the process are no reason for abandoning it but rather a reason for approaching the process with more determined care and knowledge." (McBride 1992, iv)

Die Hauptergebnisse des Vergleichs werden noch einmal aus dem Blickwinkel der Konsequenzen, die daraus für eine Strategie zur Entwicklung und Sicherung der Schulqualität in der Einwanderungsgesellschaft abzuleiten sind, die Phänomenen institutioneller Diskriminierung Rechnung trägt, resümiert.

8.2 Zusammenfassung der Hauptergebnisse des Vergleichs

Die untersuchten Strategien zur Schulentwicklung in Nordrhein-Westfalen, Zürich und England stehen für einen Perspektivenwechsel in der Diskussion über die Schule in der Einwanderungsgesellschaft. Sie tragen der Erkenntnis Rechnung, dass punktuelle Fördermaßnahmen für Kinder aus Einwandererfamilien an den *institutionellen* Barrieren, an denen sie vermehrt scheitern, wenig ändern. Auf dem Hintergrund breiterer Diskussionen über Fragen der Qualität und Effizienz der Schule verlagert sich die Aufmerksamkeit auf das Bildungssystem und seine Organisationen: Wie ist das *institutionelle Setting* im *Unterricht*, im *Schulhaus* sowie im *Schulumfeld* zu gestalten, um das Lernen *aller* Kinder zu fördern? Und wie können schulische Lernkulturen ermutigt werden, in denen Fragen der ethnischen Gleichheit und Diskriminierung kein Randthema mehr bleiben, sondern Prozesse des *„doing and learning about difference and power"* (Bhavnani 2001, 122) zur praktischen Herausforderung in den Institutionen werden, bei der Erfüllung ihres regulären Geschäfts?

Die Analyse unterschiedlicher schulpolitischer Strategien, die Aspekte der sprachlichen und sozio-kulturellen Heterogenität zum Gegenstand von Schulentwicklung machen, in drei verschiedenen Bildungssystemen (Nordrhein-Westfalen, Zürich, England – vgl. Kapitel 4 bis 6) zeigt eine breite breite Palette von Herangehensweisen auf, um schulische Angebote, Strukturen und Arbeitsweisen *proaktiv* an den migrationsbedinten sozialen Wandel anzupassen. Neben einer Fülle pädagogischer Konzepte und methodischer Instrumte lassen sich unterschiedliche politisch-administrative Steuerungsmechanismen studieren, über die Schulentwicklung in egalitärer Absicht systematisch eingefordert, ermutigt, unterstützt, kontrolliert und auf längere Sicht institutionalisiert wird bzw. werden soll.

Es würde jedoch wenig nützen, innovative Handlungsansätze als Modelle „guter Praxis" rezeptartig von einem Schulsystem auf ein anderes übertragen zu wollen. Im Hinblick auf die Weiterentwicklung der Praxis im eigenen Land ist mehr von den Diskontinuitäten, Brüchen, Widersprüchen und Grenzen zu lernen, die der Vergleich von schulpolitischen Strategien gegen institutionelle Diskriminierung in ihrem jeweiligen politischen und sozialen Kräftefeld sichtbar macht. Die vorliegende Arbeit fragt dabei besonders nach dem prekären Verhältnis von Maßnahmen zum Abbau der Bildungsbenachteiligungen von Kindern aus Einwandererfamilien im Kontext der Autonomisierung der Schulen.

In Überleitung zu einigen Vorschlägen für eine pragmatische Strategie zur Schulentwicklung in der Einwanderungsgesellschaft, die Kriterien der Qualität und Effizienz mit schulpolitischen Zielen der Egalität zu verbinden sucht, werden die Ergebnisse des Vergleichs noch einmal unter drei Punkten zusammengefasst, von denen die Reichweite solcher Versuche entscheidend abhängt.

(1) Gestaltung der Konzepte

Damit Schulentwicklung tatsächlich einen organisatorischen Rahmen bieten kann, in dem Lehrkräfte und andere Beteiligte ihre eigenen Arbeitskontexte gezielt unter Gesichtspunkten der Pluralität und Chancengleichheit erkunden und gestalten können, erweisen sich im Vergleich der Konzepte die folgenden Punkte als besonders relevant:

- *Qualitätsdefinition und Interventionsfelder* – die untersuchten Strategien variieren in der Betonung überfachlicher Kompetenzen, der Bedingungen und Prozesse des schulischen Lernens oder des statistisch messbaren Leistungs-*outputs*;
- *pädagogische Operationalisierung und Instrumente* – Unterschiede bestehen im Grad der *pädagogischen* Umsetzung der Qualitätsziele, wie auch in der Verbindung der Instrumente zur Schulentwicklung mit normativen Zielen und spezifischem Hintergrundwissen über Fragen ethnischer Gleichheit und der Diskriminierung;
- *Einbezug der Sprachförderung* – Unterschiede bestehen zwischen der eher kompensatorischen Sprachförderung in der Schuleingangsphase in Nordrhein-Westfalen, der Tendenz zu schulischen Gesamtsprachenkonzepten in der Schweiz und der konsequenten Förderung in Englisch als Zweitsprache als Teil der Leistungsförderung auf alle Schulstufen in England;
- *kritisch-emanzipatorische Lernziele und Handlungsperspektiven* – Unterschiede bestehen in der Betonung des interkulturellen Lernens primär im Unterricht oder in der Berücksichtigung ethnischer Diversität aus einer eher kompensatorischen Perspektive oder ob Kriterien der Pluralität und Gleichheit wie im QUIMS-Projekt in

erster Linie auf die Bedingungen in Unterricht, Schulorganiation und Schulsystem bezogen werden, ohne dass die unterschiedlichen Identitäten, Zugehörigkeiten und Erfahrungen der Schülerinnen und Schüler ausgeblendet werden; Unterschiede bestehen ferner in der Verbindlichkeit der Auseinandersetzung mit Fragen ethnischer Gleichheit und des Rassismus, die nur in England durch das Curriculums Fach *Citizenship Education* für alle Schulen gilt;

- *institutionelle Unterstützungs-* und *Kontrollsysteme* – in Deutschland weist die Schulentwicklung in interkultureller Absicht einen geringen Institutionalisierungsgrad auf; das Zürcher und das englische Beispiel zeigen, dass für eine breitflächige Implementierung von Schulentwicklung in egalitärer Absicht geeignete und möglichst kohärente Systeme der Unterstützung, Rechenschaftslegung und Kontrolle erforderlich sind;
- *Kriterium der Chancengleichheit* bzw. *Gerechtigkeit* – geht die Schulentwicklung eher vom Ziel einer Angleichung von Zugangsvoraussetzungen aus, von der Gerechtigkeit in der Behandlung und Partizipation oder von einem klaren Kriterium der Ergebnisgerechtigkeit?

(2) Schulorganisationen als adaptive und lernende Systeme

Beim Versuch, Schulorganisationen unter Zielen der Pluralität und Gleichheit zu verändern, erfordert die Eigendynamik solcher Veränderungsprozesse an sich eine hohe Aufmerksamkeit. Im Vergleich der ethnographischen Schuluntersuchungen ließen sich unterschiedliche Modalitäten des organisationalen Wandels herausarbeiten. Das Spektrum reicht – grob schematisiert – von (a) einer situativen, problemspezifischen Anpassung über (b) den geplanten Aufbau neuer Problemlösepotentiale der Organisationen bis hin zu (c) eher instrumentellen, *Output*gesteuerte Strategien zur Leistungsverbesserung, bei denen ein Aufzeigen breiterer Wirkungszusammenhänge des Systems nicht intendiert ist.

Die ethnographischen Schuluntersuchungen legen nahe, dass um den Mechanismen institutioneller Diskriminierung in Schulen wirksam zu beggenen, eher situationsspezfische Anpassungen der Organisationen an veränderte Voraussetzungen zwar ein wichtiges Element sind, aber allein nicht ausreichen. An der Nordpark-Schule wurde besonders deutlich, wie trotz einer beachtlichen, engagierten Entwicklungsarbeit in einzelnen Handlungsfeldern in interkultureller Absicht Mechanismen der Diskriminierung weitgehend unbeachtet bleiben kann. Auch die systematische Fixierung der Schulentwicklung auf den Leistungs*output* muss, wie sich an der Brook-Schule andeutet, nicht automatisch dazu beitragen, dass Phänomene der Diskriminierung zum Thema gemacht werden.

Aus dem Vergleich lässt sich die Schlussfolgerung ziehen, dass Schulentwicklung in antidiskriminatorischer Absicht so gestaltet sein sollte, dass die schulischen Akteure über die nötige Mischung aus Vorgaben, Unterstützung und Freiraum verfügen, ihre eigenen Arbeitskontexte unter Gesichtspunkten der ethnischen Gleichheit, der Diskriminierung und des Rassismus und Sexismus zu erkunden und entsprechende Veränderungen zu installieren. Unter solchen Bedingungen – das zeigt die Zürcher Schulstudie – kann ein produktiver Austausch über Problemwahrnehmungen und Deutungsmuster, mit denen die Beteiligten das Schulgeschehen kategorisieren, in Gang kommen. Wenn Schulentwicklung eine solche Qualität aufweist, ist ein Aufbrechen organisationaler Habitualisierungen und Routinen zu erwarten. Wichtig zu betonen ist, dass ein solcher Prozess nicht permanent in gleicher Intensität stattfinden kann. Er ist aber auch nie abgeschlossen, sondern es kommt auf eine dauerhafte Sensibilität und Kompetenz im Umgang mit diesen Fragen in den Schulen an.

(3) Unvereinbarkeiten mit dem Reformkonzept der Marktsteuerung
Erweitert man den Vergleich der Strategien und Prozesse in Schulen und Behörden auf das weitere schulpolitische Dispositiv, wird ersichtlich, dass mit der Autonomisierung neue Einfallstore für institutionelle Diskriminierung geschaffen werden, welche die Wirkungen von Maßnahmen, die auf die Verbesserung der Chancengleichheit zielen, unterlaufen. So lässt sich gegenwärtig von der englischen Antidiskriminierungspolitik im Schulbereich lernen, dass nicht allein entscheidend ist, *ob* Fragen der Pluralität und Gleichheit auf der Tagesordnung stehen, sondern auch *wie* sie thematisiert werden. Der auffallende Widerspruch liegt darin, dass die Bekämpfung ethnischer Ungleichheit zwar offizielle staatliche Politik ist und entsprechende Steuerungsmechanismen bilderbuchartig auf allen Ebenen des Erziehungssystems installiert sind. Indem ethnische Ungleichheit als Gegenstand schulischen Qualitätsmanagements definiert wird, bleiben Benachteiligungen durch die *Strukturen* des Erziehungssystems jedoch weitgehend ausgeblendet, zum Beispiel Benachteiligungen durch den Besuch einer ökonomisch-deprivierten Schule, negative Effekte der Segregation auf den Lernerfolg, Benachteiligungen von Kindern mit Englisch als zusätzlicher Sprache in den nationalen Tests, institutionelle Diskriminierung durch den Qualitätswettbewerb zwischen den Schulen und durch die Systeme des *School Improvement* selbst. In Anbetracht der unangetastet bleibenden Mechanismen der Benachteiligung und des Ausschlusses aufgrund der ethnischen und sozialen Herkunft stellt sich die Frage nach dem effektiven Nutzen der höheren Leistungsergebnisse für die Betroffenen selbst.

Trotz der aufgezeigten unterschiedlichen schulpolitischen Reaktionen in Zürich und in Nordrhein-Westfalen deuten sich ähnliche Tendenzen auch hier an. Daher sollten die Bildungsverantwortlichen in Deutschland nach dem Zürcher Vorbild Aspekte der Pluralität und Gleichheit systematisch in laufende Reformvorhaben integrieren und sie auch zum relevanten Prüfkriterium für die Qualität anderer Reformelemente machen. *Ohne* solche Regulative unter egalitären Zielsetzungen ist zu erwarten, dass sich die gegenwärtig eingeführten neuen Steuerungsinstrumente rasch als Teil des Problems und nicht als Lösung entpuppen. Den Anspruch auf Chancengleichheit ernst nehmen wird letztendlich wohl heißen müssen, auf eine Reihe der neuen Steuerungsinstrumente, vor allem auf die Ausweitung der Möglichkeiten zur freien Schulwahl und die Installierung eines Qualitätswettbewerbs zwischen Schulen und Schulformen wie sie im englischen Erziehungswesen gegeben sind, aber auch auf andere, auf den ersten Blick weniger spektakulär wirkende Elemente, bewusst zu verzichten bzw. solche Initiativen anzuhalten und rückgängig zu machen.

8.2 Die Entwicklung inklusiver Schulen in der Einwanderungsgesellschaft: Elemente einer pragmatischen Strategie

Der Ansatz der Qualitätsentwicklung und -sicherung kann grundlegende Reformnotwendigkeiten im Bildungssystem, wie die Forderung nach einer integrativen Gestaltung der Schulstrukturen nicht ersetzen. Gleiches gilt für Maßnahmen in anderen politischen Handlungsfeldern, die für den Schulerfolg von Kindern und Jugendlichen relevant sind (z.B. in der Integrations-, Stadtentwicklungs-, Sozial- und Gesundheitspolitik). Dennoch lassen sich auf der Basis des Vergleichs einige Ansatzpunkte für eine pragmatische Strategie zur Entwicklung inklusiver Schulen in der Einwanderungsgesellschaft benennen.

- *Initiativen gegen institutionelle Diskriminierung auf der politischen Ebene*

Die Grundlagen für wirksame Strategien zum Abbau ethnischer Ungleichheit können nicht nur in den Schulen gelegt werden. Zielgerichtete Maßnahmen und konzertiertes Handeln sind auf unterschiedlichen Ebenen gleichzeitig erforderlich. Dabei müssen – um eine Bildungs- und Erziehungskultur zur schaffen, die die Auseinandersetzung mit Fragen der ethnischen Gleichheit, des Rassismus und der Diskriminierung fordert und ermutigt – die entsprechenden politischen Instanzen eine führende Rolle übernehmen. Die Anerkennung des Problems der institutionellen Diskriminierung und die rechtliche Verankerung entsprechender Gegenmaßnahmen in allen politischen Handlungsfeldern in Großbritannien hat hier zur Zeit zweifellos einen Vorbildcharakter.

- *Berücksichtigung von Pluralität und Gleichheit in Mainstream-Reformen*

Themen der Heterogenität und Ungleichheit müssen in laufende Reformvorhaben integriert werden, die die organisatorischen Strukturen und Arbeitsweisen der Schule betreffen. Dabei müssen sie zu einem Prüfkriterium für die Qualität anderer Reformelemente werden. Dies betrifft gegenwärtig vor allem die sich unter dem Schlagwort „Schulautonomie" vollziehende Restrukturierung der Mechanismen der Steuerung, Finanzierung und Organisation der schulischen Bildung.

- *Pädagogische Schulentwicklung*

Um inklusive Arbeitskulturen zu etablieren, empfiehlt es sich, nach dem Vorbild des Zürcher QUIMS-Projekts die Schulentwicklung klar auf die *Bedingungen und Prozesse des schulischen Lernens* zu zentrieren. Die im Rahmen von QUIMS vorgeschlagenen Interventionsfelder und Module zur pädagogischen Schulentwicklung (Unterrichtsarbeit, Umgang mit der Mehrsprachigkeit, Leistungsbeurteilung und Zuweisung, Einbezug und Zusammenarbeit mit Eltern, Einbezug außerschulischer Unterstützung,

Schulkultur der Anerkennung) die unmittelbar an den Unterrichtserfordernissen und den Arbeitsbedürfnissen der Lehrerinnen und Lehrer ansetzen, versprechen einen praktikablen Handlungsrahmen. Ähnliche Ansätze und Praktiken – über in der Schulqualitätsforschung wie in der interkulturellen Schulentwicklungsforschung weitgehend Einigkeit besteht – finden sich auch in den untersuchten Beispielen in England und in Nordrhein-Westfalen. Diese Module wären für einzelne Schulstufen zu spezifizieren.

Die Strategien der Organisationsentwicklung sollten ein nützliches Instrumentarium bleiben, um einen organisatorischen Rahmen zu installieren, in dem die Lehrpersonen und andere an der Schulentwicklung Beteiligte, ihre eigene Praxis erkunden und Veränderungen planen, umsetzen und gemeinsam überprüfen können. Der Wert solcher Instrumente sollte an ihrem Nutzen für die pädagogische Praxis gemessen werden. Dennoch ist dem Prozess der Veränderung an sich die erforderliche Aufmerksamkeit zu schenken. Nützlich ist etwa die in dieser Studie aufgegriffene Unterscheidung zwischen Prozessen der *aktiven Adaptation* der Schulen an veränderte Voraussetzungen und Entwicklungsarbeit, die sich als *„organisationales Lernen"* begreifen lässt – d.h. die dazu beitragen kann, das Leistungspotential einer Organisation gezielt und nachhaltig zu verändern. Beide Formen der Schulentwicklung sind für den Abbau der institutionellen Barrieren des Schulerfolgs von Kindern aus Einwandererfamilien unerlässlich.

- *Gesamtschulische Spracharbeit – auf allen Stufen der Schullaufbahn*

Ein Schlüssel zum Abbau ethnischer Diskriminierung sind geeignete Strategien zur sprachlichen Förderung. Die Verbindung der Spracharbeit mit der lokalen Schulentwicklung bietet die Möglichkeit, etablierte Trennungen zwischen zusätzlichen Förderstunden, Muttersprachlichem Ergänzungsunterricht und Regelunterricht zu überwinden. Die Spracharbeit und das Wissen der Speziallehrkräfte kann gezielter mit den Prozessen im und um den Regelunterricht verbunden werden (z.B. auch bei der Lernbeurteilung einzelner Kinder). Vorhandene Ressourcen können effektiver und kreativer eingesetzt werden (z.B. für Teamteaching oder klassenübergreifende Projekte). Der *Ethnic Minorities Achievement Grant* in England zeigt, dass sich eine solche Strategie auch auf die Sekundarschulen ausweiten und mit gezielter Leistungsförderung verbinden lässt.

- *Institutionelle Systeme der Unterstützung und Kontrolle*

Um eine inklusive Schulentwicklung breitflächig zu institutionalisieren, sind geeignete *Vorgaben, Anreize, Unterstützungs- und Kontrollsysteme* erforderlich.

Nach dem englischen Vorbild sollte ethnisches Monitoring kontinuierlich prüfen, inwiefern die Prozesse in allen Bereichen des Schulsystems und der Schulen zum Abbau oder zur Verfestigung von Ungleichheit beitragen. Solche Daten sollten in geeigneter Form in die Schulen zurückgespeist werden. Zu vermeiden sind jedoch Formen der *Output*-Steuerung, bei denen das Diktat von Schul*rankings* und statischer Daten nicht nur ein offenes Explorieren schulischer Strukturen unter Gesichtspunkten der

Inklusivität versperrt, sondern auch das Prinzip der Gleichbehandlung aller Kinder als Individuen systematisch untergräbt.

Qualifizierte pädagogische Entwicklungsarbeit im Umgang mit Heterogenität ist ein anspruchsvolles Unterfangen, das ohne gut durchdachte (teilweise standardisierte) *inhaltlich-pädagogische und methodische Vorgaben und Hilfen* in Schulen nur schwerlich gelingen kann. Qualifizierte *Begleitung und Beratung* und gezielte *Fortbildungen* sind ein unabdingbares Element solcher Prozesse. Um in Organisationen prekäre Themen wie ethnische Ungleichheit zur Sprache zu bringen, ist zumeist der *Einbezug unabhängiger Expertinnen oder Experten* unerlässlich, die der Schule einen Spiegel vorhalten können. Um die Leistungsfähigkeit der Schule auch unter Gesichtspunkten der Chancengleichheit zu erhöhen, brauchen die Schulen *längerfristige Perspektiven*.

- *Kohärente Strategien im lokalen/regionalen Kontext*

Unterschiedliche Initiativen sind unter konkreten Qualitätszielen zu bündeln und zu koordinieren, wie etwa die Verzahnung der Sprachförderung und der Leistungsförderung in England. Auf diesem Weg lassen sich verfügbare Mittel nicht nur effizienter einsetzen. Vermieden wird auch eine Überfrachtung der Schulen mit zusammenhanglosen Projekten und Anforderungen. Die Etablierung eines *regionalen und kommunalen equality-Managements* könnte hierbei wichtige Scharnierfunktionen erfüllen, beispielsweise durch ein kontinuierliches *Monitoring* der Effekte der Planung und Entwicklung des lokalen Schulangebots und der Verteilungen der Schülerinnen und Schüler auf unterschiedliche Schulformen und Schulen oder durch die gezielte Vergabe zusätzlicher finanzieller und fachlicher Ressourcen an Schulen mit besonderen Bedarfslagen. Prozesse an für den Schulerfolg wichtigen Schnittstellen, die für die einzelnen Einrichtungen nicht zu überschauen sind (v.a. zwischen Elementar- und Primarbereich, zwischen Grund- und Sekundarschulen, beim Übergang in die Systeme der beruflichen Bildung), könnten systematisch beobachtet werden.

- *Lehreraus- und Weiterbildung*

Grundlegende Kompetenzen, um die Leistungsfähigkeit der Schule auch unter Gesichtspunkten der Chancengleichheit zu erhöhen, müssten – systematisch aufeinander aufbauend – in den verschiedenen Phasen der *Lehrerausbildung* vermittelt werden. Neben einem Grundwissen in Schlüsselthemen der interkulturellen Bildungsforschung im Rahmen spezieller Ausbildungsmodule kommt es auch auf eine stärkere Verschränkung von Aspekten der sprachlichen und soziokulturellen Heterogenität und Gleichheit mit den *Mainstream*-Themen der Ausbildung an. Erforderlich ist ferner die Vermittlung der entsprechenden Kompetenzen zur Teamarbeit, zur gemeinsamen Praxisreflexion und zur methodischen Umsetzung von Schulentwicklung. Neben schulinternen Fortbildungen als Teil der Schulentwicklung sind einschlägige zentrale Angebote zur Weiterqualifizierung erforderlich, einschließlich spezifischer Angebote für das Leitungspersonal in den Schulen oder für Fachleute im Bereich der Schulentwicklung und Schulberatung.

- *Curricula und Lehrpläne*

Bei der momentan stärkeren Gewichtung der Leistungsresultate darf nicht aus dem Blick geraten, dass Initiativen zum Abbau der Bildungsbenachteiligungen von Kindern mit Migrationshintergrund kein Ersatz für umfassendere Erziehungs- und Bildungsaufgaben sind, mit dem Ziel, alle Kinder und Jugendlichen auf das Leben in einer pluralen, demokratisch verfassten Gesellschaft vorzubereiten. Im Gegenteil, die beiden zentralen Aufgaben von Bildung und Erziehung in der Einwanderungsgesellschaft sind untrennbar miteinander verknüpft. Je mehr es der Schule gelingt, die Tatsache der Pluralität und die Prinzipien der demokratischen Gleichheit in ihren Strukturen und Arbeitsweisen zu verkörpern, um so mehr Erfolg wird sie haben, die heranwachsenden Generationen für die Auseinandersetzung mit Fragen ethnischer Gleichheit, der Diskriminierung und rassistischen Gewalt in ihren vielfältigen Erscheinungsformen zu interessieren und zu befähigen.

Literatur- und Quellenverzeichnis

Adler, M./Petch, A./Tweedie, J.: Parental Choice and Educational Policy. Edinburgh 1989.
Allemann-Ghionda, C.: Schule, Bildung und Pluralität. Sechs Fallstudien im europäischen Vergleich. Bern et al. 1999.
Allport, G.: The Nature of Prejudice. New York 1954.
Alvarez, R.: Institutional Discrimination in Organizations and their Environments. In: Alvarez, R./Lutterman, K.G. and Associates: Discrimination in Organizations. San Francisco 1979, 2-49.
Angus, L.: The Sociology of School Effectiveness. In: British Journal of Sociology of Education, 14 (1993) 3, 333-345.
Anweiler, O.: Deutschland. In: Anweiler, O./Boos-Nünning, U./Brinkmann, G./Glowka, D./Goetze, D./Hörner, W./Kuebart, F./Schäfer, H.-P.: Bildungssysteme in Europa. Entwicklung und Struktur des Bildungswesens in zehn Ländern: Deutschland, England, Frankreich, Italien, Niederlande, Polen, Rußland, Schweden, Spanien, Türkei. Weinheim; Basel 1996, 31-56.
Apeltauer, E.: Gesteuerter Zweisprachenerwerb. Voraussetzungen und Konsequenzen für den Unterricht. München 1987.
Apitzsch, G.: Schulerfolg und Sonderschulaufnahme. Eine nationalitätenspezifische Analyse. (Teil 1). In: Sachunterricht und Mathematik in der Primarstufe, 18 (1990) 11, 506-512.
Apitzsch, G.: Schulerfolg und Sonderschulaufnahme. Eine nationalitätenspezifische Analyse. (Teil 2). In: Sachunterricht und Mathematik in der Primarstufe, 18 (1990) 12, 552-557.
Appiah, L./Chunilal, N.: Examining school exclusions and the race factor. Runnymede Trust. London 1999.
Apple, M.: Work, class and teaching. In: Walker, S./Barton, L. (eds): Gender, Class and Education. Lewes 1983.
Apple, M.: Autorisiertes Wissen als Schnittpunkt bildungs- und gesellschaftspolitischer Strategien der Rechten. Wie sinnvoll ist ein nationales Einheitscurriculum? In: Widersprüche. Zeitschrift für sozialistische Politik im Bildungs-, Gesundheits- und Sozialbereich. Der Widerspenstigen Zähmung. Zur Bildung der Nation. 51, 8 (1994), 9-28.
Auernheimer, G.: Einführung in die interkulturelle Erziehung. 2. überarbeitete und ergänzte Auflage. Darmstadt 1995. (erstmalig erschienen 1990)
Auernheimer, G. (Hrsg.): Migration als Herausforderung für pädagogische Institutionen. Opladen 2001.
Auernheimer, G. (Hrsg.): Schieflagen im Bildungssystem. Die Benachteiligung der Migrantenkinder. Opladen 2003.
Auernheimer, G./von Blumenthal, V./Stübig, H./Willmann, B.: Interkulturelle Erziehung im Schulalltag. Fallstudien zum Umgang von Schulen mit der multikulturellen Situation. Münster; New York 1996.
Auernheimer, G./van Dick, R./Petzel, T./Wagner, U. (Hrsg.) Interkulturalität im Arbeitsfeld Schule. Empirische Untersuchungen über Lehrer und Schüler. Opladen 2001.
Avenarius, H./Kimmig, T./Rürup, M. : Die rechtlichen Regelungen der Länder in der Bundesrepublik Deutschland zur erweiterten Selbstständigkeit der Schule. Eine Bestandsaufnahme. Berlin 2003.

Bade, K.J.: Einführung. In: Bade, K.J.: Ausländer, Aussiedler, Asyl in der Bundesrepublik Deutschland. 3. neubearbeitete und aktualisierte Ausgabe. Niedersächsische Landeszentrale für politische Bildung (Hrsg.). Hannover 1994, 9-74.

Bagley, C.: Black and white unite or flight? The racialised dimension of schooling and parental choice. In: British Educational Research Journal, 22 (1996), 569-580.

Ball, S.J.: The Micro-Politics of the School. Towards a theory of school organization. London; New York 1987.

Ball, S.J.: Politics and policy making in education: explorations in policy sociology. London 1990.

Ball, S.J.: Educational policy, power relations and teachers' work. In: British Journal of Educational Studies, 41 (1993), 106-120.

Ball, S.J.: Intellectuals or Technicians: The Urgent Role of Theory in Educational Studies. Annual Address to the Standing Conference for Studies in Education, Royal Society of Arts. London 4 November 1994.

Ball, S.J./Bowe, R./Gewirtz, S.: School choice, social class and the realisation of social advantage in education. In: Journal of Education Policy, 11 (1996) 1, 75-88.

Banks, J.: Multicultural education and its critics: Britain and the United States. In: Modgil, S./Verma, G.K./Mallick, K./Modgil, C. (eds): Multicultural Education: The Interminable Debate. Lewes 1986, 221-231.

Barber, M.: The Big Picture: The National Achievement Agenda and Minority Ethnic Pupils. In: Multicultural Teaching, 17 (1999) 3, 6-10 und 17.

Baringhorst, S.: Einwanderung und multiethnische Gesellschaft. In: Kastendiek, H./Rohe, K./Volle, A. (Hrsg.): Länderbericht Großbritannien. Geschichte, Politik, Wirtschaft, Gesellschaft. Bundeszentrale für politische Bildung, Schriftenreihe Band 354. Bonn 1998, 146-159.

Baringhorst, S.: Fremde in der Stadt: multikulturelle Minderheitenpolitik, dargestellt am Beispiel der nordenglischen Stadt Bradford. Baden-Baden 1991.

Barnard, C. I.: The Functions of the Executive. Cambridge, Mass. 1938.

Beauftragte der Bundesregierung für Ausländerfragen: Bericht über die Lage der Ausländer in der Bundesrepublik Deutschland. Februar 2000. Beauftragte der Bundesregierung für Ausländerfragen. Berlin; Bonn 2000.

Beauftragte der Bundesregierung für Ausländerfragen: Daten und Fakten zur Ausländersituation. Oktober 2000. Beauftragte der Bundesregierung für Ausländerfragen. Berlin; Bonn 2000. (2000a)

Beauftragte der Bundesregierung für Ausländerfragen: Islamischer Religionsunterricht an staatlichen Schulen in Deutschland. Praxis – Konzepte – Perspektiven. September 2000. Beauftragte der Bundesregierung für Ausländerfragen. Berlin; Bonn 2000. (2000b)

Becker, H.: Die verwaltete Schule. In: Recht der Jugend und des Bildungswesens, 41 (1993) 2, 130-147. (erstmalig erschienen 1954)

Benokraitis, N./Feagin, J.: Institutional Racism: A Perspective in Search Clarity and Research. In: v. Willie, Ch. (ed.): Black Brown White Relations, Race Relations in the 1970. New Brunswick 1974.

Berger, P.L./Luckmann, Th.: Die gesellschaftliche Konstruktion von Wirklichkeit. Eine Theorie der Wissenssoziologie. Frankfurt/M. 1966.

Berger, U./Bernhard-Mehlich, I.: Die verhaltenswissenschaftliche Entscheidungstheorie. In: Kieser, A. (Hrsg.): Organisationstheorien. Stuttgart et al. 1993, 127-159.

Bernstein, B.: Class, codes and control, vol. 3. London 1977.

Bhavnani, R.: Rethinking Interventions in Racism. Stoke-on-Trent 2001.

Bildungsdirektion Zürich (BiD): Unsere Schule – unsere Zukunft. Zürcher Volksschulreform: die solide Basis erneuern. Gesamtkonzept (2. Aufl.). BiD. Zürich 1999.

Bildungsdirektion Zürich (BiD)/Abt. Bildungsplanung/Bildungsstatistik: Bildungsstatistik für das Schuljahr 1999/2000.

Bildungskommission NRW: Zukunft der Bildung – Schule der Zukunft. Denkschrift der Kommmission „Zukunft der Bildung – Schule der Zukunft" beim Ministerpräsidenten des Landes Nordrhein-Westfalen. Neuwied et al. 1995.

Bildungsrat des Kantons Zürich: „Projekt Qualität in multikulturellen Schulen" (QUIMS), Zwischenbericht und Auftrag für eine dritte Projektphase 2002-2005 vom 12.6.2001. Bildungsrat. Zürich 2001.

Binder, H.-M./Tuggener, D./Trachsler, E.: Qualität in multikulturellen Schulen (QUIMS). Zwischenbericht nach der ersten Erhebungsphase März bis September 2000. Interface – Institut für Politikstudien. Luzern 2000.

Binder, H.-M./Tuggener, D./Trachsler, E./Schaller, R.: Qualität in multikulturellen Schulen (QUIMS). Externe Evaluation. Bericht über die zweite Erhebungsphase August 2001 bis Januar 2002 und zusammenfassende Beurteilung. Interface – Institut für Politikstudien. Luzern 2002.

Blackmore, J.: Breaking out of a masculinist politics of education. In: Limerick, B./Lingard, B. (eds): Gender and Changing Education Management. Rydalmere, New South Wales, Australia 1995.

Blackmore, J./Bigum, C./Hodgens, J./Laskey, L.: Managed change and self-management in Schools of the Future. In: Leading and Managing, 2 (1996) 3, 195-220.

Blair, M./Bourne, J.: Making the difference: Teaching and Learning Strategies in Successful Multi-ethnic Schools. London 1998.

Blair, T.: New Britain. My Vision of a Young Country. London 1996.

Blauner, R.: Racial Oppression in America. New York 1970.

Blick vom 18.03.1998: Zu viele Ausländer in den Schulen?

Boaler, J.: Setting, social class and survival of the quickest. In: British Educational Research Journal, 23 (1997), 575-595.

Bos, W./Lankes, E.-M./Prenzel, M./Schwippert, K./Valtin, R./Walther, G.: Erste Ergebnisse aus IGLU. Schülerleistungen am Ende der vierten Jahrgangsstufe im internationalen Vergleich. Zusammenfassung ausgewählter Ergebnisse. 2003.
<http://www.erzwiss.uni-hamburg.de/IGLU/home.htm> (1/2004)

Bourdieu, P./Passeron, J.C.: Die Illusion der Chancengleichheit. Stuttgart 1971. (erstmalig erschienen im französischen Original 1967)

Bourne, J.: Section 11: What's it all about? Unveröffentlichtes Manuskript. London 1988.

Bowe, R./Ball, S./Gold, A.: Reforming Education and Changing Schools. Case studies in policy sociology. London; New York 1992.

Boyd, W.L.: Die Politik der freien Schulwahl und marktorientierte Schulreform in Großbritannien und den Vereinigten Staaten. In: Zeitschrift für Pädagogik, 39 (1993) 1, 53-69.

Brägger, G./Hildbrand, J.: Fallbeschreibung des Schulentwicklungsprojektes „Teilautonome Volksschulen im Kanton Zürich" für das OECD-Regionalseminar 1999. Unveröffentlichtes Manuskript. BiD. Zürich 1999.

Brah, A.: Difference, diversiy and differentiation. In: Donald, J./Rattansi, A. (eds): "Race", culture and difference. London et al. 1992, 126-145.

Brandt, G. L.: The Realization of Anti-Racist Teaching. Lewes 1986.

Brehony, K.: School Governors, "Race" and Racism. In: Tomlinson, S./Craft, M. (eds): Ethnic Relations and Schooling. London 1995, 155-173.

Broadfoot, P. M.: Education, Assessment and Society. Buckingham 1996.

Brumlik, M.: „Den muttersprachlichen Unterricht ersatzlos streichen". In: Erziehung und Wissenschaft, 2 (2000), 21-23.

Brunsson, N./Olsen, J.P.: The Reforming Organization. Chichester et al. 1993.

Bühler-Niederberger, D.: Legasthenie. Geschichte und Folgen einer Pathologisierung. Opladen 1991.

Bühler-Otten, S./Neumann, U./Reuter, R.: Interkulturelle Bildung in den Lehrplänen. In: Gogolin, I./Nauck, B. (Hrsg.): Migration, gesellschaftliche Differenzierung und Bildung. Opladen 2000, 279-319.

Bühlmann, C.: Interkulturelle Erziehung. Von der Absichtserklärung zur Praxis – ein langer Weg. In: Prodolliet, S. (Hrsg.): Blickwechsel. Die multikulturelle Schweiz an der Schwelle zum 21. Jahrhundert. Luzern 1998, 237-248.

Bullock, Lord: Language Across The Curriculum. HMSO. London 1975.

Bundesamt für Statistik (BFS) (Hrsg.): Ausländerinnen und Ausländer in der Schweiz. Bericht 2000. BFS. Neuchâtel 2000.

Bundesamt für Statistik (BFS) (Hrsg.): Statistisches Jahrbuch der Schweiz 2001. 108. Jg. Zürich 2001.

Bundesarbeitsgemeinschaft der Immigrantenverbände in der Bundesrepublik (BAGIV): Muttersprachlicher Unterricht in der Bundesrepublik Deutschland. Hamburg 1985.

Buschor, E.: New Public Management und Schule. In: Dubs, R./Luzi, R. (Hrsg.): Schule in Wissenschaft, Politik und Praxis. 25 Jahre IWP. Tagungsbeiträge. St. Gallen 1997, 147-176.

Bush, T./Coleman, M./Glover, D.: Managing Autonomous Schools: The Grantmaintained Experience. London 1993.

Callaghan, J.: The Ruskin College speech. In: Ahier, J./Cosin, B./Hales, M. (eds): Diversity and Change. Education, Policy and Selection. London; New York 1996 199-204.

Carle, U.: Grundschule in Entwicklung. Die aktuellen Reformen in den Bundesländern. In: Die Deutsche Schule, 90 (1998) 4, 453-469.

Carmichael, S./Hamilton, C. V.: Black Power. New York 1967.

Central Advisory Council for Education (CACE): Children and Their Primary Schools. Vol. 1: Report (8. Aufl.). HMSO. London 1975. (erstmalig erschienen 1967)

Chubb, J./Moe, T.: Politics, Markets and America's Schools. Washington, DC 1990.

Cicourel, A.V./Kitsuse, J.I.: The Educational Decision-Makers. An Advanced Study in Sociology. Indianapolis 1963.

Cicourel, A.V./Kitsuse, J.I.: Die soziale Organisation der Schule und abweichende jugendliche Karrieren. In: Hurrelmann, K. (Hrsg.): Soziologie der Erziehung. Weinheim/Basel 1974, 362-378.

Cohen, M.D./March, J.G./Olsen, J.P.: Ein Papierkorb-Modell für organisatorisches Wahlverhalten. In: March, J.G. (Hrsg.): Entscheidung und Organisation. Wiesbaden 1990, 329-372. (erstmalig erschienen 1972)

Coleman, J.S./Campbell, E./Hobson, C./McPartland, J./Mood, A./Weinfield, F./York, R.: Equality of educational opportunity. Washington 1966.

Commission for Racial Equality (CRE): Learning in Terror. CRE. London 1987.

Commission for Racial Equality (CRE): Learning for All. Standards for Racial Equality in Schools. For schools in England and Wales. CRE. London 2000.

Criblez, L.: Unveröffentlichtes Vortragsmanuskript über Schulautonomie in der Schweiz. Vortrag gehalten auf Internationalen Konferenz „Selbständige Schule und Qualitätsentwicklung im europäischen Vergleich", Gesamtschule Velbert (Nordrhein-Westfalen), 02.-03.11.2001.

Crowson, R.L./Boyd, W.L./Mawhinney, H.B.: Introduction and Overview: the new institutionalism and the politics of reinventing the American school. In: Crowson, R.L./Boyd, W.L./Mawhinney, H.B. (eds): The Politics of Education and the New Institutionalism: Reinventing the American School. London 1996, 1-6.

Crozier, G.: Empowering the Powerful: a discussion of the interrelation of government policies and consumerism with social class factors and the impact of this upon parent interventions in their children's schooling. In: British Journal of Sociology of Education, 18 (1997) 2, 187-200.

Czock, H. „Der Fall Ausländerpädagogik". Frankfurt/M. 1993.

Dale, R.: Applied Education Politics or Political Sociology of Education?: Contrasting Approaches to the Study of Recent Education Reform in England and Wales. In: Halpin, D./Troyna, B. (eds): Researching Education Policy: Ethical and Methodological Issues. London 1994, 31-41.

Dale, R.: Relating Eduation Policy and Institutional Racism: From Discourse to Structure. In: Sykes, P./Rizvi, F. (eds): Researching Race and Social Justice in Education: Essays in Honour of Barry Troyna. Stoke-on-Trent 1997, 85-95.

Dale, R.: The State and Governance of Education: An Analysis of the Restructuring of the State-Education Relationship. In: Halsey, A.H./Lauder, H./Brown, P./Wells, A.S. (eds): Education. Culture, Economy, and Society. Oxford 1999, 271-282. (erstmalig erschienen 1997)

D'Amato, G.: Vom Ausländer zum Bürger. Der Streit um die politische Integration von Einwanderern in Deutschland, Frankreich und der Schweiz. Unveröffentlichte Dissertation. Universität Potsdam, Wirtschafts- und Sozialwissenschaftliche Fakultät. Potsdam 1998. (Veröffentlicht unter gleichem Titel: Münster 2001)

Deem, R./Brehony, K./Heath, S.: Active Citizenship and the Governing of Schools. Buckingham 1995.

Demack, S./Drew, D./Grimsley, M.: Minding the Gap: ethnic, gender and social class differences in attainment at 16, 1988-95. In: Race Ethnicity and Education, 3 (2000) 2, 117-140.

Demaine, J. (ed.): Education Policy and Contemporary Politics. Houndmills et al. 1999.

Demaine, J.: Education Policy and Contemporary Politics. In: Demaine, J. (ed.): Education Policy and Contemporary Politics. Houndmills et al. 1999, 5-29. (1999a)

Department for Education (DfE): Parents Charter. DfE. London 1994.

Department for Education and Employment (DfEE): Education Bill launched. DfEE Press release 364/96. DfEE. London 1996.

Department for Education and Employment (DfEE): School Standards and Framework Act. DfEE. London 1998.

Department for Education and Employment (DfEE): Excellence for all children: meeting special educational needs. DfEE. London 1997.

Department for Education and Employment (DfEE): Excellence in schools. White Paper. Cm. 3681. HMSO. London 1997. (1997a)

Department for Education and Employment (DfEE): SEN Code of Practice and Standards in SEN. London 1997. (1997b)

Department for Education and Employment (DfEE): Guidance on ethnic minority achievement grant. DfEE. London 1998.

Department for Education and Employment (DfEE): Entitlement of Children of Asylum Seekers and Refugees to attend School. (Schreiben an den Flüchtlingsrat der Stadt London vom 9. Februar 1999). DfEE. London 1999.

Department for Education and Employment (DfEE): Minority Ethnic Pupils in Maintained Schools by Local Education Authority Area in England - January 1999 (Provisional). Statistical First Release 15/1999. DfEE. London 1999. (1999a)

Department for Education and Skills (DfES): Inclusive Schooling. Children with Special Educational Needs. Statutory Guidance. 11/2001. DfES. London 2001.

Department for Education and Science (DES): Better Schools. Cmnd. 9469. HMSO. London 1985. (1985a)

Department for Education and Science (DES): Education For All. Report of the Enquiry into the Education of Children from Ethnic Minority Groups (Swann Report). HMSO. London 1985.

Department for Education and Science (DES): Education in Schools - A Consultative Document. HMSO. London 1977.

Department of Education and Science (DES): The education of immigrants (Circular 7/65). DES. London 1965.

Department for Education and Science (DES): The School Curriculum. HMSO. London 1981.

Department for Education and Science (DES): West Indian Children in Our Schools. Interim Report of the Committee of Enquiry into the Education of Ethnic Minority Children (The Rampton Report). HMSO. London 1981. (1981a)

Der Stadtrat von Zürich: Integrationspolitik der Stadt Zürich. Zürich 1999.

Deutscher Bildungsrat: Empfehlungen der Bildungskommission. Strukturplan für das Bildungswesen. Bonn 1973.

Deutscher Bildungsrat: Empfehlungen der Bildungskommission. Zur Reform von Organisation und Verwaltung im Bildungswesen. Teil I. Verstärkte Selbständigkeit der Schule und Partizipation der Lehrer, Schüler und Eltern. Bonn 1973.

Deutscher Juristentag (Hrsg.): Schule im Rechtsstaat, Bd. I. Entwurf für ein Landesschulgesetz. Bericht der Kommission Schulrecht des Deutschen Juristentages. München 1981.

Deutsches PISA-Konsortium (Hrsg.): PISA 2000. Basiskompetenzen von Schülerinnen und Schülern im internationalen Vergleich. Opladen 2001.
Die Tageszeitung (TAZ) vom 16.03.2005: Bildung sollte Menschenrecht sein. Interview mit Katarina Tomasevski.
Die Tageszeitung (TAZ) vom 26./27.08.2000 (tazmag): Kein Geld, keine Bildung. New Labour preist ihr System schulischer Leistungskontrollen. Und verschärft doch nur das bestehende Zweiklassensystem.
Diehm, I./Radtke, F.-O.: Erziehung und Migration. Eine Einführung. Stuttgart et al. 1999.
DiMaggio, P.J./Powell, W.W.: The Iron Cage Revisited: Institutional Isomorphism and Collective Rationality in Organizational Fields. In: American Sociological Review, 48 (1983) 2, 147-160.
Ditton, H.: Qualitätskontrolle und Qualitätssicherung in Schule und Unterricht. Ein Überblick zum Stand der empirischen Forschung. In: Helmke, A./Hornstein, W./Terhart, E. (Hrsg.): Qualität und Qualitätssicherung im Bildungsbereich: Schule, Sozialpädagogik, Hochschule. In: Zeitschrift für Pädagogik, 41. Beiheft. Weinheim; Basel 2000, 73-92.
Ditton, H.: Ungleichheitsforschung. In: Rolff, H.-G. (Hrsg.): Zukunftsfelder von Schulforschung. Weinheim 1995, 89-125.
Dittrich, E.J.: Das Weltbild des Rassismus. Frankfurt/M. 1991.
Döbert, H.: Deutschland. In: Döbert, H./Geißler, G. (Hrsg.): Schulautonomie in Europa. Umgang mit dem Thema, theoretisches Problem, europäischer Kontext, bildungshistorischer Exkurs. Baden-Baden 1997, 117-145.
Döbert, H./Geißler, G. (Hrsg.): Schulautonomie in Europa. Umgang mit dem Thema, theoretisches Problem, europäischer Kontext, bildungshistorischer Exkurs. Baden-Baden 1997.
Donald, J./Rattansi, A. (eds): "Race", Culture and Difference. London et al. 1992.
Dubs, R.: Schule, Schulentwicklung und New Public Management. St. Gallen 1996.

Echols, F./McPherson, A./Willms, J.D.: Parental Choice. In: Scotland Journal of Education Policy, 5 (1990) 3, 207-222.
Edmonds, R.R.: Effective schools for the urban poor. In: Educational Leadership, October 1979, 15-34.
Edmonds, R.R./Frederiksen, J.R.: Search for Effective Schools: The Identification and Analysis of City Schools that are instructionally effective for poor Children. Cambridge, Mass. 1978.
Edwards, T./Fitz, J./Whitty, G.: The State and Private Education: An Evaluation of the Assisted Places Scheme. London 1989.
Edwards, T./Whitty, G./Power, S.: Moving Back from Comprehensive Secondary Education? In: Demaine, J. (ed.): Education Policy and Contemporary Politics. Houndmills et al. 1999, 30-43.
Eidgenössische Kommission gegen Rassismus (EKR): Erster Bericht der Schweiz an den UNO-Ausschuss zur Beseitigung jeder Form von Rassendiskriminierung. Gemäss Artikel 9 des internationalen Übereinkommens von 1965 zur Beseitigung jeder Form von Rassendiskriminierung. EKR. Bern 1996.
Eidgenössische Kommission gegen Rassismus (EKR): Dokumentation: Segregation in der Schule. 2. erweiterte Auflage Januar 1999. EKR. Bern 1999.

Eidgenössische Kommission gegen Rassismus (EKR): Getrennte Klassen? Ein Dossier zu den politischen Forderungen nach Segregation fremdsprachiger Kinder in der Schule. August 1999. EKR. Bern 1999. (1999a)

Enders, J./Halinger, S./Rönz, G./Scherrer, C.: GATS-Verhandlungen im Bildungsbereich: Bewertung und Forderungen. Gutachten für die Max-Traeger-Stiftung. Frankfurt/M. 2003.

Epstein, D.: Changing Classroom Cultures: Anti-Racism, Politics and Schools. Stoke-on-Trent 1993.

Epstein, D./Elwood, J./Hey, V./Maw, J.: Failing boys? Issues in gender and achievement. Buckingham; Philadelphia 1998.

Erziehungsdirektion des Kantons Zürich (ED): Das Zürcher Schulwesen. Informationen für die Lehrer und Lehrerinnen der Kurse in heimatlicher Sprache und Kultur und für Mitglieder ausländischer Elternorganisationen. ED. Zürich 1991.

Erziehungsdirektion des Kantons Zürich (ED) (Hrsg.): Schulentwicklung im Kanton Zürich. ED. Zürich 1988.

Erziehungsdirektion des Kantons Zürich (ED): Schulstatistik. Aktuelle statistische Mitteilungen der Erziehungsdirektion. November 1995, Ausgabe 3.

Erziehungsdirektion des Kantons Zürich (ED): TaV. Teilautonome Volksschulen. Entwicklungsrahmen. Zürich 1997.

Erziehungsrat des Kantons Zürich: Empfehlungen zur Schulung der fremdsprachigen Kinder und zur interkulturellen Pädagogik. Zürich 1995.

EURYDICE: EURYBASE 2001 – The Information Database on Education Systems in Europe. The Education System in the United Kingdom (England, Wales and Northern Ireland). EURYDICE 2001. <http://.eurydice.org/Eurybase/> (7/2002)

Europäische Kommission (sowie EURYDICE und Cedefop): Strukturen der allgemeinen und beruflichen Bildung in der europäischen Union. Europäische Kommission (sowie EURYDICE und Cedefop). Brüssel 1995.

Europäische Union 2000: Richtlinie 2000/43/EG DES RATES vom 29.06.2000 zur Anwendung des Gleichbehandlungsgrundsatzes ohne Unterschied der Rasse oder der ethnischen Herkunft (Amtsblatt der Europäischen Gemeinschaft, L 180/22, DE, 19.07.2000).

Europäische Union 2000: Richtlinie 2000/78/EG DES RATES vom 27.11.2000 zur Festlegung eines allgemeinen Rahmens für die Verwirklichung der Gleichbehandlung in Beschäftigung und Beruf (Amtsblatt der Europäischen Gemeinschaft, L 303/16, DE, 02.12.2000). (2000a)

Expertengruppe Migration: Ein neues Konzept der Migrationspolitik. Bericht der Expertenkommission Migration. Bundesamt für Flüchtlinge. Bern 1997.

Fahrmeir, A.: Grenzenloser Liberalismus? Die britische Einwanderungspolitik im 19. Jahrhundert. In: Schönwälder, K./Sturm-Martin, I. (Hrsg.): Die britische Gesellschaft zwischen Offenheit und Abgrenzung: Einwanderung und Integration vom 18. bis zum 20. Jahrhundert. Berlin; Wien 2001, 57-71.

Feagin, J.R./Feagin, C.B.: Discrimination American Style - Institutional Racism and Sexism. Malabar 1986. (erstmalig erschienen 1978)

Feldhoff, J.: Probleme einer organisationssoziologischen Analyse der Schule. In: Recht der Jugend und des Bildungswesens, 18 (1970) 10, 289-296.

Fend, H.: Qualität im Bildungswesen. Schulforschung zu Systembedingungen, Schulprofilen und Lehrerleistung. Weinheim; München 1998.

Fielding, M.: Beyond school effectiveness and school improvement: lighting the slow fuse of possibility. In: White, J./Barber, M. (eds): Perspectives on School Effectiveness and School Improvement. University of London, Institute of Education. Bedford Way Papers. London 1997.

Figueroa, P.: Intercultural Education in Britain. In: Cushner, K. (ed.): International Perspectives on Intercultural Education. London 1998, 122-144.

Fischer, D./Schreiner, P./Doyé, G./Scheilke, C.T. (Hrsg.): Auf dem Weg zur interkulturellen Schule. Fallstudien zur Situation interkulturellen und interreligiösen Lernens. Münster; New York 1996.

Fitz, J./Halpin, D./Power, S.: Grant Maintained Schools: Education in the Market Place. London 1993.

Frank, S.: Staatsräson, Moral und Interesse. Die Diskussion um die „multikulturelle Gesellschaft" 1980-1993. Freiburg i. Breisgau 1995.

Fraser, N.: Justice Interruptus. Critical Reflections on the "postsocialist" Condition. London 1997.

Fraser, N.: Unruly Practices: Power, Discourse and Gender in Contemporary Social Theory. Minneapolis 1989.

Friedman, M.: Kapitalismus und Freiheit. München 1976. (erstmalig erschienen 1955)

Fthenakis, W./Sonner, A./Thrul, R./Walbinger, W.: Bilingual-bikulturelle Entwicklung des Kindes. Ein Handbuch für Psychologen, Pädagogen und Linguisten. München 1985.

Fuchs, H.-W./Reuter, L.R.: Bildungspolitik in Deutschland. Entwicklungen, Probleme, Reformbedarf. Opladen 2000.

Fürstenau, P.: Neuere Entwicklungen der Bürokratieforschung und das Schulwesen. In: Neue Sammlung, 7 (1967), 511-525.

Fürstenau, P.: Zur Psychoanalyse der Schule als Institution. In: Das Argument 29, Schule und Erziehung I, 6 (1968), 65-78.

Gaine, C.: Erziehung und „race": zum gesellschaftlichen Klima 1950-2000. In: Quehl, T. (Hrsg.): Schule ist keine Insel. Britische Perspektiven antirassistischer Pädagogik. Münster et al. 2000, 14-48.

Gaine, C.: No problem here. Hutchinson 1987.

Gemeinderat der Stadt Zürich: GR Nr. 98/367. Gemeinderat. Zürich 1998.

Gewerkschaft Erziehung und Wissenschaft (GEW): Integrierter muttersprachlicher Unterricht. Ein neues Fach für ausländische und deutsche Kinder. Frankfurt/M. 1988.

Gewirtz, S./Ball, S.J./Bowe, R.: Markets, Choice and Equity in Education. Buckingham 1995.

Gillborn, D.: Rassismus, Identität und Moderne: Pluralismus, moralischer Antirassismus und modellierbare Ethnizität. In: Quehl, T. (Hrsg.): Schule ist keine Insel: Britische Perspektiven antirassistischer Pädagogik. Münster et al. 2000, 72-96.

Gillborn, D.: Racism and Antiracism in Real Schools. Buckingham; Philadelphia 1995.

Gillborn, D.: The Micro-politics of Macro Reform. In: British Journal of Sociology of Education, 15 (1994) 2, 147-164.

Gillborn, D./Gipps, C.: Recent Research on the Achievements of Ethnic Minority Pupils. OFSTED Reviews of Research. London 1996.

Gillborn, D./Mirza, H.: Educational inequality. Mapping Race, Class and Gender. A synthesis of research evidence. For Office for Standards in Education (OFSTED). OFSTED. London 2000.

Gillborn, D./Youdell, D.: Rationing Education. Policy, Practice and Equity. Buckingham; Philadelphia 2000.

Gillborn, D./Youdell, D./Kirton, A.: Government Policy and School Effects: racism and social justice in policy and practice. In: Multicultural Teaching 17 (1999) 3, 11-16.

Gilroy, P.: The End of Antiracism. In: Donald, J./Rattansi, A. (eds): "Race", Culture and Difference. London et al. 1992, 49-61. (erstmalig erschienen 1990)

Gilroy, P.: There Ain't No Black in the Union Jack. London 1987.

Glowka, D.: England. In: Anweiler, O./Boos-Nünning, U./Brinkmann, G./Glowka, D./Goetze, D./Hörner, W./Kuebart, F./Schäfer, H.-P.: Bildungssysteme in Europa. Entwicklung und Struktur des Bildungswesens in zehn Ländern: Deutschland, England, Frankreich, Italien, Niederlande, Polen, Rußland, Schweden, Spanien, Türkei. Weinheim; Basel 1996, 57-81.

Gogolin, I./Nauck, B. (Hrsg.): Migration, gesellschaftliche Differenzierung und Bildung. Opladen 2000.

Gogolin, I./Neumann, U./Reuter, L.: Schulbildung für Kinder aus Minderheiten in Deutschland 1989-1999. Schulrecht, Schulorganisation, curriculare Fragen, sprachliche Bildung. Münster et al. 1999.

Gomolla, M.: Erscheinen des Projektes „Qualität in multikulturellen Schulen" (QUIMS) in den Medien. Bericht zur Evaluation von Presseartikeln und Dokumenten (Herbst 1997 bis 1999). Unveröffentlichter Bericht im Auftrag der QUIMS-Projektgruppe. BiD. Zürich 1999.

Gomolla, M.: Ethnisch-kulturelle Zuschreibungen und Mechanismen institutionalisierter Diskriminierung in der Schule. In: Attia, I./Marburger, H. (Hrsg.): Alltag und Lebenswelten von Migrantenjugendlichen. Frankfurt/M. 2000, 49-70.

Gomolla, M./Radtke, F.-O.: Institutionelle Diskriminierung. Die Herstellung ethnischer Differenz in der Schule. Opladen 2002.

Grace, G.: Welfare Labourism versus the New Right. In: International Studies in Sociology of Education, 1 (1991) 1, 37-48.

Gretler, A.: Empfehlungen und Institutionen auf dem Gebiet der interkulturellen Bildung und Erziehung. In: Poglia, E./Perret-Clermont, A.-N./Gretler, A./Dasen, P. (Hrsg.): Interkulturelle Bildung in der Schweiz. Fremde Heimat. Bern et al. 1995, 67-72.

Gudjons, H./Köpke, H. (Hrsg.): 25 Jahre Gesamtschule in der Bundesrepublik Deutschland. Eine bildungspolitische und pädagogische Bilanz. Bad Heilbrunn 1996.

Haenisch, H.: Effekte von Schulöffnung auf Lernqualität, Unterrichts- und Schulentwicklung. Eine empirische Untersuchung über den spezifischen Ertrag von GÖS-Vorhaben für die Lern- und Unterrichtsarbeit in der Schule. LSW. Soest 1999.

Haenisch, H.: Evaluation des Landesprogramms GÖS. Eine empirische Studie zu den Bedingungen und Wirkungen von Vorhaben im Bereich Gestaltung des Schullebens und Öffnung von Schule (Förderjahr 1998/99). LSW. Soest 2000.

Hall, S. (Sonja): Learning for All: Standards for Racial Equality in Schools. In: Multicultural Teaching 19 (2001) 3, 19-20 und 25.

Hall, S. (Stuart): Von Scarman zu Stephen Lawrence. In: Schönwälder, K./Sturm-Martin, I. (Hrsg.): Die britische Gesellschaft zwischen Offenheit und Abgrenzung: Einwanderung und Integration vom 18. bis zum 20. Jahrhundert. Berlin; Wien 2001, 154-168.

Halpin, D./Troyna, B.: The Politics of Educational Borrowing. In: Comparative Education, 31 (1995) 3, 303-310.

Hamburger, F.: Pädagogik der Einwanderungsgesellschaft. Frankfurt/M. 1994.

Hamburger, F./Seus, L./Wolter, O.: Über die Unmöglichkeit, Politik durch Pädagogik zu ersetzen. In: Unterrichtswissenschaft, 9 (1981) 2, 158-167.

Hasse, R./Krücken, G.: Neo-Institutionalismus. Bielefeld 1999.

Hatcher, R.: New Labour, school improvement and racial equality. In: Multicultural Teaching, 15 (1997) 3, 8-13.

Hatcher, R.: Schools Under New Labour - Getting Down to Business. In: Lohmann, I./Rilling, R. (Hrsg.): Die verkaufte Bildung. Kritik und Kontroversen zur Kommerzialisierung von Schule, Weiterbildung, Erziehung und Wissenschaft. Opladen 2002, 109-131.

Hatcher, R.: Social Justice and the Politics of School Effectiveness and Improvement. In: race ethnicity and education, 1 (1998) 2, 267-289.

Hatcher, R./Troyna, B./Gewirtz, D.: Racial Equality and the Local Management of Schools. Warwick Papers on Education Policy No. 8. Stoke-on-Trent 1996.

Haug, W.: Grundlagen für eine schweizerische Migrationspolitik. In: Wicker, H.-R. (Hrsg.): Nationalismus, Multikulturalismus und Ethnizität. Beiträge zur Deutung von sozialer und politischer Einbindung und Ausgrenzung. Bern et al. 1998, 117-163.

Häusler, M.: Innovation in multikulturellen Schulen. Im Auftrag der Bildungsdirektion des Kantons Zürich. Zürich 1999.

Heckmann, F.: Politik, Staat und ethnische Minderheiten. In: Gogolin, I. (Hrsg.): Das nationale Selbstverständnis der Bildung. Münster; New York 1994, 13-45.

Heller, W./Kern, W./Rosenmund, M./Schildknecht, J.: Schulentwicklung. Ein Beitrag zur Dekonstruktion eines politischen Schlagworts. Zürich 2000.

Henriques, J.: Social psychology and the politics of racism. In: Henriques, J./Hollway, W./Urwin, C./Venn, C./Walkerdine, V.: Changing the Subject: Psychology, Social Regulation and Subjectivity. London 1984, 60-89.

Her Majesty's Stationery Office (HMSO): Race Relations (Amendment) Act 2000. HMSO. London 2000.

Herbert, U.: Geschichte der Ausländerbeschäftigung in Deutschland 1880-1980. Saisonarbeiter, Zwangsarbeiter, Gastarbeiter. Berlin; Bonn 1986.

Herbert, U.: Arbeit, Volkstum, Weltanschauung. Über Fremde und Deutsche im 20. Jahrhundert. Frankfurt/M. 1994.

Hinnenkamp, V./Radtke, F.-O.: Vom Umgang mit Minderheiten. Zu Besuch bei der englischen Race Relations-Industry. In: Informationsdienst zur Ausländerarbeit, 2 (1984), 60-69.

Hinz, A.: Heterogenität in der Schule. Hamburg 1993.

Hirst, P.Q./ Thompson, G.: Globalization and the Future of the Nation State. In: Economy and Society, 24 (1995) 3, 408-42.

Hohmann, M.: Interkulturelle Erziehung als Herausforderung für allgemeine Bildung? In: Glowka, D./Krüger-Potratz, M./Krüger, B. (Hrsg.): Erziehung in der multikulturellen Gesellschaft. Vergleichende Erziehungswissenschaft. Informationen, Berichte, Studien, Nr. 17. Selbstverlag. Münster 1987, 98-115.

Holmes, C.: Immigration. In: Gourvish, T./O'Day, A. (eds): Britain since 1945. Basingstoke 1991, 209-231.

Holmes, C.: Die Einwanderung nach Großbritannien in Vergangenheit und Gegenwart. In: Schönwälder, K./Sturm-Martin, I. (Hrsg.): Die britische Gesellschaft zwischen Offenheit und Abgrenzung: Einwanderung und Integration vom 18. bis zum 20. Jahrhundert. Berlin; Wien 2001, 16-31.

Home Office: Taking Steps. The Third Report of the Racial Attacks Group. Home Office. London 1996.

Home Office: Stephen Lawrence Inquiry: Home Secretary's Action Plan. Home Office. London 1999.

Hood, C.: The New Public Management in the 1980s: Variations on a Theme. In: Accounting, Organizations and Society, 20 (1995) 2/3, 93-109.

Hopes, C./Hellawell, D.: England. In: Döbert, H./Geißler, G. (Hrsg.): Schulautonomie in Europa. Umgang mit dem Thema, theoretisches Problem, europäischer Kontext, bildungshistorischer Exkurs. Baden-Baden 1997, 147-176.

Hopf, D.: Herkunft und Schulbesuch ausländischer Kinder. Eine Untersuchung am Beispiel griechischer Schüler. Berlin 1987.

Hopf, C./Nevermann, K./Richter, I.: Schulaufsicht und Schule. Eine empirische Analyse der administrativen Bedingungen schulischer Erziehung. Stuttgart 1980, 165-176.

Hörner, W.: Historische und gegenwartsbezogene Vergleichsstudien - Konzeptionelle Probleme und politischer Nutzen angesichts der Internationalisierung der Erziehungswissenschaft. In: Tertium Comparationis, Journal für Internationale Bildungsforschung, 5 (1999) 2, 107-177.

Hornberg, S.: Europäische Gemeinschaft und multikulturelle Gesellschaft. Anspruch und Wirklichkeit europäischer Bildungspolitik und –praxis. Frankfurt/M. 1999.

Hornberg, S.: Schule in multikulturellen Ballungszonen – Ansätze interkultureller Erziehung und Bildung in Frankfurt am Main. In: Holtappels, H.-G. (Hrsg.): Entwicklung von Schulkultur: Ansätze und Wege schulischer Erneuerung. Neuwied et al. 1995, 52-72.

Huber, S.G.: School Improvement: Wie kann Schule verbessert werden? In: Schul-Management, 3 (1999), 7-18.

Jäger, M./Kaufmann, H. (Hrsg.): Leben unter Vorbehalt. Institutioneller Rassismus in Deutschland. Duisburg 2002.

Jencks, C./Smith, M./Acland, H./Bane, M.J./Cohen, D./Gintis, H./Heyns, B./Michelson, S.: Inequality: A reassessment of the effects of family and Schooling in America. New York 1972.

Johnson, R.: Thatcherism and English Education: Breaking the Mould or Confirming the Pattern? In: History of Education 18 (1989) 2, 91-121.

Johnson, U.: Jahrestage. Aus dem Leben von Gesine Cresspahl. Frankfurt/M. 2000.

Jones, J. M.: Prejudice and Racism. Reading, Mass. 1972.

Jung, M./Niehr, T./Böke, K.: Ausländer und Migranten im Spiegel der Presse. Wiesbaden 2000.

Kallbach, M.: Charter Schools: Die autonomen Schulen der Zukunft? In: Die Deutsche Schule, 89 (1997) 3, 365-377.

Kampshoff, M.: Leistung und Geschlecht. Die englische Debatte um das Schulversagen von Jungen. In: Die Deutsche Schule, 93 (2001) 4, 498-512.

Kassis, W.: Projektbeschreibungen AKEP Basel, Pilotprojekte HSK Zürich und Sonderklasse E plus Zürich (im Rahmen einer Expertenbefragung). Universität Basel, Forschungsstelle für Schulpädagogik und Fachdidaktik. Basel 1999.

Kiesel, D.: Das Dilemma der Differenz. Zur Kritik des Kulturalismus in der Interkulturellen Pädagogik. Frankfurt/M. 1996.

Kieserling, A.: Kommunikation unter Anwesenden: Studien über Interaktionssysteme. Frankfurt/M. 1999.

Klausenitzer, J.: Privatisierung im Bildungswesen? Eine internationale Studie gibt zu bedenken! In: Die Deutsche Schule, 91 (1999) 4, 504-514.

Knorr-Cetina, K.: Spielarten des Konstruktivismus. Einige Notizen und Anmerkungen. In: Soziale Welt, 40 (1989), 86-96.

Knowles, L. K./Prewitt, K.: Institutional Racism in America. Englewood-Cliffs 1969.

Kornmann, R./Klingele, C.: Ausländische Kinder und Jugendliche an Schulen für Lernbehinderte in den alten Bundesländern: noch immer erheblich überrepräsentiert und dies mit steigender Tendenz! In: Zeitschrift für Heilpädagogik, 47 (1996) 1, 2-9.

Kornmann, R./Klingele, C./Iriogbe-Ganninger, J: Zur Überrepräsentation ausländischer Kinder und Jugendlicher in Schulen für Lernbehinderte: Der alarmierende Trend hält an! In: Zeitschrift für Heilpädagogik, 48 (1997) 5, 203-207.

Kornmann, R./Neuhäusler, E.: Zum Schulversagen bei ausländischen Kindern und Jugendlichen in den Jahren 1989 und 1999. In: Die neue Sonderschule, 46 (2001) 5, 337-349.

Kornmann, R./Schnattinger, Ch.: Sonderschulüberweisungen ausländischer Kinder, Bevölkerungsstruktur und Arbeitsmarktlage. In: Zeitschrift für Sozialisationsforschung und Erziehungssoziologie, 9 (1989) 3, 135-208.

Kriwet, I.: Die Schule in der Umklammerung des Marktes: Schulreform in Schweden. In: Zeitschrift für Bildungsverwaltung, 10 (1995) 1, 33-49.

Kronig, W./Haeberlin, U./Eckhart, M.: Immigrantenkinder und schulische Selektion. Pädagogische Visionen, theoretische Erklärungen und empirische Untersuchungen zur Wirkung integrierender und separierender Schulformen in den Grundschuljahren. Bern 2000.

Krüger-Potratz, M.: Anderssein gab es nicht: Ausländer und Minderheiten in der DDR. Münster; New York 1991.

Krüger-Potratz, M.: Interkulturelle Erziehung. Studienbrief der Fernuniversität Hagen. Hagen 1994.

Krüger-Potratz, M.: Schulpolitik für „fremde" Kinder. In: Gogolin, I./Nauck, B. (Hrsg.): Migration, gesellschaftliche Differenzierung und Bildung. Opladen 2000, 365-384.

Krüger-Potratz, M.: Stichwort: Erziehungswissenschaft und kulturelle Differenz. In: Zeitschrift für Erziehungswissenschaft, 2 (1999), 149-165.

Krüger-Potratz, M./Jasper, D./Knabe, F.: „Fremdsprachige Volksteile" und deutsche Schule. Schulpolitik für die Kinder der autochthonen Minderheiten in der Weimarer Republik. Ein Quellen und Arbeitsbuch. (Interkulturelle Bildungsforschung, 2). Münster 1998.

Kultusministerium (KM) NRW: Einführungserlass zum Gesetz zur Weiterentwicklung der sonderpädagogischen Förderung in Schulen. BASS 14-03 Nr. 1, Nr. 2.1, Nr. 2.2. KM NRW. Düsseldorf 1995.

Kultusministerium (KM) NRW: Schulische und außerschulische Fördermaßnahmen für ausgesiedelte Kinder und Jugendliche. BASS 14-01 Nr. 3. KM NRW. Düsseldorf 1988.

Kultusministerium NRW: Unterricht für ausländische Schüler. BASS 13-63 Nr. 3. KM NRW. Düsseldorf 1982.

Kultusministerium (KM) NRW: Verfahren bei der Aufnahme in Sonderschulen und beim Übergang von Sonderschulen in allgemeine Schulen (Sonderschulaufnahmeverfahren-SAV). BASS 12-11 Nr. 3. KM NRW. Düsseldorf 1973.

Kultusministerkonferenz (KMK): Europa im Unterricht. Beschluss der Kultusministerkonferenz vom 8.6.1978 i.d.F. vom 7.12.1990. KMK. Bonn 1990.

Kultusministerkonferenz (KMK): Empfehlungen zur sonderpädagogischen Förderung in den Ländern der Bundesrepublik Deutschland. Beschluss der Kultusministerkonferenz vom 5./6. 5. 1994. KMK. Bonn 1994.

Kultusministerkonferenz (KMK): Interkulturelle Erziehung. Nationaler Beitrag der Bundesrepublik Deutschland an die Kommission der Europäischen Gemeinschaften. Berichterstatter G. Mahler. KMK. Bonn 1992.

Kultusministerkonferenz (KMK): Zur europäischen Dimension im Bildungswesen. Gemeinsamer Bericht der Länder zur Umsetzung der Entschließung des Rates und der im Rat vereinigten Minister für das Bildungswesen vom 24.5.1988 in der Bundesrepublik Deutschland. KMK. Bonn 1992. (1992a)

Kultusministerkonferenz (KMK): Empfehlung „Interkulturelle Bildung und Erziehung in der Schule". Beschluss der Kultusministerkonferenz vom 25.10.1996. KMK. Bonn 1996.

Kurmann, W.: Die Schulung der fremdsprachigen Kinder: Licht und Schatten vor dem Hintergrund einer neuen Herausforderung. In: Poglia, E./Perret-Clermont, A.-N./Gretler, A./Dasen, P. (Hrsg.): Interkulturelle Bildung in der Schweiz. Fremde Heimat. Bern et al. 1995, 75-78.

Kussau, J./Oertel, L.: Schweiz. In: Döbert, H./Geißler, G. (Hrsg.): Schulautonomie in Europa. Umgang mit dem Thema, theoretisches Problem, europäischer Kontext, bildungshistorischer Exkurs. Baden-Baden 1997, 363-396.

Landesdatenamt für Datenverarbeitung und Statistik (LDS) Nordrhein-Westfalen: Landesdatenbank Nordrhein-Westfalen. <http://www.lds.nrw.de/ldsnrw.htm> (10/2002)

Landesinstitut für Schule und Weiterbildung (LSW) (Hrsg.): Erfahrungen zur Gestaltung des Schullebens und Öffnung von Schule. Begegnungen in der interkulturellen Verständigung. Nr. 1. LSW. Soest 1998.

Landesinstitut für Schule und Weiterbildung (LSW) (Hrsg.): Erfahrungen zur Gestaltung des Schullebens und Öffnung von Schule. Gemeinsames Gestalten in der interkulturellen Verständigung. Nr. 2. LSW. Soest 1998. (1998a)

Landesinstitut für Schule und Weiterbildung (LSW) (Hrsg.): Erfahrungen zur Gestaltung des Schullebens und Öffnung von Schule. Partnerschaft in der interkulturellen Verständigung. Nr. 3. LSW. Soest 1998. (1998b)

Landesinstitut für Schule und Weiterbildung (LSW) (Hrsg.): Erfahrungen zur Gestaltung des Schullebens und Öffnung von Schule. Schule als interkultureller Lernort. Nr. 4. LSW. Soest 1999.

Landesinstitut für Schule und Weiterbildung (LSW) (Hrsg.): Erfahrungen zur Gestaltung des Schullebens und Öffnung von Schule. Interkulturelle Verständigung. Nr. 5. LSW. Soest 1999. (1999a)

Landesinstitut für Schule und Weiterbildung (LSW) (Hrsg.): Gestaltung des Schullebens und Öffnung von Schule (GÖS). Programm des MSWWF NRW, Kurzfassung, Stand Februar 2000. LSW. Soest 2000.

Landesinstitut für Schule und Weiterbildung (LSW) (Hrsg.): Lernen für Europa. LSW. Soest 1995.

Landtag NRW/MSWWF (Hrsg.): Gerechtigkeit, Innovation, Leistung – GÖS – mehr Qualität für Lernen, Unterricht und Schulentwicklung. Soest 1999.

Lanfranchi, A.: Empfehlungen 1999 zur Weiterentwicklung der Interkulturellen Pädagogik in der Lehrerbildung. Fachstelle IKP in der Lehrerbildung des Kantons Zürich 1999.

Lanfranchi, A.: Interkulturelle Pädagogik in der Lehrerbildung 1999. Bericht über die Umsetzung des Erziehungsratsbeschlusses vom 8. Juni 1993. Erweiterte Seminardirektorenkonferenz des Kantons Zürich (Hrsg.). Fachstelle IKP in der Lehrerbildung des Kantons Zürich. Zürich 1999. (1999a)

Lanfranchi, A.: Standard-Curriculum „IKP in der Lehrerinnen- und Lehrerbildung". Fachstelle IKP in der Lehrerbildung des Kantons Zürich. Zürich 1999. (1999b)

Lauer, J.: Interkulturelle Verständigung. Versuch einer Begriffsbeschreibung. In: LSW (Hrsg.): Begegnung mit außerschulischen Partnern. LSW. Soest 1998, 64-71.

Layton-Henry, Z.: The politics of Immigration. Oxford 1992.

Lehmann, R.H.: Germany: System of Education. In: Husén, T./Postlethwaite, T.N. (eds): The International Encyclopaedia of Education. 2nd edition. Vol. 5. Oxford: Elsevier science 1994, 2470-2480.

Levacic, R.: Local Management of Schools: Analysis and Practice. Buckingham 1995.

Levine, D.U./Lezotte, L.W.: Effective Schools Research. In: Banks, J.A./McGee Banks, C.A. (eds): Handbook of research on multicultural education. New York 1995, 525-547.

Liket, T.: Freiheit und Verantwortung. Das niederländische Modell des Bildungswesens. Gütersloh 1995.

Lohmann, I.: After Neoliberalism. Können nationalstaatliche Bildungssysteme den „freien Markt" überleben? In: Lohmann, I./Rilling, R. (Hrsg.): Die verkaufte Bildung. Kritik und Kontroversen zur Kommerzialisierung von Schule, Weiterbildung, Erziehung und Wissenschaft. Opladen 2002, 89-107.

Lohmann, I./Rilling, R. (Hrsg.): Die verkaufte Bildung. Kritik und Kontroversen zur Kommerzialisierung von Schule, Weiterbildung, Erziehung und Wissenschaft. Opladen 2002.

Loppacher, U.: Was haben wir für die Flüchtlingskinder erreicht? Erfolge und Rückschläge: Eine Bilanz der Arbeit 1999/2000 der „Schweizerischen Arbeitsgruppe zur Schulung von kosova-albanischen Flüchtlingskindern" (SASKF). In: Magazin für Schule und Kindergarten der VPOD-Lehrberufsgruppen, 117 (2000), 20-22.

Loppacher, U.: Wie solide ist das „Haus des Lernens"? In: Magazin für Schule und Kindergarten der VPOD-Lehrberufsgruppen, 113 (1999), 4-7.

Luchtenberg, S.: Interkulturelle und sprachliche Bildung. Zur Bedeutung von Zwei- und Mehrsprachigkeit für Schule und Unterricht. Münster; New York 1995.
Luhmann, N.: Funktionen und Folgen formaler Organisationen. Berlin 1964.
Luhmann, N.: Organisation und Entscheidung. Opladen 2000.
Mächler, S.: Einführung und Übersicht. In: Mächler, S. und Autorenteam: Schulerfolg: kein Zufall. Ein Ideenbuch zur Schulentwicklung im multikulturellen Umfeld. Zürich 2000, 6-10.
Mächler, S. und Autorenteam: Schulerfolg: kein Zufall. Ein Ideenbuch zur Schulentwicklung im multikulturellen Umfeld. Zürich 2000.
Macdonald, I./Bhavnani, R./Khan, L./John, G.: Murder in the Playground: The Report of the Macdonald Inquiry into Racism and Racial Violence in Manchester Schools. London 1989.
Macpherson Of Cluny: The Stephen Lawrence Inquiry. (1999) <http://www.archive.official-documents.co.uk/document/cm42/4262/sli-00.htm> (4/2001)
MacRaild, D.: Die Ethnie verschwindet nicht: Die Iren in Großbritannien im neunzehnten und frühen zwanzigsten Jahrhundert. In: Schönwälder, K./Sturm-Martin, I. (Hrsg.): Die britische Gesellschaft zwischen Offenheit und Abgrenzung: Einwanderung und Integration vom 18. bis zum 20. Jahrhundert. Berlin; Wien 2001, 91-111.
Magotsiu-Schweizerhof, E.: Schulautonomie, Profilbildung und freie elterliche Schulwahl am Beispiel von Erfahrungen in angelsächsischen Ländern. Ein Literaturbericht. 1999. <http://www.elcd.auth.gr/rcds/txt/education/schulautonomie.htm> (5/2000)
Magotisu-Schweizerhof, E.: Zur Debatte um Schulautonomie und die Folgen für die Chancengleichheit von Migrantenkindern. Johann Wolfgang Goethe-Universität, Fachbereich Erziehungswissenschaften. Beiträge zur erziehungswissenschaftlichen Migrations- und Minderheitsforschung, 4. Frankfurt/M. 1996.
Mahnig, H.: Contradictions of Inclusion in a Direct Democracy. The Struggle for Political and Cultural Rights of Migrants in Zurich. Unveröffentlichtes Manuskript. Neuchâtel 1999.
Mahnig, H.: Integrationspolitik in Großbritannien, Frankreich, Deutschland und den Niederlanden. Eine vergleichende Analyse. Schweizerisches Forum für Migrationsstudien. Neuchâtel 1998.
Mahnig, H./Wimmer, A.: City Template Zurich – Basic Information on Ethnic Minorities and their Participation. Report according to the grid for city templates of the MPMC-project. Neuchâtel 1998. <http://www.unesco.org/most/p97.htm> (3/2001)
March, J.G.: Entscheidung und Organisation: kritische und konstruktive Beiträge, Entwicklungen und Perspektiven. Wiesbaden 1990.
March, J.G./Olsen, J.P.: Ambiguity and Choice in Organisations. Bergen 1976.
March, J.G./Simon, H.A.: Organizations. New York 1958.
Martini, R.: Schulautonomie. Auswahlbibliographie 1989-1996. Frankfurt/M. 1997.
Mason, D.: Categories, Identities and Change: Ethnic Monitoring and the Social Scientist. In: European Journal of Intercultural Studies, 2 (1992) 3, 41-52.
Mayer, B.: Die Reform der Volksschule in der Schweiz. In: Die Deutsche Schule, 86 (1994) 3, 358-366.
Mayntz, R.: Governance Theory als fortentwickelte Steuerungstheorie? MPIfG Working Paper 04/1, März 2004. <http://www.mpi-fg-koeln.mpg.de/pu/workpap/wp04-1/wp04-1.html> (8/2004)

McBride, G.: Preface: Realising Rhetoric. In: Brown, S./Riddel, S. (eds): Class, Race and Gender in Schools. Edinburgh; Scottish Council for Research in Education (SCRE) 1992.

McGee Banks, C.A.: Restructuring Schools for Equity. What we have learned in two decades. In: Phi Delta Kappan, 75 (1993), 42-44, 46-48.

Mehan, H.: Understanding Inequality in Schools: The Contribution of Interpretive Studies. In: Sociology of Education, 65 (1992), 1-20.

Mehan, H./Hetweck, A./Meihls, J. L.: Handicapping the Handicapped: Decision Making in Students' Careers. Stanford, CA 1985.

Mercer, J.: Labeling the Mentally Retarded. Berkeley 1974.

Merdian, G.: Migrantenkinder. Lebensperspektiven in der Fremde. Augsburg 1996.

Meyer, J.W./Rowan, B.: Institutionalized Organizations: Formal Structure as Myth and Ceremony. In: American Journal of Sociology, 83 (1977) 2, 340-363.

Meyer, J.W./Rowan, B.: The Structure of Educational Organizations. In: Meyer, M.W. and Associates: Environments and Organizations. San Francisco 1978, 78-109.

Meyer, J.W./Scott, W.R. (eds): Organizational Environments. Ritual and Rationality. Beverly Hills, CA 1983.

Miles, J.: Rassismus: Einführung in die Geschichte und Theorie eines Begriffs. Hamburg 1991. (erstmalig erschienen 1989)

Milner, D.: Children and Race. Harmondsworth 1975.

Ministerium für Schule und Weiterbildung (MSW) NRW (Hrsg.): „... und sie bewegt sich doch!". Entwicklungskonzept „Stärkung der Schule". Schriftenreihe Schule in NRW, Nr. 9014. Frechen 1997.

Ministerium für Schule und Weiterbildung (MSW) NRW: Bericht an den Landtag des Landes Nordrhein-Westfalen zur „Entwicklung und Sicherung der Qualität schulischer Arbeit". März 1998. MSW NRW. Düsseldorf 1998.

Ministerium für Schule und Weiterbildung, Wissenschaft und Forschung (MSWWF) NRW: Qualität als gemeinsame Aufgabe. Rahmenkonzept „Qualitätsentwicklung und Qualitätssicherung schulischer Arbeit". Schriftenreihe Schule in NRW Materialien – Schulentwicklung. Nr. 9029. Frechen 1998. (1998a)

Ministerium für Schule und Weiterbildung, Wissenschaft und Forschung (MSWWF) NRW: Englisch in der Grundschule. MSWWF NRW. Düsseldorf 2001.

Ministerium für Schule und Weiterbildung, Wissenschaft und Forschung (MSWWF) NRW: Selbstständige Schule. Projektskizze Modellvorhaben „NRW Schule 21" vom 22.02.2001. MSWWF NRW. Düsseldorf 2001. (2001 a)

Ministerium für Schule und Weiterbildung, Wissenschaft und Forschung (MSWWF) NRW: SchulInfo NRW. Schuljahre 1999/2000 und 2000/2001. CD-ROM. 2001. (2001b)

Ministerium für Stadtentwicklung, Kultur und Sport (MSKS) NRW: Stadtteile mit besonderem Erneuerungsbedarf. Ressortübergreifendes Handlungsprogramm der Landesregierung Nordrhein-Westfalen. MSKS NRW. Düsseldorf 1998.

Mitchell, D.E.: Institutional theory and the social structure of education. In: Crowson et al. a.a.O., 167-188.

Modood, T.: British Asian Muslims and the Rushdie affair. In: Donald, J./Rattansi, A. (eds): "Race", culture and difference. London et al. 1992, 260-277. (erstmalig erschienen 1990)

Moos, C.: Das „Liceo Artistico". In: Allemann-Ghionda, C. (Hrsg.): Multikultur und Bildung in Europa. Bern 1994, 383-384.

Morley, L./Rassool, N.: School Effectiveness: Fracturing the Discourse. London 1999.
Mortimore, P./Sammons, P./Stoll, L./Lewis, D./Ecob, R.: School matters. Wells 1988.
Moser, U./Rhyn, H.: Evaluation der Sekundarstufe I im Kanton Zürich. Zweiter Bericht. Bedingungen des Lernerfolgs. Im Auftrag der Erziehungsdirektion des Kantons Zürich (ED). ED. Zürich 1997.
Moser, U./Rhyn, H.: Schulmodelle im Vergleich. Eine Evaluation der Leistungen in der Sekundarstufe I. Im Auftrag der Bildungsdirektion des Kantons Zürich (BiD). BiD. Zürich 1999.
Moser, U./Rhyn, H.: Lernerfolg in der Primarschule. Eine Evaluation der Leistungen am Ende der Primarschule. Im Auftrag der Bildungsdirektion des Kantons Zürich (BiD). BiD. Zürich 2001.
Mullard, C.: Multiracial Education in Britain: From Assimilation to Cultural Pluralism. In: Tierney, J. (ed.): Race, Migration and Schooling. London 1982, 120-133.
Munín, H.: Schulautonomie. Diskurse, Maßnahmen und Effekte im internationalen Vergleich, insbesondere in Deutschland. Weinheim; Basel 2001.

Nanton, P.: The new orthodoxy: racial categories and equal opportunity policy. In: new community, 15 (1989) 4, 549-564.
Neave, G.: On the cultivation of quality, efficiency and enterprise: an overview of recent trends in higher education in Western Europe, 1968-1988. In: European Journal of Education, 23 (1988) 1/2, 7-23.
Nehaul, K.: The Schooling of Children of Caribbean Heritage. Stoke-on-Trent 1996.
Neue Zürcher Zeitung (NZZ) vom 23./24.01.1999: Ist die interkulturelle Schule gefährdet?
Neue Zürcher Zeitung (NZZ) vom 25.01.1999: Wer ist von wem überfordert?
Neue Zürcher Zeitung (NZZ) vom 28.01.1999: Chancen und Risiken der interkulturellen Schule nach St. Gallen.
Neumann, U./Gogolin, I. unter Mitarbeit von Häberlein, J.: Länderbericht: Nordrhein-Westfalen. In: Gogolin, I./Neumann, U./Reuter, L. (Hrsg.): Schulbildung für Kinder aus Minderheiten in Deutschland 1989-1999. Schulrecht, Schulorganisation, curriculare Fragen, sprachliche Bildung. Münster et al. 1999, 265-310.
Niederberger, J.M.: Organisationssoziologie der Schule. Motivation, Verwaltung, Differenzierung. Stuttgart 1984.
Nieke, W.: Interkulturelle Erziehung und Bildung. Wertorientierungen im Alltag. Opladen 1995.
Nieke, W.: Multikulturelle Gesellschaft und interkulturelle Erziehung. Zur Theoriebildung in der Ausländerpädagogik. In: Die Deutsche Schule 78 (1986) 4, 462-473.

Oakes, J.: Keeping Track: How Schools Structure Inequality. New Haven, CT 1985.
Ochsner, P.E./Kenny, U./Sieber, P. (Hrsg.): Vom Störfall zum Normalfall: kulturelle Vielfalt in der Schule. Chur; Zürich 2000.
Oelkers, J.: Die „gute Schule": Überlegungen zum Stand der Diskussion. In: Gonon, P./Oelkers, J. (Hrsg.): Die Zukunft der öffentlichen Bildung. Bern et al. 1993, 127-149.
Oelkers, J.: Schulreform und Schulkritik. 2. vollständig überarbeitete Neuauflage. Würzburg 2000. (erstmalig erschienen 1995)

Office for National Statistics (ONS): Annual Abstract of Statistics. 2001 edition United Kingdom, No 137. London 2001.
Office for National Statistics (ONS): Annual Abstract of Statistics. 2002 edition United Kingdom, No 138. London 2002.
Office for Standards in Education (OFSTED): Managing Support for the Attainment of Pupils from Minority Ethnic Groups. October 2001. OFSTED. London 2001.
Office for Standards in Education (OFSTED): Raising the attainment of minority ethnic pupils. School and LEA responses. HMCI. London 1999.
Office for Standards in Education (OFSTED): Inspecting Schools. The Framework. Effective from January 2000. OFSTED. London 2000.
Ohlsen, I.: Einschulung fremdsprachiger Kinder und Jugendlicher im Kanton Zürich. Erziehungsdirektion des Kantons Zürich. Zürich 1994.
Olsen, J.P.: Political Science and Organization Theory. Parallel Agendas but Mutual Disregard. In: Czada, R.M./Windhoff-Héritier, A. (eds): Political Choice: institutions, rules, and the limits of rationality. Frankfurt/M. 1991, 87-119.
Opp, G.: Mainstreaming in den USA. Heilpädagogische Integration im Vergleich. München 1993.
Organisation for Economic Co-Operation and Development (OECD/CERI): Decision-Making in 14 OECD Education Systems. Paris; OECD 1995.
Organisation for Economic Co-Operation and Development (OECD/CERI): Freie Schulwahl im internationalen Vergleich. Frankfurt/M. et al. 1996. (erstmalig erschienen 1994)
Organisation for Economic Co-Operation and Development (OECD): Reviews of National Policies for Education: Switzerland. Paris; Paris; OECD 1991.
Osler, A.: Citizenship, democracy and political literacy. In: Multicultural Teaching, 18 (1999) 1, 12-15 und 29.

Panayi, P.: Immigration, ethnicity and racism in Britain, 1815-1945. Manchester; New York 1994.
Panayi, P.: Fremdenfeindlichkeit in Großbritannien. Ihr Aufstieg und Wandel ca. 1890-1920. In: K. Schönwälder/I. Sturm-Martin (Hrsg.): Die britische Gesellschaft zwischen Offenheit und Abgrenzung: Einwanderung und Integration vom 18. bis zum 20. Jahrhundert. Berlin; Wien 2001, 72-90.
Pathak, S.: Race Research for the Future. Ethnicity in Education, Training and the Labour Market. Department for Education and Employment (DfEE): Research Topic Paper. KTP01. DfEE. London 2000.
Peacey, N.: Raising Ethnic Minority Attainment: the role of Curriculum 2000. (A transcript of the keynote address to the ALAOME Conference). In: Multicultural Teaching, 18 (2000) 3, 7-10.
Peter, H.-U.: Die Schule als soziale Organisation. Weinheim; Basel 1973.
Poglia, E.: Einleitung zum Abschnitt „Gesellschaftliche Aspekte der kulturellen Vielfalt im Bildungswesen" In: Poglia, E./Perret-Clermont, A.-C./Gretler, A./Dasen, P. (Hrsg.): Interkulturelle Bildung in der Schweiz. Fremde Heimat. Bern et al. 1995, 17-25.
Portmann, R.: Übergang ist Ländersache. In: Portmann, R./Wiederhold, K.A./Mitzlaff, H. (Hrsg.): Übergänge nach der Grundschule. Frankfurt/M. 1989, 42-47.

Powell, W.W./DiMaggio, P. J. (eds): The New Institutionalism in Organizational Analysis. Chicago 1991.

Power, S./Halpin, D./Fitz, J.: Parents, pupils and grant maintained schools. In: British Educational Research Journal, 20 (1994) 2, 209-226.

Prengel, A.: Pädagogik der Vielfalt. Verschiedenheit und Gleichberechtigung in Interkultureller, Feministischer und Integrativer Pädagogik. Opladen 1993.

Preuss-Lausitz, U.: Sonderschule – Schule in der Krise? In: Rolff, H.-G./Klemm, K. (Hrsg.): Jahrbuch der Schulentwicklung, Band 6. Weinheim 1986, 102-124.

Prime Minister (1964-1965). Immigration from the Commonwealth (White Paper, 1965 August, vol. Xxviii, cmnd.2739). HMSO. London 1965.

Purkey, S./Smith, M.: Effective Schools: A Review. In: The Elementary School Journal, 83 (1983) 4, 427-452.

Puskeppeleit, J./Krüger-Potratz, M. (Hrsg.): Bildungspolitik und Migration. Texte und Dokumente zur Beschulung ausländischer und ausgesiedelter Kinder und Jugendlicher, 1950 bis 1999. Band 1 und 2 (IKS - Interkulturelle Studien - Texte, Materialien, Dokumente 31 & 32). Westfälische Wilhelms-Universität, Fachbereich Erziehungswissenschaft und Sozialwissenschaften. Münster 1999.

Qualifications and Curriculum Authority (QCA): Education for Citizenship and the Teaching of Democracy in Schools (Crick Report). QCA. London 1998.

„Qualität in multikulturellen Schulen" (QUIMS): Bericht über die erste Phase (1996-1998). Fassung vom 30.11.1998. Bildungsdirektion. Zürich 1998.

„Qualität in multikulturellen Schulen" (QUIMS): Projektplan für die zweite Projektphase (1999-2001). Fassung vom 26.1.1999, genehmigt vom Erziehungsrat am 9. Februar 1999, Kredit bewilligt durch Beschluss des Regierungsrats vom 3. März 1999. Bildungsdirektion. Zürich 1999.

„Qualität in multikulturellen Schulen" (QUIMS): Projektplan für die dritte Phase (2002-2005). Fassung vom 29. Mai 2001, vom Bildungsrat bewilligt mit Beschluss vom 1206.01. Bildungsdirektion des Kantons Zürich. Bildungsdirektion. Zürich 2001. (2001a).

„Qualität in multikulturellen Schulen" (QUIMS): Unterstützung von Schulen mit einem Schwerpunkt „Qualität in multikulturellen Schulen". Information für interessierte Schulen. Bildungsdirektion. Zürich 1997.

„Qualität in multikulturellen Schulen" (QUIMS): Zwischenbericht über die zweite Phase (1999 und 2000). Fassung vom 29. Mai 2001. Bildungsdirektion. Zürich 2001.

Radtke, F.-O.: Schulautonomie und Sozialstaat. Wofür ist die Bildungspolitik (noch) verantwortlich? In: Die Deutsche Schule, 89 (1997) 3, 278-291.

Radtke, F.-O.: Wissen und Können. Grundlagen der wissenschaftlichen Lehrerbildung. Opladen 1996.

Radtke, F.-O./Weiß, M. (Hrsg.): Schulautonomie, Wohlfahrtsstaat und Chancengleichheit. Ein Studienbuch. Opladen 2000.

Ragni, T.: Plädoyer für ein Nein zur Zürcher Volksschulreform. In: Magazin für Schule und Kindergarten der VPOD-Lehrberufsgruppen, 128 (2002), 15.

Rassool, N./Morley, L.: School Effectiveness and the Displacement of Equity Discourses in Education. In: race ethnicity and education, 3 (2000) 3, 237-258.

Rattansi, A.: Changing the subject? Racism, culture and education. In: Donald, J./Rattansi, A. (eds): "Race", culture and difference. London et al. 1992, 11-48.

Reich, H.H.: Herkunftssprachen „anstelle einer Fremdsprache". Ein Vergleich zwischen England, Frankreich und (West-)Deutschland. In: Luchtenberg, S./Nieke, W. (Hrsg.): Interkulturelle Pädagogik und Europäische Dimension. Münster; New York 1994, 25-37.

Rösch, H.: Zweisprachige Erziehung in Berlin im Elementar- und Primarbereich. In: ELiSe: Essener Linguistische Skripte – elektronisch, 1 (2001) 1, 23-44.

Reinhardt, K.: Öffnung der Schule. Community Education als Konzept für die Schule der Zukunft?. Weinheim; Basel 1992.

Regionale Arbeitsstelle zur schulischen Förderung ausländischer Kinder und Jugendlicher (RAA): Verknüpfung der Schule mit ihrem Umfeld (Community Education). RAA-Arbeitsbericht 1983/84. Essen 1984.

Reuter, L: Schulrechtliche und schulpraktische Fragen der schulischen Betreuung von Kindern und Jugendlichen nichtdeutscher Erstsprache. In: Recht der Jugend und des Bildungswesens, 47 (1999) 1, 26-43.

Richardson, R./Wood, A.: Inclusive Schools, Inclusive Society. Race and identity on the agenda. Second edition. Stoke-on-Trent 2000. (erstmalig erschienen 1999)

Richter, I.: Theorien der Schulautonomie. In: Daschner, P./Rolff, H.-G./Stryck, T. (Hrsg.): Schulautonomie - Chancen und Grenzen. Weinheim 1995, 9-29.

Rixius, N./Thürmann, E.: Muttersprachlicher Unterricht für ausländische Schüler. Berlin 1987.

Rizvi, F.: Critical Introduction: Researching Racism and Education. In: Troyna, B.: Racism and Education. Buckingham 1993, 1-17.

Rolff, H.-G. (Hrsg.): Zukunftsfelder der Schulforschung. Weinheim 1995.

Rosenmund, M./Nef, R.: Gemeindeschulen vor neuen Herausforderungen. Migrationsbedingte Vielfalt als Problem und Lernanlaß. Zürich 1998.

Rosenmund, M./Nef, R./Gerber, B./Truniger, P.: Volksschule und kulturelle Pluralisierung. Gemeindeschulbehörden als Mittler zwischen Immigrationsdynamik und Schulentwicklung. Zürich 1999.

Rösner, E.: Abschied von der Hauptschule. Folgen einer verfehlten Schulpolitik. Frankfurt/M. 1989.

Rösner, E.: Die sogenannte Durchlässigkeit. In: neue deutsche schule, 6/7 (1997), 14-18.

Rüesch, P.: Gute Schulen im multikulturellen Umfeld. Ergebnisse aus der Forschung zur Qualitätssicherung. Im Auftrag der Bildungsdirektion des Kantons Zürich. Zürich 1999.

Rüesch, P.: Unter welchen Bedingungen sind Kinder schulisch erfolgreich? In: Mächler, S. und Autorenteam: Schulerfolg: kein Zufall. Ein Ideenbuch zur Schulentwicklung im multikulturellen Umfeld. Zürich 2000, 11-18.

Runnymede Trust: Section 11 Funding. Troubled History, Present Campaigning, Possible Futures. Runnymede Trust. London 1994.

Rutter, M./Maugham, B./Mortimer, P./Ouston, J.: Fünfzehntausend Stunden: Schulen und ihre Wirkung auf Kinder. Weinheim 1980. (erstmalig erschienen im englischen Original 1979)

Sammons, P./Hillman, J./Mortimer, P.: Key Characteristics of Effective Schools: A Review of School Effectiveness Research. International School Effectiveness and Improvement

Centre, Institute of Education, University of London. For OFSTED. OFSTED. London 1995.

Santos, B.: State Wage Relations and Social Welfare in the Semi-Periphery: The case of Portugal. Universidade de Coimbra: Centro de Estudos Sociaias. Coimbra 1991.

Schaefers, C.: Der soziologische Neo-Institutionalismus. Eine organisationstheoretische Analyse- und Forschungsperspektive auf schulische Organisationen. In: Zeitschrift für Pädagogik, 48 (2002) 6, 835-855.

Schaub, H./Zenke, K.G.: Wörterbuch Pädagogik. (2000) <http://www.dipf.de/Ines> (3/2002)

Schön, D.A.: The Reflective Practitioner. London 1983.

Schönwälder, K.: Einwanderung und ethnische Pluralität. Politische Entscheidungen und öffentliche Debatten in Großbritannien und der Bundesrepublik von den 1950er bis zu den 1970er Jahren. Berlin 2001.

Schönwälder, K./Sturm-Martin, I. (Hrsg.): Die britische Gesellschaft zwischen Offenheit und Abgrenzung: Einwanderung und Integration vom 18. bis zum 20. Jahrhundert. Berlin; Wien 2001.

Schriewer, J.: „Erziehung" und „Kultur" – Zur Theorie und Methodik Vergleichender Erziehungswissenschaft. In: W. Brinkmann/K. Renner (Hrsg.): Die Pädagogik und ihre Bereiche. Paderborn 1982, 185-236.

Schriewer, J./Henze, J./Wichmann, J./Knost, P./Barucha, S./Taubert, J.: Konstruktion von Internationalität: Referenzhorizonte pädagogischen Wissens im Wandel gesellschaftlicher Systeme (Spanien, Sowjetunion, Russland, China). In: Kaelble, H./Schriewer, J. (Hrsg.): Gesellschaft im Vergleich. Frankfurt/M. 1998, 151-258.

Schuhmacher, I./Liedke, M./Bommes, M.: Structural Conditions, Historical Contexts and Social Effects of Post-1945 Migration to Germany. In: Bommes, M./Castles, S./Wihtol de Wenden, C. (eds): Migration and Social Change in Australia, France and Germany. Universität Osnabrück, Institut für Migrationsforschung und Interkulturelle Studien (IMIS), IMIS-Beiträge 13, Osnabrück 1999, 75-106.

Schuhmann, B.: Der Pott kocht. Prävention statt Schadensreparatur. In: Erziehung und Wissenschaft, 5 (2001), 12.

Schulte-Beerbühl, M.: Erwünschte und unerwünschte Einwanderer: Die britische Einwanderungs- und Einbürgerungspolitik im 18. Jahrhundert. In: Schönwälder, K./Sturm-Martin, I. (Hrsg.): Die britische Gesellschaft zwischen Offenheit und Abgrenzung: Einwanderung und Integration vom 18. bis zum 20. Jahrhundert. Berlin; Wien 2001, 34-56.

Schweizer Volkspartei (SVP): Konzept für die Zürcher Ausländerpolitik. SVP. Zürich 1999.

Schweizer Volkspartei (SVP): Mediencommuniqué vom 5.3.1999 zur Ausarbeitung einer Volksinitiative für die Schaffung von Schulklassen für deutschsprachige Kinder. SVP. Zürich 1999. (1999a)

Schweizerische Konferenz der kantonalen Erziehungsdirektoren (EDK) (Hrsg.): Ausbildung und Integration von fremdsprachigen Jugendlichen auf der Sekundarstufe II. EDK. Bern 2000.

Schweizerische Konferenz der kantonalen Erziehungsdirektoren (EDK): Empfehlungen zur Basisstufe. EDK. Bern 2000. (2000a)

Schweizerische Konferenz der kantonalen Erziehungsdirektoren (EDK): Empfehlungen zur Schulung der fremdsprachigen Kinder vom 24. Oktober 1985. EDK. Bern 1985.

Schweizerische Konferenz der kantonalen Erziehungsdirektoren (EDK): Empfehlungen zur Schulung der fremdsprachigen Kinder vom 24. Oktober 1991. EDK. Bern 1991.

Schweizerische Konferenz der kantonalen Erziehungsdirektoren (EDK): Erklärung zu Rassismus und Schule vom 6. Juni 1991. EDK. Bern 1991. (1991a)

Schweizerische Konferenz der kantonalen Erziehungsdirektoren (EDK): Grundsätze zur Schulung der Gastarbeiterkinder vom 2. November 1972. EDK. Bern 1972.

Schweizerische Konferenz der kantonalen Erziehungsdirektoren (EDK): Grundsätze zur Schulung der Gastarbeiterkinder. Ergänzung vom14. November 1974. EDK. Bern 1974.

Schweizerische Konferenz der kantonalen Erziehungsdirektoren (EDK): Grundsätze zur Schulung der Gastarbeiterkinder. Ergänzung vom14. Mai 1976. EDK. Bern 1976.

Schweizerische Konferenz der kantonalen Erziehungsdirektoren (EDK): Haltung zur Schulung von albanischsprachigen Flüchtlingskindern und –jugendlichen aus Kosovo vom 08. 07. 1999. EDK. Bern 1999.

Schweizerische Konferenz der kantonalen Erziehungsdirektoren (EDK): Kompetenzen und Verwaltung. EDK. Bern 1996. <http://www.EDK - Strukturen der allgemeinen und beruflichen Bildung in der Schweiz-Dateien\euri-1.htm> (3/2001)

Schweizerische Konferenz der kantonalen Erziehungsdirektoren (EDK): Perspektiven für die Sekundarstufe I. Dossier 38. EDK. Bern 1995.

Schweizerische Konferenz der kantonalen Erziehungsdirektoren (EDK): Schulaufbau des Kantons Zürich. EDK. Bern 2000. (2000b)

Schweizerische Konferenz der kantonalen Erziehungsdirektoren (EDK): <http://www.edk.ch/PDF_Downloads/Umfragen/schulsystem_ch/CH.pdf> (3/2001)

Sewell, T.: Black Masculinities and schooling. How Black boys survive modern schooling. Stoke-on-Trent 2000. (erstmalig erschienen 1997)

Siray-Blatchford, I. (ed.): „Race", Gender and the Education of Teachers. Buckhingham; Philadelphia 1993.

Siraj-Blatchford, I./Siraj-Blatchford, J.: „Race", Research and Reform: the impact of the three R's on anti-racist pre-school and primary education in the UK. In: Race Ethnicity and Education, 2 (1999) 1, 127-148.

Slavin, R. E.: Education for All. Lisse 1996.

Slee, R.: High reliability organizations and liability students – the politics of recognition. In: Slee, R./Weiner, G./Tomlinson, S. (eds): School Effectiveness for Whom? Challenges to the School Effectiveness and School Improvement Movements. London 1998, 101-114.

Social Exclusion Unit (SEU): Truancy and School Exclusion. Report by the Social Exclusion Unit. Cm 3975. London 1998.

Spreen, C.A.: Empowerment and Enablement. Steuerung großstädtischer Schulen durch die Schulgemeinde in den USA am Beispiel New York. In: Radtke, F.-O./Weiß, M.: Schulautonomie, Wohlfahrtsstaat und Chancengleichheit. Ein Studienbuch. Opladen 2000, 136-160.

Sprenger, K.: Das Schweizer Ausländerrecht 1860-1978. In: Nigg, H. (Hrsg.): Da und fort. Leben in zwei Welten. Interviews, Berichte und Dokumente zur Immigration und Binnenwanderung in der Schweiz. Zürich 1998, 270-276.

Steiner-Khamsi, G.: De-Regulierung und Schulwahl in den U.S.A.: Gewinner und Verlierer. In: Radtke, F.-O./Weiß, M.: Schulautonomie, Wohlfahrtsstaat und Chancengleichheit. Ein Studienbuch. Opladen 2000, 117-135.

Steiner-Khamsi, G.: Multikulturelle Bildungspolitik in der Postmoderne. Opladen 1992.
Steiner-Khamsi, G.: School Choice – wer profitiert, wer verliert? In: Lohmann, I./Rilling, R. (Hrsg.): Die verkaufte Bildung. Kritik und Kontroversen zur Kommerzialisierung von Schule, Weiterbildung, Erziehung und Wissenschaft. Opladen 2002, 133-151.
Steiner-Khamsi, G.: Szenario 2010 zur wirkungsorientierten Schulreform. Teil I und II. In: Magazin für Schule und Kindergarten der VPOD-Lehrberufsgruppen, 108 (1998), 17-24 und 109 (1998), 24-29.
Steiner-Khamsi, G.: Zur Geschichte und den Perspektiven der interkulturellen Pädagogik in der Schweiz und in Europa. In: Poglia, E./Perret-Clermont, A.-N./Gretler, A./Dasen, P. (Hrsg.): Interkulturelle Bildung in der Schweiz. Fremde Heimat. Bern et al. 1995, 45-72.
Stofer, J.: Umfrage zur Volksschulreform: Das sind die heissen Themen. In: Magazin des Zürcher Lehrerinnen und Lehrerverbandes (ZLV), 10 (1999), 22-25.
Statistisches Bundesamt: Fachserie 11, R.1, 1999/2000. Wiesbaden.
Sträuli, B.: Schulentwicklung in multikulturellen Schulen. In: Mächler, S. und Autorenteam: Schulerfolg: kein Zufall. Ein Ideenbuch zur Schulentwicklung im multikulturellen Umfeld. Zürich 2000, 19-33.
Strauss, A.L.: Grundlagen qualitativer Sozialforschung. München 1991.
Sturm, R.: New Labour – New Britain? Großbritannien nach dem Wahlsieg Tony Blairs. In: Kastendiek, H./Rohe, K./Volle, A. (Hrsg.): Länderbericht Großbritannien. Geschichte, Politik, Wirtschaft, Gesellschaft. Bundeszentrale für politische Bildung, Schriftenreihe Band 354. Bonn 1998, 282-292.
Sturm-Martin, I.: Liberale Tradition und internationales Image: Regierungspolitik in der Dekolonisationsphase. In: Schönwälder, K./Sturm-Martin, I. (Hrsg.): Die britische Gesellschaft zwischen Offenheit und Abgrenzung: Einwanderung und Integration vom 18. bis zum 20. Jahrhundert. Berlin; Wien 2001, 112-132.
Stutz, H.: Die Schweiz und ihr Rassismus. NGO-Zusatzbericht zum 1. Bericht der Schweiz an den UNO-Ausschuss gegen Rassismus. Forum gegen Rassismus. Lausanne 1998.

Tages-Anzeiger (TA) vom 18.05.1999: Vom Keller aus ins helle Schulzimmer. Flüchtlingskinder zweisprachig einschulen und rechtzeitig auf die Rückkehr vorbereiten: Ein pädagogischer Vorstoß aus aktuellem Anlass.
Tages-Anzeiger (TA) vom 13.10.1999: Umstrittene Schulreform.
Tanner, J.: Nationalmythos, Überfremdungsängste und Minderheitenpolitik in der Schweiz. In: Prodolliet, S. (Hrsg.): Blickwechsel. Die multikulturelle Schweiz an der Schwelle zum 21. Jahrhundert. Luzern 1998, 83-94.
Terhart, E.: Zwischen Aufsicht und Autonomie. Geplanter und ungeplanter Wandel im Bildungsbereich. Essen 2001.
Terhart, E.: Organisation und Erziehung. In: Zeitschrift für Pädagogik, 32 (1986) 2, 1-17.
Terkessidis, M.: Migranten. Hamburg 2000.
Terkessidis, M.: Psychologie des Rassismus. Opladen 1998.
Thomas, H./Martin, J.: Managing Resources for School Improvement: Creating a Cost-effective School. London 1996.
Thürmann, E./Otten, E.: Begegnung mit Sprachen in der Grundschule und interkulturelle Erziehung. In: Landesinstitut für Schule und Weiterbildung (LSW) (Hrsg.): Begegnung mit Sprachen in der Grundschule. Soest 1994, 11-29.

Tillmann, K.J.: Von der Versuchsschule zur vierten Regelschule – Zwanzig Jahre Gesamtschulentwicklung in der Bundesrepublik. In: Tillmann, K.J./Baumer, J./Dörger, U.: Sekundarschulen unter Konkurrenzdruck – Fallstudien aus dem viergliedrigen Schulsystem. Wiesbaden: Hessisches Institut für Bildungsplanung und Schulentwicklung (HIBS). Wiesbaden 1986.

Timmermann, D.: Abwägen heterogener bildungsökonomischer Argumente zur Schulautonomie. In: Zeitschrift für Pädagogik, 41 (1995) 1, 49-60.

Tomlinson, S.: Education and training. In: new community, 16 (1990) 2, 97-104.

Tomlinson, S.: Education and training. In: new community, 17 (1991) 4, 433-441.

Tomlinson, S.: Education and training. In: new community, 15 (1988) 1, 103-109.

Tomlinson, S.: Multicultural Education in White Schools. London 1990. (1990a)

Tomlinson, S.: Disadvantaging the Disadvantaged: Bangladeshis and Education in Tower Hamlets. In: British Journal of Sociolgy of Education, 13 (1992) 2, 437-446.

Tomlinson, S.: The Multicultural Task Group: The Group that never was. In: King, A.S./Reiss, M.S. (eds): The Multicultural dimension of the National Curriculum. London; Washington, D. C. 1993, 21-29.

Tomlinson, S.: Wie wirken sich Bildungsmärkte auf ethnische Minderheiten aus? In: Radtke, F.-O./Weiß, M. (Hrsg.): Schulautonomie, Wohlfahrtsstaat und Chancengleichheit. Ein Studienbuch. Opladen 2000, 201-221.

Treibel, A.: Migration in modernen Gesellschaften. Soziale Folgen von Einwanderung, Gastarbeit und Flucht. Weinheim; München 1999.

Troyna, B.: A Premature Burial? Defending Antiracist Education against its Critics. Johann Wolfgang Goethe-Universität, Fachbereich Erziehungswissenschaften. Beiträge zur erziehungswissenschaftlichen Migrations- und Minderheitsforschung, 3. Frankfurt/M. 1995.

Troyna, B.: Bussing. In: Cashmore, E. with Banton, M./Jennings, J./Troyna, B./van den Berghe, P. L.: Dictionary of Race and Ethnic Relations. 4. überarbeitete Auflage. London; New York 1996, 61-63.

Troyna, B.: Racism and Education. Buckingham, Philadelphia 1993.

Troyna, B.: The Local Management of Schools and Racial Equality. In: Tomlinson, S./Craft, M. (eds): Ethnic Relations and Schooling. Policy and Practice in the 1990s. London 1995, 140-154.

Troyna, B./Carrington, B.: Education, racism and reform. London 1990.

Troyna, B./Williams, J.: Racism, Education and the State. Beckenham 1986.

Truniger, M.: Beurteilen, Benoten und Zuteilen. In: Mächler, S. und Autorenteam: Schulerfolg: Kein Zufall. Ein Ideenbuch zur Schulentwicklung im multikulturellen Umfeld. Zürich 2000, 70-79.

Truniger, M.: Sprachenkonzept Schweiz. Zum Unterricht in Migrationssprachen (Nicht-Landessprachen) innerhalb des Gesamtsprachenkonzepts. Zürich 1998. (3/2000) <http://www.romsem.unibas.ch/sprachenkonzept/Annexe_6.html>

Tyack, D./Cuban, L.: Thinkering Towards Utopia. Cambridge, Mass. 1995.

Vincent, C.: Tolerating intolerance? Parental choice and race relations – the Cleveland case. In: Journal of Education Policy, 7 (1992) 5, 429-443.

Vincent, C.: School, Community and Ethnic Minority Parents. In: Tomlinson, S./Craft, M. (eds): Ethnic Relations and Schooling. Policy and Practice in the 1990s. London et al. 1995, 174-190.

Vollmer, H.: Die Institutionalisierung lernender Organisationen. In: Soziale Welt, 47 (1996), 315-343.

von Blumenthal, V.: Bildungspolitik in der Schweiz. Vergleichende Daten und Analysen zur Entwicklung in den 80er Jahren. München 1991.

von Recum, H.: Annäherungen an die Zukunft - Bildung und Bildungssteuerung im Kräftefeld vn Marktparadigma, Globalisierung und Wissensgesellschaft. In: Zeitschrift für internationale erziehungs- und sozialwissenschaftliche Forschung, 16 (1999) 1/2, 73-107.

Vuilleumier, M.: Flüchtlinge und Immigranten in der Schweiz. Historischer Überblick. Zürich 1987.

Walford, G./Miller, H.: City Technology College. Milton Keynes 1991.

Walgenbach, P.: Institutionalistische Ansätze in der Organisationstheorie. In: Kieser, A. (Hrsg.): Organisationstheorien. Stuttgart et al. 1995, 269-301.

Watson, L./Williams, J.: Die Aufsicht über die englischen Schulen und das Problem der Qualität. In: Zeitschrift für Bildungsverwaltung, 10 (1995), 19-32.

Weber, M.: Heterogenität im Schulalltag. Konstruktion ethnischer und geschlechtlicher Unterschiede. Opladen 2003.

Weick, K.E.: Educational Organizations as Loosely Coupled Systems. In: Administrative Science Quarterly, 21 (1976), 1-19.

Weishaupt, H./Weiß, M.: Schulautonomie als theoretisches Problem und als Gegenstand empirischer Bildungsforschung. In: Döbert, H./Geißler, G. (Hrsg.): Schulautonomie in Europa. Umgang mit dem Thema, theoretisches Problem, europäischer Kontext, bildungshistorischer Exkurs. Baden-Baden 1997, 27-45.

Weiß, M.: Der Mythos der Marktüberlegenheit im Bildungswesen - Reflektionen zu „Politics, Markets, and America's Schools". In: Zeitschrift für internationale erziehungs- und sozialwissenschaftliche Forschung, (1992) 2, 138-153.

Weiß, M.: Mehr Effizienz im Schulbereich durch dezentrale Ressourcenverantwortung und Wettbewerbssteuerung? In: Recht der Jugend und des Bildungswesens, 2 (1999), 413-423.

Weiß, M.: Privatisierung des Bildungsbereichs – Internationale Tendenzen. In: Radtke, F.-O./ Weiß, M. (Hrsg.): Schulautonomie, Wohlfahrtsstaat und Chancengleichheit. Ein Studienbuch. Opladen 2000, 35-51.

Weiß, M.: Schulautonomie im Licht mikroökonomischer Bildungsforschung. In: von Weizsäcker, R.K. (Hrsg.): Deregulierung und Finanzierung des Bildungswesens. Berlin 1998, 15-47.

Wellman, D.: Portraits of White Racism. Cambridge 1977.

Weltwoche 14.12.1995: Schmalbrüstig, aber in bester Gesellschaft. OECD-Bildungsstudie: Die Schweiz schneidet zu schlecht ab – schuld daran ist der hohe Ausländeranteil.

Whitty, G./Edwards, T./Gewirtz, S.: Specialisation and choice in urban education: The city technology college experiment. London 1993.

Whitty, G./Power, S./Halpin, D.: Devolution and Choice in Education. The School, the State and the Market. Camberwell et al. 1998.

Wicker, H.-R./Gass, T./Schoch, S.: Leitbild zur Integrationspolitik der Stadt Bern. Bern 1996.

Wieviorka, M.: The Arena of Racism. London 1995. (erstmalig erschienen 1991)
Williams, J.: Redefining Institutional Racism. In: Ethnic and Racial Studies, 8 (1985) 3, 323-348.
Wimmer, A.: Binnenintegration und Außenabschließung. Zur Beziehung zwischen Wohlfahrtsstaat und Migrationssteuerung in der Schweiz des 20. Jahrhunderts. In: Bommes, M./Halfmann, J. (Hrsg.): Migration in nationalen Wohlfahrtsstaaten. Osnabrück 1998, 199-221.

Zucker, L.G.: The Role of Institutionalization in Cultural Persistence. In: American Sociological Review 42 (1977), 726-743.
Zucker, L.G.: Institutional Theories of Organization. In: Annual Review of Sociology, 13 (1987), 443-464.
Zucker, L.G.: Organizations as Institutions. In: Bacharach, S.B. (ed.): Research in the Sociology of Organizations. A Research Annual, Vol. 2. Greenwich, Connecticut 1983, 1-47.

Verzeichnis der ausgewerteten anonymisierten Primärquellen:

Kapitel 4:
Institut für Landes- und Stadtentwicklungsforschung (ILS) NRW: Handlungskonzept Stadt*. Dortmund 1997.
Nordpark-Grundschule: Diverse Schulprospekte und Informationsblätter über die Schule.
Nordpark-Grundschule: Schulprogramm-Entwurf (zur Zeit der Datenerhebung noch unabgeschlossen).
Nordpark-Grundschule: Erfahrungsbericht über die interreligiöse Arbeit in der Schule.
Stadt*: Konzept zur Sprachförderung als Chance interkultureller Erziehung im Rahmen des Stadtteilerneuerungsprogramms 1999. 2000.
Stadt*/Regionale Arbeitsstelle zur schulischen Förderung ausländischer Kinder und Jugendlicher (RAA): Bericht des Arbeitskreises „Ausländischer Kinder und Jugendlicher" zur Situation an den städtischen Schulen. 1990.
Stadt*/Regionale Arbeitsstelle zur schulischen Förderung ausländischer Kinder und Jugendlicher (RAA): Schülerjahresstatistik für das Schuljahr 1999/2000. 1999.
Stadt*: Arbeitsberichts des Vereins „Ausländische Kinder und Mütter". 1998.

Kapitel 5:
Grünberg-Grundschule: Diverse interne Arbeitspapiere sowie Informationsblätter für Eltern.
Grünberg-Grundschule: Aufnahmegesuch in das Projekt „Teilautonome Volksschulen". 1998.
„Qualität in multikulturellen Schulen" (QUIMS): Anleitung für die Lehrerinnen und Lehrer zur Diagnose-Phase der Schulen in der Gemeinde*. Bildungsdirektion. Zürich 1999. (1999a)
Schulpflege der Gemeinde* (1999): Bekanntgabe des Einstieges der Schulen in der Gemeinde in die Projekte TaV und QUIMS. In: Amtsblatt der Stadt*.

Kapitel 6:
Brook Primary School: Equal Opportunities Policy. 1994.
Brook Primary School: Exemplarischer Lernentwicklungsplan. 1998.
Brook Primary School: Induction Policy for Refugee Children and New Arrivals from other countries (Policy-Entwurf). 1998. (1998a)
Brook Primary School: School Prospectus. 1996.
Brook Primary School: Staff Meeting: School Management Planning 1999-2000. A note for governors. 1999. (1999b)
Brook Primary School: Teachers' Handbook. 1999. (1999a)
Brook Primary School: The Literacy Hour (Material-Reader). 1999.
Brook Primary School: Words for School. 1998. (1998b)
LEA*/Education and Community Services*: Evaluation of the Primary English Fluency Project 1995-1998. London, LEA*/Education and Community Services 1998.
LEA*/Education and Community Services*/School Improvement and Governors' Services/Personal Development Centre: Working with schools: raising achievement for all. Annual Report 1997/98. London, LEA*/Education and Community Services 1998. (1998a)
LEA*: The National Literacy Strategy (Informationsblatt). 1998. (1998b)
LEA*: Literacy Strategy: Programme of Support and Monitoring in Primary Schools. 1998. (1998c)
LEA*: Ethnic Minorities Achievement Strategy (EMAS) - Handbuch für die Schulen. 1999.
LEA*: Ethnic Minorities Achievement Grant (EMAG) - Aktionsplan. 1999. (1999a)
LEA*: English-Albanien Phrasebook. Fjalor Frazeologjik Shqip – Anglisht. 1999. (1999b)
LEA*: Literacy Strategy Steering Committee: Interim Evaluation of National Literacy Strategy. 1999. (1999c)
New Arrivals Education Officer/Refugee Network*: New Arrivals. Access to Education. A report on obstacles encountered by New Arrivals (refugees and asylum-seekers) in accessing education al provision in the Borough*. London, New Arrivals Education Officer/Refugee Network* 1999.
Office for Standards in Education (OFSTED): Inspection Report – Brook Primary School. London 1997.